唐陵的布局
空间与秩序

The
Arrangement of
Tang Mausoleums

Space and Order

【增订本】

沈睿文

著

Shen Ruiwen

文物出版社
Cultural Relics Press

图书在版编目（CIP）数据

唐陵的布局：空间与秩序 / 沈睿文著. --增订本. -- 北京：文物出版社, 2021.3

ISBN 978-7-5010-6898-2

Ⅰ.①唐… Ⅱ.①沈… Ⅲ.①帝王—陵墓—研究—中国—唐代 Ⅳ.①K878.84

中国版本图书馆CIP数据核字(2020)第233094号

唐陵的布局：空间与秩序（增订本）

作　　者：沈睿文

责任编辑：李　飏
装帧设计：刘　远
责任印制：陈　杰
责任校对：陈　婧

出版发行：文物出版社
社　　址：北京市东直门内北小街2号楼
邮　　编：100007
网　　址：http://www.wenwu.com
制　　版：北京荣宝艺品印刷有限公司
印　　刷：北京雍艺和文印刷有限公司
经　　销：新华书店
开　　本：787mm×1092mm　1/16
印　　张：28.75
版　　次：2021年3月第1版
印　　次：2021年3月第1次印刷
书　　号：ISBN 978-7-5010-6898-2
定　　价：138.00元

　　沈睿文，福建省漳州市人。北京大学考古文博学院教授、博士生导师。主要从事汉唐考古的教学与科研，研究涉及陵墓制度、丧葬习俗、宗教、美术、中外文化交流考古以及中古城邑等领域。

自　序

本书成于 10 年前，写作前后历时 14 年。此次增订，首先要感谢文物出版社慨然应允出版，使我得以借此机会订正前谬。希望本书不会辜负给予的学术信任和支持。

有话要说，而且要说的确实是没说过的话，这是学术研究的根本出发点。我着手研究唐陵时，唐陵考古资料尚少，且相关研究长年近乎停滞。面对考古新工作阙如，如何从已有资料和研究中有所发覆，从而使得写作真正具有学术意义？这是摆在我面前的一大难题。

历史真相原本存在。如何寻觅？

米歇尔·福柯（Michel Foucault）说："要工作，就要用与从前不一样的方式去思维。"[1] 当然，不一样的思维方式，应立足于更为科学合理的知识，而非求异执偏。这样，我便从制度和政治入手，重新检讨帝陵制度的基本常识。在此过程中，我意外地发现研究者对该基本常识颇多误解，由此而致多年来歧路亡羊同样成为帝陵考古研究的瞩目现象。

昭穆制度，是中国古代帝陵制度的一个基本常识。研究中国古代帝陵制度的学者，自然而然会思考该问题。但是，究竟何为昭穆制度？昭穆制度在宗庙与陵地有何异同？宗庙中的太祖与陵地中的祖陵如何定义，二者之间有何关系？却都是未能厘清的问题，考古研究者尤为含糊不清。基本常识尚未得正解，相关研究自歧义纷呈。具体学说存在异见原本正常，亦可商量。但若对基本常识尚存在误判，即率尔讨论其考古学表现，这种学术勇气和自信便令人生畏，其说也多随之变得难以商榷。他们往往也遗忘了从考古材料反观、重新检讨其

---

[1]　包亚明主编《权力的眼睛——福柯访谈录》，严锋译，上海人民出版社，1997 年，第 138 页。

文献所得。

帝陵，除了王朝即位皇帝陵之外，尚有其他称为"陵"的陵寝，其中最为重要的便是追尊陵。几乎每一王朝都会追尊祖上若干世为"帝"，并追尊、改建其墓为陵，以示帝系血脉之隆崇。毫无疑问，这些追尊陵与即位皇帝陵同为王朝帝陵制度的整体，亦应纳入帝陵系统统一观察。唯有如此，才能更好地考察王朝帝陵制度的形成与嬗变。唐陵也不例外。初唐四座追尊陵，其建制相同，只因在王朝宗庙礼所处位置不同而陵址有异，它们跟即位陵之间存在明显的层级，昭示出它们为同一系统中的规划。正是这种层级关系的发现，我们理解唐代即位皇帝陵建制的形成有了清晰的脉络。

除此之外，帝陵制度的特性，使得不仅需要考察其在王朝内部不同阶段的差异，而且还要突破王朝的界限进行长时段的审查。即，必须注意制度谱系学以及问题史的系统梳理。具体言之，虽然在分别讨论汉、唐、宋朝等诸帝陵制度时，研究者都会讨论一些共同话题，但是，同一研究者却大多没能系统考察这些话题在不同王朝的表现，从而未能揭示其延续性。这种延续性是中国传统社会文化的连续性和统一性所致，而且正是后者的特性才使得中国古代帝陵制度具有恒久的基调。由此亦知，该基调可成为检验研究结论是否准确的重要参照系。

考古学是史学研究的一部分，归根到底是一种社会史的研究，它应当将自己的研究纳入当时的社会，置于社会的政治、文化之下进行。近年来，更多不同学科背景的研究者越来越重视考古材料。但是，如何正确运用、深入理解考古材料？这是任何研究者需要认真面对的问题，考古学者也不例外。无须多言，宏观整体把握相关考古材料是所有研究的基础，进而以此聚焦观照研究对象方是筌蹄，否则便极易于陷入一叶障目之臆境。在此基础上，考古材料如何跟个人命运乃至王朝的政治文化相联系？除了已有的等级、区域研究范式之外，还可从何维度切入？不同器物、墓葬以及技术的类型跟某地域、某阶层的人群有多大必然关联？如何看待这种物质类型的地域性？能否通过这种地域性而机械地区分出相应拥有不同精神文化（包括制度文化和心理文化）的人群？换言之，考古学如何借助物质文化因素辨析主体的精神文化？如何从文化传统、时代背景和社会思潮来处理材料，并重新发掘材料作为文化符号的意义？如何研究在集体心态、集体意识、集体记忆、集体表象下人类行为的多个方面，如何联系着时代、传统、当时社会思潮来处理诠释学意义上的原典或文本的文本性，如何把握和认识从阅读原典或文本所得到的史实而理解其指涉 [1]，扭转与社会史和思想史研究脱节的现象，避免以简单、单一的处理方式对待古代社会？这也是当代考古学界需要进一步思考的问题。

可以说，在所有考古材料中，帝陵跟王朝政治、礼制文化关系最为相契，桴鼓相应。这使得以王朝政治、礼制的维度观察帝陵制度成为必须。而这离不开对历史文献的准确理解与运用。但是，如何借助文献记载来准确获取相关信息？多年来形成的一种惯性思维使我们的研究自觉不自觉地形成一种模式，在阅读史料、认知史实、表达理解或进行叙述时形成了值得重新思考的治学习惯。如，常见的在"正文"甚而仅在"结论"部分贴上片言只语，至多只能视作历史文献的简单处理与机械使用。这种处理方式恰是忽视乃至误解历史文献内容的重要根源，在帝陵研究中尤是。若要避免一味地生搬硬套文字，还需在具体历史情境中，分析文献记载的形成及文献所载的时效性和实效性。而这又要求研究者对考古材料和历史文献能切实做到一视同仁，毫无偏袒。整体的分析、社会的整合，必须动用我们的历史感和历史想象力。进言之，说到底，这是要求研究者还原问题于原本完整的知识结构中进行探讨，诸端并举，尽力缩小甚至弥合现有学科分野所致之知识割裂与遮蔽，尽可能多层面、多立面地阐释、呈现研究对象，从而使得论证与立论益加细密、整体。

唯如此，学术研究才有切实合乎逻辑序列、触摸历史真相的可能。

本书的写作，要特别感谢：齐东方、荣新江、尚刚、林梅村、秦大树、罗丰、韦闻笛（Wendi L. Adamek）、朱玉麒、孟宪实、刘后滨、杨哲峰、杨兵与范淑英伉俪、刘向武、闫亚林、李飏、单月英、卢岩、王勖、庞冠群、禹成旼、倪润安、孙莉、路菁、张凌、陈明、徐刚、党宝海、王欧阳、孙秀丽、王媛媛、李丹婕、陈昊、马秉涛诸先生的帮助！更难以忘怀的是，在我初涉该领

---

[1] 张广达：《关于唐史研究趋向的几点浅见——〈二十世纪唐研究〉序》，此据所撰《张广达文集·史家、史学与现代学术》，桂林：广西师范大学出版社，2008年，第241页。

域时，陕西省考古研究院巩启明先生的无私提携。感谢高燕宁、张海增、张静、蒋慧、赵永萍诸先生帮我度过那些难忘的日子！更要感谢野云堂给予的启迪、无数次的交谈和讨论，对我而言这无疑是杨柳新翻的源头活水。

本书的若干章节曾受到教育部人文社会科学重点研究基地重大项目"汉唐陵墓制度研究"（01JAZJD780001）（贰之二、贰之四；陆之二）、"宋代墓葬研究"（06JJD780002）（叁之二、附二）、"中国古代丧葬：从晋制到唐制的考古学研究"（07JJD780121）（附四）、国家社科基金项目"石刻史料所见汉唐中西文化交流史"（02BZS015）（伍）以及教育部人文社会科学研究规划项目"汉唐时期葬俗研究"（08JA780001）（贰之三、附一）的资助。在此一并谨表衷心谢忱。

本书初版发表之后，承蒙一些师友好意指谬。至今未曾谋面的郑磊先生来信告知书中错讹，甚为感念。此次出版，我修订了所见疏漏，对某些问题也做了进一步补充、调整；并新增加了附三。考虑到有些新见考古资料及研究不影响本书立意，便不再补入。

此次重加修订、补正，希望能继续得到诸位专家、读者的帮助。

沈睿文

2019 年 4 月于燕园

目　录

绪　论 ……………………………………………………………… 1

　　一　天子凶礼与唐陵制度 ……………………………………… 3

　　二　唐陵研究的空间 …………………………………………… 9

壹　四个陵区 …………………………………………………… 13

　　一　唐陵的分类 ………………………………………………… 15

　　二　陵区的成因 ………………………………………………… 24

贰　关中唐陵陵地秩序 ……………………………………… 47

　　一　宗庙礼与陵地秩序 ………………………………………… 49

　　二　关中唐陵陵址的选定 ……………………………………… 56

　　三　吕才与《阴阳书》 ………………………………………… 73

　　四　陵地秩序的讨论 …………………………………………… 97

　　五　余论 ………………………………………………………… 106

　附一　西汉帝陵陵地秩序 ……………………………………… 109

　附二　巩县宋陵陵地秩序 ……………………………………… 147

　附三　西夏陵陵地秩序 ………………………………………… 156

叁 结构与名称 ·············· 163

　一　释陵 ·············· 165

　二　神道 / 御道 ·············· 170

　三　陵园 ·············· 188

　　（一）司马院 ·············· 189

　　（二）寝宫 ·············· 201

　　（三）墙垣 ·············· 205

　　（四）下宫与陵署 ·············· 216

　四　地下部分 ·············· 225

　　（一）埏道 ·············· 225

　　（二）墓门 ·············· 229

　　（三）墓室 ·············· 230

　　（四）梓宫 ·············· 236

　五　小结 ·············· 238

肆 陵园布局的分类及演变 ·············· 239

　一　陵园的分类及演变 ·············· 243

　二　"乾陵式"布局的形成——以乾陵为中心 ·············· 265

　三　小结 ·············· 278

伍　昭陵六骏与十四国君长像 ⋯⋯⋯⋯⋯⋯⋯⋯ 281

　一　修筑的时间 ⋯⋯⋯⋯⋯⋯⋯⋯ 284

　二　君长像和六骏的意蕴 ⋯⋯⋯⋯⋯⋯⋯⋯ 294

　三　君长像和昭陵六骏的来源 ⋯⋯⋯⋯⋯⋯⋯⋯ 301

陆　唐陵陪葬墓地布局 ⋯⋯⋯⋯⋯⋯⋯⋯ 305

　一　陪陵制度的颁定 ⋯⋯⋯⋯⋯⋯⋯⋯ 307

　二　昭陵陪葬墓地布局 ⋯⋯⋯⋯⋯⋯⋯⋯ 316

　　（一）调查与研究 ⋯⋯⋯⋯⋯⋯⋯⋯ 316

　　（二）昭陵陪葬墓地布局分析 ⋯⋯⋯⋯⋯⋯⋯⋯ 321

　三　桥陵陪葬墓地布局 ⋯⋯⋯⋯⋯⋯⋯⋯ 336

　　（一）桥陵陪葬墓名位考辨 ⋯⋯⋯⋯⋯⋯⋯⋯ 337

　　（二）桥陵陪葬墓地布局分析 ⋯⋯⋯⋯⋯⋯⋯⋯ 345

　四　唐陵设计思想 ⋯⋯⋯⋯⋯⋯⋯⋯ 357

　五　唐陵陪葬制度渊源 ⋯⋯⋯⋯⋯⋯⋯⋯ 367

　六　小结 ⋯⋯⋯⋯⋯⋯⋯⋯ 369

附四　陵墓与政治——以永固陵与北朝帝陵为例 ⋯⋯⋯⋯⋯⋯⋯⋯ 371

　一　平城北部方山一带形胜 ⋯⋯⋯⋯⋯⋯⋯⋯ 372

　二　选址方山 ⋯⋯⋯⋯⋯⋯⋯⋯ 377

三　胡汉杂糅的永固陵 ·· 380

四　永固陵对北朝陵墓的影响 ··· 382

后　论 ··· 393

参考文献 ··· 399

Contents

Introduction 1

   1. The Death Rites of Emperor and the System of Mausoleum in Tang Dynasty 3

   2. The Research Subjects of Tang Mausoleums 9

CHAPTER 1 Four Cemeteries of Tang Mausoleums 13

   1. The Sorts of Tang Mausoleums 15

   2. The Causes of Formation of Four Cemeteries of Tang Mausoleums 24

CHAPTER 2 The Order of the Cemetery of Tang Mausoleums in Shaanxi Province 47

   1. The Rite of Zongmiao (Ancestral Temple) and the Arrangement of the Cemeteries of
      Mausoleums 49

   2. The Background of choosing the Cemetery Location of Tang Emperors in Shaanxi
      Province 56

   3. Lü Cai 吕才 and His *Yinyangshu* 阴阳书 73

   4. The Arrangement of the Cemetery of Tang Mausoleums in Shaanxi Province 97

   5. Conclusion 106

APPENDIX I: The Arrangement of the Cemetery of Western Han's Mausoleums ... 109

**APPENDIX II: The Arrangement of the Cemetery of Northern Song's Mausoleums in
         Gongxian 巩县, Henan Province** 147

Appendix III：The Arrangement of the Cemetery of Xixia's Mausoleums 156

CHAPTER 3 The Structure and Appellation 163

  1. Ling 陵 (Mausoleum) 165

  2. Shendao 神道 and Yüdao 御道 (Sacred Way) 170

  3. Lingyuan 陵园 (Mausoleum Yard) 188

    3.1 Simayuan 司马院 189

    3.2 Qingong 寝宫 201

    3.3 Ruanyuan 壖垣 205

    3.4 Xiagong 下宫 and Lingshu 陵署 216

  4. The Underground 225

    4.1 Yandao 埏道 (Entrance Passage) 225

    4.2 Mumen 墓门 (The Door of the Mausoleum) 229

    4.3 Mushi 墓室 (Burial Chamber) 230

    4.4 Zigong 梓宫 (Coffin) 236

  5. Conclusion 238

CHAPTER 4 The Typology and Development of Tang Mausoleum Yard 239

  1. The Typology and Development of Tang Mausoleum Yard 243

  2. The Formation of Qianlingshi 乾陵式 (the Style of Stone Inscription of Tangling):
    Focus on Qianling (Mausoleum) 乾陵 Yard 265

  3. Conclusion 278

CHAPTER 5 The Six Horses at Zhaoling (Mausoleum) and the Statuaries of the Chiefs of Fourteen Countrie.. 281

1. The Date of Construction 284

2. The Symbol of the Statuaries of the Chiefs of Fourteen Countries and the Six Horses at Zhaoling (Mausoleum) 294

3. The Origin of the Statuaries of the Chiefs of Fourteen Countries and the Six Horses at Zhaoling (Mausoleum) 301

CHAPTER 6 The Arrangement of the Accessory Burial of Tangling (Mausoleum) ... 305

1. The Ordination of the System of the Accessory Burial of Tangling (Mausoleum) 307

2. The Arrangement of the Attendant Tombs of Zhaoling (Mausoleum) 316

   2.1. The History of Investigation and Research....................................... 316

   2.2. The Arrangement of the Attendant Tombs of Zhaoling (Mausoleum) 321

3. The Arrangement of the Attendant Tombs of Qiaoling (Mausoleum) 336

   3.1 The Decedents and Positions of the Attendant Tombs of Qiaoling (Mausoleum) 337

   3.2 The Arrangement of the Attendant Tombs of Qiaoling (Mausoleum) 345

4. The idea of Design of Tang Mausoleums 357

5. The Origin of the System of the Accessory Burial of Tangling (Mausoleum) 367

6. Conclusion 369

APPENDIX IV: Mausoleums and Politics: Focus on Yongguling 永固陵 and the Mausoleums of the Northern Dynasties 371

1. The Environment of Fangshan Mountain 方山 to the North of Pingcheng City 平城 372

2. The Background of Choosing of the Cemetery Location
in Fangshan Mountain 方山 ………………………………………… 377

3. The Cultural Factors of Yongguling 永固陵 Mixed with Han
and Non-Han Traditions………………………………………… 380

4. The Influence on the Mausoleums of the Northern Dynasties
from Yongguling 永固陵 ………………………………………… 382

Ongoing Thoughts ………………………………………………… 393

Bibliography ………………………………………………… 399

图表目录

图 1-1 关中唐陵分布图 ·· 23

图 1-2 唐陵昭庆陵区位置及行政沿革示意图 ······················· 26

图 1-3 唐建初陵平面示意图 ·· 29

图 1-4 唐永康陵平面示意图 ·· 31

图 2-1 宗庙神位昭穆摆放次序 ······································ 51

图 2-2 宗庙禘祫礼昭穆摆放次序 ···································· 51

图 2-3 宫羽姓昭穆葬法示意图 ······································ 52

图 2-4 徵姓昭穆葬法示意图 ·· 52

图 2-5 角姓昭穆葬法示意图 ·· 53

图 2-6 商姓昭穆葬法示意图 ·· 53

图 2-7 关中唐陵陵地秩序图 ·· 55

图 2-8 昭穆葬及贯鱼图 ·· 94

图 2-9 唐代帝系略图 ·· 97

图 2-10 关中唐陵陵地秩序示意图 ·································· 98

图 附1-1 秦咸阳、阿房宫与天象对应示意图 ····················· 115

图 附1-2 秦咸阳规划模拟宇宙天象示意图 ······················· 115

图 附1-3 西汉长安城布局示意图 ·································· 118

图 附1-4 汉长安城与天象对应示意图 ····························· 118

图 附1-5 汉长安城基线及汉代遗址示意图 ······················· 122

图 附1-6 汉长陵遗址地形图 ················ 122

图 附1-7 西汉长安城与渭北长陵、安陵关系示意图 ········ 124

图 附1-8 渭北西汉帝陵的分布与基线示意图 ·········· 126

图 附1-9 西汉帝系图 ·················· 127

图 附1-10 关中西汉帝陵陵地秩序示意图 ············ 133

图 附1-11 宫羽姓大利向图 ················ 142

图 附1-12 宫羽姓小利向图 ················ 143

图 附1-13 宫羽姓自如向图 ················ 143

图 附2-1 巩县宋陵陵地分布及秩序图 ············ 148

图 附2-2 北宋帝系图 ·················· 150

图 附2-3 巩县宋陵陵地秩序示意图 ············· 154

图 附3-1 西夏王世系图 ················· 160

图 附3-2 西夏宗庙昭穆次序 ··············· 160

图 附3-3 西夏陵陵地分布及秩序图 ············· 161

图 3-1 唐昭陵"碑记"出土地点 ·············· 219

图 3-2 唐昭陵"碑记"拓片 ··············· 220

图 4-1 唐顺陵平面示意图 ················ 246

图 4-2 唐献陵平面示意图 ················ 248

图 4-3 唐昭陵东方门狮 ················· 249

图 4-4 唐乾陵南神门东侧门狮 ·············· 249

图 4-5 唐乾陵平面实测图 ················ 251

图 4-6 唐乾陵内城南神门外东侧三出阙 ··········· 254

图 4-7 唐乾陵神道南端西侧三出阙 ············· 255

图 4-8　唐乾陵航拍图 ················· 258

图 4-9　唐恭陵平面实测图 ················· 262

图 4-10　唐惠陵平面示意图 ················· 262

图 5-1　游师雄《昭陵六骏》碑拓片 ················· 288

图 5-2　昭陵十四国君长像和昭陵六骏平面布局示意图 ················· 296

图 6-1　游师雄《唐太宗昭陵图》 ················· 317

图 6-2　关野贞《唐太宗昭陵陪冢配置图》 ················· 319

图 6-3　唐昭陵陪葬墓分布示意图 ················· 323

图 6-4　唐昭陵陪葬墓分布简图 ················· 324

图 6-5　唐长安城宫城、皇城图 ················· 333

图 6-6　唐桥陵陪葬墓地示意图 ················· 353

图 6-7　郿县李泰家族墓地示意图 ················· 355

图 6-8　敦煌晚唐 S.2263《葬录》图 ················· 356

图 6-9　唐长安城平面图 ················· 361

图 6-10　唐桥陵平面实测图 ················· 362

图 6-11　神目推测之唐乾陵地宫图 ················· 364

图 附4-1　方山永固陵位置示意图 ················· 373

图 附4-2　洛阳北郊北魏皇室墓地布局示意图 ················· 384

表1-1 唐陵情况一览表 ·· 16

表2-1 《唐大诏令集》所见唐代营修帝陵诸官员一览表 ·············· 68

表 附3-1 西夏陵列表 ·· 157

表4-1 唐陵"四祖式"神道相邻石刻南北间距一览表 ················· 245

表4-2 唐顺陵、恭陵神道相邻石刻南北间距一览表 ················· 247

表4-3 唐献陵神道相邻石刻南北间距一览表 ·························· 247

表4-4-1 第二类唐陵神道建筑个体规模一览表（1） ··············· 252

表4-4-2 第二类唐陵神道建筑个体规模一览表（2） ··············· 252

表4-4-3 第二类唐陵神道建筑个体规模一览表（3） ··············· 254

表4-5 唐陵神道相邻石刻南北间距一览表 ···························· 256

表6-1 唐昭陵陪葬墓资料表 ··· 326

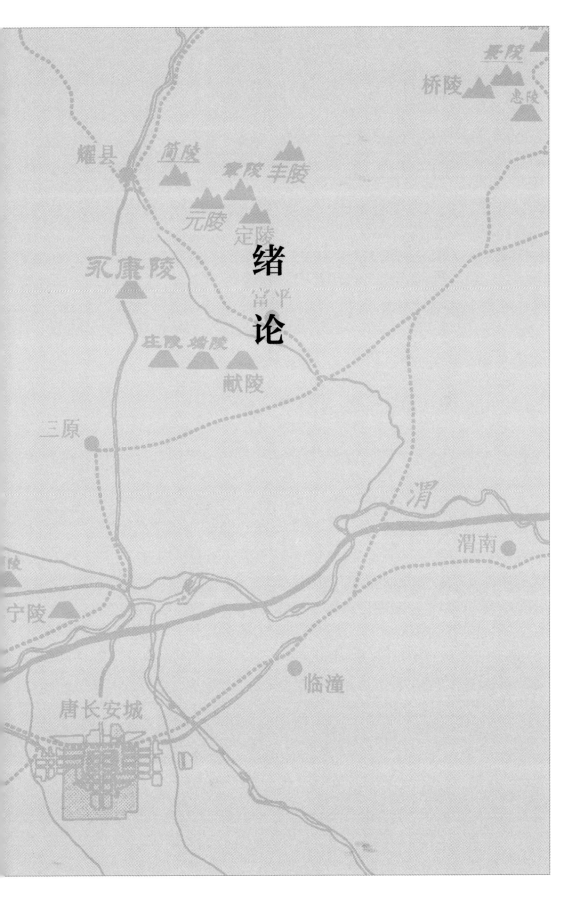

绪

论

唐代帝陵在中国帝王陵寝制度史上占有极为重要的地位，它不仅汲取前世帝陵诸元素，而且对后代帝陵影响深刻。可谓承前启后，继往开来。饱尝沧桑的唐陵保留着丰富的历史信息，映照着李唐社会的重大变革，极富研究旨趣。遗憾的是，唐陵制度在典章坟籍中的记载却寥若晨星，语焉不详。幸有多年的田野考古工作，使得逼近其原貌成为可能。借此，参较相关史载，或能钩沉发覆，对唐陵做一历史考索。

一　天子凶礼与唐陵制度

天子凶礼是凶礼中有关皇帝丧葬礼仪的部分，其中也应有帝陵制度的规定。唐代的天子凶礼集中在《国恤章》中。有关唐陵制度史载的状况，便跟《国恤章》的删去有着直接的关系。

唐高宗显庆三年（658 年）正月，许敬宗、李义府等上所修新礼，去《国恤》一篇，自是天子凶礼遂阙。《新唐书》卷二〇《礼乐志》云：

> 唐初，徙其（凶礼）次第五，而李义府、许敬宗以为凶事非臣子所宜言，遂去其《国恤》一篇，由是天子凶礼阙焉。至国有大故，则皆临时采掇附比以从事，事已，则讳而不传，故后世无考焉。至开元制礼，惟著天子赈恤水旱、遣使问疾、吊死、举哀、除服、临丧、册赠之类，若五服与诸臣之丧葬、衰麻、哭泣，则颇详焉。[1]

---

[1] 〔宋〕欧阳修、宋祁：《新唐书》，北京：中华书局，1975 年，第 441 页。

据此知于《显庆礼》中确已不见《国恤礼》，[1] 但是否永徽之后，《国恤礼》便因此不复存在了呢？

回答这个问题离不开唐代历次礼制改革的情况。《新唐书》卷一一《礼乐志》载：

> 唐初，即用隋礼。至太宗时，中书令房玄龄、秘书监魏征，与礼官学士等因隋之礼，增以天子上陵、朝庙、养老、大射、讲武、读时令、纳皇后、皇太子入学、太常行陵、合朔、陈兵太社等，为《吉礼》六十一篇，《宾礼》四篇，《军礼》二十篇，《嘉礼》四十二篇，《凶礼》十一篇，是为《贞观礼》。
>
> 高宗又诏太尉长孙无忌、中书令杜正伦、李义府、中书侍郎李友益、黄门侍郎刘祥道、许围师、太子宾客许敬宗、太常卿韦琨等增之为一百三十卷，是为《显庆礼》。其文杂以式令，而义府、敬宗方得幸，多希旨傅会。事既施行，议者皆以为非，上元三年（676 年），诏复用《贞观礼》。由是终高宗世，《贞观》、《显庆》二礼兼行。而有司临事，远引古义，与二礼参考增损之，无复定制。武氏、中宗继以乱败，无可言者，博士掌礼，备官而已。
>
> 玄宗开元十年（722 年），以国子司业韦绦为礼仪使，以掌五礼。十四年，通事舍人王嵒上疏，请删去《礼记》旧文而益以今事，诏付集贤院议。学士张说以为《礼记》不刊之书，去圣久远，不可改易，而唐《贞观（礼）》、《显庆礼》，仪注前后不同，宜加折衷，以为唐礼。乃诏集贤院学士右散骑常侍徐坚、左拾遗李锐及太常博士施敬本撰述，历年未就而锐卒。萧嵩代锐为学士，奏起居舍人王仲丘撰定，为一百五十卷，是为《大唐开元礼》。由是，唐之五礼之文始备，而后世用之，虽时小有损益，不能过也。[2]

---

[1] 陈成国：《中国礼制史·隋唐五代卷》，长沙：湖南教育出版社，1998 年，第 130～132 页。

[2] 《新唐书》，第 308～309 页。

可见，高宗上元三年以后，《显庆礼》与《贞观礼》兼行。故虽《国恤章》没有被《显庆礼》所采纳，但是因为有《贞观礼》的兼行，故而高宗时期《国恤章》实仍存在。

那《国恤章》的阙失究竟在什么时候？它的阙失跟《大唐开元礼》的制定有无关系？

国恤礼以及天子凶礼的一度阙失，多少反映了唐代人心不古的时代潮流[1]。也由此导致了随后的唐政府对帝陵礼仪的两度整饬。这就是德宗时期颜真卿制定的《元陵仪注》以及宪宗时期裴堪《崇丰二陵集礼》的再度整理。颜真卿已为世人所能详；裴堪，字封叔，元和年间曾任吉州刺史。其高祖为太尉裴行俭，曾祖嗣侍中裴光庭，祖父祠部员外郎裴积，父大理卿裴儆。唐政府相继进行山陵礼仪的整饬工作，其意不仅是整顿山陵陵寝之礼，整饬帝陵建制，实也欲通过健全帝陵礼制来提高皇权。

建中元年（780 年），唐德宗整顿山陵陵寝之礼的人选，是深达礼体的礼仪使颜真卿。唐人殷亮撰《颜鲁公行状》，记载了颜氏制定《元陵仪注》时所遭遇的非难和艰辛。状云：

> 今上（德宗）谅暗之际，诏公（颜真卿）为礼仪使。先自玄宗以来，此礼仪注废阙。临事徐创，实资博古练达古今之旨，所以朝廷笃于讪疾者不乏于班列，多是非公之为。公不介情，惟搜礼经，执直道而行已，今上察而委之。山陵毕，授光禄大夫，迁太子少师，依前为礼仪使。前后所制仪注令门生左辅元编为《礼仪》十卷。今存焉。[2]

从唐人殷亮撰《颜鲁公行状》知，帝陵礼仪注则是从唐玄宗时期方始废阙。

更为重要的一点，殷亮是颜真卿舅父之孙，亦即真卿母之侄孙，真卿之表

---

[1] 姜伯勤：《唐贞元、元和间礼的变迁——兼论唐礼的变迁与敦煌元和书仪文书》，载所撰《敦煌艺术宗教与礼乐文明》，北京：中国社会科学出版社，1996 年，第 445 页。

[2] 〔唐〕殷亮：《颜鲁公行状》，〔唐〕颜真卿撰、〔清〕黄本骥编订《颜真卿集》，凌家民点校，哈尔滨：黑龙江人民出版社，1993 年，第 244 页。

侄，对颜氏事迹自当熟谙。而且二人的关系并不只是停留在表亲而已，在现实生活中殷亮与颜真卿交游甚密。如，唐永泰丙午岁（766 年），颜真卿以罪佐吉州，是年夏六月壬戌、癸亥接连两天曾与殷亮等人偕游东林寺、西林寺，并有题名[1]。二人关系如此之密，其记载当不谬才是。

同样，令狐峘在所撰《颜真卿墓志铭》对颜氏制礼也有记述，所载情况亦与殷亮同。其铭曰：

> 代宗晏驾，朝廷以公（颜真卿）鸿儒，详练典故，举充礼仪使。祗护陵寝，率礼无违，加光禄大夫、太子少师，使如故。著《礼仪集》十卷，上方倚以为相，为权臣所忌，迁太子太师，外示崇高，实以散地处之也。[2]

令狐峘是令狐德棻的玄孙。《旧唐书》本传载：

> 令狐峘，德棻之玄孙。登进士第。禄山之乱，隐居南山豹林谷，谷中有峘别墅。司徒杨绾未仕时，避乱南山，止于峘舍。峘博学，贯通群书，有口辩，绾甚称之。及绾为礼部侍郎，修国史，乃引峘入史馆。自华原尉拜右拾遗，累迁起居舍人，皆兼史职，修《玄宗实录》一百卷、《代宗实录》四十卷。著述虽勤，属大乱之后，起居注亡失，峘纂开元、天宝事，虽得诸家文集，编其诏策，名臣传记十无三四，后人以漏落处多，不称良史。大历八年（773 年），改刑部员外郎。
>
> 德宗即位，将厚奉元陵，峘上疏谏曰……
>
> 元和三年（808 年），峘子太仆寺丞丕，始献峘所撰《代宗实录》四十卷。[3]

---

[1] 《颜真卿集》，第 105～106 页。

[2] 〔唐〕令狐峘：《光禄大夫太子太师上柱国鲁郡开国公颜真卿墓志铭》，《颜真卿集》，第 233 页。

[3] 〔后晋〕刘昫等：《旧唐书》卷一四九《令狐峘传》，北京：中华书局，1975 年，第 4011～4014 页。

不仅门第所形成的独特门风对家族个体的言行是一种无形的约束，而且自小的熏陶也使得他们多能自觉地以此高标。安史之乱时，令狐峘的隐居终南山恐便与此有关。如此禀赋之人后又得以兼任史职，其说亦该不误。

柳宗元亦持此说。柳氏所撰《裴堪〈崇丰二陵集礼〉后序》云：

> 自开元制礼，大臣讳避去《国恤章》，而山陵之礼遂无所执。世之不学者，乃妄取预凶事之说，而大典阙焉。由是累圣山陵，皆摭拾残阙，附比伦类，已乃斥去，其后莫能征。永贞、元和间，天祸仍遘，自崇陵至于丰陵，不能周岁。司空杜公由太常相天下，连为礼仪使，择其僚以备损益，于是河东裴堪以太常丞，陇西辛秘以博士用焉。内之则攒涂秘器，象物之宜；外之则复土斥上，因山之制。上之则顾命典册，与文物以受方国；下之则制服节文，颁宪则以示四方。由其肃恭，礼无不备。且苞并总统，千载之盈缩；罗络旁午，百氏之异同。搜扬翦截，而毕得其中；顾问关决，而不悖于事。议者以为司空公得其人，而邦典不坠。裴氏乃悉去其所刊定，及奏复于上，辨列于下，联百执事之仪，以为《崇丰二陵集礼》，藏之于太常书阁，君子以为爱礼而近古焉者。……
>
> 而〔裴〕堪也以礼奉二陵，又能成书以充其阙，其为爱礼近古也，源远乎哉！[1]

可见，《国恤章》的阙失是在开元制礼之后，因此殷亮、令狐峘、柳子厚才有此说，可为定谳。

综上，太宗《贞观礼》中《国恤章》有相应之位置。高宗时期，虽因《显庆礼》与《贞观礼》的兼行，《国恤章》仍得以保存，但却已开了将《国恤章》剔出凶礼的先河。玄宗开元制礼后，《国恤章》方始废阙。之后，德宗、宪宗时期先后对帝陵礼仪两度整饬。

颜真卿在元陵葬礼过程中所制仪注，两《唐书》及旧编文集均不载。清人

---

[1] 〔唐〕柳宗元：《柳宗元集》卷二一，北京：中华书局，1979 年，第 572 ～ 574 页。

黄本骥考证颜鲁公此仪注即《通典》所载《元陵仪注》[1]。裴堮所撰《崇丰二陵集礼》，惜已亡佚[2]。所幸韩愈《顺宗实录》中对顺宗丧仪稍有述及[3]，可在一定程度上弥补此憾。参互二者可对唐代皇帝的丧仪有一个基本了解。此外，《国恤章》还有哪些内容？它对帝陵建制有何规定和影响？

仔细忖量，此中至少尚有如下几个问题。

其一，显庆三年（658年）所上新礼，去《国恤章》导致天子凶礼的阙失。此举应属当权者特意之行为，恐与武则天逐渐参预朝政的态势有关。可是，从唐陵陵地布局上来看，此时却正好是唐陵布局的转换以及神道石刻组合定型的关键时期。此后诸陵除了石刻个体规模之外，布局基本上依照乾陵的方案[4]。其原因为何？

其二，为何开元时期没有继续沿用《国恤章》？跟此刻玄宗文化、政治全方位的转型有无关联？

其三，德宗、宪宗时期对帝陵礼仪的整饬对唐陵建制有何具体的影响？

回答这些问题则恐唯有依靠唐代帝陵的田野考古工作。

---

[1] 有关《大唐元陵仪注》研究可详见：〔日〕金子修一等《大唐元陵仪注试释（1）》，《山梨大学教育人间科学部纪要》3卷2号，2002年，第1～16页；《大唐元陵仪注试释（2）》，《山梨大学教育人间科学部纪要》4卷2号，2002年，第1～18页；《大唐元陵仪注试释（3）》，《山梨大学教育人间科学部纪要》5卷2号，2003年，第1～23页；《大唐元陵仪注试释（4）》，《山梨大学教育人间科学部纪要》6卷2号，2005年，第1～13页；《大唐元陵仪注试释（5）》，《山梨大学教育人间科学部纪要》7卷1号，2005年，第1～17页。〔日〕金子修一、江川式部《従唐代礼仪制度看〈大唐元陵仪注〉研究的意义》，云南大学：中国唐史学会报告，2004年7月，第1～11页；〔日〕稲田奈津子《奈良时代の天皇喪葬仪礼；大唐元陵仪注の検讨を通して》，《东方学》114辑，2007年，第18～30页。承禹成旼先生寄赠，谨致谢忱！〔日〕金子修一主编《大唐元陵仪注新释》，东京：汲古书院，2013年；McMullen, David L., "The Death Rites of Tang Daizong", in *State and Court Ritual in China*, edited by Joseph P. McDermott, London: Cambridge University Press, 1999, pp.150-196.

[2] 《新唐书》卷五八《艺文志》，第1492页上栏。

[3] 〔唐〕韩愈：《顺宗实录》，《丛书集成初编》据海山仙馆丛书本排印，上海：商务印书馆，1936年，册3832，第22～23页。

[4] 详见本书肆"陵园布局的分类及演变"。

二 唐陵研究的空间

唐陵多年的调查工作及成果的陆续发表，以及全国范围内特别是唐代两京地区考古工作的开展，使对唐陵的进一步研究成为可能。在目前发掘的唐代墓葬中，由于唐陵陪葬墓的墓葬等级都比较高，在唐代墓葬制度的研究中是一份极其重要的资料，不少研究都利用了这一批资料开展有关墓葬等级制度和壁画等专题研究，并进而对唐代皇室埋葬制度进行推测等等。这些进展无疑给研究位于唐墓等级差序最高点的唐陵奠定了坚实的基础。

尽管中唐以来对唐陵特别是陪葬墓便有了模糊的认识[1]，但是对唐陵的研究仍旧代不乏人。自北宋绍圣元年（1094年）游师雄调查唐陵，特别是1949年之后我国现代考古工作开展以来，关于唐陵的研究更是与日俱增。然而细考历来关于唐陵的有关讨论，总以泛泛征引者多，深入研究者少。征引者不外胪列资料，多停留在碑刻本身，并未涉及唐陵制度。这在金石学的著作中表现得尤为突出。作为金石学的著录，未遑阐幽发微，探讨其内涵。深入研究者或探讨其碑刻墓志，或分析其陪葬墓、壁画或考索其帝陵制度[2]，虽未能重现其风采，但透过缜密推演，若干形神风采已宛然重建于纸上。

然而研究成果虽然丰硕，但对唐陵仍然缺乏一个整体认识。所谓"整体"，作为唐陵制度外在框架的布局就是一个十分重要的议题。帝陵布局内容大体包括陵区选择与秩序、陵园设计、陪葬墓地安排等方面。但针对此点，学界仍然缺乏充分讨论。事实上，如由布局的层面切入，穷原竟委，查其流变，将更能厘清渊源，并发显、映照出唐陵的风貌及其深层含义。通过唐陵布局的探讨，借此推究唐陵的性质特征，并确立其制度渊源。在动态的发展过程中，考察唐陵制度的演变及其背后的社会机制。

唐陵陵区的形成与王朝的政治命运息息相关。同样的，各帝陵相对位置的

---

[1] 详见本书陆之"桥陵陪葬墓地布局"。

[2] 有关唐陵研究问题史，详见沈睿文《唐陵研究缘起》，樊英峰主编《乾陵文化研究》（二），西安：三秦出版社，2006年，第335～355页。

选择也是陵墓制度的一个重要元素。长期以来，这种认识已成定谳。遗憾的是，对相关制度的误解，对国家政权威力估计得不足，使得他们认为广袤的渭北地区便可轻易阻挡统治者实施制度建设。显然，这种状况导致了该课题极大的进一步讨论的空间。关中唐陵陵位的安排历经了一个变化，其葬地选择原则的变更与厘定跟当时社会政治的重大变革息息相关。唐陵陪葬墓地在唐陵的表征中曾经承担着重要的功能，同样的，随着这个功能的逐渐淡化，其布局也产生了转变。这种转变不仅跟陵园的设计直接相关，更与当时社会权力结构构成的变化有着不可或分的关系。

作为同一语境下的产物，各种类型的帝陵是一个有机整体，在规划建筑时被置于同一系统综合考虑。换言之，唐陵园邑制度的演化有其自身内在的逻辑序列，这需要综合考虑所谓帝陵、祖陵、太子陵以及后妃陵墓的园邑布局。只有这样，才有可能整理出一个合乎逻辑的谱系。此前的研究对象大都是所谓的"关中十八陵"，而忽视了作为唐陵陵园制度演化中重要一环的追谥为帝王的陵墓之存在。无疑地，后者也是唐陵整体制度的一个有机组成部分。但是，因为没有被纳入整个唐陵制度体系中来，从而也就奠定了唐陵陵园布局演变脉络不得理清的命运。在现有材料的基础上，若将它们视为一个整体进行综合研究，便可梳理出唐陵陵园的类型及其相互间的演化关系。当然，跟所有的研究结论一样，这只是一种逻辑上的演绎，所得结果也只是唐陵陵园制度最后形成的一个可能。中国文化是一个很早熟的文化。其文化性格基本上在春战时期便已成型，后世多以之为圭臬，如昭穆制度。这种以年代的久远来换取制度合法地位的做法，跟儒家文化在中国历史长河中始终居于威权地位有着莫大的关系。而研究中长时段视野的缺乏，也使我们未能对唐陵的陵园制度进行追溯、跟踪。如，长期以来，汉、宋等帝陵的考古发现及其相关研究的进展，没能很好地纳入唐陵研究的视野。

中国古代帝陵制度是汉民族的丧葬文化与其他民族丧葬文化交融的历史，而这一过程又是跟该民族国家的政治典章制度建设同时的。中原河洛文明的早熟及其过早地被尊崇为文化正朔，周、汉代文化经过营造后又得以成为其代表，使得汉文化的典章制度被各民族国家视为政权正统建设的重要依据和根本目标。不管其实际行动如何，这已渗透到各个王朝的血脉之中，不论是天下一统，还是群雄分峙的时代，它已成为传统社会诸民族国家建设和历史更迭的一个不可忽视的图式。唐朝政府也难脱此窠臼，由其帝陵建设可见一斑。

作为国家制度整体的一个构成部分，唐陵园陵制度的基调肇始于唐高祖。贞观九年五月六日（626 年 6 月 5 日），唐高祖颁布《神尧遗诏》称：

> 其服轻重，悉从汉制。以日易月，于事为宜。其园陵制度，务从俭约。斟酌汉魏，以为规矩。百辟卿士，孝子忠臣，送往事居，勿违朕意焉。[1]

由此奠定唐代帝陵陵制的基调，并对李唐帝陵陵制局面的开创与形成产生深远影响。高宗的遗诏中便称"其服纪轻重，宜依汉制。以日易月，于事为宜。园陵制度，务从节俭"[2]。

唐德宗时，权德舆所上《代中书门下贺八陵修复毕表》云：

> 臣某等言，臣闻宗庙之享以致吉蠲，山园之制以极严敬，国朝祀典，尽用汉法。[3]

又元和元年正月甲申（806 年 2 月 11 日），唐顺宗崩。其遗诏有言：

> 伏以崇陵仙寝，复土才终。甸邑疲人，休功未几。今又重劳营奉，朕所哀矜。况汉魏二文，皆著遗令。永言景行，常志夙心。其山陵制度，务从俭约。[4]

可见，唐代最高统治阶层确实已视汉魏山陵制度为其帝陵制度不变之规矩。

---

[1] 〔宋〕宋敏求：《唐大诏令集》卷一一"神尧遗诏"条，北京：商务印书馆，1959 年，第 67 页。

[2] 〔清〕董诰等编《全唐文》卷一四"遗诏"条，北京：中华书局，1983 年，第 163 页上栏～第 163 页下栏；《唐大诏令集》卷一一"大帝遗诏"条，第 67 ～ 68 页。

[3] 〔宋〕李昉等编《文苑英华》卷五七一，北京：中华书局，1966 年，第 2935 页上栏。《全唐文》卷四八四作《中书门下贺八陵修复毕表》，云："国朝祀典，誊用汉法。"第 4949 页下栏。

[4] 《顺宗实录》，《丛书集成初编》据海山仙馆丛书本排印，第 22 ～ 23 页。

　　综观考古学资料，可谓一部空间的历史，这个空间始终与权力等秩相联系。若由考古材料研究传统国家制度，则都邑与帝陵无疑是最佳选择。通过斟酌汉魏之法，唐陵园陵布局与儒家意识形态核心得以契合。反过来，这种契合不仅强化了唐陵园邑制度的合法性，而且昭示着它所代表的皇权的正朔。由此，唐陵的布局在空间上与帝国的统治秩序有机地联系起来。

　　那么，这个话语在有唐一代是如何形成的？它经历了怎样的变化？又是如何被操纵、运作和修改的？这些对唐陵在空间上的布局又造成何种影响？

　　此上都是值得进一步探讨的课题。

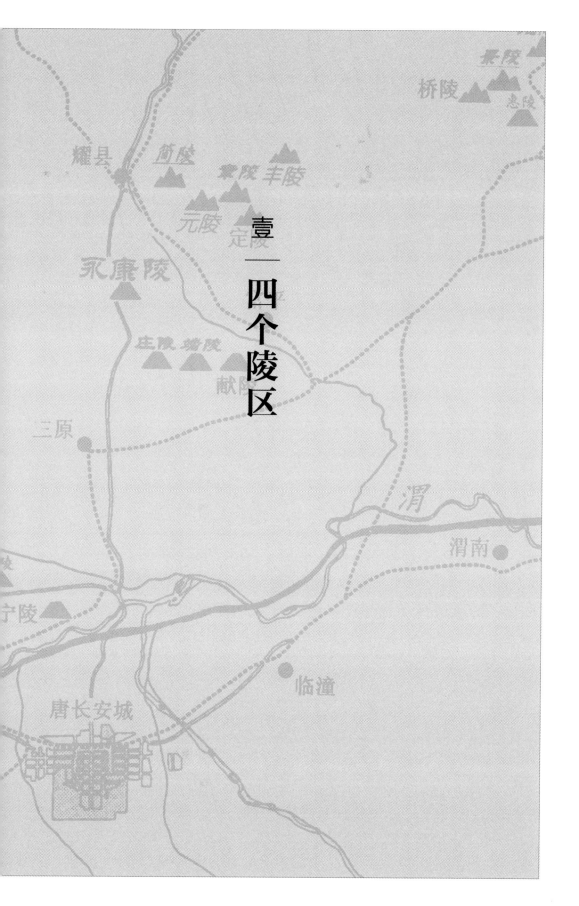

壹 — 四个陵区

一　唐陵的分类

在唐帝陵陵区中，现大体可以确定并在文献中称为"陵"的唐代墓葬（不包括后妃）共有 29 座，可分为如下四类（表 1-1）：第一类，追改坟墓为"陵"——唐建国初年追改祖先四世的坟墓为"陵"，有昭庆（河北隆尧）陵区建初陵、启运陵 [1]、三原永康陵 [2] 及咸阳兴宁陵 [3] 等四座。其中李熙、李天赐父子是二人共茔而葬。此外，尚有咸阳杨氏顺陵 [4]。第二类，唐代历朝皇帝

---

[1] 李兰珂：《隆尧唐陵、〈光业寺碑〉与李唐祖籍》，《文物》1988 年第 4 期，第 55 ～ 65 页。下简称"调查报告"。本章昭庆陵区的考古材料均源自此文，恕不再一一指出。

[2] 甘肃省清水县鲁家湾也有一座李虎墓，并有墓碑出土（详见《唐代先祖李虎墓》，《人民政协报》1997 年 10 月 29 日第 4 版）。或曰该墓墓主与李唐之李虎乃同名而人异（详见岳维宗《清水李虎墓非唐公李虎墓辨》，《文博》1999 年第 2 期，第 35 ～ 36 页），对此，前岛佳孝持否定态度（详见所撰《李虎の事跡とその史料》，《中央大学人文研紀要》61 号，2007 年，第 69 ～ 100 页）。这里需要指出的是同一墓葬见于多处的情况在后之昭陵陪葬墓地中也能看到。如《古今图书集成》卷一三四《方舆汇编》坤舆典冢墓部引《畿辅通志》真定府，略云："孔颖达墓，在衡水县西北五里。颖达仕国子祭酒，冢不甚高，但冢前数尺之内寸草不生是其异也。有元大德七年（1303 年）县尹袁纬碑记。又按唐史颖达陪葬昭陵，未知孰是。魏征墓，在晋州西南五里许。封郑国公，谥文贞。明弘治间墓被滹水淤没，嘉靖间知州黄良明立碑。尉迟恭（墓），在冀州城西四十里尉迟堰下。恭，封鄂国公"。又《古今图书集成》卷一三四《方舆汇编》坤舆典冢墓部"广平府"条引《畿辅通志》云："李勣墓，在广平县下河堡。勣封英国公，图形凌烟阁，相传东征时卒于此，因葬之。"（《古今图书集成》，北京：中华书局 / 成都：巴蜀书社，1985 年，第 7619 页下栏）〔宋〕陈思纂次《宝刻丛编》卷一《齐州》唐"房元（玄）龄神道碑"条，云："唐褚遂良书，在龙山镇。引《访碑录》。"（《丛书集成初编》据十万卷楼丛书本排印，北京：中华书局，1985 年新 1 版，册 1601，第 25 页）同一墓葬既出现在昭陵陪葬墓区，又出现在其他地区。在昭陵陪葬墓中出现这种现象，应如何解释？尚待进一步研究。

[3] 咸阳市博物馆：《唐兴宁陵调查记》，《文物》1985 年第 3 期，第 46 ～ 47 页。

[4] 陕西省考古研究所：《唐顺陵勘查记》，《文物》1964 年第 1 期，第 34 ～ 48 页；陕西省考古研究院、顺陵文物管理所编著《唐顺陵》，北京：文物出版社，2015 年。

表 1-1　唐陵情况一览表

陵区	编号	陵　号	帝　号	即位时间	死亡时间
关中陵区	1	永康陵	太祖李虎	武德元年六月二十二日（618 年 7 月 19 日）追尊	不详
	2	兴宁陵	世祖李昺		不详
	3	献陵	高祖李渊	隋义宁二年五月甲子（618 年 6 月 19 日）	贞观九年五月庚□（635 年 6 月 25 日
	4	昭陵	太宗李世民	武德九年八月癸亥（626 年 9 月 3 日）	贞观二十三年五月己（649 年 7 月 10 日
	5	乾陵	高宗李治	贞观二十三年六月甲戌朔（649 年 7 月 15 日）	弘道元年十二月丁（683 年 12 月 27 日
			武则天	载初元年九月九日（690 年 10 月 16 日）[3]	神龙元年十一月壬（705 年 12 月 16 日
	6	定陵	中宗李显	神龙元年正月甲辰（705 年 2 月 21 日）	景龙四年六月壬（710 年 7 月 3 日
	7	桥陵	睿宗李旦	景龙四年六月甲辰（710 年 7 月 25 日）	开元四年六月甲（716 年 7 月 13 日
	8	泰陵	玄宗李隆基	景云三年八月庚子（712 年 9 月 8 日）	宝应元年四月甲寅（762 年 5 月 2 日
	A	建陵	肃宗李亨	天宝十五载七月甲子（756 年 8 月 12 日）	宝应元年四月丁（762 年 5 月 15 日
	a	元陵	代宗李豫	宝应元年四月己巳（762 年 5 月 17 日）	大历十四年五月辛（779 年 6 月 10 日

[1]　历时 A/B：A，指即位至埋葬的时间间隔；B 指死亡至埋葬的时间间隔。其单位皆为"天"。陵号灰底者表示积土为陵，余者为依山为陵。

[2]　《旧唐书》卷六《则天皇后本纪》，第 116 页。

埋葬时间	历时[1]	经纬度	陵　址
德元年六月二十二日	不详	34° 46′ 22.7″ N 108° 58′ 35.3″ E	三原县陵前镇长坳村
	不详	34° 31′ 0.48″ N 107° 23′ 15.8″ E	咸阳市渭城区正阳乡后排村
贞观九年十月庚寅 （635 年 12 月 12 日）	6386/170	34° 41′ 56.63″ N 109° 08′ 10.74″ E	三原县徐木乡
观二十三年八月庚寅 （649 年 9 月 29 日）	8427/81	34° 34′ 53.95″ N 108° 25′ 52.22″ E	礼泉县昭陵镇九嵕山
文明元年八月庚寅 （684 年 9 月 25 日）	12862/273	34° 34′ 15.31″ N 108° 12′ 53.36″ E	乾县乾陵镇梁山
神龙二年五月庚寅 （706 年 7 月 2 日）	5739/198		
景龙四年十一月己酉 （710 年 11 月 27 日）	2105/147	34° 51′ 34.95″ N 109° 09′ 09.23″ E	富平县宫里镇凤凰山
开元四年十月庚午 （716 年 11 月 16 日）	2304/126	34° 58′ 51.87″ N 109° 28′ 27.69″ E	蒲城县坡头镇丰山
广德元年三月辛酉 （763 年 5 月 4 日）	18500/367	35° 02′ 00.39″ N 109° 40′ 27.90″ E	蒲城县保南乡金粟山
宝应二年三月庚午 （763 年 5 月 13 日）	2465/363	34° 36′ 23.20″ N 108° 25′ 49.95″ E	礼泉县建陵镇武将山
大历十四年十月己酉 779 年 11 月 25 日）	6401/168	34° 51′ 46.94″ N 109° 07′ 03.62″ E	富平县庄里镇檀山

---

[3] 咸亨五年八月壬辰（674 年 9 月 20 日）武则天称天后，临朝称制；载初元年九月九日（690 年 10 月 16 日），武则天革唐命，改国号为"周"。

[4] 〔宋〕司马光编著《资治通鉴》卷二二二"甲寅，上皇（玄宗）崩于神龙殿"条，北京：中华书局，1956 年，第 7123 页；另，《旧唐书》卷九《玄宗本纪下》误作"上元二年四月甲寅"，第 235 页。

陵区	编号	陵　号	帝　号	即位时间	死亡时间
关中陵区	B	崇陵	德宗李适	大历十四年五月癸亥（779 年 6 月 12 日）	贞元二十一年正月癸（805 年 2 月 25 日）
	b	丰陵	顺宗李诵	贞元二十一年正月丙申（805 年 2 月 28 日）	元和元年正月甲申（806 年 2 月 11 日
	C	景陵	宪宗李纯	永贞元年八月乙巳（805 年 9 月 5 日）[2]	元和十五年正月庚（820 年 2 月 4 日）
	c	光陵	穆宗李恒	元和十五年正月丙午（820 年 2 月 10 日）	长庆四年正月壬（824 年 2 月 25 日
	D	庄陵	敬宗李湛	长庆四年正月癸酉（824 年五月 2 月 26 日）	宝历二年十二月八（827 年 1 月 9 日
	d	章陵	文宗李昂	宝历二年十二月乙巳（827 年 1 月 13 日）	开成五年正月辛巳（840 年 2 月 10 日
	E	端陵	武宗李炎	开成五年正月十四日（840 年 2 月 20 日）	会昌六年三月二十三（846 年 4 月 22 日
	F	贞陵	宣宗李忱	会昌六年三月二十三日（846 年 4 月 22 日）[6]	大中十三年八月七（859 年 9 月 7 日

[1] 《资治通鉴》卷二三七"壬寅，葬至德大圣大安孝皇帝于丰陵"条，第 7634 页。"壬寅"，《旧唐书》卷一四《顺宗本纪》误作"壬申"，该月无壬申日，第 410 页。〔唐〕韩愈《顺宗实录》亦误作"壬申"。详见所撰《顺宗实录》，《丛书集成初编》据海山仙馆丛书本排印，第 23 页。

[2] 永贞元年八月丁酉朔（805 年 8 月 28 日）唐宪宗受内禅，八月乙巳即皇帝位于宣政殿。详见《旧唐书》卷一五《宪宗本纪上》，第 411 页。

[3] 案，唐庄陵的经纬度采自王双怀《关中唐陵的地理分布及其特征》，《西安联合大学学报》2001 年第 1 期，第 64 页。

[4] 《新唐书》卷八《武宗本纪》作"会昌六年三月甲子（846 年 4 月 22 日）"。详见《新唐书》，第 245 页。

续表 1-1

埋葬时间	历时	经纬度	陵　址
永贞元年十月己酉 （805 年 11 月 8 日）	9646/256	34° 43′ 18.07″ N 108° 49′ 09.09″ E	泾阳县蒋路乡嵯峨山
元和元年七月壬寅 （806 年 8 月 28 日）[1]	546/198	34° 56′ 30.33″ N 109° 12′ 04.61″ E	富平曹村镇虎头山
元和十五年五月庚申 （820 年 7 月 3 日）	5415/152	35° 00′ 24.41″ N 109° 31′ 15.57″ E	蒲城县三合乡金炽山
长庆四年十一月庚申 （824 年 12 月 9 日）	1805/288	35° 03′ 02.07″ N 109° 34′ 13.73″ E	蒲城县翔村乡尧山
大和元年七月十三日 （827 年 8 月 9 日）	1260/212	109° 01′ N 34° 43′ E[3]	三原县陵前镇柴家窑村东
开成五年八月十七日 （840 年 9 月 16 日）	4995/219	34° 52′ 54.40″ N 109° 08′ 38.01″ E	富平县雷村乡西岭山
会昌六年八月壬申 （846 年 8 月 28 日）[5]	2391/128	34° 41′ 28.80″ N 109° 05′ 12.26″ E	三原县徐木乡徐木原
咸通元年二月丙申 （860 年 3 月 2 日）[7]	5063/177	34° 41′ 21.18″ N 108° 39′ 25.70″ E	泾阳县白王乡仲山

[5] 《资治通鉴》卷二五〇"八月，壬申，葬至道昭肃孝皇帝于端陵"条，第 8025 页。

[6] 《旧唐书》卷一八上《武宗本纪》，第 610 页；《新唐书》卷八《武宗本纪》亦作"会昌六年三月甲子（846 年 4 月 22 日）"（第 245 页）；《资治通鉴》卷二四八"上疾久未平"条则作"会昌六年三月丁卯（846 年 4 月 25 日）"（第 8023 页）；《旧唐书》卷一八下《宣宗本纪》误作"会昌六年三月二日（846 年 4 月 1 日）"（第 613 页）。

[7] 《资治通鉴》卷二五〇"丙申，葬昭武献文孝皇帝于贞陵"条，第 8080 页。另，《旧唐书》卷一八下《宣宗本纪》作"大中十四年二月"。详见《旧唐书》，第 645 页。

陵区	编号	陵　号	帝　号	即位时间	死亡时间
关中陵区	f	简陵	懿宗李漼	大中十三年八月十三日（859 年 9 月 13 日）[1]	咸通十四年七月辛巳（873 年 8 月 15 日）
	G	靖陵	僖宗李儇	咸通十四年七月二十日（873 年 8 月 16 日）	文德元年三月癸卯（888 年 4 月 20 日）
昭庆陵区	I	建初陵	献祖李熙	咸亨五年八月十五日（674 年 9 月 20 日）追尊	不详
	II	启运陵	懿祖李天赐		不详
缑氏陵区	III	恭陵	李宏（弘）	上元二年五月戊申（675 年 6 月 3 日）追谥孝敬皇帝[5]	上元二年四月二十五（675 年 5 月 25 日）
	IV	和陵	昭宗李晔	文德元年三月八日（888 年 4 月 22 日）	天祐元年八月壬寅（904 年 9 月 22 日）
济阴陵区	V	温陵	哀帝李柷	天祐元年八月丙午（904 年 9 月 26 日）[8]	天祐五年二月二十一（908 年 3 月 25 日）
		惠陵	让皇帝李宪	未即位	开元二十九年十一月二十四日（742 年 1 月 5 日）
		顺陵	武则天母杨氏	未即位	咸亨元年八月二日（670 年 8 月 22 日）

[1]　大中十三年八月七日，懿宗以皇太子监国。详见《旧唐书》卷一九上《懿宗本纪》，第 649 页。

[2]　《旧唐书》卷一九下《僖宗本纪》作"咸通十四年七月十八日（873 年 8 月 14 日）"。详见《旧唐书》，第 698 页。

[3]　《资治通鉴》卷二五二"二月，甲午，葬昭圣恭惠孝皇帝于简陵"条，第 8170 页。

[4]　《资治通鉴》卷二五七僖宗文德元年"辛卯，葬惠圣恭定孝皇帝于靖陵"条，第 8382 页。另，《旧唐书》卷一九下《僖宗本纪》作"文德元年十二月"。详见《旧唐书》，第 730 页。

[5]　《资治通鉴》卷二〇二"太子弘仁孝谦谨"条，第 6377 页。

埋葬时间	历时	经纬度	陵 址
咸通十五年二月甲午（874 年 2 月 24 日）[3]	5278/193	34° 53′ 35.41″ N 109° 04′ 12.77″ E	富平县长春乡虎头山
文德元年十月辛卯（888 年 12 月 4 日）[4]	5589/228	34° 34′ 07.74″ N 108° 16′ 09.34″ E	乾县乾陵镇
咸亨五年八月十五日	不详 不详	37° 17′ 58.54″ N 114° 45′ 40.71″ E	河北隆尧县魏庄镇
上元二年八月十九日（675 年 9 月 13 日）	102/111	34° 30′ 21.61″ N 112° 25′ 12.82″ E	偃师景山
天祐二年二月二十日（905 年 3 月 28 日）[7]	6184/187		偃师景山西北
不详			山东菏泽市境
天宝元年五月十七日（742 年 6 月 24 日）	/171	34° 58′ 25.24″ N 109° 31′ 33.33″ E	蒲城县三合村（桥陵陪葬墓）
元年闰九月辛丑朔廿一酉（670 年 11 月 9 日）	/80	34° 27′ 46.52″ N 108° 48′ 20.04″ E	雍州咸阳县洪渎原

[6] 《旧唐书》卷二〇下《哀帝本纪》作"天祐元年八月十二日（904 年 9 月 23 日）"。详见《旧唐书》，第 785 页。

[7] 《旧唐书》卷二〇下《哀帝本纪》作"天祐二年二月己酉（905 年 3 月 28 日）"。详见《旧唐书》，第 789 页。

[8] 天祐四年三月甲辰（907 年 5 月 2 日），唐哀帝降御札禅位于梁。故哀帝在位时间为 948 天。详见《旧唐书》卷二〇下《哀帝本纪》，第 809 ～ 811 页。

陵——唐朝二十一帝，共 20 陵。其中除昭宗李晔和陵、哀帝李柷温陵分别葬
于偃师缑氏、济阴定陶（今山东菏泽）之外，余者皆葬于陕西省渭北地区，俗
称"关中十八陵"。第三类，生前没有即位，但死后有皇帝称号且称为"陵"的，
有偃师缑氏恭陵[1]、西安蒲城惠陵[2]以及临潼新丰齐陵[3]等 3 座。第四类，尚有
一些"号墓为陵"者，共 2 座。即懿德太子李重润墓[4]、永泰公主李仙蕙墓[5]。《旧
唐书》载"中宗即位，追赠皇太子，谥曰：懿德，陪葬乾陵。仍为聘国子监丞
裴粹亡女为冥婚，与之合葬。又赠永泰郡主为公主，令备礼改葬，仍号其墓为
陵焉"[6]。

　　上述四类陵墓，明显的第四类是乾陵的陪葬墓，"号墓为陵"并不即是陵，
应比帝陵低一等[7]，实际上是无法视为帝陵级别的墓葬。《唐会要》卷二一"诸
僭号陵"条云："自有国以来，诸王及公主墓，无称陵者，唯永泰公主承恩特
葬，事越常涂，不合引以为名。"[8]则称之为"僭号陵"。从这两座墓葬的形制、
平面布局及石刻组合等方面看也不够帝陵级别。同样的，惠陵也不过是睿宗桥
陵的陪葬墓，只是埋葬等级比一般的陪葬墓要高而已。这在后文中会专门讨论。
至于第一类中李唐先祖的四座陵墓，从至德元年（756 年）八月以降，在永康、
兴宁二陵署是否亦改为台的讨论中，最后太常礼院援引《礼记》奏以"景皇帝

[1]　若是：《唐恭陵调查纪要》，《文物》1985 年第 3 期，第 43 ～ 45、47 页；中国社会科学院考古研
　　　究所河南第二工作队、河南省偃师县文物管理委员会：《唐恭陵实测纪要》，《考古》1986 年第 5
　　　期，第 458 ～ 462 页。

[2]　《旧唐书》卷五《高宗本纪下》（第 100 页）云："〔上元二年〕五月己亥（675 年 7 月 24 日），追
　　　谥太子弘为孝敬皇帝。"《旧唐书》卷九《玄宗本纪下》（第 214 页）云："〔开元二十九年十一月〕
　　　辛未（742 年 1 月 5 日），太尉、宁王〔李〕宪薨，谥为让皇帝，葬于惠陵。"

[3]　详见原建军《唐玄宗长子墓出土文物两千余件　发现汉白玉谥宝》，http://www.guoxue.com/www/
　　　xssx/txt.asp?id=3042。

[4]　（陕西省博物馆、乾县文物局）唐墓发掘组：《唐懿德太子墓发掘简报》，《文物》1972 年第 7 期，
　　　第 26 ～ 32 页。

[5]　陕西省文物管理委员会：《唐永泰公主墓发掘简报》，《文物》1964 年第 1 期，第 7 ～ 18 页。

[6]　《旧唐书》卷八六《懿德太子重润传》，第 2835 页。

[7]　宿白：《西安地区的唐墓形制》，《文物》1995 年第 12 期，第 42 页。

[8]　〔宋〕王溥：《唐会要》，上海古籍出版社，1991 年，第 475 页。

并是追尊，皆用天子之礼，陵台之号，不合有殊"[1]，可知改葬之时亦当以天子之礼。

依照封土的形式，唐陵可分两种。其一积土为陵，其二依山为陵。积土为陵者为永康陵、兴宁陵、献陵、庄陵、端陵及靖陵、建初陵、启运陵、恭陵、惠陵、杨氏顺陵等。关中唐陵分布在渭水以北，泾水两岸。自西而东集中分布在关中盆地北部的乾县、礼泉、咸阳、泾阳、三原、富平、蒲城七县境内，东西绵延达150余公里，呈一斜线展开（图1-1）。具体地说，分布在108°13′E至109°39′E，34°34′N至35°03′N的范围之内。若以唐长安城为中心，东北连泰陵，西北连乾陵，可形成一个102°的扇面[2]。关中唐陵积土为陵者分布在北山山脉以南的渭北高原之上，其中献陵、庄陵、端陵皆

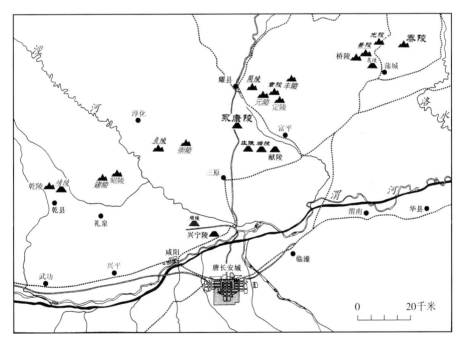

图1-1 关中唐陵分布图

据美茵兹罗马—日耳曼中央博物馆、陕西省考古研究所编《唐睿宗桥陵》，达尔马斯德特，2002年，第52页图二改制

---

[1] 《唐会要》卷二〇"陵议"条，第460页。

[2] 王双怀：《关中唐陵的地理分布及其特征》，《西安联合大学学报》2001年第1期，第65页。

在黄土原上，神道前端皆为断崖。依山为陵者则均在北山山脉之上，有昭陵、乾陵、定陵、桥陵、泰陵、建陵、元陵、崇陵、丰陵、景陵、光陵、章陵、贞陵、简陵等 14 座。由于高原和山岳的不同，前者为覆斗形土冢，后者则利用自然山势，于山南开凿墓室。依山为陵者只是直接以山为坟丘，其实质与堆土为陵者无异[1]。诸陵封土形式的最终确定不仅跟地貌、地势有关，也跟国力有关，更蕴含着深刻的礼制和政治意义。

总的说来，唐陵陵区共有关中陵区、缑氏陵区、昭庆陵区及济阴定陶等四个陵区。但若从严格意义上来讲，定陶温陵尚不能称得上是帝陵区。因为唐哀帝虽仍谥曰"哀皇帝"，开始却只是以王礼入葬的，五代后唐明宗才追尊为帝陵。此外，唐朝还有一些皇室成员的墓葬也以"陵"为号[2]。但是，因墓主人生时未即帝位、亡时亦无帝号之尊，初葬或改葬并非以天子之礼，且其分布呈点状，极其零散，显然不足以"陵区"称之。

二　陵区的成因

在古代中国，帝王埋葬区多选择在王朝的政治权力中心附近，且随着后者的迁移，前者也多随之迁转。这样的事例不少，如拓跋鲜卑在西迁、南下中原的汉化过程中，便先后在盛乐（今内蒙古和林格尔）、平城（今山西大同）、洛阳形成金陵、方山以及瀍西等三个帝陵区[3]。尽管历史上不乏随着政治权力重心的转移而出现多个陵区的现象，但是，像唐代这样精心安排陵区的情况却是不多见的。唐朝的这四个陵区可谓王朝政治史和社会史的缩影，从中多少可以窥探唐政府在不同时期的统治方略，因为二者的结合是如此紧密。

相比较而言，四个陵区要以关中陵区和昭庆陵区更能反映唐王朝的意图。

---

[1] 详见本书叁"结构与名称"。

[2] 尚民杰：《长安城郊唐皇室墓及相关问题》，荣新江主编《唐研究》第 9 卷，北京大学出版社，2003 年，第 403 ～ 426 页。

[3] 详见本书附四"陵墓与政治——以永固陵与北朝帝陵为例"。

此二者是李唐皇室着意安排的，表现了固守关陇地区的统治者试图在关中与山东（河北、山东）之间寻求一种政策上的平衡。

《唐会要》卷一《帝号上》云：

> 献祖宣皇帝讳熙。_{凉武昭王暠曾孙，嗣凉王歆孙，弘农太守重耳之子也。}武德元年六月二十二日（618年7月19日），追尊为宣简公。咸亨五年八月十五日（674年9月20日），追尊宣皇帝，庙号献祖，葬建初陵。_{在赵州昭庆县界。仪凤二年五月一日（677年6月6日），追封为建昌陵。开元二十八年七月十八日（740年8月14日），诏改为建初陵。}
>
> 懿祖光皇帝讳天赐。_{宣皇帝长子。}武德元年六月二十二日，追尊懿王。咸亨五年八月十五日，追尊光皇帝，庙号懿祖，葬启运陵。_{在赵州昭庆县界。仪凤二年三月一日（677年4月8日），追封为延光陵。开元二十八年七月十八日，诏改为启运陵。}
>
> 太祖景皇帝讳虎。_{光皇帝第二子。}武德元年六月二十二日，追尊景皇帝，庙号太祖，葬永康陵。_{在京兆府三原县界。}
>
> 世祖元皇帝讳昺。_{景皇帝第二子。}武德元年六月二十二日，追尊元皇帝，庙号世祖，葬兴宁陵。_{在京兆府咸阳县界。}[1]

在武德元年六月二十二日，跟所有王朝的始建国者一样，唐高祖李渊追尊了先世四祖。但是，同时的追封却先后于不同的地点营建陵墓，这个现象很值得思考。唐高祖对李熙和李天赐只是追尊而已，并没有提及将他们二人重新安葬；而对李虎及李昺则不仅有名号上的追尊，更有实际的安葬行动，分别将他们安葬在长安近郊的三原永康陵和咸阳兴宁陵。据开元十三年（725年）宣义郎、前行象城县尉杨晋所撰《光业寺碑》碑文载：

> 贞观廿年（646年），〔太宗〕累遣使臣左骁卫府长史长孙尊师，与邢州刺史李宽、赵州刺史杜敫等，检谒茔域，画图进上。麟德元年（664年），

---

[1] 《唐会要》，第1～2页。同一天追尊的还有元皇帝皇后独孤氏、高祖皇后窦氏。《唐会要》卷三"皇后"条（第25页）云："元皇帝皇后独孤氏，谥元贞。武德元年六月二十二日追谥。高祖皇后窦氏，武德元年六月二十二日，追谥穆皇后。"

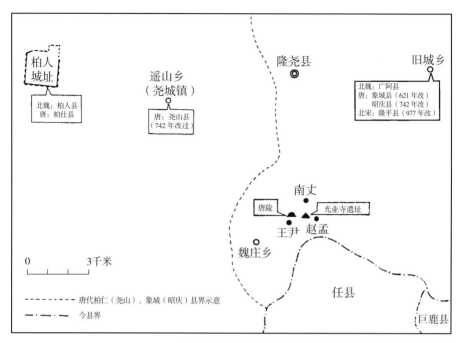

图 1-2　唐陵昭庆陵区位置及行政沿革示意图

据李兰珂《隆尧唐陵、〈光业寺碑〉与李唐祖籍》，《文物》1988 年第 4 期，第 55 页图一改制

> 敕：宣简公、懿王陵墓并在赵州，各宜配守卫户卅人。仍令所管县令，专
> 知检校刺史，岁别一巡。[1]

由于昭庆陵区（图 1-2）在赵州与邢州的接壤处，因此在勘察茔域时，可能是
为了便于实际工作中的协调，太宗责成二州刺史参与整个过程。值得注意的是，
中央派遣的人员官职仅为不高（从六品上）的左骁卫府长史，此人复姓长孙，
从他的另一个称呼"尊师"来看，应该是位道士。在崇玄重道的唐代社会，这
些人能自如地出入宫廷禁闱之中，游刃有余地周旋于权贵之间，其身份颇为微
妙。如《朝野佥载》卷五载："道士史崇玄，怀州河内县缝鞾人也。后度为道

---

[1]　杨晋：《大唐帝陵光业寺大佛堂之碑》，《全唐文补遗》第 1 辑，西安：三秦出版社，1994 年，第
　　15 页上栏。

士，侨假人也，附太平为太清观主。金仙、玉真出俗，立为尊师。每入内奏，请赏赐甚厚，无物不赐。授鸿胪卿，衣紫罗裙帔，握象笏，佩鱼符，出入禁闱，公私避路。神武斩之，京中士女相贺。"[1]遗憾的是，更为详细的情况不得而知。有意思的是，唐王朝管理昭庆陵区的官员职位都比较低。唐玄宗时期的宣义郎、前行象城县尉杨晋也只是从九品下的最低级品官而已[2]。

从前引《光业寺碑》碑文还可知，在贞观二十年，太宗反复派遣中央和地方长官实地勘察茔域，并测绘成图以供裁断，看来是有不小的举措；而其建成的时间推测最迟不晚于麟德元年（664年）[3]。但是，这个时候尚未称作"陵"，只是宣简公和懿王的"王墓"而已。李熙和李昺是到了咸亨五年（674年）八月十五日才得以被尊为皇帝，并安葬建初陵和启运陵的。这一天，高宗政府还同时追尊了不少帝、后。《唐会要》卷一《帝号上》云：

> 咸亨五年八月十五日，追尊高祖神尧皇帝。……
> 咸亨五年八月十五日，追尊太宗文武圣皇帝。[4]

又同书卷三"皇后"条云：

> 宣皇帝皇后张氏，谥宣献。咸亨五年八月十五日追谥。
> 光皇帝皇后贾氏，谥光懿。咸亨五年八月十五日追谥。
> 景皇帝皇后梁氏，谥景烈。咸亨五年八月十五日追谥。……
> 太宗皇后长孙氏，……谥曰文德皇后。咸亨五年八月，追谥文德圣后。[5]

---

[1] 〔唐〕张鷟撰，赵守俨点校：《朝野佥载》，《隋唐嘉话·朝野佥载》，北京：中华书局，1979年，第114页。

[2] 详见本书叁"结构与名称"。

[3] 李兰珂：《隆尧唐陵、〈光业寺碑〉与李唐祖籍》，《文物》1988年第4期，第55～56页。

[4] 《唐会要》卷一《帝号上》，第2页。

[5] 《唐会要》卷三《皇后》，第25页。

究其根源，事情的原委应该是始于"二圣"的出现。《唐会要》卷一《帝号上》云：

> 咸亨五年八月十五日，〔高宗〕称天皇。[1]

又同书卷三"皇后"条云：

> 天后武氏……显庆五年（660 年）十月巳后，上（高宗）苦风眩，表奏时令皇后详决，自此参预朝政，几三十年。当时畏威，称为"二圣"。咸亨五年八月十五日，称天后。[2]

经过长期的宫廷斗争，武则天终于在这一天得以公开地以合法的身份来参与王朝政治的决策了。这一天对武则天的政治生命而言，无疑是历史性时刻；对中国中古史而言亦是一具有转折意义的大事件。而将李熙和李天赐的墓葬级别提升至"陵"，意味着昭庆陵区的最终形成。如果单从《唐会要》的这个记载看，在昭庆陵区的最后确定上，武则天似乎也是脱不了干系的。此详下文。

建初陵的主人李熙，即李渊的高祖，李世民的五世祖，是死在武川，"终于位"上的[3]，并不是死在昭庆。那唐王朝为何将建初陵和启运陵选择在赵州昭庆地区？这是否跟李唐祖籍在此有关，抑或只是与其祖上李虎曾历官于此有关，还是另有隐情？

昭庆陵区无疑给聚讼纷纭[4]的李唐祖籍增添了一条线索，加之所谓族葬形式与《光业寺碑》所载似乎便成为李唐先祖为"赵郡李"的直接证据[5]。有

---

[1] 《唐会要》卷一《帝号上》，第 3 页。

[2] 《唐会要》卷三《皇后》，第 26 页。

[3] 〔北宋〕王钦若等编《册府元龟》卷一《帝王部·帝系门》，北京：中华书局影印本，1960 年，第 13 页下栏。

[4] 关于李唐祖籍的争讼，可见汪荣祖《史家陈寅恪传》，北京大学出版社，2005 年，第 106 ～ 112 页。

[5] 陈寅恪：《李唐氏族之推测后记》，《陈寅恪集·金明馆丛稿二编》，北京：生活·读书·新知三联书店，2001 年，第 335 ～ 337 页；李兰珂：《隆尧唐陵、〈光业寺碑〉与李唐祖籍》，《文物》1988 年第 4 期，第 64 ～ 65 页。

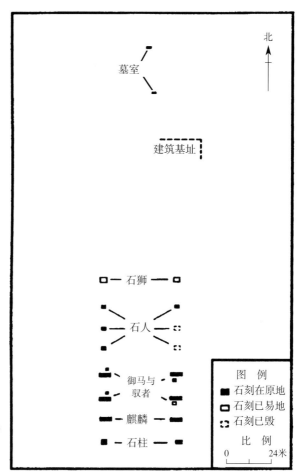

北

墓室

建筑基址

石狮

石人

御马与
驭者

麒麟

石柱

图　例

■ 石刻在原地

□ 石刻已易地

〓 石刻已毁

比　例

0　　　24米

图 1-3　唐建初陵平面示意图

据李兰珂《隆尧唐陵、〈光业寺碑〉
与李唐祖籍》，《文物》1988 年第
4 期，第 56 页图三改制

关李唐祖籍一事且暂不置喙，不妨先来分析昭庆陵区具体的建筑形式。遗憾的
是，最晚从明代开始，昭庆陵区便已荒芜残破，封土荡然。现在，整个陵区成
为一片比周围地面低 1 至 2 米的洼地，看不到围墙、阙门等建筑遗迹，原陵区
规模已无法确定。1984 年，在洼地北部发现两座南北相距约 25 米的砖室墓券顶，
方知墓室位置。自南面的墓室向南约 25 米，又发现砖、瓦和建筑基址，推测
可能是献殿一类的遗址。再向南约 70 米为陵区神道北端，神道向南长约 100 米，
东西宽约 40 米，低于周围地面 1.2 米；石刻残存 18 件，东西间距 32 米左右（图
1-3）。在此陵区考古调查的基础上，只能依靠文献来尝试复原。

《元和郡县图志》卷一七"昭庆县"条载：

> 皇十三代祖宣皇帝建六（初）陵，高四丈，周回八十丈（步）。
> 皇十二代祖光皇帝启运陵，高四丈，周回六十步。二陵共茔，周回
> 一百五十六步，在县西南二十里。[1]

这段记载颇值得推敲，惜此前史家多以"族葬"蔽之而未能详加考究。现在看来，它有如下三点需要讨论。第一，"宣皇帝建六陵"，当为"宣皇帝建初陵"之讹。第二，所谓"周回八十丈"，当为"周回八十步"之讹。因为八十丈合一百六十步，大于二陵周回一百五十六步，是不可能的。此已经由李兰珂指出[2]，可成定谳。第三，所谓"周回"应该是指封土底部周长，而非茔域范围。唐尺有大尺、小尺之分，大尺合 0.294 米，小尺合 0.242 米。即便以大尺计算，"一百五十六步"亦仅为 229.32 米。但是，从调查报告提供的数据可知其神道南端到所发现的北墓室的距离约为 220 多米，仅此直线距离便与"一百五十六步"相当。若加之神道石刻宽 36～40 米，这个范围的周长便要超过 500 米，而实际陵区的茔域是要远远多于此数的。因此，可以断定所谓"周回"实际上是封土底部周长。具体说来，当时虽然分别规定建初陵封土底部周长八十步、启运陵周长六十步。但这只是根据礼制而给予的不同待遇，在实际操作中却将二陵置于同一茔域。

从陵园布局的角度看，初唐祖先四世的建初陵、启运陵、永康陵、兴宁陵等四陵，其封土呈圆锥形，神道石刻由南而北依次为石柱 1 对、麒麟 1 对、御马 2 对、石人 3 对、门狮 1 对。为了叙述的方便，姑且称该组石刻为"四祖式"[3]。

敦煌晚唐 S.2263《葬录》置石碑兽法云：

> 置石碑兽法：石碑去门十步，石羊去碑七步，石柱去石羊七步，石

---

[1] 〔唐〕李吉甫：《元和郡县图志》，贺次君点校，北京：中华书局，1983 年，第 493 页。

[2] 李兰珂：《隆尧唐陵、〈光业寺碑〉与李唐祖籍》，《文物》1988 年第 4 期，第 65 页注释④。

[3] 关于唐陵神道石刻名称详见本书叁"结构与名称"，陵园布局的分类详见本书肆"陵园布局的分类及演变"。

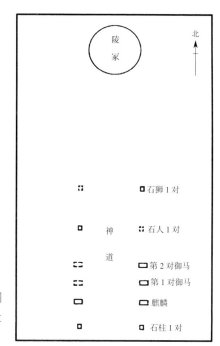

图 1-4 唐永康陵平面示意图

据巩启明《唐永康陵调查记》，《文博》1998 年第 5 期，第 3 页图一改制

陵冢

北

神道

■ 石狮 1 对

∷ 石人 1 对

▭ 第 2 对御马

▭ 第 1 对御马

▭ 麒麟

■ 石柱 1 对

人去柱七步，自余诸兽依十二辰位消息置之，其墓田亩数大小，步数安之。

可知神道相邻石刻南北间距应该相同的。建初陵的石刻由现在的保存状况可以推测该陵的石刻组合是石柱 1 对、天禄（亦即麒麟）1 对、御马 2 对、石人 3 对、门狮 1 对。同时，从李兰珂的调查报告[1]中同样可以得到一个极为重要的信息，这就是每对石刻的间距近 13 米。永康陵石柱与天禄、第一对御马与第二对御马相距约 28 米，而今仅存的石人北距门狮及南去第二对御马的距离皆为 60 米[2]，可以推测现存石人实际上为永康陵的第二对石人。也就是说在现存石人与门狮及现存石人与第二对御马的中点处原本还各有一对石人（图 1-4）。另外，兴宁陵陵前石刻由南而北依次为"天禄两个，鞍马四个，狮两个，均两两对称。据当地人介绍，石马与石狮之间，原有石人三对，亦是两两对称，现已

[1] 李兰珂：《隆尧唐陵、〈光业寺碑〉与李唐祖籍》，《文物》1988 年第 4 期，第 58 ～ 59 页。

[2] 巩启明：《唐永康陵调查记》，《文博》1998 年第 5 期，第 4 ～ 5 页。

埋入 1 米以下的深土中"[1]。如此兴宁陵相邻石人以及北侧石人与石狮之间的南北间距为 15 米，这应该是一个特例。因为若根据间距相同的原则，则该石狮应在目前位置的北近 60 米处。

为探讨其规划特点，首先需要探求所用之尺的尺度。按一般的惯例，陵园之尺度应基本为整数尺寸，一般以 10 丈、5 丈、3 丈为单位，不可能过于细碎[2]。换算结果，发现当尺长为大尺 0.294 米时，按此尺长在永康陵平面图上画方 10 丈网格，纵向从石柱起到石狮为 7 格，神道北端石狮到封土南端为 8 格，石刻东西间距为 1 格；按此尺长在兴宁陵平面图上画方 10 丈网格，纵向从石柱起到石狮为 5 格，神道北端石狮到封土南端为 9 格，石刻东西间距为 1 格，其中相邻石人以及北侧石人与石狮之间的南北间距约为 0.5 格。可能便是因为这个缘故，其神道北端石狮到封土南端才增至 9 格。可见，四祖式唐陵是以祖陵永康陵为基本范式的，其神道石刻部分模数与神道北端石狮到封土南端的模数基此而相应的增减。从二陵的情况看，其神道北端石狮到封土南端为 8 ～ 9 个模数。

同样的，当尺长为小尺 0.242 米时，按此尺长在建初陵平面图上画方 5 丈网格，纵向从石柱起到石狮为 7 格，石刻东西间距为 3 格。因封土已无，神道北端石狮到封土南端有多少格不清。若依照前述永康陵范式的 8 个模数计算，则其神道北端到封土南端至少有 40 丈，即 96.8 米。这样的话，封土南端的位置应该在建筑基址北 12.5 米处，亦即所发现的南侧墓室南 12.5 米处。启运陵高 4 丈，合 9.68 米。墓室的位置一般在封土中心处稍后，这样的话，其封土底部直径大约为 10 ～ 12 米。根据调查报告，陵区发现的两个墓室相距 25 米。如果陵区存在两个封土，二陵封土底部直径都是一样的话，这个距离是不够的。更何况建初陵的封土要大于启运陵者。

从另一个角度看，永康陵封土现高 8 米，底部周长 122 米，其底部直径与

[1] 咸阳市博物馆：《唐兴宁陵调查记》，《文物》1985 年第 3 期，第 46 页。

[2] 傅熹年：《中国古代城市规划建筑群布局及建筑设计方法研究》（上册），北京：中国建筑工业出版社，2001 年，第 57 页。

封土高的比例为 4.86；同样的，兴宁陵据残高约 5 米，底部直径 13 米 [1] 计算，其底部直径与封土高的比例为 2.6。按照这个比例，建初陵和启运陵封土的底部直径为 25 ～ 47 米。总之，两个墓室之间 25 米的距离是容纳不了如此规模的两个封土的。若如文献所载"周回一百五十六步"，以小尺计算，其封土底部直径约为 60 米。可能也正是因为二陵结合在一起，规模自然增大。若仍旧使用大尺，无疑更是导致陵区规模过于庞大而超过祖陵永康陵，于礼不符。因此，昭庆陵区采取了小尺的尺度，在基本保持与永康陵相同模数比例的基础上，通过将石刻东西间距从 1 模增至 3 模来体现二陵的结合在规模上的变化。当然，具体如何还有待进一步的考古工作。

东汉初年，光武帝径追尊其皇祖、皇考墓为昌陵 [2]。事见《后汉书》卷一四《城阳恭王传》所载："初，建武二年（公元 26 年），以皇祖、皇考墓为昌陵，置陵令守视；后改为章陵。" [3] 光武帝前后都以同一陵名来指代其皇祖、皇考墓，可知该陵名应是二墓所在陵区的称呼。显然这跟李唐昭庆陵区二墓的命名情况有异。其具体建筑情况如何，俟考。

需要说明的是，族葬也并非汉家制度所独有。典型的事例如，洛阳北魏墓地的大族葬制便与中原旧制无关，而是渊源于原始残余较重的代北旧习 [4]；这一特点在磁县东魏、北齐的墓地仍得到如实反映 [5]。唐玄宗之前的唐陵陵地秩序首先采取北魏洛阳瀍西的陵地制度，也可证明李唐宗室的种族文化倾向 [6]。其实，如果李氏是河北的一个门阀著姓，而跟鲜卑族通婚。在讲究门阀的时代，这是很难想象的。再退而言之，这种通婚也使得李氏在血缘上具有了胡族的血统。

如此，建初陵、启运陵所在之地，并不能肯定便是李唐世居的桑梓之

---

[1] 这是 1977 年 12 月的调查资料，兴宁陵封土今仅存高 5 米，直径 3.5 米。详见刘向阳《唐代帝王陵墓》，西安：三秦出版社，2003 年，第 355 ～ 356 页。

[2] 案，此承杨哲峰先生见告，谨致谢忱！

[3] 〔宋〕范晔：《后汉书》，〔唐〕李贤等注，北京：中华书局，1965 年，第 562 页。

[4] 宿白：《北魏洛阳城和北邙陵墓——鲜卑遗迹辑录之三》，《文物》1978 年第 7 期，第 50 页。

[5] 马忠理：《磁县北朝墓群——东魏北齐陵墓兆域考》，《文物》1994 年第 11 期，第 67 页。

[6] 详见本书贰"关中唐陵陵地秩序"。

地[1]，李唐源自武川[2]应该是可以推定的，即"李唐先世疑出边荒杂类，必非华夏世家"。

那为什么自太宗朝起，李唐要将昭庆地区提升为陵区呢？

这便要从河北、山东地区人文的特殊性谈起。人文的地域性首先应肇始于地理的地域性差别。我国西北高、东南低的地势和黄河、长江两大河流的东西横亘以及崤、嶋二山的南北纵横不仅影响其地域性的人文状况，更影响了历史上的政治格局。从两面环绕黄河中游的黄土高原，大致东起大兴安岭南段，北以长城为界，西抵河湟地区再折向南方，沿着青藏高原东部至达云南西北部。这形成一从东北至西南的边地半月形文化传播带，并呈现出某种文化的同一性[3]。这个传播带环绕在内地的外围，由此产生的外族盛衰的连环性以及外患与内政的关系显著[4]。河洛文明的早熟使得中原地区成为文化正统的标准，崤、嶋二山的南北纵横又将北部中国分成关中和关东（河北、山东）两大地域。于是，北方地区便自然形成西安、洛阳这两个地域政治中心。长江的天险使得江南一带在保持地方特色的同时，成为中原政权得以偏安的场所。地域的不同，产生了人文的地域性差异，对政治格局的影响同样深刻。这就是政治格局出现南北、东西对峙、鼎峙的由来。即便是一统天下，其存在之事实并不能忽视。于是，作为统治者的首要任务便是如何妥善处理这三大地域集团以及与边地半月形外族文化的关系。

河北、山东地区人文的特殊性，历来史家多有发明[5]。这些人能征善战、一呼百应，又不易管理、约束。这种人文特性在考古材料上，也有体现。比如

---

[1] 胡戟：《陈寅恪与中国中古史研究》，《历史研究》2001年第4期，第155～156页。

[2] 案，位于乌兰察布市武川县西南二十余公里的土城梁古城，推测即是六镇中的武川镇城址。详见张郁《内蒙古大青山后东汉北魏古城遗址调查记》，《考古通讯》1958年第3期，第20～21页。

[3] 童恩正：《试论我国从东北至西南的边地半月形文化传播带》，文物出版社编辑部编《文物与考古论集》，北京：文物出版社，1986年，第17～43页。

[4] 陈寅恪：《外族盛衰之连环性及外患与内政之关系》，《陈寅恪集·唐代政治史述论稿》，北京：生活·读书·新知三联书店，2001年，第321～355页。

[5] 其中要以陈寅恪的论断最为深刻而著名。详见所撰《论隋末唐初所谓"山东豪杰"》，《陈寅恪集·金明馆丛稿初编》，北京：生活·读书·新知三联书店，2001年，第243～265页。

在墓葬制度和丧葬习俗上都表现出与唐代两京地区不同的状况[1]，与其说这是一种地方特色，毋宁说实际上是对一统天下的中央皇权的抗衡和无视。也正是因为这个特点，他们成为政治上敌对双方争取的对象。

只有地域一样、身份一样，即成为同呼吸、共命运的同一集团，才易于在内心上产生认同感。李唐帝王通过建初陵和启运陵葬在昭庆，欲图与河北赵郡大姓攀亲。一方面，通过此举来展示李家先祖跟河北、山东地区的关系，以期通过地缘关系的相近来表明政治立场的一致性，从而达到争取河北、山东地区的用意。另一方面，在南北朝门阀之风依旧肆行的社会风尚，无疑这样也可提高李唐宗室的门望，从而获得与河北、山东地区门阀世族相同的社会身份（除了政治身份之外）。这反映了李唐欲图以河北门阀的身份介入河北、山东地区，并更好地对后者进行统治的动机。应该说，对后者的统治再没有什么比这个方法更好的策略了。这也是李唐宗室故意混淆自己出身的原因，其出身也已经成为管理决定王朝命运的河北、山东地区的一个重要的手段。而武则天则可能出于争取、利用河北、山东地区的力量与关陇集团相抗衡的策略，这跟她营建东都洛阳的意图是一脉相承的。从这个意义来说，李氏的籍贯与出身问题已经不重要了，重要的是如何利用它使王朝的统治处于左右逢源的境地。这个政治谎言正是巧妙地利用了李唐先祖曾在冀、定、瀛州为官的经历。若以长时段视之，河北、山东地区在唐宋社会实起着承上启下、继往开来的重要作用。从考古材料来看，作为北宋早期主要墓葬类型的仿木结构砖室墓，大约从晚唐大中年间开始流行，便是主要发现于河北北部和北京地区的品官贵胄墓[2]。而赵宋的开国者正是河北涿郡人，恰可解释这一现象。河北地区与北宋王朝的这种关系，不仅体现了该地区在中国政治格局中的重要作用，而且反过来也进一步揭示了李唐统治者选择昭庆陵区的深刻用心。

关中陵区无疑是唐朝最为重要的陵区，跟王朝奉行关中本位政策的政治取向密切相关。从前引《唐会要》卷一《帝号上》的记载可以得知关中陵区的确

---

[1]　齐东方：《隋唐环岛文化的形成与展开——以朝阳隋唐墓研究为中心》，王小甫主编《盛唐时代与东北亚政局》，上海辞书出版社，2003 年，第 133～160 页。

[2]　秦大树：《宋元明考古》，北京：文物出版社，2004 年，第 142 页。

定最迟不晚于武德元年六月二十二日永康陵、兴宁陵的营建。此后，诸陵无一例外地安排在都城的西北郊、北山山脉之南。这个做法大概可从以下几个方面理解。

其一，首先是跟唐朝都城长安的所在地紧紧联系在一起的，古人认为葬者宜在国都之北。《礼记》卷一〇《檀弓下》云：

> 葬于北方，北首，三代之达礼也，之幽之故也。
> 郑氏（玄）曰：“北方，国北也。”[1]

《白虎通义》卷一一《崩薨篇》“论合葬”条，云：

> 葬于城郭外何？死生别处，终始异居。《易》曰：“葬之中野”，所以绝孝子之思慕也。……所以于北方者何？就阴也。……孔子卒，以所受鲁君之璜玉葬鲁城北。[2]

这种观念又从何而来？《汉书》卷二五《郊祀志上》称：

> 东北神明之舍，西方神明之墓也。
> 张晏注：“神明，日也。日出东北，舍谓阳谷；日没于西，故曰墓。墓，濛谷也。”[3]

张晏认为神明即太阳。颜师古则否定了张晏的意见，认为神明是神灵的总称。他说：“盖总言凡神明以东北为居，西方为冢墓之所。”如此看来，张晏、颜师古二人谈论的是问题的不同层面。其不同只是对神明所指的理解而已，但都一致地认为西方是归宿之所在。实际上，在对东方、西方方位性质的认识上他

---

[1]　〔清〕孙希旦：《礼记集解》，沈啸寰、王星贤点校，北京：中华书局，1998 年，第 259 页。

[2]　〔清〕陈立：《白虎通疏证》，吴则虞点校，北京：中华书局，1994 年，第 558 ～ 559 页。

[3]　〔汉〕班固：《汉书》，北京：中华书局，1962 年，第 1213 页。

们是别无二致的。又《博物志》卷一"五方人民"条云：

> 东方少阳，日月所出。……西方少阴，日月所入。[1]

此文更是把东、西方方位的特性与日月的运行联系起来。综上，或可推测古人把墓地安排在城市的西北方位大概便是源于自然界日月升落的启示，如此安排葬地当跟古人建构、维护的天人秩序有莫大的关系。这个观念在后世仍得以延续，唐代堪舆家依然持该观点，吕才《阴阳书·葬篇》称："今法皆据五姓为之，古之葬者并在国都之北"[2]。

　　其二，就是唐王朝对汉魏陵墓制度的借鉴和模仿，汉和北魏的陵区都位于都城的西北郊。贞观九年（635 年）高祖李渊《神尧遗诏》云：

> 其服轻重，悉从汉制，以日易月，于事为宜。其陵园制度，务从俭约，斟酌汉魏，以为规矩。[3]

又《唐会要》卷二〇"陵议"条云：

> 司空房玄龄等议曰："谨按高祖长陵，高九丈，光武陵高六丈。汉文魏武，并不封不树，因山为陵。窃以长陵制度，过为宏侈，二丈立规，又伤矫俗，光武中兴明主，多依典故，遵为成式，实谓攸宜，伏愿仰遵顾命，俯顺礼经。"[4]

而西汉诸陵分布在汉长安城北部，咸阳西北北山山脉之南的黄土原上，如同《图

---

[1] 〔晋〕张华：《博物志校正》，范宁校正，北京：中华书局，1980 年，第 12 页。

[2] 〔唐〕吕才撰，〔清〕马国翰辑：《阴阳书》，《玉函山房辑佚书》，册 3，上海古籍出版社，1990 年，第 2863 页上栏。

[3] 《唐大诏令集》卷一一"神尧遗诏"条，第 67 页。

[4] 《唐会要》，第 457 页。

解校正地理新书》卷七"五音所宜"条所云：

> 宫羽二姓宜北山之南，为北来山之地。西为前，东为后，南为左，北
> 为右，明堂内水出破坤为大利向。……。凡州县、寺观、城邑、馆驿、廨
> 宇皆无的主，尽属商姓，宜丙向；若立私宅冢墓所向及水流，皆随本音利
> 便。[1]

采取了宫羽姓的昭穆葬法[2]。李唐从玄宗泰陵开始便完全模仿了西汉的宫羽姓
昭穆葬图式[3]，而非其本姓之葬法。李姓为徵姓，同上书卷七"五音所宜"条云：

> 徵音宜南山之北，为南来山之地，以东为前，西为后，北为左，南为
> 右，明堂内水出破艮为大利向。[4]

根据上述原则关中唐陵本应安葬在唐长安城南、终南山北一带。但，正是由于
"斟酌汉魏，以为规矩"，唐王朝一开始便将关中陵区安排在长安城西北郊的
北山山脉之南。其详已有论证。

如果说关中陵区与昭庆陵区是跟唐王朝的政治与礼制不可或分的，那缑氏
陵区与定陶陵区则无一不与李唐的命运息息相关。

《读史方舆纪要》卷四八《河南三》"偃师县景山"条，云：

> 在县南二十里，《商颂》"景员维何"，谓此山也。又懊来山，在县
> 东南五十里，高宗太子〔李〕宏葬此，曰恭陵，改山为太平山。天祐初，
> 朱温弑昭宗，葬于此，名曰和陵。[5]

[1]　〔宋〕王洙等：《图解校正地理新书》，台北：集文书局据"张本"影印，1985 年，第 226 页。

[2]　详见本书贰附一"西汉帝陵陵地秩序"。

[3]　详见本书贰"关中唐陵陵地秩序"。

[4]　《图解校正地理新书》，第 226 页。

[5]　〔清〕顾祖禹：《读史方舆纪要》，上海书店出版社，1998 年，第 334 页上栏。

和陵在偃师景山唐恭陵西北三四里处 [1]，这两座陵墓构成了缑氏陵区的主体。缑氏陵区肇始于李弘之恭陵，首先它是跟接近当时的政治中心在洛阳有关。高宗朝后期，武则天的君临天下，是根深蒂固的关陇集团所反对的。很自然地，武则天把统治中心放到神都洛阳。关中、长安城及其西内无一不有李家及其忠诚追随者的印迹，尽量远离这些场所不仅可以避开实在的面对，更重要的是可以减免内心现实的情感的面对。因此即便是回到长安城，武则天多半再也不会到西内居住了。文献的记录也证实了这一点：武后临朝称制，多居住听政于神都洛阳，但凡返还于长安，则居于东内大明宫 [2]。武则天不仅听政于洛阳，而且还通过分司制度在洛阳建立一套与长安相同的官僚机构，试图以此与关陇集团相抗衡，从而达成自己权力的稳固。《睿德纪》碑文记载李弘薨于上元二年四月二十五日（675 年 5 月 25 日），并于上元二年八月十九日（675 年 9 月 13 日）下葬恭陵。时恰值武则天、高宗居于洛阳听政，重新在洛阳附近另觅一帝陵区以别于关中陵区，自然会在已掌握决策主动权的武则天考虑当中。武则天并非只是在洛阳听政而已，在天授前后她还切实地对洛阳进行一系列的建设。通过这些措施，武则天欲刻意突出洛阳在帝国政治中的地位，同时抑制、削弱长安城原有的地位。垂拱四年（688 年）春二月，毁乾元殿，就其地造明堂 [3]；天授元年（690 年），立武氏七庙于神都；并于次年三月改唐太庙为享德庙；同年七月，又迁徙关内雍、同等七州户数十万以实洛阳 [4]。这些反映了武则天欲凌驾洛阳于长安之上，至少是将洛阳营建成另一个长安的用心。正如陈寅恪所言"武曌则以关陇集团之外之山东寒族，一旦攫取政权，久居洛阳，转移全国重心于山东，重进士词科之选举，拔取人材，遂破坏南北朝之贵族阶级，运输东南之财赋，以充实国防之力量诸端，皆吾国社会经济史上重大之措施，而开启后数百年以

---

[1] 宫大中：《九朝兴衰古帝都——洛阳》，阎崇年主编《中国历代都城宫苑》，北京：紫禁城出版社，1987 年，第 96 页。

[2] 王静：《大明宫的内廷空间布局与唐代后期宦官专权的关系》附表《唐代皇帝在两京活动时间表》，北京大学历史系硕士学位论文，2001 年 5 月，第 44 页。

[3] 《旧唐书》卷六《则天皇后本纪》，第 118 页。

[4] 《旧唐书》卷六《则天皇后本纪》，第 121 页。

至千年后之世局者也"[1]。因此，相信在陵区的安排上，武则天也是会重新考虑、有所安排的。而且随着武则天权位的日渐稳固、武周政权的建立，在洛阳建立一个武周（武氏）政权的陵区的计划也会日渐提到日程上来。毋庸多言，陵区自是以武氏为中心的。

关于李弘陵址的选择，《睿德纪》碑给我们留下了一丝线索。碑文说：

> 朕（高宗）以其（李弘）孝于承亲，恭于事上，意欲还京卜葬，冀得近侍昭陵，申以奉先之礼，顺其既往之志。但以农星在候，田务方殷，重归关辅，恐有劳废，遂割一己之慈。[2]

据碑文所言，高宗原本是打算将李弘安葬在长安以能近侍太宗昭陵的，但是因为正值农忙季节，恐影响农时，只得忍痛作罢。但是，从后来发生的事情来看，如果说这句话的前半部分是真实地反映了高宗安排李弘墓葬的初衷，可是后半部分就不免隐晦且闪烁其词了。《新唐书》卷八一载："营陵功费巨亿，人厌苦之，投石伤所部官司，至相率亡去"[3]。《唐会要》更为详细地记录了恭陵营造过程中民工的哗变：

> 孝敬皇帝恭陵，在河南府缑氏县界，上元二年八月十九日（675 年 9 月 13 日）葬。初，修陵，蒲州刺史李仲寂充使。将成，而以玄宫狭小，不容送终之具，遽欲改拆之，留役滑、泽等州丁夫数千人，过期不遣。丁夫患苦，夜中投砖瓦，以击当作官，烧营而逃，遂遣司农卿韦机续成其功。机始于隧道左右，开便房四所，以贮明器。于是樽节礼物，校量功程，不改玄宫，及期而就。[4]

---

[1] 陈寅恪：《记唐代之李武韦杨婚姻集团》，原载《历史研究》1954 年第 1 期；此据所撰《陈寅恪集·金明馆丛稿初编》，第 279 页。

[2] 《全唐文》卷一五《高宗》"孝敬皇帝睿德纪"条，第 186 页上栏。

[3] 《新唐书》卷八一《李弘传》，第 3590 页。

[4] 《唐会要》卷二一"诸陵杂录"条，第 485 页。

在勘定缑氏县为陵区后，朝廷动用了数千个丁夫营陵，过期不遣。期间高宗还嫌玄宫狭小要改拆，致使民工不堪其苦，烧营而逃。从人力、物力以及 111 天的工时等方面看，政府并不顾及、体恤所谓民工的农事。据此可以判断李弘未能葬归关辅并非如《睿德纪》文所言，而是另有隐情。这其中武则天当起了决定性的作用。

高宗武则天时期，不少宗子都被迁贬到京城之外的地方，死后亦葬在当地而不得归祔关中唐陵陵区。很显然，这跟武则天是密切相关的。通过这个举措，武则天不仅逐一排除了有可能成为李唐帝位继承人的潜在威胁，为自己的登基扫平道路；同时，也正是通过高宗诸子的不得归葬唐陵陵区，而将李唐的血脉、在京城的宗族谱系打乱乃至截断。如果长安近郊从唐昭陵之后便没有李唐皇室子嗣的陵墓，那李唐不也就从血脉上被灭亡了吗？这样她不也就更加名正言顺地即位吗？因此，从这个角度相信高宗生前可能就自己陵寝的选址问题而与武则天有过多次的争论，其根本原因就在于此。但是，自然最后都未能说服武则天。"得还长安，死亦无恨"的临终遗言表达了高宗对归葬关中陵区的渴望，便展露出一点蛛丝马迹。

依照武则天的这些心思，李弘自然也是没法得以归葬关中陵区的。这跟武则天对诸子的处理如出一辙，只是对李弘则处理得更为高明，也来得隐蔽些。

既然此时高宗的陵址尚未勘定，李弘虽贵为太子，但却未即皇帝位的政治身份也正好给武则天提供了一个绝好的契机。虽为太子，但并不一定得以或规定要进入关中陵区。这是为唐代帝陵的陪葬制度所证实的，它也就成为武则天因势制宜将恭陵陵址选在洛阳附近、继续打乱关中李唐帝陵秩序的借口。但是，如何借此为自己的打算做个先行的铺垫呢？一个绝好的方式便是将死后的李弘提高到皇帝的身份，并以天子礼来安葬。《旧唐书》卷八六《孝敬皇帝弘传》云：

〔上元二年五月戊申，675 年 6 月 3 日〕谥〔李弘〕为孝敬皇帝。其年，葬于缑氏县景山之恭陵，制度一准天子之礼，百官从权，制三十六日降服。

高宗亲为制《睿德纪》，并自书之于石，树于陵侧。[1]

《睿德纪碑》也说：

乃谥〔李弘〕为孝敬皇帝，其葬事威仪及山陵制度，皆准天子之礼。[2]

仅此，就足以掩盖武则天的机心了。通过这种优遇既向世人展示一种温情以掩盖李弘的死因，同时也达到将该墓葬提高到帝陵级别的用心。由这种方式来推行另辟一新帝陵区的欲图，自然受到的阻力也就要小得多，同时一切也显得顺理成章。这可能也是李弘得谥为"孝敬皇帝""以天子礼"安葬的原因之一吧？从中可以微妙地察觉到武则天巧妙的妥协和高宗的无奈。

但是，以天子礼将李弘安葬在缑氏，也仅仅是武则天在洛阳开辟武周陵区的第一步而已。如陈子昂所言，"景山崇丽，秀冠群峰，北对嵩、邙，西望汝海，居祝融之故地，连太昊之遗墟，帝王图迹，纵横左右，园陵之美，复何加焉"[3]。但种种迹象表明，缑氏一带虽是武则天刻意经营的一处礼制中心[4]，但绝不可能是她设计的武周陵区。首先，武周陵区自然应该是以武氏为主轴的，其祖陵应该是武氏家族，而不可能是李唐宗室。自然，更不可能是比武则天辈分还低的李弘恭陵[5]。其次，缑氏位于洛阳的东部，而不是西北部。从汉唐帝陵陵区必选择于都城的西北郊来看，缑氏在方位上显然不具备这个优越性。再次，"生

---

[1]　《旧唐书》，第2830页。具体追谥时间据《资治通鉴》卷二〇二"太子弘仁孝谦谨"条补充。详见《资治通鉴》，第6377页。

[2]　《全唐文》卷一五《高宗》"孝敬皇帝睿德纪"条，第186页上栏。又可见《全唐文》卷一一"赐谥皇太子宏孝敬皇帝制"条，第139页下栏～140页上栏。

[3]　《旧唐书》卷一九〇中《陈子昂传》，第5020页。

[4]　巫鸿：《五岳的冲突：历史与政治的纪念碑》；载所撰《礼仪中的美术——巫鸿中国古代美术史文编》（下卷），北京：生活·读书·新知三联书店，2005年，第634～641页；王静：《节愍太子墓〈升仙太子图〉考——兼论薛稷画鹤的时代背景》，《北京大学学报》（哲社版）2007年第4期，第113～118页。

[5]　案，此得益于2005年4月21日晚野云堂先生的意见，谨致谢忱！

在苏杭，葬在北邙"是当时天下的共识。一则北邙在洛阳的北郊，一则汉魏帝陵亦选择于此。综上，武则天之所以将恭陵安排在缑氏，也许还有一个原因，便是她很可能打算在北邙营造武周陵区。由此视之，陈子昂诣阙上书提及瀍涧之地，其意似乎便在于此。陈氏称：

> 况瀍、涧之中，天地交会，北有太行之险，南有宛、叶之饶，东压江、淮，食湖淮之利，西驰崤、渑，据关河之宝。以聪明之主，养纯粹之人，天下和平，恭己正南面而已。陛下不思瀍、洛之壮观，关、陇之荒芜，乃欲弃太山之安，履焦原之险，忘神器之大宝，徇曾、闵之小节，愚臣暗昧，以为甚也。[1]

也就难怪陈氏上书后，"则天召见，奇其对，拜麟台正字"。这恐怕与陈氏所言正合武则天的心机有关。惜事密无闻，难以再究。

尽管以天子礼将李弘安葬在缑氏，武则天的第一步策略得到实现。但是，她欲图在此建立一个新陵区的意愿终究还是没能持久。很快，在弘道元年十二月丁巳（683 年 12 月 27 日）高宗沉郁又强烈地道出"得还长安，死亦无恨"的临终渴望，并最终于文明元年八月庚寅（684 年 9 月 25 日）安葬在关中陵区的梁山上。尽管武则天得以驾驭天下，但传统社会的宗法制度却始终是她面对的最大困惑与障碍。从事态的发展来看，正是高宗的归葬关中陵区以及武周政权的走势才逐渐彻底打消了武则天在洛阳营造武周陵区的计划。随着武则天的独掌朝政，永昌元年（689 年）起，她便开始在父母的谥号及其墓葬的名号上做文章，先是提升山西文水的父亲武士彟墓为章德陵，咸阳的母亲杨氏墓为明义陵。武周革命后，因为政权正朔建设的需要，她追封了几位周代帝王以为祖先，但以武士彟为太祖，尽管章德陵随之被提升为昊陵，但是作为祖陵却仍旧安排在山西文水，并与陕西咸阳原的顺陵远隔千里[2]。如此规划在地区分布上显得并不成系统，大概尚未有营造武周陵区的概念。从她开始对母亲杨氏墓

[1] 《旧唐书》卷一九〇中《陈子昂传》，第 5020 页。

[2] 《新唐书》卷七六《则天武皇后传》，第 3480～3482 页。

的几次改造来看[1]，似乎有把咸阳原营造成武周陵区的意图。但据《旧唐书》卷一八三《武三思传》载："中宗寻又制：武氏崇恩庙，一依天授时旧礼享祭。其昊陵、顺陵，并置官员，皆〔武〕三思意也。"[2] 足可说明此刻武则天亦已无意把顺陵所在咸阳原开辟成武周陵区。否则，自不会再由武三思来倡议设置昊陵、顺陵的守陵官员。从武则天最后的矢意归祔乾陵也正说明了这一点。

　　到了昭宗、哀帝时期，唐帝国已经岌岌乎殆哉，更遑从容谈论陵地，只能跟随政治局势酌情而定了。但是，这两座陵墓的选址却是跟晚唐的政治态势紧密联系在一起的。唐末二帝被朱温裹挟，并先后命丧山东。焚毁长安后，朱温同样试图在洛阳进行全方位的政权建设。尽管他在洛阳逼死昭帝，但此刻尚不得不借助李唐的名号行事，因此仍要妥善处理昭宗的善后事宜。对于昭宗陵地的安排，朱温必会注意到恭陵在缑氏县的陵区和所具有的完善的管理机构。于是，缑氏县自然得以成为入葬昭宗的首选之地。昭宗亦终得葬于恭陵西北，《旧唐书》卷二〇上《昭宗本纪》：

　　　　群臣上谥曰：圣穆景文孝皇帝，庙号昭宗。〔天祐〕二年二月二十日（905 年 3 月 28 日），葬于和陵。[3]

又《资治通鉴》卷二六五云：

　　　　己酉，葬圣穆景文孝皇帝于和陵，^{和陵，在河南缑氏县缑来山。是年，更名太平山。}庙号昭宗。[4]

　　哀帝则是在曹州被逼逊位的，并于梁开平二年（908 年）二月遇弑，死后只得以王礼下葬济阴县之定陶乡。到了五代时，唐明宗才追封为帝陵。《旧唐书》卷二〇下《哀帝本纪》云：

---

[1]　详见本书肆"陵园布局的分类及演变"。

[2]　《旧唐书》，第 4736 页。

[3]　《旧唐书》，第 783 页。

[4]　《资治通鉴》，第 8641 页。

　　〔朱〕全忠建国，奉〔哀〕帝为济阴王，迁于曹州……天祐五年二月二十一日，帝为全忠所害，时年十七，仍谥曰哀皇帝，以王礼葬于济阴县之定陶乡。中兴之初，方备礼改卜，遇国丧而止。〔后唐〕明宗时就故陵置园邑，有司请谥曰"昭宣光烈孝皇帝"，庙号"景宗"。中书覆奏少帝行事，不合称宗，存谥而已。知礼者亦以宣、景之谥非宜，今只取本谥，载之于纪。[1]

又《新唐书》卷一〇《哀帝本纪》记载：

　　甲子，皇帝逊于位，徙于曹州，号济阴王。梁开平二年二月遇弑，年十七，谥曰"哀帝"。后唐明宗追谥"昭宣光烈孝皇帝"，陵曰"温陵"。[2]

昭宗和陵、哀帝温陵分别葬于偃师缑氏、济阴定陶，陵地的建设也极其简陋。在偃师市顾县镇曲家寨村南、景山唐恭陵西北三、四里处今尚有一土冢遗迹，村民呼曰"铺塌冢"，规模卑小。20世纪60年代，陵冢大体被夷为平地，今陵园地面无任何遗存。早年冢边发现有一方池，土下陷，后填实。按照关中唐代陵墓的形制，可以判定下陷处很可能是天井。加之，该土冢附近还有村庄名"西宫底""中宫底""东宫底"，这些称呼似乎与陵墓有关[3]。因此，一般认定这个土冢为和陵。1984年，偃师县对和陵作了调查和钻探，该陵园地表建筑已荡然无存，经钻探知陵墓坐北朝南，地宫居北，墓道在南。地宫由青石条垒砌拱券，南北长约8米，东西宽约4米，距现地表约11.5米。地宫正南的斜坡墓道南北长约60米，宽约3米。据村民回忆，近百年来遭多次盗扰，铲探时亦发现地宫有盗洞。在神道正南约500米处地面上，倒卧一残高约2米

[1] 《旧唐书》，第811页。

[2] 《新唐书》，第305页。

[3] 宫大中：《九朝兴衰古帝都——洛阳》，《中国历代都城宫苑》，第96页；刘向阳：《唐代帝王陵墓》，第330页。

的无头翁仲（石人），现仍在原处[1]。

温陵入葬时并无园邑。《唐会要》说"后唐明宗初就故陵（温陵）置园邑"[2]，说明温陵初建时并无置陵邑，五代后唐时始置。温陵所在地势低下，明代黄河泛滥时即被水淹。今位于菏泽辛集的，现为一个二亩多大的柏树林，不见墓冢和石刻。调查者认为恐为明代的何尚书坟，而非温陵[3]。总之，因情况不明，仍有待进一步的工作。

昭宗、哀帝身后的这种状况无疑是河北、山东地区对唐王朝具有深刻影响力的表现。这益发反衬出唐初安排关中陵区和昭庆陵区的妙意。

[1] 赵振华、王竹林：《东都唐陵研究》，《古代文明》第 4 卷，北京：文物出版社，2005 年，第 244 页。

[2] 《唐会要》卷二《帝号下》，第 18 页；《旧唐书》卷二〇下《哀帝本纪》，第 811 页。

[3] 案，此处原有大冢，径约 20 余米，高约 6 米，四周有围墙，墓前有石牌坊、石人、石马、石狮、石羊等石刻，还有很多石碑和大柏树。在这个墓冢周围，约有上百个大小坟堆，每年何村姓何的都来上坟，"文化大革命"中，石刻被毁、墓冢被平，石碑则被用于修桥，陈长安推测是何家祖茔，是"何陵"而非"和陵"，并认为和陵在山东菏泽之说应当存疑。详见所撰《唐恭陵及其石刻》，《考古与文物》1986 年第 3 期，第 36 页注①。

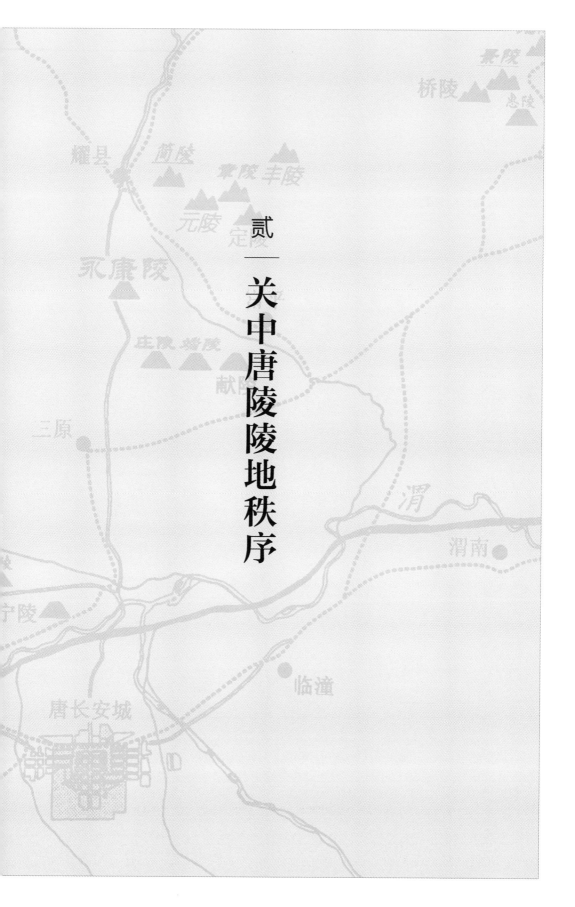

贰

关中唐陵陵地秩序

一 宗庙礼与陵地秩序

昭穆制度因其代表宗法精神和礼教秩序而成为儒家经典的核心。《周礼·春官》"冢人"说:

> 冢人掌公墓之地,辨其兆域而为之图,先王之葬居中,以昭穆为左右。凡诸侯居左右以前,卿大夫、士居后,各以其族。凡死于兵者,不入兆域。凡有功者居前,以爵等为丘封之度与其树数。[1]
>
> 〔贾公彦注:公,君也。图,谓画其地形及丘垄所处而藏之。〕

"宗庙之礼,所以序昭穆也"[2]。所谓昭穆制度,系指古人祖先墓葬的次序、神位(牌位)在宗庙中的班次和祭祀中族人位置的排列均须分为"父昭子穆"两列,父子异辈异行,祖孙异辈同行[3]。"祖考不尊则昭穆失序,昭穆失序则五经无用"[4]。昭穆制度的问题关系到以儒家体系为统治秩序的政权正统性、合法性的建设。故历代围绕着庙制及其昭穆次序的争议一直没有停止过,而且对这些争论意见的正误得失,迄无定论。昭穆次序的讨论与改革并不仅仅是礼制的改革,其背后是深刻的政治行为。实际上,这是王朝的新任统治者建立宗统乃至政权新法统合理性的重要举措。宗庙礼中的昭穆次序随着王朝的政治形

---

[1] 〔清〕孙诒让:《周礼正义》,王文锦、陈玉霞点校,北京:中华书局,1987年,第1694~1697页。

[2] 〔宋〕朱熹注《中庸集注》,朱熹注《大学·中庸·论语》,上海古籍出版社,1987年,第8页。

[3] 李衡眉:《宋代宗庙中的昭穆制度问题》,原载《河南大学学报》1994年第4期,第8页;后收入所撰《昭穆制度研究》,济南:齐鲁书社,1996年,第237页。

[4] 〔唐〕道宣:《广弘明集》,高楠顺次郎、渡边海旭纂修,日本大正新修大藏经刊行会《大正新修大藏经》(修订版),台北:新文丰出版公司,1983年,册52,No.2103,第153页下栏。

势会发生不同的变更，其背后的原因便是当权者出于统治之需，即尊本祖而重正统。陵地秩序是礼制物化的一个集中体现。它展现的不只是帝陵的排列原则，也是王朝伦理以及王朝礼制阶段性变化的反映，更是王朝无上权力更迭和皇权建设的具体而微的体现。《周礼》等儒家经典关于昭穆制度的记载，使得我们认识帝陵陵地秩序总是喜欢将二者联系起来考虑。这一思路显得水到渠成，有趣的是现在看来在多数情况下无疑也是正确的。但是，在具体分析这一问题的时候，应该仔细加以甄辨。因为昭穆礼、宗庙礼和陵地秩序这三者是相互关联，但是又有着精微的不同。这个差异很容易被忽视，从而使我们陷入一种自相矛盾的困惑之中。

　　遗憾的是，这个问题到今天仍然充斥着混杂不清的认识。现在看来，这里面至少有如下四个观念需要澄清。

　　第一点：上述所谓"父昭子穆"两列，父子异辈异行，祖孙异辈同行只是一个理想状态，在具体案例中未必尽然，特别是在王朝王位的更迭中常常要面对的一个问题便是兄弟相继为君其昭穆次序为何？兄弟相继为君昭穆异同的争论，肇始于春秋时期，是一个长期以来争论不休、反复再三的问题，其争论的焦点集中在兄弟相继为君，其昭穆次序异位抑或同位的问题。

　　第二点：宗庙中神位的班次和祭祀中的排列与陵地帝陵秩序共同的只是昭穆的次序，至于相邻的昭穆组合的排列方式如位置先后是有很大差别的。在陵地中更多的是采取五音昭穆葬，不同的姓氏因为其五音归属的不同而使陵墓有四种不同的昭穆朝向。而在宗庙及祭祀中其朝向有两种，即除了在宗庙中面南之外，还有禘祫时太祖东向，昭南向，穆北向的方式[1]。在宗庙中，太祖居中面南，余者一般按照即位之顺序以太祖为中心，依照左昭右穆的原则在太祖左右两翼渐次向外侧摆放（图 2-1）。在禘祫中，一般也是依照即位之顺序从西往东摆放灵位（图 2-2）。而在陵区中，这种即位次序一般得不到体现，注重的只是每个帝陵昭穆组合的昭穆对应关系。这种状况正体现了左昭右穆的原则是昭穆制度中最为根本的亦即优先的准

---

[1]　案，在唐初祫祭是合祭，而禘祭则是各于神主所在之室祭祀。开元十七年（729年）唐玄宗从韦绍奏议，禘祫同礼。详见《唐会要》卷一三《禘祫上》，第350～351页。

则，这在五音昭穆葬、宗庙及祭祀中都不例外。

……↓穆2	↓穆1	太祖↓（南向）	昭1↓	昭2↓……

图 2-1　宗庙神位昭穆摆放次序

（禘祫）→	昭1↓（南向）	昭2……
太祖（东向）		
	穆1↑（北向）	穆2……

图 2-2　宗庙禘祫礼昭穆摆放次序

五音昭穆葬是根据韵母将天下所有的姓区分成宫、商、角、徵、羽五大类别，这五大类别共有四种不同的昭穆葬图式。关于五音归属的判定原则，《大汉原陵秘葬经·定五姓法篇》云：

> 凡阴阳师定五姓正真，不只有姓难定，俗人声音亦难定。欲得商舌梁张，欲得徵舌主齿，欲得角舌缩壳，欲得宫舌隆中。以切韵定五音，喉音宫，齿音商，牙音角，舌音徵，唇音羽，百中定五音也。[1]

关于五姓昭穆葬的四种图式，《地理新书》一三"步地取吉穴"条载：

> 商姓祖坟壬、丙、庚三穴葬毕，再向正东偏南乙地作一坟，名昭穆葬，不得过卯地，分位仿此。角姓祖坟下丙、壬、甲三穴葬毕，再向正西偏北辛地作一坟，谓之昭音韶穆葬，不得过酉地，分位仿此。徵姓祖坟下庚、甲、丙三穴葬毕，再向正北偏东癸地作一坟，谓之昭穆葬，不得过于子地，分位仿此。宫羽姓祖坟下甲、庚、壬三穴葬毕，再于正南偏西丁地作一坟，

---

[1] 《大汉原陵秘葬经》，《永乐大典》，北京：中华书局，1986年，第3818页下栏～第3819页上栏。案，《大汉原陵秘葬经》收录于《永乐大典》卷八一九九，十九庚、陵字内，见《永乐大典》，第3816～3832页。

谓之昭穆葬，不得过于午地，分位仿此。商姓祖坟下壬、丙、庚三穴葬毕，再于正南偏东丙地作坟一座，谓之贯鱼葬，不得过于午地，分位仿此。角姓祖坟下丙、壬、甲三穴葬毕，再于正北偏西壬地作一坟，谓之贯鱼葬，不得过于子地，分位仿此。徵姓祖坟下庚、甲、丙三穴葬毕，再向正东偏北甲地作一坟，名曰贯鱼葬，不得过卯地，分位仿此。宫羽姓祖坟下甲、庚、壬三穴葬毕，再向正西偏南庚地作坟一座，名曰贯鱼葬，不得过酉地，分位仿此。[1]（图 2-3～图 2-6）

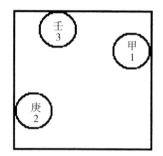

图 2-3　宫羽姓昭穆葬法示意图

〔宋〕王洙等：《图解校正地理新书》，台北：集文书局据"张本"影印，1985 年，第 392 页图

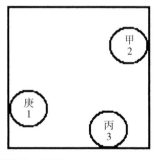

图 2-4　徵姓昭穆葬法示意图

《图解校正地理新书》，第 392 页图

---

[1]　《图解校正地理新书》，第 392～393 页。

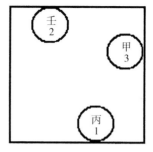

图 2-5 角姓昭穆葬法示意图

《图解校正地理新书》，第 392 页图

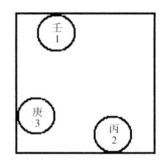

图 2-6 商姓昭穆葬法示意图

《图解校正地理新书》，第 392 页图

第三点：如果从实际操作上看，因帝陵园邑、陵域广袤，难以完全按昭穆葬法步地[1]。整个陵区只能首重帝陵的五音朝向，以及把握在此朝向中每一昭穆组合的两座帝陵与祖穴（祖陵）之间左昭右穆相对位置的准确。而各昭穆组合的帝陵之间则难以严格实现"斜而次之如条鱼之状"的五音昭穆葬式。其实，由帝陵及陵区规模的浩瀚而造成的这种"简化"的、不严格的处理方式，恰可映衬出皇帝的至尊与皇权的崇高。更加之因宗枝的变更，统治者进行所谓"尊本祖而重正统"的调整，由此，使得整个陵区呈现出更加错综复杂的状况。换言之，不宜简单地将帝陵陵区的五音昭穆葬式完全等同于一般的五音墓地，并

---

[1] 案，具体事例的分析，可参见冯继仁《论阴阳勘（堪）舆对北宋皇陵的全面影响》，《文物》1984年第 8 期，第 62 ～ 64 页。

加以简单地套用。这是在使用阴阳地理书籍时应该注意的。

同时，在实际操作中，宗庙与陵区二者的昭穆组合往往也会存在错位的现象。昭穆制度存在过不同的意见和看法，而一旦王朝重新确定下来——尽管多是暂时的，其昭穆次序的新原则在宗庙及祭祀中可简单、便捷地通过摆放位置的调整而轻而易举地得到实现。可是，这时候往往此前的帝陵下葬已有时日，从而使昭穆制度中的新原则在墓地上无法得到共时性的反映，这一点在营建工程极其浩大的帝陵尤是。但是，一旦该原则得到确定，在此后的墓地布局中自会得到反映。其中需要注意的是，文献所载王朝对昭穆礼的调整较帝陵的修建而言多存在滞后的现象，同样不可照搬全用。如何不为此类文献所惑？据之分析当朝者的实际意图，并剖析其蕴含的历史信息，这是研究者面临的一个重要课题。

第四点：也是最为重要的一点，这就是昭穆制度中太祖的确定，相对于整个陵区而言，即为祖陵的判定。在目前的考古学研究中经常将王朝即位的第一位皇帝，即所谓的开国皇帝为太祖，这是一个错误的认识。一般的，每一个王朝建立后，开国皇帝都会追封其父亲或者是某位先世祖为太祖[1]。这个太祖在宗庙与陵地上必定是同一个人，而且根据礼制的规定，它是"万世不更"的。遗憾的是，这一点经常被我们忽视。太祖万世不更，其他的三世而更。这关系到陵地中祖陵的确定，只有将祖陵确定下来，才有可能正确讨论陵地的秩序。并不是王朝即位的第一位皇帝陵便是当然的祖陵，因为一个新政权的建立，总是要在自己的血统上加以提高并给予至高无上的封号。中国历朝历代统治者可以说都是无一例外地、不约而同地遵循着这一规则。简单地说，在同一陵区中，辈分最高者的陵寝应即是该陵区所谓祖陵（祖穴）。遗憾的是，尽管祖陵的确定及其位置是如此的重要，可是长期以来在中国帝陵陵地秩序的研究中却没有

---

[1]　一般而言，文献所言"太祖"应即是该王朝的太祖。其陵寝便是祖陵。但是，实际情况却往往并非如此。因某些王朝礼官的混淆，如"始祖"等称呼的出现，使得王朝实际之"太祖"需要甄辨。参见李衡眉《历代昭穆制度中"始祖"称呼之误厘正》，原载《求是学刊》1995 年第 3 期，第 95～100 页；后收入所撰《昭穆制度研究》，济南：齐鲁书社，1996 年，第 253～265 页。又如南宋高宗时期对昭穆次序的重新讨论便是对此的反思。详见李衡眉同上揭书，第 46～47 页。

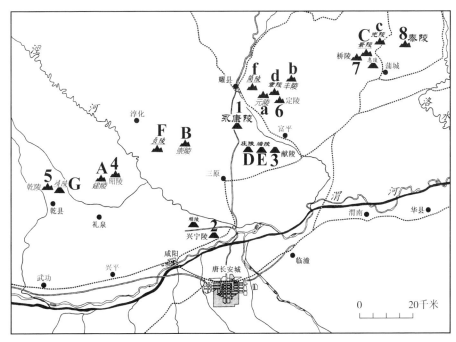

图 2-7 关中唐陵陵地秩序图（据图 1-1 改制）

引起足够的重视，坦白地说，应该是被忽视了。这个误解可以说是以往陵地秩序研究中的一个症结所在，也正是由此导致了学界对汉唐关中陵地及赵宋巩县（今河南省巩义市）陵地秩序长达半个多世纪的误解。

下面就沿着这个思路去重新探究关中唐陵陵地（图 2-7）的秩序问题。

有关唐代帝陵的陵地秩序问题，文献如两《唐书》《唐六典》《唐会要》《唐大诏令集》等鲜有记载，我们所能做的只是通过唐陵的地面遗存对此进行推测。目前多认为关中诸陵的排列带有很大的随意性，没有什么顺序[1]，更看不出有什么明显的昭穆关系[2]，亦即唐人未按昭穆制度对整个陵园进行总体规划。此说对关中唐陵陵地的这个认识影响颇著，考古学界长期以来一直都在坚持。实际上，这个问题还很有必要展开进一步的讨论。因为仔细解析唐代关中

---

[1] 秦浩：《隋唐考古》，南京大学出版社，1992 年，第 81 页。

[2] 王双怀：《关中唐陵的地理分布及其特征》，《西安联合大学学报》2001 年第 1 期，第 65、66 页；陈安利：《唐十八陵》，北京：中国青年出版社，2001 年，第 14～17 页。

诸陵的安排，不难发现确有一定的原则。

　　所幸关中唐代各帝陵名位的准确比定为探讨该课题提供了重要的先决条件。于是，问题的关键便首要在于唐代帝陵是如何营建的，具体地说，其陵位是如何选择的？而这又跟当时的堪舆术有着不可或分的关系。下文将逐次展开讨论。

二　关中唐陵陵址的选定

　　唐代帝王是如何选择陵址的？唐代帝王生前选择陵址见于文献的有太宗、武后、玄宗三帝，其他各帝没有生前选定陵址的记载[1]。事密无闻，今天只能在零散史料中钩沉探赜，以约略窥其梗概。《唐会要》卷二〇"陵议"条云：

> 〔贞观〕十八年（644 年），太宗谓侍臣曰："昔汉家皆先造山陵，既达始终，身复亲见，又省子孙经营，不烦费人功。我深以此为是。古者因山为坟，此诚便事。我看九嵕山孤耸回绕，因而傍凿，可置山陵处，朕实有终焉之理（志）。"乃诏曰："《礼记》云：'君即位而为椑。'庄周云：'息我以死。'岂非圣人远鉴深识，著之典诰，恐身后之日，子子孙孙，尚习流俗，犹循常礼，功（加）四重之榇，伐百祀之木，劳扰百姓，崇厚坟陵。今先为此制，务从俭约，于九嵕之上，足容一棺而已。……"至二十三年八月十八日（649 年 9 月 29 日）山陵毕。[2]

由此看来，唐太宗生前选陵址的原因恐怕有这么几点：其一，生前选址营陵是汉家制度，更是《礼记》圣人典诰所提倡的。《礼记》卷九《檀弓上》云："君即位而为椑，岁一漆之，藏焉。"[3]对此，孔颖达认为"君，诸侯也。言诸侯，

---

[1] 赵强：《昭陵墓址的选择》，《烟台师范学院学报》1994 年第 2 期，第 15、35 ～ 37 页。

[2] 《唐会要》，第 457 ～ 458 页。

[3] 《礼记集解》，第 230 页。

则王可知"。其二，担心自己身后，子孙侈靡，劳扰百姓。但是，从营建昭陵的客观情况并非如此来看，上述第二个原因实际上是树立所谓清明政治的需要，而第一个原因才是太宗生前营造陵寝最根本的。实际上，《旧唐书》卷三《太宗本纪》所记贞观十一年二月丁巳（637年3月3日）诏就已经提及太宗欲葬于九嵕山[1]，丁巳诏实则便是所谓的"九嵕山卜陵诏"[2]。又《新唐书》卷二《太宗本纪》记载贞观十一年"二月丁巳，营九嵕山为陵"[3]。《旧唐书》卷三《太宗本纪》载，"〔贞观十一年二月〕甲子（637年3月10日），〔太宗〕幸洛阳宫，命祭汉文帝"[4]，此事发生在丁巳诏后七天，是一个很重要的象征性事件，应是唐太宗政府以实际的举措进一步表达、确定对汉家制度尊崇和模仿的决策。不仅如此，开启唐陵因山为陵之风的太宗昭陵在形式上更根据自己对汉文帝霸陵的理解，直接将玄宫开凿于山崖中，不另起坟丘。看来，唐太宗的祭拜汉文帝还暗藏着这一层意思。综上，似乎贞观十一年二月应该是唐太宗正式经营昭陵的时间。但是《旧唐书》卷三《太宗本纪》又称："〔贞观十年〕冬十一月庚寅（636年12月6日），葬长孙皇后于昭陵。"[5]后，唐太宗亲自为文德皇后撰写碑文。《唐鉴》卷二《太宗上》云：

> 文德皇后崩，〔贞观十年〕十一月葬昭陵。……十一年二月，帝自为终制。初，文德皇后疾笃言于帝曰："妾生无益于人，不可以死害人。愿勿以丘垄劳费天下，因山为坟，器用瓦木而已。"及葬，帝复为文刻之石，称"皇后节俭，遗言薄葬。以为'盗贼之心，止求珍货，既无珍货，复何所求。'朕之本志，亦复如是。王者以天下为家，何必物在陵中，乃为己有。今因九嵕山为陵，凿石之工才百余人，数十日而毕。不藏金玉，人马、器皿，皆用土木，形具而已，庶几奸盗息心，存没无累。当使百世子孙，奉以为法。"至是，帝以汉世豫作山陵，免子孙苍猝劳费。又志在

---

[1]　《旧唐书》，第46～47页。

[2]　《唐大诏令集》，第431页。

[3]　《新唐书》，第36～37页。

[4]　《旧唐书》，第47页。

[5]　《旧唐书》，第46页。

俭葬，恐子孙从俗奢靡，于是自为终制，因山为陵，容棺而已。[1]

如此看来，唐太宗最后为自己选定九嵕山并开始营陵是在贞观十一年二月丁巳诏后，但其中意九嵕山当至少不晚于 636 年 12 月，且当已有不小之举措，否则便不会有文德皇后的先行入藏。当然，在正式营建昭陵之前有一段酝酿的时间也是情理中事。实际上，太宗考虑自己的后事应该肇始于高祖李渊献陵制度的讨论。贞观九年五月庚子（635 年 6 月 25 日）李渊崩，同年十月庚寅（635 年 12 月 12 日）葬毕，前后历时 170 天。尽管高祖李渊崩时有"斟酌汉魏，以为规矩"的遗诏[2]，而汉魏以来亦确有帝王生前选定陵址的传统，但是，从李渊死后王朝对献陵制度的热烈讨论，他生前该是没有为自己营建陵寝的。正是这个缘故，致使献陵很可能出现了山陵规模、工程时限和礼制上的矛盾。时限短促，以至于欲以数月之间而造数十年之事，程役峻暴，其于人力告弊、功役劳弊，已是根本不可能兑现的事情。既不好过于俭素，反之，非但为不可能之事且又恐后世有废毁之忧。也就是说，当时的情势之下，献陵只能往小规模的方向设计，而这正是太宗恐落个"不孝"之名而自己不便提出来的。如是，这个问题使得太宗一时颇为棘手和被动，史称"难以自决"，实是此事太宗不好自决。他对中书侍郎岑文本的话便是这种心态的流露，只好将问题转嫁给有司讨论、议定，这就是当皇帝的一个好处。房玄龄等人讨论以为"汉长陵高九丈，原陵高六丈，今九丈则太崇，三仞则太卑"[3]，最后建议效仿不崇不卑、规模合宜的汉光武帝原陵制度。献陵封土今高 19 米[4]，若按西汉尺长一般在 23 厘米左右计算，折合西汉 8.26 丈；若按唐代尺长 29.4 厘米计算，折合唐 6.46 丈。看来，唐献陵尽管采用了东汉原陵六丈的规格，但因在操作上却采用了唐代较大的度量衡制，故其实际规模也已经差不多达到汉时长陵 9 丈的规格了。换言之，房玄龄之流是采取唐代度量衡制来营造献陵的，此所谓"明修栈道，暗度陈仓"之计。这里还需要说明的是，唐初的讨论实际上也只是根据文本所载汉陵的尺寸，而非其

---

[1]　〔宋〕范祖禹：《唐鉴》，上海古籍出版社，1984 年，第 48 ～ 50 页。

[2]　《唐大诏令集》卷一一"神尧遗诏"条，第 67 页。

[3]　《资治通鉴》卷一九四"丁巳诏"条，第 6114 ～ 6115 页。

[4]　巩启明：《唐献陵踏查记》，《文博》1999 年第 1 期，第 47 页。

实际之规模。因汉代天子的陵墓规模实在十二丈左右——合 27 米多，诸侯王墓高在五到八丈之间，列侯坟高约四丈[1]，而"庶人之坟半切"。此与目前的实测陵高约 20 到 30 米之间完全相符[2]。总之，这个取巧的"中间"方案使得问题得到圆满解决，无怪乎房玄龄也因此事称合太宗意旨而功加开府仪同三司[3]。

但是尽管如此，虞世南对汉代帝王生前营陵制度的推崇和"汉之霸陵既因山势，虽不起坟，自然高敞"的话语肯定也已打动了太宗。故事隔九年后，太宗还对侍臣说：

> 昔汉家皆先造山陵，既达始终，身复亲见，又省子孙经营，不烦费人功。我深以此为是。古者因山为坟，此诚便事。我看九峻（嵕）山孤耸回绕，因而傍凿，可置山陵处，朕实有终焉之理（志）。[4]

此时太宗对生前营陵的得意之情仍溢于言表，恰说明了这个事实。由此视之，正是贞观九年高祖献陵制度的讨论，促使太宗的着意陵址。于是，才有贞观十年十一月文德皇后的先行从容入葬九嵕山。推测在太宗最后入藏昭陵之前，长孙皇后只是采取权厝他处的方式。2002 年 8 月，陕西省考古研究所昭陵考古队在九嵕山南坡调查了凿山为窟的石室 9 座，或单独开凿，或数座相邻排列，从上到下、从东到西分别编号为 ZLS1-ZLS9。其中 ZLS1 的一号石室单独开凿于九嵕山南侧偏东的陡坡崖壁上，距山顶东垂直高差约 30 余米，是所有石室中海拔最高的。石室总体结构与唐墓极为相似，由墓道、甬道、墓室三部分组成。甬道原有白灰墙皮，墓室周壁及顶部覆盖有一层石灰泥并绘有壁画。据研究 ZLS1 可能是徐（惠）贤妃墓或暂厝长孙皇后之处[5]。ZLS1 倘真是长孙皇

---

[1] 杨宽：《中国古代陵寝制度史研究》，上海古籍出版社，1985 年，第 159 页。

[2] 刘庆柱、李毓芳等：《西汉诸陵调查研究》，文物编辑委员会编《文物资料丛刊》第 6 辑，北京：文物出版社，1982 年，第 1～15 页；此据刘庆柱《古代都城与帝陵考古学研究》，北京：科学出版社，2000 年，第 225 页《实测西汉诸陵一览表》。

[3] 《旧唐书》卷六六《房玄龄传》，第 2461 页。

[4] 《唐会要》卷二〇"陵议"条，第 457 页。

[5] 其他 8 座小型石室或为当时居于寝宫的宫人墓葬。详见张建林《昭陵石室初探》，樊英峰主编《乾陵文化研究》（二），西安：三秦出版社，2006 年，第 38～41 页。

后权厝之处，则无疑也证实了前引《唐鉴》所载用工、用时大体不假。

文德皇后性仁孝俭素，与唐太宗感情甚笃。太宗长年有疾，她昼夜侍奉不离左右，且常系毒药于衣带，誓若太宗不讳则以死相跟随。文德皇后下葬后，太宗思念不已，建筑层观以望昭陵，尽管后来在魏征的劝谏之下，层观拆毁，但是由此可见太宗对文德皇后之情感非同一般[1]。可能也正是文德皇后的遗言薄葬及葬于九嵕山，才使唐太宗最终决定与之长相厮守于此，于是颁诏正式营建昭陵。这就是丁巳诏和随之祭拜汉文帝的由来。贞观二十三年八月十八日（649年9月29日），大概前后经历了十四年之久，昭陵玄宫终于营建完毕。太宗也于当日入葬昭陵。时距贞观二十三年五月二十六日（649年7月10日）太宗死日仅81天，显然较李渊的要短得多，也就更衬托出太宗死后处理入葬事宜的优裕。

唐太宗先造山陵，并在贞观十一年二月丁巳诏中称"今先为此制"，不知太宗此诏及其实际举措对后来唐代诸帝是否有号召、约束之力？

玄宗是唐朝另一位明确记载生前选址的帝王。《唐会要》卷二〇"陵议"条云：

> 开元十七年（729年），玄宗因拜桥陵，至金粟山，观冈峦有龙盘凤翔之势，谓左右曰："吾千秋后，宜葬于此地。"后遂追先旨葬焉。[2]

看来玄宗这次祭拜桥陵含有选择陵址的目的，所以才会亲自到离桥陵所在丰山更远的金粟山一带考察。实际上，是年十一月，唐玄宗对宗庙和唐陵有一次系统的大祀活动，前后历时十九天。《旧唐书》卷八《玄宗本纪上》记载：

> 〔开元十七年〕十一月庚寅（11月28日），亲祫九庙。辛卯（11月29日），发京师。丙申（12月4日），谒桥陵。……戊戌（12月6日），谒定陵。己亥（12月7日），谒献陵。壬寅（12月10日），谒昭陵。乙

---

[1]　《资治通鉴》卷一九四，第6120～6123页。

[2]　《唐会要》，第459页。

巳（12月13日），谒乾陵。戊申（12月16日），车驾还宫。大赦天下。[1]

此举该是跟玄宗在开元十一年的祭祀后土和十三年封禅泰山一脉相承的，都属于大祀。从日程表可知玄宗是在729年12月4日前后抵达金粟山，更可能是在12月4日前。因为这样时间会更为充裕，也就更能从容地详悉金粟山和随后的谒陵。但玄宗此行选址的目标如此明确，让人相信实早已有先行之考察和意向。

《旧唐书》卷六《则天皇后本纪》，云："则天将大渐，遗制祔庙、归陵"[2]，且从则天对高宗乾陵有意识之改造可以推知则天生前给高宗营建乾陵时便意在梁山[3]，也许此举得益于太宗与长孙皇后合葬九嵕山的启发。

此外，便不见唐代帝王生前选址的有关记载。

但是，有学者认为不见记载并不等于其他各帝生前不选定陵址，在位时间较长的，按以往的惯例都是生前有所选定的[4]。从秦汉以来帝王生前择陵传统来看，这个判断并非全无道理。《史记》卷六《秦始皇本纪》云：

> 上（始皇）病益甚，乃为玺书赐公子扶苏曰："与丧会咸阳而葬。"……九月，葬始皇郦山。始皇初即位，穿治郦山，及并天下，天下徒送诣七十余万人，穿三泉，下铜而致椁，宫观百官奇器珍怪徙臧满之。令匠作机弩矢，有所穿近者辄射之。以水银为百川江河大海，机相灌输，上具天文，下具地理。以人鱼膏为烛，度不灭者久。[5]

可见，秦始皇即位后，便开始营建自己的陵寝。西汉国家制度基本沿袭秦朝而略有增益，在帝王生前择陵方面大体也是如此。《汉旧仪》载：

---

[1] 《旧唐书》，第194页。案，"庚寅"，《旧唐书》原误作"庚申"，今从《新唐书》卷五《玄宗本纪》（第134页）改。

[2] 《旧唐书》，第132页。

[3] 详见本书肆"陵园布局的分类及演变"。

[4] 秦浩：《隋唐考古》，第82页；陈安利：《唐十八陵》，第15页。

[5] 〔汉〕司马迁：《史记》卷六《秦始皇本纪》，北京：中华书局，1959年，第264～265页。

〔每〕天子即位，明年，将作大匠营陵地，用地七顷，方中用地一顷，深十三丈，堂坛高三丈，坟高十二丈。[1]

又《晋书》卷六○《索𬘡传》载：

帝问〔索〕𬘡曰："汉陵中物何乃多也？"𬘡对曰："汉天子即位一年而为陵，天下贡赋三分之，一供宗庙，一供宾客，一充山陵。"[2]

《旧唐书》卷七二《虞世南传》云：

世南又上疏曰："汉家即位之初，便营陵墓，近者十余岁，远者五十年，方始成就。今以数月之间而造数十年之事，其于人力，亦已劳矣。"[3]

可见，西汉的制度是从天子即位后的第二年开始为自己营建陵寝的。北魏从方山永固陵和万年堂到北邙瀍西陵园，亦在着意经营陵寝[4]。

看来汉魏以来确有帝王生前选定陵址的传统。但是，到了北宋却正好相反。北宋的制度则是皇帝死后才开始营建陵墓，并有"七月葬期"的限制，这一点是明确的。巩县宋八陵的规模小而且都采取积土为陵的形式，就是因为死后方才营陵且工期又短的缘故。《礼记》卷一三《王制》云：

天子七日而殡，七月而葬；诸侯五日而殡，五月而葬；大夫、士、庶

---

[1]　〔汉〕卫宏撰，〔清〕孙星衍校注：《汉旧仪补遗》卷下，《丛书集成初编》据平津本排印，北京：中华书局，1985 年，册 0811，第 34 页。

[2]　〔唐〕房玄龄等：《晋书》，北京：中华书局，1974 年，第 1651 页。

[3]　《旧唐书》卷七二《虞世南传》，第 2569 页。

[4]　详见本书附四"陵墓与政治——以永固陵与北朝帝陵为例"。

人三日而殡，三月而葬。[1]

北宋天子"七月葬期"之制当是对西周该制度的尊崇与回归。

唐顺宗崩于元和元年正月甲申（806 年 2 月 11 日），去永贞元年十月己酉（805 年 11 月 8 日）德宗李适入葬崇陵，前后 95 天；距离元和元年七月壬寅（806 年 8 月 28 日）顺宗入葬丰陵为 198 天（表 1-1），六个多月。顺宗遗诏有言："伏以崇陵仙寝，复土才终。甸邑疲人，休功未几。今又重劳营奉，朕所哀矜。况汉魏二文，皆著遗令，永言景行，常志夙心。其山陵制度，务从俭约。"[2] 从"今又重劳营奉"或可判断丰陵是在顺宗崩后方始营造。

《旧唐书》卷一七二《令狐楚传》载元和"十五年正月，宪崩，诏令狐楚为山陵使，仍撰哀册文。……其年六月，山陵毕"[3]。从表 1-1 知，元和十五年正月庚子（820 年 2 月 4 日）唐宪宗驾崩，并于元和十五年五月庚申（820 年 7 月 2 日）下葬景陵。引文所言"其年六月，山陵毕"应该指的是安葬后的收尾工作。《新唐书》卷一六六《令狐楚传》称穆宗即位，"方营景陵，诏楚为使"[4]。"方"若做"开始""才"解，便可说明景陵是在宪宗驾崩后开始正式营建的。据杨卓墓志载，志主通晓堪舆之术，穆宗御宇，"奉〔穆宗〕诏命，按幸宪宗皇帝山陵事"[5]。

宣宗于会昌六年三月二十三日（846 年 4 月 22 日）即位，崩于大中十三年八月七日（859 年 9 月 7 日），葬于咸通元年二月丙申（860 年 3 月 2 日）（见表 1-1）。前后在位十三余年之久。《唐阙史》卷上"真（贞）陵开山"条记载：

[1] 《礼记集解》，第 340 页。案，刘绪考察了春秋时期丧葬制度中的葬月与葬日，认为春秋时期诸侯行"三月而葬"和"五月而葬"，其中以"五月而葬"为主，僭越使用天子礼"七月而葬"者甚少。春秋时期所行的葬月、葬日之制应源自西周，此制约在战国遭到破坏，西汉时完全消失。详见所撰《春秋时期丧葬制度中的葬月与葬日》，北京大学考古系编《考古学研究》（二），北京大学出版社，1994 年，第 189 ～ 200 页。

[2] 《顺宗实录》，《丛书集成初编》据海山仙馆丛书本排印，第 22 ～ 23 页。

[3] 《旧唐书》，第 4460 页。

[4] 《新唐书》，第 5099 页。

[5] 李宗俊：《杨卓墓志与唐代帝陵的风水理念等相关问题》，《文博》2018 年第 3 期，第 74 ～ 80 页。

> 丞相夏侯公为宣宗山陵使，有司妙选陵寝，虽山形外正而蕴石中顽。
> 丞相衔命，以丰价募丁匠开凿皇堂（玄宫），弥日不就。京府两邑隶纳锻
> 具，联车以载，辙迹相望。至则镬酏以沃之，且煎且凿，役百万丁力，孜
> 孜矻矻，竟日所攻，不及函丈。暨石工告毕，百步夷然。[1]

文中夏侯公即夏侯孜，字好学，亳州谯人。《新唐书》本传云：

> 懿宗立，进门下侍郎、谯郡侯。俄以同平章事出为西川节度使。召拜
> 尚书左仆射，还执政，进司空，为贞陵山陵使。坐隧坏，出为河中节度使，
> 犹同平章事。[2]

则夏侯孜为宣宗山陵使是在唐懿宗即位之后的事情。据此可以判断宣宗贞陵玄宫是在宣宗崩后方始营建的。换言之，宣宗崩后贞陵并未完工，但也不能由此遽断宣宗登极后便即营建贞陵。

唐顺宗、宣宗皆在崩后在七个月内入葬陵寝，如果从北宋"天子七月葬期"来看，也并非没有在二帝崩后方始营陵的可能。

此外，目前发现的唐陵石刻题记从另一个侧面提供了某些线索。

睿宗崩后，玄宗以将作少监李尚隐营桥陵[3]，开元四年（716 年），以御史大夫李杰护桥陵作，侍御史王旭为护陵判官[4]。桥陵的最后完工是在玄宗时期。在开元四年十月庚午（716 年 11 月 16 日）睿宗入葬桥陵之前，玄宗便于开元四年八月十七日（716 年 9 月 7 日）将昭成、肃明二皇后祔葬桥陵玄宫，从《昭成皇太后哀册文》所言"元宫载辟"可知，桥陵玄宫至迟在 716 年 9 月

---

[1] 〔唐〕高彦休：《唐阙史》，上海古籍出版社编《唐五代笔记小说大观》（下册），上海古籍出版社，2000 年，第 1343 页。

[2] 《新唐书》卷一八二《夏侯孜传》，第 5374 页。案，夏侯孜为宣宗山陵使一事不见于《旧唐书》本传。详见《旧唐书》卷一七七《夏侯孜传》，第 4603 ～ 4605 页。

[3] 《新唐书》卷一三〇《李尚隐传》，第 4499 页。

[4] 《旧唐书》卷一〇〇《李杰传》，第 3111 ～ 3112 页。《资治通鉴》卷二一一"庚午，葬睿宗于桥陵"条，第 6722 页。

7 日已经完工 [1]。仅凭这一点只能表明睿宗崩后，桥陵仍在营建，并不能因此而否定睿宗生前便已营建。但是，若从中宗、睿宗朝之更迭视之，则睿宗生前营陵的可能性又似乎得不到支持。1980 年，扶正桥陵石雕时，在一御马底座上发现刻有"富平"二字；现存东侧麒麟底座上还刻有"富平田氏"四字。据此或以为桥陵石刻之石料，取材于陕西富平境内的将军山和万斛山；并从当地人"泼水结冰，旱船运石"的传说和桥陵陵园附近曾发现许多细碎的石屑判断，桥陵石刻是在石料产地先将石料做成毛坯，冬季泼水结冰，用旱船运到陵地后再精雕细琢，以免刻成后在搬运中受到损伤 [2]。睿宗景龙四年六月甲辰（710 年 7 月 25 日）即位，延和八月庚子（712 年 9 月 8 日）传位于玄宗，崩于开元四年六月甲子（716 年 7 月 13 日），葬于开元四年十月庚午（716 年 11 月 16 日）。如果上述"泼水结冰，旱船运石"之说成立，那桥陵主体建筑的营建或始于睿宗即位之后，至少应该始于睿宗崩前。因为睿宗崩时恰在孟夏，葬在孟秋，难以"泼水结冰，旱船运石"。

建陵东门门狮有楷书题刻，如"七月十一起""民此远备"等 [3]。"民此远备"之"远"恐有二义。其一，指空间维度。建陵神道石刻如门狮等为石灰岩材质，其石材的来源是否便在当地，尚有待进一步查证。其二，指时间维度。从常理上来看，只有肃宗生前即已营建其陵寝方可称作"远备"，若在肃宗崩后，则不存在"远备"的说法。从表 1-1 可知肃宗宝应元年四月丁卯（762 年 5 月 15 日）崩，宝应二年三月庚午（763 年 5 月 13 日）埋葬，前后相距 363 天。若为"宝应元年七月十一日"，即 762 年 8 月 5 日，距肃宗之崩仅 82 天，称不上"远备"。故若指时间间隔，其"七月十一起"不可能在肃宗崩后，而应在天宝十五载七月甲子（756 年 8 月 12 日）即位后，至宝应元年四月丁卯之间。换言之，恐肃宗生前便已着手营造建陵，否则难以作释。

《新唐书》卷九一《姜庆初传》记载：

---

[1] 详见本书陆之"桥陵陪葬墓地布局"。

[2] 刘向阳：《唐代帝王陵墓》，第 173 页。案，今知泰陵陵园有唐代采石场遗迹石窟 3 处，可知该陵营建时在陵山就近取石材。详见陕西考古研究院、蒲城县文物局《唐玄宗泰陵陵园遗址考古勘探、发掘简报》，《考古与文物》2011 年第 3 期，第 10 页。

[3] 陈安利：《唐十八陵》，第 84 页。

〔天宝〕十载，〔姜庆初〕尚新平公主。……主（新平）慧淑，闲文墨，帝贤之，历肃、代朝，恩礼加重，庆初亦得幸。旧制，驸马都尉多不拜正官，特拜庆初太常卿。会修植建陵，诏为之使，误毁连冈，代宗怒，下吏论不恭，赐死，建陵使史忠烈等皆诛，裴玲子仿，亦削官。主幽禁中，大历十年薨。

故事，太常职奉陵庙。开元末，濮阳王彻为宗正卿，有宠，始请宗正奉陵。天宝中，张垍以主婿任太常，故复旧。及庆初败，又以陵庙归宗正云。[1]

同书卷六《代宗本纪》所载大历"二年八月壬寅（768 年 9 月 22 日），杀驸马都尉姜庆初"[2]，姜庆初是被赐自尽而亡[3]，其由应该便是引文所指误毁建陵连冈一事。《旧唐书》称姜庆初"永泰元年（765 年），拜太常卿"[4]，此刻去肃宗入藏建陵已几近两年。换言之，肃宗入藏建陵后来代宗仍继续修植建陵。但是，因其主体工程应早已结束，此举当属进一步完善陵寝的措施。

献陵神道东侧石虎颈下有刻铭"武德拾年九月十一日石匠小汤二记"[5]。唐太宗武德九年八月癸亥（626 年 9 月 3 日）即位后，仍沿用了武德的年号长达 142 天，并于贞观元年正月乙酉朔（即武德十年正月一日）改元。也就是说，武德十年根本就不存在。两《唐书·康国传》曾载有"武德十年"事，岑仲勉经过比勘文献，认为"武德似不得有十年"。因此，"武德十年"应为"武德九年"之误[6]。但是，这是书籍版本流传的问题，与献陵石虎刻铭之"武德拾年"不可相提并论。该题记应表明贞观九年十月庚寅（635 年 12 月 12 日）唐高祖

---

[1] 《新唐书》，第 3794 页。

[2] 《新唐书》卷六《代宗本纪》，第 173 页。

[3] 《旧唐书》卷一一《代宗本纪》（第 287 页）云："壬寅，太常卿、驸马都尉姜庆初得罪，赐自尽。敕陵庙署复隶宗正寺。"

[4] 《旧唐书》卷五九《姜庆初传》，第 2337 页。

[5] 刘庆柱、李毓芳：《陕西唐陵调查报告》，考古编辑部编《考古学集刊》第 5 辑，北京：中国社会科学出版社，1987 年，第 217 页。

[6] 岑仲勉：《岑仲勉著作集·唐史余渖（外一种）》卷一《高祖·旧新传之武德十年》，北京：中华书局，2004 年，第 6 页。

下葬献陵后，仍有一些工程，如神道石刻尚未完工。

需要说明的是，贞观九年，唐高祖崩后，虞世南上封事曰："宜依《白虎通》所陈周制，为三仞之坟，其方中制度，事事减少，事竟之日，刻石于陵侧，书今封大小高下之式，明器所须，皆以瓦木，合于礼文，一不得用金银铜铁。使后代子孙，并皆遵奉。"[1]虞世南所言之刻石，应该是一种类似碑铭的石刻，其上记录封土的大小、高下之规模。1960年，南京城内北部富贵山发现的东晋恭帝司马德文玄宫石碣应该便属此列。何况唐太宗并没有同意其说，而是交付大臣们讨论，最后采纳了房玄龄的意见。因此，不能将引文中所言"事竟之日，刻石于陵侧"跟献陵石刻联系起来。《唐六典》卷二三"将作监"条记载：

> 将作大匠之职，掌供邦国修建土木工匠之政令，总四署、三监、百工之官属，以供其职事；……凡山陵及京·都之太庙、郊社诸坛·庙，京、都诸城门，尚书·殿中·秘书·内侍省、御史台、九寺、三监、十六卫、诸街使、弩坊、温汤、东宫诸司、王府官舍屋宇，诸街、桥、道等，并谓之外作。凡有建造营葺，分功度用，皆以委焉。凡修理宫庙，太常先择日以闻，然后兴作。
>
> ……丞掌判监事。凡内外缮造，百司供给，大事则听制、敕，小事则俟省符，以谘大匠，而下于署、监，以供其职。凡诸州匠人长上者，则州率其资纳之，随以酬顾。凡功有长短，役有轻重。……凡营造修理，土木瓦石不出于所司者，总料其数，上于尚书省。凡营军器，皆镌题年月及工人姓名，辨其名物，而阅其虚实。主簿掌印，勾检稽失。[2]

尽管此上没有具体明言陵墓的管理，但从军器的营造可以推测其管理之严格当有过之而无不及，更何况是在帝陵这样的工程。事实也是如此，修陵的工程分工极其烦冗琐细（表2-1）。《唐大诏令集》卷七七《景陵优劳德音》记

---

[1] 《唐会要》卷二〇"陵议"条，第455～456页。

[2] 〔唐〕李林甫等：《唐六典》，陈仲夫点校，北京：中华书局，1992年，第594～595页。

表 2-1 《唐大诏令集》所见唐代营修帝陵诸官员一览表

陵　称	相关官员	出　处
陪祔丰陵[1]	山陵使	卷七六《大行太后（顺宗庄宪皇后王氏）山陵修奉事敕》，第 432 页
崇陵	山陵使、礼仪使、副使、按行山陵地副使、卤簿使、仪仗使、舁梓宫官	卷七七《崇陵优劳德音》，第 434 页
丰陵	山陵使、山陵礼仪使、陵所摄太尉行事官、山陵副使、按行山陵地使、挽郎及诸司职掌工巧杂役人夫、车牛	卷七七《丰陵优劳德音》，第 434 页
庄宪皇太后山陵	山陵所摄太尉行事官、山陵礼仪使、山陵副使及其下、园林所在供役	卷七七《庄宪皇太后山陵优劳德音》，第 435 页
景陵	山陵使兼陵所摄太尉行事官、山陵礼仪使、山陵副使、按行山陵副使、桥道置顿使、山陵修筑使、监修桥道使、按行山陵地使、山陵副使、修筑副使、神策六军修筑山陵官健、陵所造作押当使、诸司诸使应缘山陵修造及专知修造作并诸色检校执当官典白身及直司掌上巧儿工匠等五品以上、吉凶仪仗诸色行从官等五品以下、诸司诸使押管当官置顿举幕往来检校军将中使等、太极宫宿卫官及中使大内皇城留守及押当官等、撰谥册哀册谥议书册文及读谥册哀册书宝读宝官等、镌造宝册装册及检校官、选题木主官、舁宝册官、选押卤簿仪仗挽郎等、选山陵礼仪桥道置顿判官、山陵使司官与军将、知东渭桥官、知顿官、按行陵地仪仗卤簿判官及诸副使判官并诸司诸使监当杂职掌官吏等、挽士代哭挽歌等、京兆府及诸州县断玄宫石匠及宫寝作头巧儿、诸色行事官及斋郎礼生并阴阳官、二仗三卫骁骑及诸色人匠并缘山陵应役人夫车、牛等、本府长官本军本使本司、诸道应副山陵参佐军将等、诸色职役官吏、应随灵驾挽郎挽士诸色人夫等、山陵礼仪卤簿仪使并诸军诸使诸司将官吏	卷七七《景陵优劳德音》，第 435 ～ 436 页

续表 2-1

陵　称	相关官员	出　处
光陵	山陵使礼仪使兼陵所摄太尉行事官、山陵副使按行使、桥道置顿使、山陵使兼赐修桥道使、修筑使、修筑副使、卤簿使仪仗使、桥道置备副使、舁梓宫官、神策六军修筑官健及检校军使陵所造作押当官吏及中使等并诸司诸使应缘山陵修道造作及专知执当工匠等、吉凶仪使诸色行从官等、撰哀册书宝读宝官等、舁宝册官及桥道置顿官仪仗卤簿使判官等、挽郎、太尉侍中告谕册谥宝灵座前进谥宝奏外辨奠玉币酌献等、奉先县营奉力役	卷七七《光陵优劳德音》，第 436 ～ 437 页
葬景陵旁园[2]	山陵使所摄太尉行事官、山陵礼仪使、山陵副使、判官；山陵监修桥道、判官；山陵置顿桥道使、副使、判官巡官巡检专知官；卤簿使、仪仗使、陵所造作押当官及中使等、诸司诸使应缘山陵修造及专知造作诸色检校执事当官白身及直司掌上巧儿工匠等、吉凶仪仗诸色行从官等、诸司诸使押当官置顿营幕往来检校军将中使等、白身；两仪卫官及中使大内皇城留守并押当官等、撰谥册哀册谥议书册及读谥册书宝读宝官等、镌造册宝装宝及检校官、选题木主官、舁宝册官及举宝官、选押当卤簿仪仗挽郎、选山陵礼仪置顿使判官、选仪仗卤簿使判官及诸副使判官并诸司诸使监当杂职掌官吏等、白身；挽郎、挽士挽歌等、诸色行事官及斋郎礼生并阴阳生、仪仗三卫骥骑及诸色夫匠、山陵应役人夫车牛等各委本府长官本军大使本司、太常礼直官及中书门下仪制官、诸道应奉使赴山陵幕府军将等、诸色职掌官吏、诸司流外充者、充寝陵劳役	卷七七《〔宪宗〕孝明太皇太后（郑氏）山陵优劳德音》，第 437 ～ 438 页

---

[1]《新唐书》卷七七《后妃下》，第 3503 页。

[2]《新唐书》卷七七《后妃下》，第 3505 页。

载修造山陵的官员便有诸司诸使、应缘山陵修造及专知修造作并诸色检校执当官典、白身及直司掌上巧儿工匠等[1]。也就是说在帝陵的工程中出现年号如此错讹的概率几无，因此或以为献陵石虎"武德拾年"刻铭断非"贞观十年"之误[2]。即便如此，它也不可能是贞观元年之讹。因如前所言，武德十年即贞观元年。如果这个推测成立的话，那无疑是李渊生前营陵之佐证。但是，从李渊崩后唐太宗君臣的讨论可以确知这又是不可能的。无怪乎，或以为该铭文后人伪刻的可能性极大[3]。但是，世上也总有出人意表之事，同样的情形便确切无疑地出现在曹魏陈思王曹植墓出土的铭文砖上。其砖铭曰：

太和七年三月一日壬戌朔」

四（？）月十五日丙午兖州刺史侯」

昶遣士朱周等二百人作」

毕陈王陵各赐休二百日」

别督郎中王纳主者」

司徒从掾位张顺」[4]

太和六年十一月"庚寅（232 年 12 月 27 日），陈思王植薨"[5]，此去砖铭所言营陵之"三月一日"有六十五天。事实是，太和七年二月六日丁酉（233 年 3 月 4 日）已改元为青龙，时距砖铭所言"三月一日"已有二十二天。假使陈王陵于最短的"四月十五日"竣工，则距改年号为"青龙"更长达六十六天。史载明晰地记录了魏明帝此次改元的过程：

青龙元年春正月甲申（233 年 2 月 19 日），青龙见郏之摩陂井中。

---

[1]　《唐大诏令集》卷七七《景陵优劳德音》，第 435 页。

[2]　刘庆柱、李毓芳：《陕西唐陵调查报告》，《考古学集刊》第 5 辑，第 218 页。

[3]　刘向阳：《唐代帝王陵墓》，第 6 页。

[4]　刘玉新：《山东省东阿县曹植墓的发掘》，《华夏考古》1999 年第 1 期，第 7 ～ 17 页。

[5]　〔晋〕陈寿：《三国志·魏书》卷三《明帝纪》，〔宋〕裴松之注，陈乃乾校点，北京：中华书局，1959 年，第 99 页。

二月丁酉，〔明帝〕幸摩陂观龙，于是改年（青龙）；改摩陂为龙陂，赐男子爵人二级，鳏寡孤独无出今年租赋。三月甲子（233 年 3 月 31 日），诏公卿举贤良笃行之士各一人。[1]

则魏明帝改元青龙的舆论准备及其前后举措动静可谓不小，况以陈思王与曹魏明帝之亲缘关系，在墓葬纪年上出现这种疏忽实难通解。可见，出于某种原因出现唐献陵石刻铭文错讹的可能性也是存在的。

综上，今除高祖献陵、太宗昭陵、玄宗泰陵、则天乾陵以及宪宗景陵有明确文献记载之外，从表 1-1"历时"一栏提供的唐代诸帝即位至埋葬以及死亡至埋葬的时间间隔来看，其他诸陵不能轻易地断定身后择址修陵，但也不能排除身前择陵营造的可能。其实，即便是即位后便已开始营陵，但陵寝工程浩大，因在位时间、国家政治诸因素之影响，也不见得生前陵寝便已完工。而先帝入藏陵寝之后，当朝或此后在位皇帝也会继续完善其工程，此如上文所言唐代宗委任姜庆初修植肃宗建陵，这才应是诸陵营建的常态吧。唐宣宗在位长达十三余年之久，可是其玄宫尚在驾崩后营建，这一现象颇值得思考。不过，从盛唐以后，唐代诸帝多在崩后 7 个月内（个别在 3 个月内）入葬，以及后来北宋天子崩后"七月葬期"规定的出现来看，恐怕唐陵的营建也呈现出这个趋势。

总之，无论哪种情况，都不能轻易否定当时一定操作规则存在的可能性，即诸陵是根据当时的安排原则在大致应当的范围内选择陵址的。这应该是择陵使的主要职责之一。这一点，下文的论述也可以证明。《隋书》卷七八《萧吉传》云：

及献皇后崩，上令〔萧〕吉卜择葬所。吉历筮山原，至一处，云"卜年二千，卜世二百"，具图而奏之。[2]

---

[1] 《三国志·魏书》卷三《明帝纪》，第 99 页。

[2] 〔唐〕魏征等：《隋书》，北京：中华书局，1973 年，第 1776 页。

说明营建帝陵时要绘出地形图，上报皇帝批准[1]。占卜在唐代整治社会中充当着微妙的角色，许多政治活动必须做出占断之后方可进行[2]。参照唐时墓志，其中不乏"卜葬""卜兆"的记述，在营造陵墓的过程中也有阴阳官、阴阳生莅临现场进行指导[3]。事实上，此等做法在今天的中国，尤其是农村仍然到处可见。唐代帝陵的卜筮，主要是由太常卿主持相关具体事务，参与者还有卜师、筮师及太祝，这一点大唐《元陵仪注》有详细的说明[4]。《通典》卷八五《将

---

[1] 傅熹年主编《中国古代建筑史》第二卷《两晋、南北朝、隋唐、五代建筑》，北京：中国建筑工业出版社，2001年，第418页。

[2] 黄正建：《占卜与唐代政治》，原载张国刚主编《中国社会历史评论》第三卷，北京：中华书局，2001年，第477～479页；后收入所撰《敦煌占卜文书与唐五代占卜研究》，北京：学苑出版社，2001年，第229页。

[3] 《旧唐书》卷一七二《令狐楚》（第4460～4461页）云："其年（820年）六月，山陵（景陵）毕，会有告〔令狐〕楚亲吏赃污事发，出为宣歙观察使。楚充奉山陵时，亲吏韦正牧、奉天令于翚、翰林阴阳官等同隐官钱，不给工徒价钱，移为羡余十五万贯上献。怨诉盈路，正牧等下狱伏罪，皆诛，楚再贬衡州刺史。"又《唐大诏令集》卷七七"景陵优劳德音"条（第436页）云："诸色行事官及斋郎礼生并阴阳官三品以上各赐爵一级四品以下各加一阶。……元和十五年六月十九日（820年8月1日）"又《唐大诏令集》卷七七"孝明太皇太后山陵优劳德音"条（第438页）云："诸色行事官、及斋郎礼生、并阴阳生三品已上各赐爵一级，四品已下各加一阶。……咸通七年六月八日（866年7月23日）"〔宋〕赵彦卫《云麓漫钞》卷七云："唐人多称使，郡守一职也，以其领兵，则曰节度；治财赋，则兼观察；以至河堤、处置、功废之名。故杨国忠领四十余使；下逮州郡，莫不然，其名猥杂。本朝多称官，如提领官、参谋官、检讨官、参议官、考校官、覆考官、详定官、参详官、判官、推官，下至吏胥，则有通引官、专知官、孔目官、直省官，走卒则有散从官，流外有克择官、阴阳官，军校有辇官、天武官之号；推其原，亦本于唐。"详见《云麓漫钞》，傅根清点校，北京：中华书局，1996年，第115页。又，杨卓墓志的发现进一步证实了唐代帝陵选址中阴阳生的参与。详见李宗俊《杨卓墓志与唐代帝陵的风水理念等相关问题》，《文博》2018年第3期，第74～80页。

[4] 〔唐〕杜佑：《通典》卷八五"将葬筮宅"条，王文锦等点校，北京：中华书局，1988年，第2309～2310页。大唐《元陵仪注》记载了唐代宗的丧事制度，是研究唐陵制度的重要文献。《元陵仪注》，见《颜真卿集》第29～52页；又散见于《通典》卷五二（第1439页）、八〇（第2169～2170、2174页）、八一（第2207页）、八三（第2249页）、八四（第2267～2268、2270、2275、2276～2277、2284～2285页）、八五（第2298、2301、2305～2306、2307、2309～2313页）、八六（第2326～2328、2330～2331、2336～2340、2346～2349页）、八七（第2368～2370、2375～2381、2382～2386页）、一〇四（第2712～2713页）；〔清〕陆心源《唐文拾遗》卷二〇。从《元陵仪注》可以发现代宗、德宗时期皇帝的丧葬自招魂复魄至大祥，不仅名目上，而且实质上有不少与《礼记·士桑礼》相类似之处。详见陈成国《中国礼制史·隋唐五代卷》，第139～144页。

葬筮宅》云：

> 大唐《元陵仪注》："既定陵地，择地，使就其所卜筮之。将卜，使者吉服。掌事者先设使以下次于陵地东南。使者至陵地，待于次。太常卿莅卜，服祭服。祝及卜师、筮师，凡行事者皆吉服。掌事者布筮席于玄宫位南，北向西上。赞者引莅卜者及太祝立于筮席西南，东向南上。卜师立于太祝南，东面北上。赞者引使者诣卜筮席南十五步许，当玄宫位北向立；赞者立于使者之左，少南。俱北向立定。赞者少进，东面称事具，退复位。莅卜者进立于使者东北，西面。卜师抱龟，筮师开韇出策，兼执之，执韇以击策，进立莅卜者，前东面南上。莅卜者命曰：'维某年月朔日，子哀子嗣皇帝某，谨遣某官某乙，奉为考大行皇帝度兹陵兆，无有后艰？'卜师筮师俱曰：'诺。'遂述命，右旋就席北坐。命龟曰'假尔泰龟有常'，命筮曰'假尔泰筮有常'，遂卜筮，讫，兴，各以龟筮东面占曰从，还本位。赞者进使者之左，东面称礼毕。赞者遂引使者退立东南隅，西面。若不从，又择地卜筮如初仪。"其百官仪制，具开元礼。[1]

此外，从《唐大诏令集》卷七六、七七也多少可以获知当时修陵的各种职能部门[2]（见表2-1）。

三　吕才与《阴阳书》

这里要着重探讨的是唐代堪舆术的主要流派，以促进对葬经及考古材料，尤其是墓葬材料的认识。唐宋时代的墓葬形制和埋葬习俗，除了政府规定的制度程式之外，在很多地方都是根据当时堪舆家所规定的制度来安排的，特别是在葬式、随葬明器、墓地的选择和墓区的地面建筑等方面，与堪舆术的关系极

[1]　《通典》，第2309～2310页。

[2]　案，关于山陵使的讨论，可参见吴丽娱《唐代的皇帝丧葬与山陵使》，《国际东方学者会议纪要》第51册，2006年，第27～39页。

为密切^[1]。因此，研究堪舆是进一步了解古代社会丧葬行为乃至借以触摸社会各阶层思想观念的重要手段。

中国历史上两次大规模的官修地理（堪舆）书籍的行为便发生在唐宋时期。其一是唐贞观年间，吕才编订《阴阳书》。其二是北宋初期，王洙等编修《图解校正地理新书》，典籍亦流传至今^[2]。毋庸多言，二者皆是讨论唐宋时期堪舆术的重要典籍。惜因受第二次官修地理的再度冲击，吕才《阴阳书》早已亡佚。这里掇拾成篇，欲对该书成一印象，并略申所涉唐代堪舆术及其运用。

吕才，博州清平人，少好学，善阴阳方伎之书。此学养该与重阴阳谶纬之说的河北经学传统有关。吕才在其《阴阳书·叙〈葬书〉》中，明确指出当时"《葬书》一术，乃有百二十家，各说吉凶，拘而多忌"，"今之丧葬吉凶，皆依五姓便利"^[3]。鉴于阴阳术如此冗杂，唐太宗才诏令吕才编订《阴阳书》。《旧唐书》卷七九《吕才传》云：

> 太宗以"阴阳书"近代以来渐至讹伪，穿凿既甚，拘忌亦多，遂命〔吕〕才与学者十余人共加刊正，削其浅俗，存其可用者。勒成五十三卷，并旧书四十七卷，〔贞观〕十五年^[4]书成，诏颁行之。^[5]

又《阴阳书·卜宅篇》云：

> 近世乃有五姓，谓宫也，商也，角也，徵也，羽也。以为天下万物悉

---

[1] 徐苹芳：《唐宋墓葬中的"明器神煞"与"墓仪"制度——读〈大汉原陵秘葬经〉札记》，《考古》1963 年第 2 期，第 87 页；后收入所撰《中国历史考古学论丛》，台北：允晨文化实业有限公司，1995 年，第 277 页。

[2] 案，《地理新书》今存有中国国家图书馆藏清影金钞本"瞿本"和"杨本"两种、北京大学图书馆藏木樨轩李氏旧藏元复金本（"李本"）以及台北"中央"图书馆藏清影写金钞本（"张本"）及翁同龢家藏金刊本（"翁本"）等 5 个版本。详见沈睿文《〈地理新书〉的成书及版本流传》，北京大学中国考古学研究中心《古代文明》第 8 卷，北京：文物出版社，2010 年，第 313 ~ 336 页。

[3] 《旧唐书》，第 2723 ~ 2724、2725 页。

[4] 此据《资治通鉴》卷一九六"上以近世阴阳杂书"条（第 6165 ~ 6167 页）补。

[5] 《旧唐书》，第 2720 页；《新唐书》，第 4062 页。

配，属之以处吉凶。然言皆不类，如张王为商，武庚为羽，是以旨相谐附至。柳为宫，赵为角，则又不然。其间一姓而两属，复姓数位不得所归，是直野人巫师说尔。[1]

从这段记载可知初唐时纳音调姓的泛滥，以及吕才对此反对的态度。现在可以确定的是至迟从西汉开始，便已有了依照五音定名归属的行为，当时五音图宅术已经盛行[2]。东汉五音姓利说的盛行该是此风的延续。隋唐时期，则承其流绪更为流行。

《五行大义》卷一《第四论纳音数》云：

> 纳音数者，谓人本命所属之音也。音即宫、商、角、徵、羽也。纳者，取此音以调姓所属也。[3]

又《直斋书录解题》卷八《谱牒类》云：

> 《天下郡望氏族谱》一卷，唐李林甫等天宝八年（749 年）所纂，并附有五音于后。[4]

此上说明纳音调姓确是当时的社会时尚之一。揆诸《隋书》卷三四《经籍志》著录有：《五音相动法二卷》、《五音相动法》一卷梁有《风角五音占》五卷，京房撰，亡。；《风角五音图》二卷，《风角杂占五音图》五卷梁氏撰。梁十三卷，京房撰。异奉撰。；《五姓岁月禁忌》一卷；《五姓登坛图》一卷；《五姓墓图》一卷梁有《冢书》、《黄帝葬山图》各四卷；《五音相墓书》五卷；《五音图墓书》九十一卷；《五姓图山龙》及《科墓葬不传》各一卷；《杂相墓书》四十五

---

[1] 〔唐〕吕才撰，〔清〕马国翰辑：《阴阳书》，《玉函山房辑佚书》，第 2861 页上栏～2864 页下栏；又《旧唐书》卷七九《吕才传》，第 2720～2721 页；《新唐书》卷一〇七《吕才传》，第 4063 页。

[2] 详见本书附一"西汉帝陵陵地秩序"。

[3] 〔隋〕萧吉：《五行大义》，钱杭点校，上海古籍出版社，2001 年，第 15 页。

[4] 〔南宋〕陈振孙：《直斋书录解题》，《丛书集成初编》排印聚珍版丛书本，长沙：商务印务馆，1937 年，册 0045，第 223 页。

卷亡。[1]。又《旧唐书》卷四七《经籍志下》著录有：《五姓宅经》二卷；《五姓墓图要诀》五卷^{孙氏撰}；《玄女弹五音法相冢经》一卷^{胡君撰}。等[2]。《新唐书》卷五九《艺文志》著录有：萧吉《五行记》一卷，又《五姓宅经》二十卷；郭氏《五姓墓图要诀》五卷；《胡君玄女弹五音法相冢经》一卷；僧一行《五音地理经》十五卷等[3]。另外，敦煌文书也给我们展示了唐代冗杂的堪舆典籍。

宋王应麟（1223～1296 年）曾总结了唐代的阴阳五行家。王氏所撰《玉海》卷五《唐六十家五行》云：

> 志：五行类，六十家一百六十部六百四十七卷，始于史苏《沈思经》，终于吕才《地理经》。若《焦氏易林》、《京氏四时飞候》及《错卦逆刺杂占》、《参同契》、《筮占集林》、《新林》、《洞林》，《连山》之属，易占之书也。若郑玄注《行棋经》及《太一大游历》、《元鉴枢》，会赋之属，九宫太一之书也。翼奉《风角要候》、王琛《六情诀》及《遁甲开山图》、《囊中经》、《九星历》、《八门三奇三元》，九甲之属，风角遁甲之书也。式经有六壬、雷公、太一之殊，堪舆有历注、四序、地节之异；以历名则《黄帝斗历》、《大史公万岁》、《张衡飞鸟》、《吕才百忌》，以占书名则《师旷》、《东方朔》各一卷，龟经则柳彦询、世隆至孙思邈六家，阴阳书则王璨、吕才二家。他如七政历、白泽图、黄帝集、灵武王、须臾、淮南、万毕、周宣占梦，咸著于篇。[4]

综上可见，当时阴阳术极为流行且颇混乱，故唐太宗才有此统一制定颁行《阴阳书》之举。《唐会要》卷三六"修撰"条小字注云：

> 太宗以"阴阳书"行之日久，近代以来，渐至讹伪，穿凿既甚，拘忌

---

[1]　《隋书》卷三四《经籍志》，第 1027、1036、1037、1039 页。

[2]　《旧唐书》卷四七《经籍志》，第 2044 页。

[3]　《新唐书》卷五九《艺文志》，第 1556～1558 页。

[4]　〔宋〕王应麟：《玉海》，江苏古籍出版社／上海书店，1990 年，第 110 页下栏。

亦多，遂命有司总令修撰。[1]

对此，两《唐书·吕才传》有更为详细的记载[2]。

从考古材料上看，这一时期，我国西北地区所谓坟院式茔域，坟院的方向和祖穴的方位多不相同，没有一定的规律。这种现象很有可能是按照姓氏的五音来决定坟院的方向和祖穴的方位的[3]。既然当时纳音调姓之风如此之盛，可是为什么统治者却偏偏没有附和、取用这种堪舆术，而采用反对此风的吕才编订《阴阳书》并颁行全国？这究竟是何缘故呢？这可能还是统治者调整门阀制度的结果，跟当时社会权力结构的变化是密切相关的。

门阀士族制度规定的血统到初唐时已经不合时宜。尽管东魏、北齐以来的山东旧族在政治、经济上已经衰落，但是他们社会门望的影响却仍旧。新兴的关陇贵族则历世显贵，掌握朝纲，但其血统地位却不高。在这种情况下提高后者的社会声望就显得极为必要了。李义府所谓"上林多许树，不借一枝栖？"[4]便表达了出生寒门的庶族地主要求参与国家政权的强烈愿望。此为盛唐以前唐政府锐意变革门阀制度的内在动机。

李唐为提高自己的威望和血统地位，一方面对此制度不满，故唐高祖李渊一即位就与道教主老子李耳攀亲，以提高自己的地位。同时，另一方面也不得不暂且利用该制度来压抑旧有的士族并提高自己的威望。于是，李唐便先后于太宗、高宗朝二度调整门阀制度，这两次调整大意是"贞观中，高士廉、韦挺、岑文本、令狐德棻修《氏族志》。凡升降，天下允其议，于是州藏副本以为长式。时许敬宗以不载武后本望，义府亦耻先世不见叙，更奏删正。委孔志约、杨仁卿、史玄道、吕才等定其书，以仕唐官至五品皆升士流。于是兵卒以军功进者，

---

[1]　《唐会要》，第760页。

[2]　《旧唐书》卷七十九《吕才传》，第2720、2725页；《新唐书》卷一○七《吕才传》，第4063、4066页。

[3]　徐苹芳：《中国秦汉魏晋南北朝时代的陵园和茔域》，《考古》1981年第6期，第526～527页；后以《秦汉魏晋南北朝时代的陵园和茔域》为名收入所撰《中国历史考古学论丛》，第271～272页。

[4]　〔唐〕刘𫗧撰，程毅中点校：《隋唐嘉话》卷中，《隋唐嘉话·朝野金载》，北京：中华书局，1979年，第19页。

悉入书限，更号《姓氏录》"[1]。从中可以注意到阴阳家吕才对此工作的参与。当然，在施行《姓氏录》的同时，武则天还实行了其他相应的措施。

唐太宗制定《氏族志》的目的是"今定氏族者，诚欲崇树今朝冠冕。……不论数代已前，只取今日官品、人才作等级。宜一量定，用为永则"[2]。他为《氏族志》规定的原则是"参考史传，检正真伪，进忠贤，退悖恶，先宗室，后外戚，退新门，进旧望，右膏粱，左寒畯"[3]，并要求修撰者"辨其昭穆，第其甲乙"。后又加以干涉，以皇姓为首，外戚次之，崔幹为第三等[4]。唐太宗在这方面的改革正是利用了当时人们尚存的比较强烈的门阀观念来实现的，也就是说利用了这种观念提高自己新生力量的社会地位，而压抑打击了原先的社会阶层。接着，唐高宗于显庆四年九月五日（659年9月26日）下诏改《氏族志》为《姓氏录》。并委托礼部侍郎孔志约、太常卿吕才等12人参与撰定《姓氏录》。最后撰定结果是：皇后四家、一品官吏为第一等；文武二品及知政事三品为第二等；其他按当时在职官品高低，以此类推，止于五品。如此，遂从制度上彻底压制了原有士族势力。《姓氏录》制定后出现了唐代中后期的"富商豪贾，尽居缨冕之流"的历史现象[5]。同时，原先的士族势力日臻衰落。在唐代还显赫一时的山东崔、卢、李、郑诸大姓，在宋代已是绝无闻人[6]。

门阀是与门第姓氏紧密联系的，纳音调姓的阴阳术自然让人感受到门第姓氏的兴味。唐政府反对原有的门阀，反对纳音调姓的吕才自然被政府起用参与修撰《姓氏录》。对唐代社会结构变化的敏感和对当权者意图的及时跟进，应该是吕才参与撰定《姓氏录》和得以负责编订《阴阳书》的主要原因。也正是在这种背景之下，面对纷纭的阴阳术，吕才阴阳术才有脱颖而出被统治者御定

---

[1] 《新唐书》卷二二三《李义府传》，第6341页。

[2] 〔唐〕吴兢：《贞观政要》卷七《礼乐第二十九》，上海古籍出版社，1978年，第226～227页。

[3] 《新唐书》卷九五《高俭传》，第3841页。

[4] 《唐会要》卷三六"氏族"条，第775页。

[5] 《旧唐书》卷一〇一《辛替否传》，第3155页。

[6] 〔宋〕王明清：《挥尘录》前录·卷之二，云："唐朝崔、卢、李、郑及城南韦、杜二家，蝉联珪组，世为显著。至本朝绝无闻人。"（上海书店出版社，2001年，第15页。）

为地理官书的可能[1]。实际上,《氏族志》和《阴阳书》应该是唐王朝在"生"与"死"两个领域里配饬整饬原有世家大族的政治行为。亦即是针对山东旧族的重大举措。魏晋以降,门阀世族盛行。他们在行为处事等各个方面都独自高标,以为门阀之标榜。这在他们的家族墓葬上也得到如实的反映,从考古材料来看,这阶段发现的门阀士族墓地情况存在两个显明的特征。其一,各个士族墓地的墓葬形制以及排列原则都是不同的。这无疑表明墓葬也成为世族标榜门阀的一个媒介。其二,世家大族的墓葬形制跟中央皇权规定的墓葬等级制度不同,即不在后者规定的秩序之中,这显示了门阀政治与皇权抗衡乃至不受制约而凌驾于皇权之外的政治状态。同样,这些家族墓葬的各异不仅直接导致了所执阴阳术的不统一,同时更是对中央皇权的藐视和削弱。隋唐以前长年的战乱,更给此风以滋长的土壤,而这一切都是一个新生的统一的中央王朝所不能容忍的。恐怕这才是唐太宗委任反对纳音调姓的吕才整顿阴阳术的主要动机吧。若纳音调姓无疑又要不得不跟这些世家大族的特殊性联系起来,实现不了用统一的法则彻底摧毁原有世家大族优越性的效果。故而,吕才阴阳术的颁行益发凸显纳音调姓阴阳术的泛滥。

不管唐代的堪舆术如何众说纷纭,从总体上来说,可以分成重纳音调姓(即五姓堪舆法)与非纳音调姓两大类。其中影响较大的堪舆派别主要有三家,即吕才、一行和由吾公裕等,直至赵宋影响犹在。按照上述的分类原则,这三家可以分成两大类,一行、由吾这两家堪舆派别为一类,吕才一派为一类,其中最大的区别便在于前二者主张纳音调姓,而吕才一派则不主张这种做法。下面重点介绍吕才、一行之堪舆术。

前引《旧唐书》卷七九《吕才传》云:

> 太宗以"阴阳书"近代以来渐至讹伪,穿凿既甚,拘忌亦多,遂命〔吕〕才与学者十余人共加刊正,削其浅俗,存其可用者。勒成五十三卷,并旧书四十七卷,〔贞观〕十五年书成,诏颁行之。

---

[1] 案,这种历史背景反映到唐陵陪葬墓地上,便是陪葬墓地成员的变化。即从盛唐以前以功臣密戚为主渐次成为功臣与皇族对等,盛唐以后已全为皇族陪葬。详见本书之陆"陪陵制度的颁定"。

又《新唐书》卷一〇七《吕才传》云：

> 帝（太宗）病阴阳家所传书多谬伪浅恶，世益拘畏，命〔吕〕才与宿学老师删落烦讹，掇可用者为五十三篇，合旧书四十七，凡百篇，诏颁天下。[1]

参照上面的记载，可有四个判断。

第一，此"阴阳书"非专指后来吕才编订之《阴阳书》，乃当时社会上各派阴阳家传承之典籍的泛称。此者即吕才所称之"诸'阴阳书'"，《旧唐书》卷七九《吕才传》云：

> 验于经典，本无斯说，诸"阴阳书"，亦无此语，直是野俗口传，竟无所出之处。[2]

查稽《新唐书》卷五九《艺文志》便同时载"王璨《新撰阴阳书》三十卷"和"吕才《阴阳书》五十三卷"[3]，《旧唐书》卷四七《经籍志》亦如是[4]。前引王应麟《玉海》卷五《唐六十家五行志》以为唐代《阴阳书》有王璨、吕才二家，从《新撰阴阳书》之"新撰"二字，可知王璨之书当在吕才之后。

第二，《旧唐书·经籍志》载《阴阳书》五十卷[5]，与该书《吕才传》所载"五十三卷"不同。这是《旧唐书》本身自相矛盾的地方。《新唐书·艺文志》亦载《阴阳书》五十三卷[6]。参照前引两《唐书·吕才传》的记录，吕才《阴阳书》成书后当为一百卷，而非《旧唐书·经籍志》所言之五十卷。《图解校正地理新书·地理新书序》称："唐贞观中太常博士吕才奉诏撰《阴阳书》

---

[1] 《新唐书》卷一〇七《吕才传》，第4063、4066页。

[2] 《旧唐书》卷七九《吕才传》，第2721页。

[3] 《新唐书》，第1556、1557页。

[4] 《旧唐书》，第2044页。"王璨"，《旧唐书》作"王粲"。

[5] 《旧唐书》，第2044页。

[6] 《新唐书》，第1557页。

五十篇，其八篇地理也。"[1] 这里的"篇"恐是"上、下卷"的意思。吕才《阴阳书》八篇地理是《地理新书》的基础之一。综合《新唐书·吕才传》的记载，或可推断《地理新书序》所言吕才《阴阳书》五十篇，实有百卷。此恐为北宋王洙所见吕书之状况。换言之，两《唐书》及《地理新书》的相关记载存在不同，或为版本流传之异所致。

第三，吕才《阴阳书》编订成于贞观十五年（641 年），是在原有的某《阴阳书》四十七卷旧文的基础上，增加了从其他"阴阳书"中采编的五十三卷。至于其卷数的记载之所以出现说法不一的局面，则恐与后世渐以"吕才《阴阳书》"特指此五十三卷有莫大关系。

第四，吕才《阴阳书》颁行天下后，不管是否占据了整个社会的阴阳书市场，这一点从考古材料上得不到证明，但它至少是盛行于当时的统治者或统治阶层的，代表着合法以及官方的正统。正是由于这一点，才有假托吕才的《阴阳书》面世。

吕才《阴阳书》现在可以看到的是两《唐书·吕才传》，《资治通鉴》卷一九六"上以近世阴阳杂书"条，宋王应麟《玉海》卷五"唐阴阳书"条[2]。但皆是从两《唐书·吕才传》中辑录、衍变出来的，从中可进一步确定吕才《阴阳书》的一个重要特征便是反对纳音调姓的做法。此外，《图解校正地理新书》中也有关于吕才《阴阳书》的若干记载，如《图解校正地理新书·地理新书序》便有关于吕才《阴阳书》若干内容的记载，又如同书卷一五"吕才论宅经葬书之弊"条，所记与两《唐书·吕才传》大同[3]。又同卷"孙季邕奏废伪书名件"条："孙季邕撰《葬范》引吕才《葬书》所论伪滥者一百二十家，奏请停废其《力牧》等，一二可用之说已行编用外，亦无传者。"[4] 下列 118 家而非 120 家，其中第一家即为《黄帝五姓葬经》。这又进一步证明了吕才是反对姓墓葬法的。

[1]　《图解校正地理新书》，第 10 ～ 11 页。

[2]　《玉海》，第 111 页下栏～第 112 页上栏。

[3]　《图解校正地理新书》，第 489 ～ 492 页。

[4]　《图解校正地理新书》，第 492 页。

《新唐书》卷五九《艺文志》载"孙季邕《葬范》三卷"[1]，可见孙季邕也为唐朝人，或与吕才同时或晚于吕才，应该是熟谙吕才《阴阳书》大旨的。其所撰《葬范》宗旨或与吕才《阴阳书》同。从《崇文总目》卷四《五行类》的记载，可知孙季邕《葬范》此时仍流传于世，《地理新书》的转载应该不误。由《图解校正地理新书·地理新书序》可知吕才《阴阳书》所记"地理"部分的内容、写法以及与《图解校正地理新书》的渊源关系。《地理新书序》，略云：

唐贞观中，太常博士吕才奉诏撰《阴阳书》五十篇，其八篇《地理》也。唐太宗贞观年中为"阴阳书"近代以来渐致讹伪，拘忌亦多，遂令太常博士吕才删修，至十五年书成，诏颁天下，遂行之也。至先朝更命，言宋太祖为先朝，更受新命，得天下也。司天监史序等分门总辑为《乾坤宝典》四百五十篇，其三十篇《地理》也。司天大监史序与其官属，将吕才旧书分作门类，再总括编集目为《乾坤宝典》内《地理门》有三十篇也。书既成，高丽国王上表请于有司，诏给以写本。高丽，东夷国名也。其王遣使上表来诣朝廷，奏请诏赐以写本。然序之书丛杂猥近，无所归诣，学者抉其讹谬，凡三千五百。言史序编成某书，尚未精当，丛杂不一，猥俗浅近，不能取验，无所归者。后学之人，见其如此，遂抉挑出伪误者三千五百字。景祐初，仁宗景祐元年甲戌，司天监丞王承用又指摘阙误一千九百，始诏太子中允集贤校理秘颖冬官正张逊、大（太）卜署令奉，并与承用覆校同异，五年而毕。先有精于术学者，抉其讹谬，次又王承用指出阙少摘去错误，缘已奏闻，方始诏下，委差儒臣集贤校理秘颖与冬官正张逊、太卜署令奉奉、司天监丞王承用四人又反复精审校勘所说义理同与不同，至五年而罢。诏付太常命司天少监杨惟德与二宅官三十七人详其可否，惟德泊逊斟酌新历，修正舛器，言奉诏送付太常寺，再命司天少监杨惟德等详度其中可否，惟德及张逊见行新历，天道刪修改正，舛错讹器也。别成三十篇，赐名曰《地理新书》。将旧书修正，专取地理为首，作三十篇进呈事敕，赐名为《地理新书》。言"新书"者，是新书其古文也。复诏钩核重复，言此《地理新书》虽赐名诏，又再下诏，恐有重复，则钩去其重，核考其实也。至皇祐三年（1051年），集贤校理曾公定领其事，奏以浅泄疏略，无益于世。自景祐五年戊寅王承用等再校毕，至今皇祐二年辛卯，凡一十三年。又集贤校理曾公定提领修撰，奏某书浅漫瀚漫，理不深幽，疏而不实，略而不备，无利益于世也。有诏臣洙、臣禹锡、臣義叟，泊公定置局删修，以司天监主簿亢翼改正其旧，才有所长，业有所专，故以司天监官将阴阳旧书错者改之，美者正之。观文殿学士丁庆典领焉，庆薨，臣洙寔掌其属。于是，具阅三馆所藏，备检阅馆阁所藏之书及古今占术验忌，占家信验避忌之术。披其奥突，诘其芭柢，管以体要，区以轻重，而各从攡部，先后可寻。此言编修之法，先管束、定事体要出；次分别开古出、轻重，立作门类，张于篇部，则先后次第，易为检寻耳。自吕才成书名以地理，而专记冢墓，颇殽以室舍吉凶同条，非著书之法。地理之书，自吕才名之，专记冢墓善恶，复于其中颇有杀杂宅舍宜忌之文。[2]又吉凶不别，同在一门，此非著作文书之法。

---

[1]　《新唐书》，第 1558 页。

[2]　《图解校正地理新书·地理新书序》，第 10 ～ 13 页。注：引文略去原文双行夹注中有关文字的注释部分。

这些是直接了解吕才《阴阳书》的文献，加之上文概括之四点可为进一步了解吕才《阴阳书》的基础。

吕才《阴阳书》有《卜宅篇》《禄命篇》以及《葬篇》三篇，其要义得以在两《唐书·吕才传》中转述。其内容是反对姓墓；反对禄命；主张葬有定期，不择年月、日、时；认为葬无吉凶，葬用五姓不可信；荣辱升降，事关诸人而不由于葬；诡斁礼俗不可以法。换言之，吕才是主张根据礼法，反对纳音调姓，反对将年月日时、丧葬、人事吉凶相关联。这些都颇有些唯物主义的意味。

《新唐书》卷五九《艺文志》载："吕才《阴阳书》五十三卷，《广济阴阳百忌历》一卷，《大唐地理经》十卷。贞观中上。"[1] 根据《地理新书序》的记载，吕才《阴阳书》有八篇关于"地理"，看来吕才的另书《大唐地理经》十卷便是此八篇"地理"全面的阐扬和论证。《宋史》卷二〇六《艺文志》又载："吕才《阴阳书》一卷"[2]。不过同书同卷又云："《唐删定阴阳葬经》二卷，《唐书地理经》十卷。"[3] 唐代文献只有吕才奉诏编订《阴阳书》的记载，此处所言《唐删定阴阳葬经》当即吕才编订之《阴阳书》，此时仅余其中二卷有关埋葬的堪舆术。由此看来，《宋史·艺文志》的记载出现了混乱的局面。这种情况的出现应跟宋时吕氏《阴阳书》的散佚密不可分。参较郑樵《通志》卷六八《艺文略》仍载有"《大唐地理经》十卷，吕才撰"，可知《唐书地理经》很可能便是吕才所撰《大唐地理经》的另名，此时仍存有完整的十卷。从宋代的目录学著作可知，吕才《阴阳书》在北宋史序等人将其重新分门总辑为《乾坤宝典》后，便逐渐亡佚了，吕氏著作只有《大唐地理经》流传于世，并在社会上产生影响。后来《大唐地理经》及《乾坤宝典》也都亡佚，代之而起的是王洙等撰《地理新书》。王应麟《玉海》卷一五《皇祐地理新书》唐地理经条，云：

隋庾季才撰《地形志》八十七卷；《唐志·五行类》：吕才《大唐地理经》十卷；贞观中上。一行《五音地理经》十五卷。《书目》云《地理经》。初真宗朝，史序等

---

[1] 《新唐书》，第 1557 页。

[2] 〔元〕脱脱等：《宋史》卷二〇六《艺文志》，北京：中华书局，1985 年，第 5262 页。

[3] 《宋史》卷二〇六《艺文志》，第 5261 页。

撰《乾坤宝典》四百五十篇，其三十篇地里（理）也，其书丛谬。景祐三年（1036年）六月己酉，命嵇颖、胡宿重校《阴阳地理书》，〔景祐〕五年而毕。司天少监杨惟德等别修成三十篇，赐今名。皇祐五年（1053年），<small>《书目》云"三年"</small>正月癸亥，<small>今本甲戌</small>复命知制诰王洙提举修纂《地理图书》，直集贤院掌禹锡著作，刘羲叟删修，嘉祐元年（1056年）十一月书成三十卷上之，赐名《地理新书》，赐洙等器币。

《书目·形法类》：凡三十卷，首以城邑、营垒、府寺、邮传、市宅、衢街为《地事》二十篇，次以冢、穴、埏、门、道、陌、顷、亩为《葬事》十篇，《地图》一篇，《目录》一卷，成三十二篇。<small>《图》一篇今不存。《汉志》：形法六家，百二十二卷，有《宫宅地形》二十卷，大举九州岛之[1]势以立城郭室舍。</small>

《崇文总目》卷四《五行类下》云：

> 《葬范》三卷，孙季邕撰。……
>
> 《乾坤宝典葬书》三十卷，原释：以下俱阙。<small>见天一阁钞本。</small>
>
> 《大唐地理政经》十卷，吕才撰；
>
> > 锡邕按，《通志略》无"政"字。
>
> 《五行地理经》十五卷，释一行撰；
>
> > 锡邕按，《宋志》无"五行"二字、十二卷。[2]

《崇文总目》的编撰始于宋仁宗景祐元年（1034年），成书于庆历元年十二月己丑（1042年1月8日），是在四馆藏书的基础上，仿《开元四部录》，约国史艺文志，编修政府藏书目。前后历经七年，完成六十卷，叙录一卷，编成有序有提要的目录，对宋代以及宋代以后的公私藏书目影响巨大，成为书目

---

[1] 《玉海》，第294页下栏。《隋书》卷三四《经籍志》（第1039页）载有"《地形志》八十卷庾季才撰。；《宅吉凶论》三卷；《相宅图》八卷"，此与《玉海》所载"八十七卷"异。

[2] 〔宋〕王尧臣（1001～1056年）等编次，〔清〕钱东垣等辑释《崇文总目》卷四，《丛书集成初编》据《粤雅堂丛书》本排印，北京：中华书局，1985年，册0023，第259、261页。

编撰的典范。王洙参与了编目工作,《崇文总目》卷四《五行类》应在其工作内容之中。因此,上文应该是准确地反映了当时的四馆藏书情况。《地理新书序》中言及史序根据吕才《阴阳书》八篇"地理"整理成《乾坤宝典》,《乾坤宝典》中有关地理的有三十篇,颇疑《乾坤宝典葬书》便是此三十篇地理的单独成册。而《大唐地理政经》十卷或为吕才《大唐地理经》之别名,《五行地理经》当即《五音地理经》之义。此时四馆中仅存二书书目而已。

《崇文总目》在南宋时还没有缺佚,郑樵(1103～1162年)曾对《崇文总目》的提要发表意见,谓其泛释无义,文繁无用。《四库全书总目提要》称郑樵《通志校雠略》全为攻击此书而作。《通志》卷六八《艺文略》"葬书"条,云:

> 《大唐地理经》十卷,吕才撰;《五音地理经》十五卷,一行撰;《地理三宝经》九卷;《地理新书》三十卷。[1]

但是,《通志·艺文略》所著录之书,自汉至宋,略于汉晋而详于宋代。据此又难以确定1056年《地理新书》颁行天下后,吕才《大唐地理经》及一行《五音地理经》仍行于世。《地理新书》卷一四《阡陌顷亩篇》幽穴浅深法便记录了由吾、一行、吕才的葬式[2],可见王洙确曾目睹一行《地理经》。从下文亦可知,北宋在讨论帝后陵寝时参考了一行、由吾的葬经。也就是说,北宋皇家是能接触到一行的葬经的。可为何称一行《地理经》未见于北宋皇家藏书,显然是故意为之,颇疑王洙此举跟欲图树立《地理新书》的权威地位有关。换言之,在王洙等人编修《崇文总目》时,北宋皇家藏书中必有吕才《大唐地理经》及一行《五音地理经》。

总之,宋代"吕才《阴阳书》"式微,由此可见《阴阳书》的不合时宜。从姓墓的做法一直流行于世来看,吕才《阴阳书》在民间不合时宜的症结便在于反对纳音调姓。在敦煌文书中发现主张姓墓的"吕才《阴阳书》"便是很好

---

[1] 〔宋〕郑樵:《通志》卷六八《艺文略》,北京:中华书局,1987年,第807页上栏。

[2] 《图解校正地理新书》,第439～440页。考证详冯继仁《论阴阳勘(堪)舆对北宋皇陵的全面影响》,《文物》1984年第8期,第65～66页。

的例证。这大概是为了继续实行姓墓的做法，民间假借政府所倡导的"吕才《阴阳书》"一名为掩护的泛滥吧。唐代社会使用姓墓葬式的情况，吕才在其《阴阳书·卜宅篇》描写道"近世乃有五姓，谓宫也，商也，角也，徵也，羽也，以为天下万物悉配属之，以处吉凶"[1]，由此可见一斑。这可从敦煌吐鲁番文书以及墓志资料得到印证。前者如晚唐 S.2263《葬录》便是"葬用五姓"的阴阳书籍，后者如出土于江苏省江都县的徐府君刘夫人合祔铭。其铭云：

> ……其墓园内祖墓壹穴肆方」
> 各壹拾叄步丙首壬穴……[2]

徐府君葬于唐大和九年十月二十八日（835 年 11 月 22 日）。徐姓在五音中可属商姓，徐府君墓园便是依照商姓大利向来安排家族墓地的。但是，吕才《阴阳书》的编订颁行是有深刻的政治背景的。这在前文已有讨论。总之，随着唐代政权的日微和远去，原本民基础薄弱的吕才《阴阳书》渐失去了政权的支持，逐渐不符合日益发展的占卜术的需要，到唐后期就分化成各种不同的占卜书了[3]。

管见所及，唐代文献中有关"阴阳书"的记载有：

《贞观政要》卷六《仁恻第二十》云：

> 贞观七年（633 年），襄州都督张公谨卒，太宗闻而嗟悼，出次发哀。有司奏言"准《阴阳书》云：'日在辰，不可哭泣。'此亦流俗所忌。"太宗曰："君臣之义，同于父子，情发于中，安避辰日？"遂哭之。[4]

---

[1] 《新唐书》卷一〇七《吕才传》，第 4063 页。

[2] 王思礼、印志华、徐良玉、赖非、萧梦龙主编《隋唐五代墓志汇编·江苏山东卷》，天津古籍出版社，1991 年，第 85 页。

[3] 黄正建：《日本保存的唐代占卜典籍》，载所撰《敦煌占卜文书与唐五代占卜研究》，北京：学苑出版社，2001 年，第 242 页。

[4] 《贞观政要》，第 194 页。《旧唐书》卷六八《张公谨》所载与此相同，详见第 2507 页。

《朝野佥载》卷六,云:

> 永徽(650～655年)中,张鷟筑马槽厂宅,正北掘一坑丈余。时《阴阳书》云"子地穿,必有堕井死"。鷟有奴名永进,淘井土崩压而死。又鷟故宅有一桑,高四五丈,无故枯死,寻而祖亡殁。后有明阴阳云"乔木先枯,众子必孤",此其验也。[1]

《唐会要》卷六六"将作监"条,云:

> 建中元年(780年)九月,将作监上言:"宣政内廊有摧坏者,今当修之,准《阴阳书》,谓是岁孟冬为魁罡,不利修作,请卜他时。"上曰:"《春秋》之义,启塞从时。若修毁完败,何时之择。诡妄之书勿征。"乃修。[2]

贞观七年,吕才《阴阳书》尚未编订颁行天下,故可知上揭《贞观政要》文中所言"阴阳书"断非吕氏之书,是否作为吕书的一个来源也已不得而知,无从判断了。而张鷟与将作监则属于政府官员,均约束于官僚体制,特别是将作监其所参《阴阳书》亦当在政府的管束之中。换言之,此二者跟吕书发生关联的可能性较大。下文将继续讨论其他一些相关的文献。

敦煌唐末五代遗书 P.3865《宅经》云:

> 《皇帝二宅经》,《地典宅势三□宅经》,《孔子宅经》,《宅锦宅桡》,《文王宅经》,《王澈宅经》,《王敢宅经》,《淮南王子宅经》,《刘根宅经》,《玄女宅经》,《司马天师宅经》,《刘晋平宅经》,《张子二宅经□》,《九宫宅经》,《八卦宅经》,《五兆宅经》,《玄悟宅经》,《六十四卦宅经》,《左盘韵□宅经》,《李淳风宅经》,《五姓

---

[1] 〔唐〕张鷟撰,赵守俨点校:《朝野佥载》,《隋唐嘉话·朝野佥载》,第145页。

[2] 《唐会要》,第1367页。

宅经》，《吕才宅经》，《飞阴乱伏宅经》。已上诸家宅经其皆大同不异。

据 P.3865《宅经》所载诸家宅经可见当时阴阳术的盛行。出土文书中颇有之，此不枚举。此外，文书所载《吕才宅经》是否跟吕才编订的《阴阳书》之间有着某种渊源关系？如前所言，吕才是反对姓墓的做法，该文书认为《五姓宅经》与《吕才宅经》大同小异，纳音调姓当为其大同者。因此，可知《吕才宅经》为假托之作，实非吕才所撰。同样的道理，虽 P.2615a、P.3492a《诸杂推五姓阴阳等宅图经》亦为假托"朝散大夫太常卿博士吕才"之作。

敦煌文书 P.2534 号首残尾全，尾标"阴阳书卷第十三　葬事"字样，是敦煌文书中唯一明确表明"阴阳书"的卷子。本卷先逐月讲葬事的吉凶，特别标出了"金鸡鸣、玉狗吠"日和五姓行用的吉凶，然后有"立成法第十二"是灭门大祸日岁月的推算表格，最后是"灭门大祸日立成法第十三"，是灭门大祸日日子的推算表格[1]，其末尾称：

> 凡葬及殡埋斩草日值灭门日者，妨害深重，不 |
> 可用；若值大祸日者，被劫盗。日音与姓相克，害 |
> 深。 | [2]

可见，这件文书并非吕才编订的《阴阳书》之一部分，因为文书的内容主要讲"葬及殡埋斩草"和起土日的吉凶，并与五姓相联系，而吕才是反对纳音调姓以及反对将年月日时、丧葬、人事吉凶相关联的。此《阴阳书》表明，"五姓"在葬日选择中占有非常重要的位置：同是吉日，会因五姓的不同而由吉变凶。使用"五姓"，是唐代占卜术中一个非常重要的特点[3]。而同样的日子，因为"五姓"的不同或"年命"的不同，"权殡"择日（时）的吉凶也不同，所以先要

---

[1] 岁月日的推算用表格表示即所谓"立成法"是当时的习惯速查法，其方法及名称都为后代继承下来。

[2] P.2534 录文可参金身佳编著《敦煌写本宅经葬书校注》，北京：民族出版社，2007 年，第 302～309 页。

[3] 黄正建：《试论唐人的丧葬择日——以敦煌文书为中心》，载刘进宝、高田时雄《转型期的敦煌学》，上海古籍出版社，2007 年，第 243 页。

定"五姓"和"年命"。P.3647 便记录了具体的操作程序 [1]。

此前已论，初唐时阴阳术极为流行且颇为混乱，故唐太宗才有此统一制定颁行之举。不过，唐太宗的举措对民间的影响看来好像收效甚微。吕才是唐太宗这次活动的主要负责人之一，从前文所引《阴阳书·卜宅篇》，可知吕才是坚决反对纳音调姓的。可是，纳音调姓的风尚却一直延续到宋代，如《地理新书》便自称"五音所属"录自唐《元和姓纂》。不过，如前所言，吕才一派的观点在某段时期内（唐玄宗以前）还是曾经在社会的某些阶层占有主导地位的，至少在唐朝最高统治阶层里是这样。代表唐代上层社会堪舆观念的吕才《阴阳书》，势必影响到帝陵的营建。《旧唐书》卷一九一《严善思传》云：

> 则天崩，将合葬乾陵。善思奏议曰："谨按《天元房录葬法》云：'尊者先葬，卑者不合于后开入。'则天太后卑于天皇大帝，今欲开乾陵合葬，即是以卑动尊，事既不经，恐非安稳。臣又闻乾陵玄阙，其门以石闭塞，其石缝隙，铸铁以固其中，今若开陵，必须镌凿。" [2]

最终，不管严善思如何坚持，武后依旧合葬乾陵 [3]，其建议还是未被采纳。从中可以获知《天元房录葬法》也应该是唐代最高统治者参考、使用的堪舆术。正因为《天元房录葬法》与吕才《阴阳书》同为唐代高级阶层葬法，由此或可进一步推测《天元房录葬法》与吕才这一堪舆派别有着不可或分的关系，至少在王朝统治者眼中是与吕才《阴阳书》并行不悖的堪舆术。在丧葬制度中杂糅多种阴阳术的情况也是存在的，此可见于北宋陵墓营造。《文献通考》卷一二六《王礼考二十一》"山陵"条载："景德三年（1006 年），皇太后李氏崩。四月，司天监言：'奉诏集众官，以诸家葬书选定园陵年、月。'" [4] 结合考

---

[1] 黄正建：《试论唐人的丧葬择日——以敦煌文书为中心》，《转型期的敦煌学》，第 249 页。

[2] 《旧唐书》，第 5102 页；亦见于《唐会要》卷二〇"陵议"条，第 458～459 页。

[3] 在唐朝，合葬于帝陵应有身份尊崇的意味。如，唐武宗即位后，随即为生母穆宗妃韦氏采取了一系列提高地位的措施，即追谥宣懿皇太后、祔于太庙、修崇福陵，又试图合葬韦氏于穆宗光陵，未果，便对旧坟进行增筑，并名曰"福陵"。详见《旧唐书》卷一八上《武宗本纪》，第 584～585 页。

[4] 〔元〕马端临：《文献通考》卷一二六"山陵"条，北京：中华书局，1986 年，页考 1130 上栏。

古材料，也可知巩县宋八陵的营建实际上至少是斟酌一行、由吾、吕才三家之说[1]。

此外，日本宽平年间（889～897年）根据当时实有图书编写的《日本国见在书目录》明确记有"《大唐阴阳书》五十一卷、《新撰阴阳书》五十、吕才撰"。这其中的《大唐阴阳书》保存到现在有七个本子，这些本子都不是唐代写本，并都源自嘉祥元年（848年）历博士大春日真野麻吕的一个抄本；也都不是全本，而只存有卷三十二和三十三。黄正建认为唐代编纂的《阴阳书》最迟在天平十八年（746年）已经传到日本，《大唐阴阳书》确是抄自唐代的《阴阳书》[2]。若将京都大学图书馆所藏《〈大唐阴阳书〉三十三卷下》[3]与前述敦煌文书P.2534比较，则可发现尽管二者都讲历日吉凶，在表达形式上亦接近，但《大唐阴阳书》却不再将历日吉凶与五姓相关联。这可以说是它们最本质的区别，也正是这个差异使得《大唐阴阳书》与吕才编订《阴阳书》发生关系成为可能之事。换言之，《大唐阴阳书》与吕才《阴阳书》至少是同在反对纳音调姓这一系统中的阴阳书籍。虽尚不能断言，但称《大唐阴阳书》是研究吕书的重要资料却不为过[4]。

---

[1]　冯继仁：《论阴阳勘（堪）與对北宋皇陵的全面影响》，《文物》1984年第8期，第66页。

[2]　黄正建：《试论唐人的丧葬择日——以敦煌文书为中心》，《转型期的敦煌学》，第242～243页。

[3]　京都大学图书馆藏《〈大唐阴阳书〉三十三卷下》，承陈昊先生提供电子文本，谨致谢忱！案，日本所见七种《大唐阴阳书》的写本只是略有不同而已。

[4]　有关研究可参见〔日〕中村璋八《＜大唐陰陽書＞考》，载所撰《日本陰陽道書の研究》（増補版），東京：汲古書院，2000年，第568～591頁；〔日〕小林春樹編《东アジアの天文・暦学に関する多角的研究》4-2，東京：大東文化大学东東洋研究所，2001年；〔日〕山下克明《陰陽道関連史料の伝存状况》，《東洋研究》第169号，2006年，第69～116页。此承陈昊先生见告，谨致谢忱！〔日〕大谷光男《日本古代の具注暦と大唐陰陽書》，《二松學舍大學東洋學研究所集刊》22集，1992年，第1～17頁；《麟德具注歴（正倉院）と宣明具注歴（敦煌）：各断简（残暦）間の暦注について》，《二松學舍大學東洋學研究所集刊》31集，2001年，第1～18頁；《貞享暦法の具注暦（陰陽書）について》，《東洋研究》第155号，2005年，第33～97页。此承北京大学历史系荣新江先生见告，谨致谢忱！

至于五姓堪舆法，从敦煌文书提供的文献资料，可以了解此术之大概[1]。关中西汉陵地[2]以及巩县北宋八陵的布局[3]更给我们展示了考古学上的证据。《新唐书》卷五九《艺文志》著录有"由吾公裕《葬经》三卷"[4]可能便是由吾一派的堪舆经典。同书同卷又著录有僧一行"《五音地理经》十五卷"[5]。《宋史》卷二〇六《艺文志》云："僧一行《地理经》十二卷"[6]，同书同卷又称："《僧一行地理经》十五卷"[7]。上述二者的记载有相互矛盾的地方，但是，从文献多记载为"十五卷"看，当是。《佛祖历代通载》卷一三，云：

〔一行〕著《易论》十二卷。《大衍论》二十卷。……《五音地里经》十五卷。宰相李吉甫奉诏撰《一行传》一卷。并见《唐艺文志》。[8]

此可为辅证。宿白曾用较大的篇幅考辨了一行、由吾的堪舆术，全文迻录如次：

查晁公武《昭德先生读书后志》卷二《五行类》云："《五音地理新书》三十卷，右唐僧一行撰。以（按"以"字原文阙，此系据《文献通考》卷二百二十经籍志四十七引晁志补）人姓五音验八山三十八将吉凶之方，其

---

[1] 茅甘（Marole Morgan）、高田时雄、邱博舜及蔡明志等学者先后梳理了五姓说在敦煌文书中的情况。详见茅甘《敦煌写本中的"五姓堪舆"法》，〔法〕谢和耐等著，耿升译《法国学者敦煌学论文选萃》，北京：中华书局，1993 年，第 249～256 页；〔日〕高田時雄《五姓を説く敦煌資料》，《国立民族学博物館研究報告別冊》14 号，1991 年，第 249～268 页，此据钟翀译文《五姓说之敦煌资料》，载所撰《敦煌·民族·语言》，钟翀等译，北京：中华书局，2005 年，第 328～358 页。另可参看高田时雄《五姓说在敦煌藏族》，载中国敦煌吐鲁番学会编《敦煌吐鲁番学研究论文集》，上海：汉语大词典出版社，1990 年，第 756～767 页；邱博舜、蔡明志《敦煌阳宅风水文献初探》，《文资学报》第 1 期，2005 年 1 月，第 109～158 页。

[2] 详见本书附一"西汉帝陵陵地秩序"。

[3] 冯继仁：《论阴阳勘（堪）舆对北宋皇陵的全面影响》，《文物》1984 年第 8 期，第 55～68 页。

[4] 《新唐书》，第 1558 页。

[5] 《新唐书》，第 1558 页。

[6] 《宋史》卷二〇六《艺文志》，第 5253 页。

[7] 《宋史》卷二〇六《艺文志》，第 5258 页。

[8] 〔元〕释念常：《佛祖历代通载》卷一三，高楠顺次郎、渡边海旭纂修，日本大正新修大藏经刊行会《大正新修大藏经》（修订版），台北：新文丰出版公司，1983 年，册 49，No. 2036，第 592 页上栏。

学今世不行。”一行《五音地理新书》，宋以后佚，其内容就晁志所记知
与王洙等《地理新书》相似。按一行之说于《地理新书》编纂之前极为流行，
北宋皇室曾一再根据其说选择陵地，《宋会要辑稿》礼三七云：“（乾兴
元年二月）二十二日（1022 年 3 月 26 日）命宰臣丁谓为山陵（真宗永定陵）
使，……（六月）十六日（1022 年 7 月 6 日）王曾等上言得司天监主簿
侯道宁状，按由吾《葬经》皇堂下深九十尺，下通三泉。又一行《葬经》
皇堂下深八十一尺，合九九之数，今请用一行之说……。”又同书礼三七云：
“（真宗景德元年）五月二十五日（1004 年 6 月 15 日）按行使刘承圭言
得司天监史序状：‘（明德皇太后）园陵宜在元德皇太后陵西安葬……其
地西稍高，地势不平，按一行《地里经》地有庞不平，拥塞风水，宜平治之，
正在永熙陵（按即太宗陵）壬地，如贯鱼之行，从之。……’”永熙陵选
壬地如贯鱼之形亦正与《地理新书》所记角姓葬壬、河南行贯鱼葬之说完
全相同。由此可知，仁宗时王洙等人奉敕编纂之书，必曾因袭一行之说，
或就一行书有所增删，故彼此内容、立论相似，且沿其书名而不改也。至
于〔169〕-〔171〕（案：此指《白沙宋墓》文后的注释）所记敦煌所出《相
阴阳宅书》和张思贤《葬录》二书，颇疑亦源于一行书，故能与《地理新
书》极为吻合。[1]

从上文可知，一行的《五音地理新书》又称为《地里经》，即《地理经》。宋
王洙《地理新书》为因袭、增删一行《地理经》而成，不仅沿其书名而不改，
而且二者内容、立论相似。如，《地理新书》卷五“筮兆域”条便是根据《一
行地理》及《天门子十八章》参订的。

　　综上，根据现有的材料不难发现，除了纳音调姓这个重要区别之外，关于
“地理”方面的论述，吕才《阴阳书》与一行《五音地理新书》有共通之处，
且都被巧妙地吸收到《地理新书》中。但同为地理官书，王洙《地理新书》与
吕才《阴阳书》最大的不同便是前者重新恢复并认可了五音姓利说在官方的合

---

[1]　宿白：《白沙宋墓》注〔179〕，北京：文物出版社，1957 年，第 86～87 页。

法地位。这不仅反映了长期以来五音姓利说普遍而深厚的民间基础，而且也愈益凸显唐政府官修《阴阳书》的政治动机及其严重脱离民间现实的状况。实也正是这种脱离加剧了唐代阴阳书在官方与民间之间的分野。

《汉书》卷三〇《艺文志》明确记载的西汉时期堪舆书籍有《堪舆金匮》十四卷、《宫宅地形》二十卷[1]，从堪舆术发展的内在理路来讲或许它们跟王充所记《图宅术》会有千丝万缕的联系，遗憾的是其具体内容今天已经不得而知了。但是，汉代存在"五音图宅术"是没有问题的，由此似可断定一行的《五音地理新书》及吕才《阴阳书》之地理部分与西汉时期的此类葬经存在某种关系。

上文已经论及唐宋时代的墓葬形制和埋葬习俗，与堪舆术的关系极为密切。不过，唐宋时人堪舆术又各有宗派授受，自立门户，不相通用。因此，在参考葬经的时候，必须充分认识到它们的派别和地区上的局限性。宋元时代流传至今的阴阳地理书除了王洙等的《图解校正地理新书》之外，尚有张景文《大汉原陵秘葬经》以及中国国家图书馆所藏元刻本《茔原总录》等。《大汉原陵秘葬经》的成书年代是在金元时期，但其制度可以追溯至唐五代[2]。唐至元代时期，山西、河北、陕西、河南、四川等地的墓葬中还或多或少地保存着其中的内容。

《周礼》卷四一《春官·冢人》云：

> 冢人掌公墓之地，辨其兆域而为之图，先王之葬居中，以昭穆为左右。[3]

昭居左，穆居右，夹处左右。《图解校正地理新书》卷一三"步地取吉穴"条云：

> 昭穆亦名贯鱼者，谓左穴在前，右穴在后，斜而次之如条穿鱼之状也。

---

[1]　《汉书》，第 1768、1774 页。

[2]　徐苹芳：《唐宋墓葬中的"明器神煞"与"墓仪"制度——读〈大汉原陵秘葬经〉札记》，《考古》，1963 年第 2 期，第 102～103 页；后收入所撰《中国历史考古学论丛》，第 277～280 页。

[3]　〔清〕孙诒让：《周礼正义》，第 1694 页。

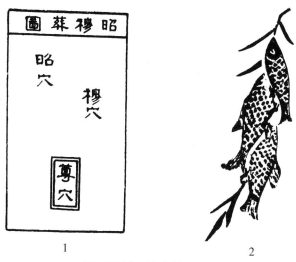

1.《地理新书》昭穆葬图
2.宋妇人斫鲙画砖中的以条穿鱼之状

图 2-8　昭穆葬及贯鱼图

宿白：《白沙宋墓》，北京：文物出版社，1957 年，第 82 页插图八〇

又礼曰：冢人奉图先君之葬，君居其中，昭穆居左右也。[1]（图 2-8）

《大汉原陵秘葬经·辨八葬法篇》云：

　　凡葬者，阡陌平原，昭穆贯鱼葬大吉。余者先吉后凶，不可用之。[2]

又《图解校正地理新书》卷一三"步地取吉穴"条云：

　　昭穆亦各（名）贯鱼。入先茔内葬者，即左昭右穆如贯鱼之形。仍避
廉路、地轴、阴尸、阳尸、雄辕、雌辕，惟河南、河北、关中、垄（陇）

---

[1]　《图解校正地理新书》，第 394 页。
[2]　《大汉原陵秘葬经》，《永乐大典》，第 3823 页上栏。

外并用此法。[1]

综上，昭穆葬法主要流行在河南、河北、关中、陇外等地，为阡陌平原地带大吉之葬式。1981 年至 1984 年初，在陕西凤翔马家庄发掘了春秋秦一号建筑群[2]。研究表明凤翔马家庄秦公宗庙采取祖庙居中，左昭右穆的布局[3]，秦公朝寝的钻探又证明了史籍中所谓的"朝之制如庙，路寝之制如庙"的说法也是正确的[4]。这几乎已成为一个共识了[5]。

关于五音归属的判定原则，前揭《大汉原陵秘葬经·定五姓法篇》云：

> 凡阴阳师定五姓正真，不只有姓难定，俗人声音亦难定。欲得商舌梁张，欲得徵舌主齿，欲得角舌缩壳，欲得宫舌隆中。以切韵定五音，喉音宫，齿音商，牙音角，舌音徵，唇音羽，百中定五音也。

---

[1] 《图解校正地理新书》，第 390 页。

[2] 陕西省雍城考古队：《凤翔马家庄一号建筑群遗址发掘简报》，《文物》1985 年第 2 期，第 1 ～ 29 页；陕西省雍城考古队：《凤翔马家庄春秋秦一号建筑遗址第一次发掘简报》，《考古与文物》1982 年第 5 期，第 12 ～ 20 页。

[3] 韩伟：《马家庄秦宗庙建筑制度研究》，《文物》1985 年第 2 期，第 30 ～ 38 页；后收入所撰《磨砚书稿——韩伟考古文集》，北京：科学出版社，2001 年，第 17 ～ 28 页。

[4] 韩伟：《秦公朝寝钻探图考释》，《考古与文物》1985 年第 2 期，第 53 ～ 56 页；后收入所撰《磨砚书稿——韩伟考古文集》，第 29 ～ 33 页。

[5] 邹衡认为殷墟第十三次发掘中所获之乙七、乙八遗址为宗庙遗址（北京大学历史系考古专业编《商周考古》，北京：文物出版社，1979 年，第 76 ～ 77 页），岐山凤雏甲组建筑群为宗庙建筑（陕西周原考古队：《陕西岐山凤雏村西周建筑基址发掘简报》，《文物》1979 年第 10 期，第 29 ～ 37 页；杨鸿勋：《宫殿考古通论》，北京：紫禁城出版社，2001 年，第 89 ～ 99 页），支持后者的重要证据为所谓卜骨的发现（陕西周原考古队：《陕西岐山凤雏村发现周初甲骨文》，《文物》1979 年第 10 期，第 38 ～ 43 页）。周代宫寝内部结构，历代学者多有考究，不少人并绘了复原图。尽管其大体轮廓基本一样，但是与凤雏宫殿基址相比较，都有某些相似之处，无一全合者，且各家解释不尽相同。在未找到其他证据之前，还不能直接判断其为死人的宗庙，而为活人居住的宫室可能性似乎较大（北京大学历史系考古专业编《商周考古》，第 180 ～ 185 页）。总之，上述建筑遗址都不如马家庄一号建筑群遗址与相关文献上记载的宗庙更为接近，殷周宗庙建筑的确认尚需进一步的考古工作和考证。

虽然在五音归属中存在一姓多音等这样那样的情况，但其归属基本上还是相对稳定的，如刘姓便始终归为宫姓。由 P.2632 背《宅经》列举了五音下属诸姓，其中所列徵姓下有"李、史"，可知李姓属徵姓。这一点也可以从音韵学获得支持。

四　陵地秩序的讨论

这里将探讨关中唐陵内诸陵间的相对关系，即当时的统治者是如何来规划整个陵区秩序的。结合关中唐陵陵地秩序图（见图 2-7），比照陵地各陵址之间的相对位置及唐代历代皇帝之血缘关系（图 2-9），可以得出关中唐陵陵地总体布局规则如次：

第 I 组：李虎永康陵（1）为中心，其子李昺兴宁陵（2）在永康陵的右前方，昺子李渊献陵（3）在永康陵左前方，渊子李世民昭陵（4）在永康陵右前方。第 II 组：昭陵（4）、乾陵（5）、定陵（6）、桥陵（7）[1]、泰陵（8）为族葬之排葬方式，依入葬的先后沿着一个方向埋葬。如果面朝次葬帝陵之方位，则次葬者依次在左前方。具体而言，若以永康陵（1）为中心，则昭陵（4）、乾陵（5）依次在其右前方；而定陵（6）、桥陵（7）、泰陵（8）在其左后方皆沿着一个方向依次埋葬。第 III 组：以泰陵（8）为中心，建陵（A）、元陵（a）；崇陵（B）、丰陵（b）；景陵（C）、光陵（c）；庄陵（D）、章陵（d）等为昭穆葬，端陵（E）则缺乏相应的穆位（e）。第 IV 组：以宪宗李纯景陵（C）为中心，宣宗贞陵（F）、简陵（f）为昭穆葬，靖陵（G）则缺乏相应的穆位（g）。昭穴在穆穴前下方，祖穴在二穴之东。这是依照宫姓昭穆葬的原则入葬的。从玄宗泰陵开始，便一直以东北角（蒲城）为祖穴（尊穴）的观念就没有改变。而且昭穴、穆穴在选址上总是由远及近往东北方向（蒲城）收缩。这些关系可以用下面的示意图（图 2-10）来表示。下面逐个解剖上述几组关系。

---

[1] 惠陵较特殊，非一般唐陵陪葬墓可比，而是近于帝陵一级的陪葬墓。详见本书陆之"桥陵陪葬墓地布局"。

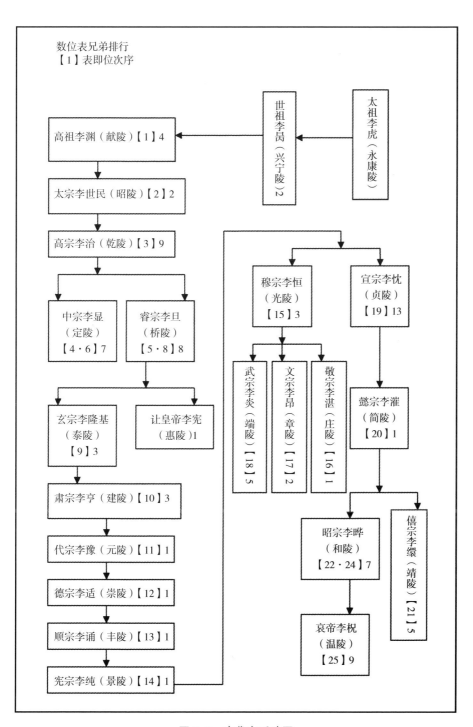

数位表兄弟排行
【1】表即位次序

太祖李虎（永康陵）

世祖李昺（兴宁陵）2

高祖李渊（献陵）【1】4

太宗李世民（昭陵）【2】2

高宗李治（乾陵）【3】9

中宗李显（定陵）【4·6】7

睿宗李旦（桥陵）【5·8】8

玄宗李隆基（泰陵）【9】3

让皇帝李宪（惠陵）1

肃宗李亨（建陵）【10】3

代宗李豫（元陵）【11】1

德宗李适（崇陵）【12】1

顺宗李诵（丰陵）【13】1

宪宗李纯（景陵）【14】1

穆宗李恒（光陵）【15】3

宣宗李忱（贞陵）【19】13

武宗李炎（端陵）【18】5

文宗李昂（章陵）【17】2

敬宗李湛（庄陵）【16】1

懿宗李漼（简陵）【20】1

昭宗李晔（和陵）【22·24】7

僖宗李儇（靖陵）【21】5

哀帝李柷（温陵）【25】9

图 2-9　唐代帝系略图

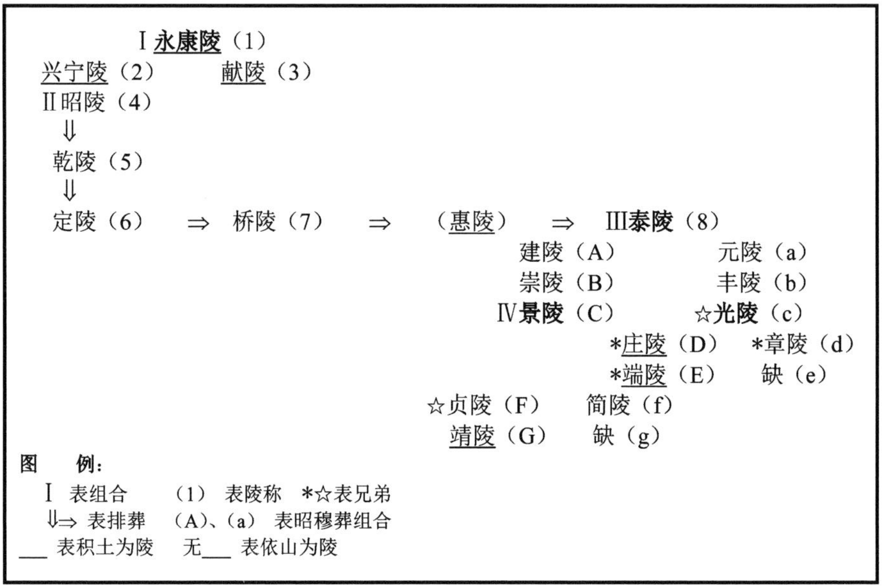

```
┌─────────────────────────────────────────────────────────┐
│        Ⅰ永康陵（1）                                      │
│   兴宁陵（2）        献陵（3）                            │
│   Ⅱ昭陵（4）                                             │
│     ⇓                                                    │
│    乾陵（5）                                             │
│     ⇓                                                    │
│    定陵（6）  ⇒  桥陵（7）  ⇒   （惠陵）⇒  Ⅲ泰陵（8）   │
│                                建陵（A）     元陵（a）   │
│                                崇陵（B）     丰陵（b）   │
│                             Ⅳ景陵（C）     ☆光陵（c）   │
│                                *庄陵（D）  *章陵（d）    │
│                                *端陵（E）    缺（e）     │
│                             ☆贞陵（F）     简陵（f）    │
│                              靖陵（G）      缺（g）     │
│ 图  例：                                                 │
│  Ⅰ 表组合   （1）表陵称  *☆表兄弟                       │
│  ⇓⇒ 表排葬  （A）、（a）表昭穆葬组合                     │
│  ＿ 表积土为陵   无＿ 表依山为陵                          │
└─────────────────────────────────────────────────────────┘
```

图 2-10　关中唐陵陵地秩序示意图

第一，关于整个陵区的中心，即祖陵的判定。《唐会要》卷一《帝号上》云：

　　太祖景皇帝讳虎，^{光皇帝第二子。}武德元年六月二十二日，追尊景皇帝，庙号太祖，葬永康陵。^{在京兆府三原县界。}

　　世祖元皇帝讳昺，^{景皇帝第二子。}武德元年六月二十二日，追尊元皇帝，庙号世祖，葬兴宁陵。^{在京兆府咸阳县界。}[1]

在此之前，唐政府已有实际措施以为铺垫。武德元年六月六日（618年7月3日），唐政府已于立四庙于长安通义里，备法驾，迎宣简公、懿王、景皇帝、元皇帝神主，祔于太庙，始享四室[2]。永康陵与兴宁陵同在武德元年六月二十二日（618年7月19日）追葬，可是葬地的选择却有明显的不同。前者择葬于三原县，

---

[1]　《唐会要》卷一《帝号上》，第1页。

[2]　《唐会要》卷一二《庙制度》，第336页。

后者则葬于咸阳。西汉太上皇万年陵便葬于东近的富平县荆山原。关中西汉陵地以太上皇万年陵为祖陵，通过万年陵、武帝茂陵这两座陵墓把陵地的东西范围界定出来，而且呈现出集中在咸阳原西部入藏的趋势[1]。

神龙元年（705 年），唐中宗李显复位，迁武氏庙于西京，为崇尊庙，又把东都武氏故庙改为唐太庙。这时，"议立始祖为七庙，而议者欲立凉武昭王为始祖"。这件事引起了朝臣们的争论，太常博士张齐贤建议：

〔古者〕莫不尊始封之君，谓之太祖。太祖之庙，百代不迁。祫祭之礼，毁庙之主，陈于太祖，未毁庙之主，皆升合食于太祖之室。太祖东向，昭南向，穆北向。太祖之外，更无始祖。……至于有隋，宗庙之制，斯礼不改。……景皇帝始封唐公，实为太祖。中间代数既近，列在三昭三穆之内，故皇家太庙，唯有六室。其弘农府君、宣、光二帝，尊于太祖，亲尽则迁，不在昭穆合食之数。[2]

尽管对此有不同意见，但是最后还是"以景皇帝为始祖"。此始祖即是太祖，太祖之外，更无始祖[3]。又长庆元年（821 年）太常博士王彦威等奏议：

景皇帝是始封不迁之祖，其神主合藏于太庙从西第一室。[4]

太祖之庙，百代不迁。此处指的是皇帝宗庙[5]，但是同样的道理也应该适用于陵区。从李虎庙号为太祖并葬于三原县，东去荆山原不远判断，关中汉唐陵区分别以太上皇万年陵、李虎永康陵为陵区祖陵的用意显而易见。

第二，关于陵区昭穆葬式的讨论。前面提到李姓为徵姓，而刘姓为宫姓。

---

[1] 万年陵是最先入藏西汉陵区的陵墓。详见本书附一"西汉帝陵陵地秩序"。

[2] 《旧唐书》卷二六《礼仪志》，第 945 ～ 946 页。

[3] 李衡眉：《历代昭穆制度中"始祖"称呼之误厘正》，《求是学刊》1995 年第 3 期，第 95 ～ 100 页；后收入《昭穆制度研究》，第 253 ～ 265 页。

[4] 《旧唐书》卷二六《礼仪志》，第 981 页。

[5] 有关唐代家庙礼的研究可参见甘怀真《唐代家庙礼制研究》，台北：台湾商务印书馆，1991 年。

下面先来考察徵姓昭穆贯鱼葬和宫羽姓昭穆贯鱼葬的埋葬方式。前揭《图解校正地理新书》卷一三"步地取吉穴"条云：

> 徵姓祖坟下庚甲丙三穴葬毕，再向正北偏东癸地作一坟谓之昭穆葬，不得过于子地。分位仿此。宫羽姓祖坟下甲、庚、壬三穴葬毕，再于正南偏西丁地作一坟谓之昭穆葬，不得过于午地。分位仿此。

比照上述二者葬法（见图 2-3、图 2-4）的安排，可知李唐从第三组泰陵开始并未采取本姓所属之徵姓昭穆葬法，却采取宫羽姓昭穆葬法。而西汉帝陵陵地采取的恰是宫姓昭穆葬法[1]。这是什么原因呢？尽管当时阴阳术极为流行且颇混乱，但是作为国家级别的丧葬出现五姓归属错讹的可能性几无。这个局面的原因只能是源于从泰陵之后李唐全盘采用西汉帝陵分布原则——宫姓昭穆贯鱼葬法。这又与李唐在帝陵制度上斟酌汉魏、采用吕才之阴阳术有不可或分的关系。因为吕才之阴阳术是反对纳音调姓的，这就客观上给唐王朝的统治者摈弃本姓徵姓而采纳、模仿西汉帝陵陵地秩序的表面结构提供了一种可操作的可能性。如前所言，也正是这一点才使吕才一派的堪舆观点成为官方的选择，获得政府支持，也才有唐太宗指派吕才编订《阴阳书》，从而使吕才《阴阳书》成为地理官书。

第三，关于族葬之排葬方式的讨论。族葬之风，盛行于汉代。自西汉中晚期家族墓地兴起以后，愈演愈烈。到了南北朝更是蔚为风气，聚族而葬臻于巅峰，形成一种制度，甚而帝王也出现聚族而葬的情况。帝王聚族而葬的说法，在当时统治阶级内部也可以找到证明[2]。

如果将关中唐陵的第一组、第二组帝陵的排列方式跟北魏北邙陵墓布局制度[3]稍加比较，便不难发现前者实际上是后者的真实摹写。尽管上举案例跟磁

---

[1] 详见本书附一"西汉帝陵陵地秩序"。

[2] 罗宗真：《六朝陵墓埋葬制度综述》，中国考古学会编《中国考古学第一次年会论文集（1979 年）》，北京：文物出版社，1980 年，第 359 ～ 361 页。

[3] 南北朝以来的族葬形式的追溯，详见本书附四"陵墓与政治——以永固陵与北朝帝陵为例"。

县东魏北齐陵墓兆域有相似的地方，但从根本上来说是源自北魏的一种墓序安排原则。至此，李唐陵地葬法之意已昭然。唐陵的排列次序及其变化是中古以来族葬制度、昭穆贯鱼葬综合影响的结果，它源于唐王朝在泰陵以前对北魏北邙陵墓的摹写和泰陵之后对西汉帝陵陵地秩序表面结构的采用。

第四，陵地秩序与庙制昭穆礼的关系。关中唐陵在陵地上的安排是南北朝以来族葬制的排葬形式[1]与昭穆葬制相结合的产物，它与唐朝庙制及其昭穆次序相关联，反映了有唐一代庙制、礼制的几次变革。

终唐一代围绕着庙制及其昭穆次序的争议一直没有停止过，而且对这些争论意见的正误得失，迄无定论。其争论的焦点集中在兄弟相继为君，其昭穆次序异位抑或同位的问题[2]。关中唐陵的这种入葬秩序与有唐一代庙制的几次变革有关，但二者又有相悖之处。唐代有关宗庙之制、昭穆之制的次序一直争论不休。在唐朝的宗庙史上，既出现过把兄弟相继为君异昭穆列为两代人的现象，也出现过把兄弟相继为君同昭穆列为一代人的现象，直至宣宗朝方见分晓。

武德元年（618年），始立四庙；贞观九年，沿六朝之制，立宗庙六；中宗年间，始立天子三昭三穆及太祖为七庙，东都洛阳亦立太庙；开元十年（722年）始立太庙九室，即献祖、懿祖、世祖、高祖、太宗、高宗、中宗、睿宗，自是以后常为九室。《新唐书》卷一三《礼乐志》"玄宗开元十年"条云：

> 开元十年，下诏："宣皇帝复祔葬于正室，谥为献祖，并谥光皇帝为懿祖，又以中宗还祔太庙。"于是太庙为九室。将亲祔之，而遇雨不克行，乃命有司行事。宝应二年（763年），祧献祖、懿祖，祔玄宗、肃宗。自是之后，常为九室矣。[3]

---

[1] 宿白：《西安地区的唐墓形制》，《文物》1995年第12期，第42～52页；李蔚然：《论南京地区六朝墓的葬地选择和排葬方法》，《考古》1983年第4期，第343～346页。

[2] 李衡眉：《唐朝庙制及其昭穆次序述评》，《人文杂志》1993年第1期，第91页；后收入所撰《昭穆制度研究》，济南：齐鲁书社，1996年，第232页。

[3] 《新唐书》卷八，第340页。

又《旧唐书》卷八《玄宗本纪上》云：

> 〔开元十年六月〕己巳，增置京师太庙为九室，移孝和皇帝神主以就正庙。[1]

自是以后，太庙常为九室矣。及德宗李适崩，礼仪使杜黄裳上奏议认为：

> "高宗在三昭三穆外，当迁。"于是迁高宗而祔德宗，盖以中、睿为昭穆矣。[2]

这时采取的是兄弟昭穆异位的宗庙制，即中宗、睿宗兄弟为昭穆。至武宗李炎死后（即宣宗时），德宗当迁，而按世次当为高祖。这时，礼官始觉有误，"以谓兄弟不相为后，不得为昭穆"。于是，决定重新祔代宗，"而以敬宗、文宗、武宗同为一代"，而神主分藏三室。也就是说，唐朝后期采取的是兄弟同昭穆的九庙制，本为"九代九室"，实"终唐之世，常为九代十一室"，采取同堂异室的九庙之制。基于这一点，唐代后期宗庙中采取兄弟昭穆同位的排列方式才称得上"得古昭穆之真谛"[3]。唐宣宗为此前相继为帝的敬宗、文宗和武宗三兄弟的叔父，此举应是宣宗意在建立自己宗统的重大举措。

　　兄弟昭穆同位与否的情况在陵地上并未能如实地表现出来。如中宗、睿宗初在宗庙中为昭穆异位，可在陵地上却是以排葬形式入葬。相继为君的敬宗、文宗、武宗三兄弟在宗庙中为昭穆同位，可在陵地上表现出来的却是昭穆异位。这是因为唐代昭穆制度中兄弟相继为君昭穆同位的制度是在武宗之后即位的宣宗朝才定型的，而这时敬宗、文宗、武宗已经入葬了。宣宗贞陵开始是以宪宗景陵为祖墓的，其中的原因大概在于宣宗（贞陵）与穆宗（光陵）为兄弟，而后来的政权又都掌握在宣宗这一支系。于是，宣宗之后也就摈弃穆宗一支，以

---

[1] 《旧唐书》卷一三，第183页。

[2] 《新唐书》，第341页。

[3] 李衡眉：《唐朝庙制及其昭穆次序述评》，第88～93页；《昭穆制度研究》，第224～236页。

自己为主重新建立起新的昭穆次序。于是，宣宗贞陵在关中唐陵陵区中表现出来的是昭位，这恰说明一个新政权权威谱系的重新树立。这种兄弟相继为君从而致使此后昭穆序列的变更在唐朝以前也有发生，如西汉成帝时，丞相韦玄成等奏请立昭穆之序，并厘定出西汉中期几个皇帝的昭穆序列，即高皇帝为太祖，孝文皇帝为太宗，孝景皇帝为昭，孝武皇帝为穆，孝昭皇帝与孝宣皇帝俱为昭，孝惠皇帝为穆，主迁于太祖庙。无疑，这个昭穆次序是以汉文帝一系为主。实际上，这是王朝的新任统治者建立政权新法统合理性的重要举措。

陵地秩序是一个关乎政权合法性的话语。李唐统治者为西魏北周以来所形成关陇贵族集团中的重要成员，掺入鲜卑血统并有鲜卑化倾向，因此在陵区秩序上首先考虑使用鲜卑北魏的族葬制度。这一切也就显得自然、顺理成章。随着时间推移到唐玄宗时代，唐政府在陵地秩序的原则上转而选用了关中西汉陵区的制度。这是一种源自周礼古制的经典话语，对政权的合理性是强有力的支持，也是对天下的一种昭告。但是，为什么这种转变会发生在玄宗朝呢？

玄宗之前，历经武周革命、中宗及睿宗的反复，这时候的唐政府在皇权合法性的建设上就显得益发重要和紧迫，更需要以一种合乎天命的形式昭告天下。于是，唐玄宗登极之后，便采取了一系列有政治象征意义的行为。揆诸史籍，可以约略见其梗概如次。先是于开元十一年（723 年）正月巡狩至汾阴，二月祠后土，并改汾阴为宝鼎县。《旧唐书》卷八《玄宗本纪上》云：

> 〔开元十一年二月〕壬子（723 年 3 月 27 日），祠后土于汾阴之脽上，升坛行事官三品已上加一爵，四品已上加一阶，陪位官赐勋一转。改汾阴为宝鼎县。[1]

接着，开元十三年玄宗又封禅泰山，《大唐新语》卷一三"郊禅"条云：

> 开元十三年，玄宗既封禅，问贺知章曰："前代帝王何故秘玉牒之文？"

---

[1] 《旧唐书》，第 185 页。据《唐大诏令集》卷六六"幸汾阴祠后土敕"条及"祀后土赏赐行事官等制"条，祠后土当为开元十一年（723 年）二月。详见《唐大诏令集》，第 372～373 页。

知章对曰："玉牒本通神明之意。前代帝王所求各异，或祷年算，或求神仙，其事微密，故外人莫知之。"玄宗曰："朕今此行，皆为苍生祈福，更无私请，宜将玉牒示百僚。"其词曰："有唐嗣天子臣某乙，敢昭告于昊天上帝：天启李氏，运兴土德。高祖、太宗，受命立极。高宗升平，六合殷盛。中宗绍复，继体丕定。上帝眷佑，锡臣忠武，底绥内难，翼戴圣父，恭承大宝，十有三年，敬若天意，四海晏然，封祀岱岳，谢成于天，子孙百禄，苍生受福。"御制撰《太山铭》，亲札勒山顶。诏张说制《封祀坛碑》以纪功德。[1]

但是，有了这些以后，玄宗似乎还不够满意，直到采纳处士崔昌的建议下诏以唐承汉土德，从《封氏闻见记》的记载可以考见其中的来龙去脉，这是玄宗朝在皇权合理性建设中最为重要的举措。《封氏闻见记》卷四"运次"条云：

> 自古帝王五运之次凡有二说：邹衍则以五行相胜为义，刘向则以五行相生为义。汉、魏共遵刘说。
>
> 国家承隋氏火运，故为土德，衣服尚黄，旗帜尚赤，常服赭赤也。赭黄，黄色之多赤者，或谓之柘木染，义无所取。
>
> 高宗时，王勃著《大唐千年历》："国家土运，当承汉氏火德。上自曹魏，下自隋室，南北两朝，咸非一统，不得承五运之次。"勃言迂阔，未为当时所许。
>
> 天宝中，升平既久，上书言事者，多为诡异以希进用。有崔昌袭勃旧说，遂以上闻，玄宗纳焉。下诏以唐承汉，自隋以前历代帝王皆屏黜之，更以周、汉为二王。后是岁，礼部试天下造秀，作《土德惟新赋》，则其事也。

---

[1]〔唐〕刘肃：《大唐新语》，许德楠、李鼎霞点校，北京：中华书局，1984年，第197～198页。《唐大诏令集》卷六六"开元玉牒文"条（第371页），云："有唐天子臣隆基，敢昭告于昊天上帝：天启李氏，运兴土德。高祖太宗，受命立极。高宗升中，六合殷盛。中宗绍复，继体丕定。上帝眷佑，锡臣忠武，底绥内难，推戴圣父，恭承大宝，十有三年，敬若天意，四海晏然，封祀太岳，谢成于天，子孙百禄，苍生受福。"二者稍异。

及杨国忠秉政，自以隋氏之宗，乃追贬崔昌并当时议者，而复酅、介二公焉。[1]

从《开元玉牒文》内容看，玄宗的政治用意显而易见。据《唐会要》卷二四“二王三恪”条载崔昌上书在天宝九载六月六日（750 年 7 月 13 日）。汉应火德[2]，李唐是承汉应土德而兴的。这样唐玄宗终于找到了李唐政权合乎天命的理论依据，这个依据对于时人来说无疑是最有说服力的且极具震撼力的。于是，玄宗朝随即下令改天下诸卫应队仗所用绯色旗旛等并改为赤黄，以应天命。《唐会要》卷七二“军杂录”条云：

〔天宝〕九载七月五日（750 年 8 月 11 日），诸卫应队仗所用绯色旗旛等，并改为赤黄，以符土运，其诸节度使亦准此。[3]

又《通典》卷五五“历代所尚”条云：

大唐土德，建寅月为岁首。武太后永昌元年十一月一日，依周制，以建子之月为正，改元为载初元年，改十一月为正月，十二月为腊月，来年正月为一月，十月建亥为年终。载初元年九月九日，改元天授，称周，改皇帝为皇嗣。二年正月，旗帜尚赤。天宝九载制：应缘队仗所用绛色幡等，并改为赤黄色，天下皆然。纳崔昌议，以土德承汉火行。[4]

---

[1] 〔唐〕封演：《封氏闻见记校注》，赵贞信校注，北京：中华书局，2005 年，第 27 ～ 28 页；又见于〔宋〕王谠《唐语林》卷五（上海古籍出版社，1978 年，第 168 ～ 169 页），二者稍异。

[2] 汉代流行的五行论认为，汉属土德，尚黄色。此说原于汉初邹衍的“五德终始”说，他的五德终始是以“相克”为基础的，故此，秦以水德王天下，汉以土德取代之。到前汉末的王莽时代，这个理论就变成了“相生”说，用以解释王朝的更替。汉光武时期接受了这种说法，并由此类推，汉具火德，上承周朝。参见〔法〕施舟人（Kristofer Schipper）《〈老子中经〉初探》，原载陈鼓应主编《道家文化研究》第 16 辑，北京：生活·读书·新知三联书店，1999 年，第 208 页；后收入所撰《中国文化基因库》，北京大学出版社，2002 年，第 106 页。

[3] 《唐会要》，第 1539 页。

[4] 《通典》，第 1546 ～ 1547 页。《旧唐书》卷九《玄宗本纪下》（第 225 页）云：“〔天宝十载〕五月丁亥（751 年 6 月 4 日），改诸卫幡旗绯色者为赤黄色，以符土运。”又《旧唐书》卷四五《舆服志》（第 1954 页）云：“天宝十载五月，改诸卫旗幡队仗，先用绯色，并用赤黄色，以符土德。”皆称玄宗此举在天宝十载五月。

至此，李唐皇权便基本完成其合理性建设的关键，并被其后世沿用。李唐开元礼与所谓开元后礼中的祭祀之礼基本一致，李唐开元定礼后祭祀之礼基本固定，其间即有变化，亦无伤大体[1]。其皇帝丧事制度亦以玄宗为界[2]，此皆可为辅证。

开元十年（722年）唐政府始立太庙九室并成为唐代后期的制度，由此平议了此前唐政府对宗庙礼的长期讨论，也许正是这一点使得曾为太上皇的玄宗泰陵成为陵区布局原则转变的一个契机。由此看来，陵地布局的采用汉制也是在玄宗朝，当为李唐承汉应土德而兴的自然产物。如此，开元时期没有继续沿用初唐的《国恤章》似乎也就可以理解了。

总之，玄宗朝土德天命说的采纳和实施，以及太庙九室制的确定不移，使得玄宗泰陵之后诸陵的秩序不变。值得注意的是，唐玄宗在开元十七年（729年）十一月间大祀五陵的名单上便已经没有永康陵和兴宁陵了。陵地及庙制在玄宗、宣宗时各有一变，也正好反映了李唐礼官对昭穆制度的长期讨论。

五　余　论

在中国古代社会，不管政权如何更迭，新的王朝统治者总是要进行皇权正统的建设，意图为自己的统治取得正朔的地位。所谓正朔，实为文化正统。具体而言，正统文化是对汉文化传统的趋同，儒家文化便是这个传统的内核，其根本实为被历朝历代奉为圭臬的周礼古制。这就是历朝历代对周礼讨论不休的一个主要原因。

经过南北朝，李唐代隋后，同样的问题也摆在政权的建设者面前。七世纪时，随着确立一个新王朝的合法与合理性的需要，曾经有过一个重新以儒学为依据的政治意识形态对知识、思想与信仰的清理过程[3]。此前北方胡族的入主

---

[1] 陈戍国：《中国礼制史·隋唐五代卷》，第105页。

[2] 陈戍国：《中国礼制史·隋唐五代卷》，第138～139页。

[3] 葛兆光：《盛世的平庸——八世纪上半叶中国的知识与思想状况》，荣新江主编《唐研究》第5卷，北京大学出版社，1999年，第10页；后收入所撰《中国思想史》第二卷《七世纪至十九世纪中国的知识、思想与信仰》，上海：复旦大学出版社，2000年，第95页。

中原，河洛名士的南迁，使中原地区在儒家经典文化上形成一个真空，从而使这一时期的儒家礼制重建成为一个更为突出的问题。在南北朝时期，这造成了尊崇汉代经学传统而杂以谶纬占候的河北经学一度成为北学主体的原因[1]。作为一个统一国家的政权，唐政府不可避免地需要重新面对。

寻找正朔的依据，进行文化建设，其结果往往是一个混同体。陈寅恪认为隋唐制度不出三源，一曰（北）魏、（北）齐，二曰梁、陈，三曰（西）魏、周[2]。这三个来源是所谓"周公之礼"与鲜卑习俗的混同，其根本目的是对周公之礼的共同认同和趋附。这是一个经过多次反复清理整顿的过程，即如李唐统治者所说的"斟酌汉魏"。在关中唐陵陵地的安排方面，它主要表现在如下几点：

一、陵址选于都城（城邑）的西北，这一点如前文所论是源自《周礼》的制度。

二、陵位的排列方式，可以从如下三个方面进行阐释。

第一，除了靖陵之外，唐陵中六座堆土为陵者中有四座：即永康陵、献陵、端陵及庄陵，位于三原县。西汉太上皇陵也在三原县献陵东荆山原。从形制及地点、身份（太上皇）推测永康陵、献陵等的选址是因为西汉第一座陵太上皇万年陵坐落于此，由此导致了关中唐祖陵与后之堆土为陵者主要在三原，其原因可能是要跟永康陵取得一致或不敢僭越（邻近）之祖坟——永康陵。永康陵是玄宗之前整个关中唐陵陵区的祖陵，处于中心的地位。而靖陵则已是亡国之际，国家乏力，无力开凿玄宫如此大规模的活动，只好堆土为陵。由此亦可反证依山为陵并非"俭约"，太宗之诏文乃掩人耳目，欲盖弥彰之举。其中缘由是否还有如下几种可能性：其一，堆土为陵的三原县帝陵已经密集，再没有较好的可供选择的陵位；其二，泾河以东陵墓比较密集；其三，之所以将靖陵陵位选择在泾河以西的乾县是否为了更好地给此后的昭穆组合提供更为广阔的空间，尽管当时王朝已经即将凋零。

第二，对鲜卑习俗的采纳，表现在唐陵第一组、第二组排列原则对北魏北

[1]　唐长孺：《南北学风的差异》，《魏晋南北朝隋唐史三论》，武汉大学出版社，1993年，第217～242页。
[2]　陈寅恪：《陈寅恪集·隋唐制度渊源略论稿》，北京：生活·读书·新知三联书店，2001年，第3页。

邙瀍西陵地布局的模仿。

第三，对汉制的采用，具体表现为玄宗泰陵以后对西汉陵地秩序的摹写（形似），实即对周礼昭穆制度的崇奉。西汉十二座帝陵以最东北端的太上皇万年陵为祖位，采取宫姓昭穆葬法。这种昭穆布局的表面结构被唐王朝忠实地摹写[1]，而巩县宋八陵则采取赵姓（角姓）昭穆葬[2]。对于西汉帝陵陵地秩序而言，无论是关中唐陵的用其形，还是后来巩县宋八陵的用其神，其昭穆葬的原则却是始终如一的。这反映了历代王朝统治者在文化正统建设中对《周礼》制度的奉行和忠实再现。

昭穆制度的使用本身便是最高权力的表征符号，是一种特权等秩的物化。根据文献的记载，昭穆制度只能用于天子及诸侯墓地秩序之中，它代表儒家的伦理与统治秩序。昭穆制度也因其代表的宗法精神和礼教秩序而成为儒家经典的核心。昭穆制度，不仅代表血缘嬗递的高贵与合法，更表明帝位、王位权力继承、更迭的权威性与法统的正朔。如此层层嬗递便构建了帝国统治秩序的合理性。从昭穆制度在西汉、唐朝及北宋帝陵陵地的实际运用也可以从另一个角度了解公元前三世纪到十二世纪中国社会皇权建设之脉络。

---

[1] 案，关中唐陵陵地的布局反映了多种阴阳术（堪舆术）因素的杂糅。比如尽管是对西汉陵地秩序的摹写，但是唐陵陵园的朝向却是一概以南北为主要方向。敦煌晚唐 S.2263《葬录》云："南方阳为上，故午地吉。"又 P.2362《宅经》云："徵姓以南门为吉"。此可解释唐陵陵园的朝向问题。另外，南方六朝陵墓葬地均选在山麓、山腰和山上，而地面建筑如石刻等物均在平地，已成模式（罗宗真：《六朝陵墓埋葬制度综述》，《中国考古学第一次年会论文集（1979 年）》，第 362 页）。这一点也已为唐陵所承继。另，杨宽对此也稍有涉及，详见所撰《中国古代陵寝制度史研究》，第 47 页。

[2] 详见本书附二"巩县宋陵陵地秩序"。

附一　　　　　　西汉帝陵陵地秩序

　　在这一部分，有必要对关中西汉陵地的总体秩序做一探讨，以期揭示关中汉唐陵地之间的关系。因东汉帝陵尚处于调查阶段[1]，其研究以俟来日。

　　关中西汉帝陵陵地的分布原则讨论颇多，但是总的说来，无外乎是陵地的安排存在昭穆制度与否[2]。二者争论的焦点集中在西汉是否存在昭穆制度，其

---

[1] 2002 年及 2004 年，韩国河有针对性地踏查了五个冢区。详见所撰《东汉陵墓踏查记》，《考古与文物》2005 年第 3 期，第 13 ～ 21 页。2007 年 5 月又发现了东汉帝陵陵园遗址及陪葬墓园遗址各 1 处，详见洛阳市第二文物工作队、偃师市文物管理委员会《偃师白草坡东汉帝陵陵园遗址》，《文物》2007 年第 10 期，第 60 ～ 73 页；《偃师阎楼东汉陪葬墓园》，《文物》2007 年第 10 期，第 74 ～ 78 页。此前东汉帝陵的有关研究情况，详见韩国河《东汉陵墓踏查记》，第 21 页注释⑤；以及韩国河《东汉帝陵有关问题的探讨》，《考古与文物》2007 年第 5 期，第 10 ～ 17 页。另，有关洛阳市邙山历代陵墓群的情况，可参见洛阳市第二文物工作队《洛阳邙山陵墓群的文物普查》，《文物》2007 年第 10 期，第 43 ～ 59 页。王竹林、赵振华：《东汉南兆域皇陵初步研究》，《古代文明》第 4 卷，北京：文物出版社，2005 年，第 183 ～ 206 页。洛阳市第二文物工作队：《洛阳孟津朱仓东汉帝陵陵园遗址》，《文物》2011 年第 9 期，第 4 ～ 31 页；洛阳市第二文物工作队：《洛阳孟津朱仓东汉帝陵陵园遗址相关问题的思考》，《文物》2011 年第 9 期，第 69 ～ 72 页。洛阳市考古研究院编著《洛阳朱仓东汉陵园遗址》，郑州：中州古籍出版社，2014 年；洛阳市考古研究院编著《邙山陵墓群考古调查与勘测第一阶段考古报告》，北京：文物出版社，2018 年。等等。

[2] 目前学术界对此有两种意见，其中一部分学者认为西汉 11 陵的布局存在昭穆问题，而另一部分学者则认为这 11 座汉陵的布局不存在昭穆问题。著文认为西汉帝陵是按照昭穆葬法的原则入葬的文章主要有：石兴邦、马建熙、孙德润《长陵建制及其有关问题——汉刘邦长陵勘察记存》，《考古与文物》1984 年第 2 期，第 37 页；刘庆柱、李毓芳《西汉十一陵》，西安：陕西人民出版社，1987 年 7 月，第 143 ～ 149 页；杜葆仁《西汉诸陵位置考》，《考古与文物》1980 年第 1 期，第 32 页；李毓芳《西汉帝陵分布的考察——兼谈西汉帝陵的昭穆制度》，《考古与文物》1989 年第 3 期，第 28 ～ 35 页；雷百景、李雯《西汉帝陵昭穆制度再探讨》，《文博》2008 年第 2 期，第 48 ～ 51 页。另，杨宽认为高、惠、景三帝陵是按照昭穆制度归葬，其他诸陵则比较杂乱地葬在武帝茂陵以东和惠帝安陵以西地区，不再按照左昭右穆之制。详见所撰《中国古代陵寝制度史研究》，第 201 页。而持反对意见的有：叶文宪《西汉帝陵的朝向及其相关问题》，《文博》1988 年第 4 期，第 41 ～ 42 页；雷依群《论西汉帝陵制度的几个问题》，《考古与文物》1998 年第 6 期，第 49、63 ～ 65 页；焦南峰、马永嬴《西汉帝陵无昭穆制度论》，《文博》1999 年第 5 期，第 51 ～ 58 页。黄展岳亦认为西汉陵地不存在昭穆制度，其理由是"五音宫姓葬法始见于北宋王洙等奉敕撰《地理新书》，属术类数堪舆相墓术，流行于宋元中原民间，说它在西汉时已出现，并被皇室所接受，实难以置信。与其说西汉陵位排序按五音宫姓葬法安排（其实只有部分陵位形似五音宫姓葬法），倒不如说，五音宫姓葬法的产生可能是受汉唐陵位排序的启发而推演编造出来的。"详见所撰《西汉陵墓研究中的两个问题》，原载《古代文明研究通讯》（2003 年）第 19 期，第 4 ～ 7 页；后刊于《文物》2005 年第 4 期，第 70 ～ 72 页。案，继唐太宗贞观时期第一次官修阴阳地理书籍吕才《阴阳书》之后，北宋初期第二次官修堪舆书籍。这就是王洙等人编撰的地理官书《地理新书》，王洙从多种阴阳书中汲取营养。如，唐代一行的《五音地理新书》便是王洙《地理新书》的一个主要来源。其中，一个显著特点便是重新恢复了五音姓利说在地理官书中的合法地位。这是长期以来该理念所形成的社会风尚所决定的。实际上，文献亦已足可证明汉唐时期五音昭穆葬式的存在（详本书贰之《吕才与〈阴阳书〉》）。此外，韩国河认为西汉帝陵既有严格的公墓制度，又保留了相当的祖孙血缘辈分的排列方式，充满了个人权力欲望的陵区排列。详见所撰《论秦汉魏晋时期的家族墓地制度》，《考古与文物》1999 年第 2 期，第 59 页。

昭穆次序如何以及西汉帝陵的朝向对昭穆排列的影响等方面。实际上，此双方意见都存在问题，其症结便在于这两种观点考虑的都只是十一座西汉帝陵，忽视了其祖陵汉太上皇万年陵，没有把万年陵纳入西汉帝陵的系统 [1]。昭穆制度在中国古代制度史上是一个重大问题，历来为学界所重，只是迄今尚未有统一的说法。此部分拟对西汉陵地秩序重新作一番综合考察，希望对这个问题有兴趣的学者予以补充或修订，好让这个问题得到圆满的解决 [2]。

昭穆葬法在中古时集中表现为五音昭穆葬。五音之说初起时，便有以五音安排宅居朝向之事，尔后渐兴以五音定坟茔朝向及坟穴方位之术。这提醒我们认识关中西汉帝陵的分布原则首先要讨论五音姓利说的缘起，其次才是具体葬法——昭穆葬法与否的讨论。

中国传统哲学有其特殊的世界图示，涵括天地万物于一个阴阳系统里面。最迟战国时期便已出现的阴阳学说是一庞杂的体系，下属多个子系统，子系统中复有子系统。如此层层嬗递、隶属，各个系统内部、之间有着固定的对应关系和转换法则。其中，五行便是阴阳系统中最主要的子系统，它对万事万物，如五音等等的属性进行判断、分类。五音又是五行子系统中的一个子系统，它负责对律吕、姓名等物事进行归属。五音姓利说表达的便是姓名、五音、五行三个不同级别系统间的关系、法则。战国时期，阴阳五行学说盛极一时，这些人到汉代即被称为阴阳家、五行家或阴阳五行家，成为"六家"或"九流"之一。根据《论衡》卷二五《诘术篇》[3]、《潜夫论》卷六《卜列篇》[4] 的有关记载，学界普遍认为五音姓利说出现在东汉初年 [5]，但五音姓利说此时已比较普遍。一般地，从事物发展固有的惯性来讲，必要经过一个历程——萌生、认同、推行、退出。故应可做出如下判断：五音姓利说在东汉之前已经出现。实际上，早在西汉时便已有了依照五音定名归属的行为。此见《汉书》卷三〇《艺文志·数

[1] 秦建明、姜宝莲在讨论西汉陵地秩序时能注意到太上皇万年陵，但其昭穆次序的讨论有误。详见所撰《西汉帝陵昭穆与陵位探》，《文博》2001 年第 3 期，第 31～37 页。

[2] 汉代之前的昭穆制度不在本节讨论之列。

[3] 〔汉〕王充：《论衡校释》，黄晖校释，北京：中华书局，1990 年，第 1027～1040 页。

[4] 王符：《潜夫论校正》，汪继培笺，北京：中华书局，1997 年，第 296～298 页。

[5] 冯继仁：《论阴阳勘（堪）舆对北宋皇陵的全面影响》，《文物》1984 年第 8 期，第 61 页。

术略五行家》所载：

> 《五音奇胲用兵》二十三卷。《五音奇胲刑德》二十一卷。《五音定
> 名》十五卷。右五行三十一家六百五十二卷。[1]

虽然这是现在我们能够真切阅读的少得可怜的文献资料，但是它足以说明五音之说在西汉的存在，东汉五音姓利说的盛行该是此风的延续。《汉书》卷三〇《艺文志》明确记载的西汉时期堪舆书籍有《堪舆金匮》十四卷、《宫宅地形》二十卷[2]，从堪舆术发展的内在理路来讲或许它们跟王充所记《图宅术》会有千丝万缕的联系，唯憾其具体内容今天我们已经不得而知。也许有人会对此"武断"表示质疑甚至反对。的确，长期以来，我们已经形成一个不再置疑的共识：包括考古学在内的学术研究是实证科学。在这一点考古学似乎走得更远，也更为彻底。但是如果一味地、过分地强调所谓的"实证"，是否会使我们的研究工作走进一个死胡同，即导致合理想象力的匮乏、丧失呢？文献的记载无可避免地会存在盲区。每个记录者都会有一个自己的取舍标准。一般的，对自己习以为常或不理解的知识会有意识、下意识乃至无意识地遗忘；对正遭受着曲解的知识大多也不能正确面对。同样的，为贤者讳、为尊者讳的民族性也使一些真相相继遭遇遮蔽、遗忘。而考古的特性，使研究对象更具不完整性。因此，长此以往，终究势必造成学科生命力的枯萎。我们已经习惯了对能看到的"有"做出相应的判断——且不说其可靠与否。但是，更重要的是，对于看不到的"有"（此"有"乃平常大家所说"无"之一部分）又该如何处理呢？这就要求我们必须进行同情的理解和理性的分析。其实，强调考古的意义，就在于考古学不可能复现历史，而只是依据某些资料建构一种可能的真实。判断这种构建的标准并不是真实的历史，而是其是否令人信服，是否能够得到某种程度的认可[3]。但前提是，在全面获取精准、完整数据的基础上，依循坚实的

---

[1] 《汉书》，第 1769 页。

[2] 《汉书》，第 1768、1774 页。

[3] 朱苏力：《"法"的故事》，载所撰《制度是如何形成的》，广州：中山大学出版社，1999 年，第137 页。

逻辑结构严格论证，并尊重已有之相关成果。这才是切实的、真正令人信服的"实证"路线，也是任何学科的研究是否真正称得上"科学"的最基本要求。遗憾的是，我们仍去之甚远，未经任何论证——更遑论严谨——的高屋建瓴式的、仅停留于口头结论的、学术表态式观点仍不时浮泛。显然，这种研究范式与他们一再强调并标榜的实证研究南辕北辙。

文献中屡屡言及昭穆葬，有关记载最早见于《周礼》。同书卷四一《春官·冢人》云：

> 冢人掌公墓之地，辨其兆域而为之图，先王之葬居中，以昭穆为左右。昭居左，穆居右，夹处左右。[1]

但是，昭穆制度在先秦时期墓地是否得到体现一直没有定论，目前所能达成共识的有关实物资料很晚。那么，西汉社会的最高权力集团内是否存在"序昭穆如礼"的观念呢？

摆在我们面前的一个事实是：西汉王朝建立，复活了秦所废除的封建制度，在地方行政制度上出现特有的"郡国制"，但当时并没有"恢复"封建庙制，而是实施"郡国庙"。关于郡国庙，指在汉元帝永光四年（公元前40年）十月废郡国庙以前，在郡国设立皇帝庙，计有太上皇庙、高祖庙、太宗庙（文庙）、世宗庙（武庙）。地方长官，包括诸侯王及郡守，按一定时序祭祀之。这样的做法，与封建庙制的原理大相径庭。在郡国庙制下，产生诸侯上祭天子的情形，至于异姓郡守主祭天子，更非封建宗庙制所允许[2]。墓庙与下述两项封建宗庙制度的基本精神不相符。其一是根据宗法制度规定宗子在家内的地位，以及昭穆相续原理，达到收族的目的。依次设计而有祖宗庙与亲庙。后者须逐次毁庙，墓庙则不毁。其二是根据政治身份决定庙制大小。墓庙立在墓前，自然没有昭穆秩序[3]。这应该是西汉早期宗庙的真实情况。遗憾的是，这个分析不仅忽视

---

[1] 〔清〕孙诒让：《周礼正义》，第1694页。

[2] 甘怀真：《唐代家庙礼制研究》，第9～10页。

[3] 甘怀真：《唐代家庙礼制研究》，第13页。

西汉皇室的宗教信仰，而且脱离当时的政治格局。

《真诰》卷一六《阐幽微第十二》云："汉高祖为南明公宾友。'刘邦，字季，沛郡丰人。起自布衣，伐秦平项，创汉之基。即位十二年病亡，年六十二。'"[1] 同书同卷又称："秦始皇今为北帝上相，刘季今为南明公宾友。有其人甚多，略示其标的耳。'此是举建号帝王者之宗耳。北帝之有上相，亦当如四明之有宾友也。'"[2] 可知汉高祖刘邦为南明公宾友，在天师道诸鬼官中位置颇高。我们知道，西明公宾友西晋宣帝，在北邙山便立有别庙。其原因殆以鬼道仪轨祀之，不同于太庙祖宗之常祭[3]。同样的情况，汉高祖刘邦为南明公宾友，其立庙于陵地的原因该与晋宣帝同，且其陵地之庙恐宜称为别庙。如此，则西汉陵地立庙恐还跟汉室的宗教信仰有关。

汉家旧制，诸侯王的体制与朝廷相准。虽自景帝起已开始"减削其官"，但诸侯王之母称太后，诸侯王之妻称王后，子称太子，仍与朝廷无异[4]。汉代郡国庙的存在实际上跟这种政治格局紧密关联的。换言之，汉代初期中央皇权的相对弱小，以及异姓王、同姓王的难抑是导致郡国庙的重要原因。

关于陵庙问题，《汉书·五行志》载："古之庙皆在城中，孝文庙始出居外。"[5] 西汉初年，汉太上皇、高帝和惠帝的庙已筑于汉长安城内。关于这几座庙的具体位置文献有载。文帝庙立于城郊，后来因园陵的寝、便殿建筑于陵园之内，为了方便陵事活动，又筑"原庙"于以上诸陵之旁。而真正"居陵旁立庙"当始于景帝阳陵，终西汉一代这个制度未变[6]。《汉书·韦玄成传》所载"京师自高祖下至宣帝，与太上皇考、悼皇考各自居陵旁立庙"[7]，应是对景帝阳陵之后，自万年陵以下诸陵皆立陵庙的描述。

[1] 〔日〕吉川忠夫、麦谷邦夫编《真诰校注》，朱越利译，北京：中国社会科学出版社，2006年，第444页。

[2] 〔日〕吉川忠夫、麦谷邦夫编《真诰校注》，第512页。

[3] 陈寅恪：《天师道与滨海地域之关系》，《陈寅恪集·金明馆丛稿初编》，第5页。

[4] 徐复观：《两汉思想史》第一卷，上海：华东师范大学出版社，2001年，第101页。

[5] 《汉书》卷二七上，第1335页。

[6] 刘庆柱、李毓芳：《关于西汉帝陵形制诸问题探讨》，原载《考古与文物》1985年第5期；此据刘庆柱《古代都城与帝陵考古学研究》，北京：科学出版社，2000年，第231页。

[7] 《汉书》卷七三，第3115页。

　　西汉诸陵陵庙具体方位见于文献明确记载的有文帝霸陵、景帝阳陵、武帝茂陵、昭帝平陵、元帝渭陵等。大多陵庙都在"陵旁"约 0.5 公里左右，个别远者距帝陵 3.5 ～ 5.0 公里，但这些陵庙仍在该"陵区"之内。汉代帝陵的陵庙未进行过考古发掘，对于其形制，现存文献也未见记载，但陵庙是从宗庙发展而来的，它们的形制应相近[1]。此无可疑。

　　不过，陵旁立庙（陵庙）以及陵邑问题，是西汉帝陵建制中突出的现象，如欲讨论，便离不开西汉帝陵区与都城长安之间的关系。

　　为什么西汉帝陵旁立陵庙呢？究其原因，恐怕还跟模仿天极阁道绝汉抵营室（即天极——银河（阁道）——营室）的天象图式有关。这个图式对地面宫殿建筑的影响，有史可稽者始于秦咸阳与渭南诸宫苑的规划模式。具体言之，咸阳宫象征天极，也就是北极星，阿房宫象征营室宿，并通过渭河桥（阁道）连接起来；渭水象征银河，其上的渭河桥象征阁道，并逐渐形成"三桥"的组合（图附1-1、图附1-2）。秦都咸阳按天象布局，史料记载与星象吻合，从古至今已为共识，对汉长安产生了深刻影响[2]。《三辅黄图》卷一"咸阳故城"条载：

　　　　二十七年，〔始皇〕作信宫渭南，已而（二十八年）更命信宫为极庙，象天极。自极庙道通骊山，作甘泉前殿，筑甬道，自咸阳属之。[3]

又《史记》卷六《秦始皇本纪》载：

　　　　二十七年，……〔始皇〕作信宫渭南，已〔二十八年〕更命信宫为极庙，象天极。[4]

---

[1] 刘庆柱：《汉宣帝杜陵陵寝建筑制度研究》，原载《中国考古学论丛》，北京：科学出版社，1993 年；此据《古代都城与帝陵考古学研究》，第 250 页。

[2] 李小波：《从天文到人文——汉唐长安城规划思想的演变》，《北京大学学报》（哲社版）2002 年第 2 期，第 63 页。相关研究可参见李小波、陈喜波《汉长安城"斗城说"的再思考》，《考古与文物》2001 年第 4 期，第 63 ～ 65 页；陈喜波、韩光辉《汉长安"斗城"规划探析》，《考古与文物》2007 年第 1 期，第 69 ～ 72 页；等等。

[3] 何清谷：《三辅黄图校释》，北京：中华书局，2005 年，第 21 页。

[4] 《史记》，第 241 页。

图附1-1　秦咸阳、阿房宫与天象对应示意图

李小波、陈喜波：《汉长安城"斗城说"的再思考》，《考古与文物》2001 年第 4 期，第 64 页图四

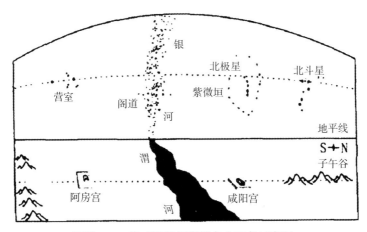

图附1-2　秦咸阳规划模拟宇宙天象示意图

陈喜波、韩光辉：《汉长安"斗城"规划探析》，《考古与文物》2007 年第 1 期，第 71 页图二

司马贞《索隐》云："为宫庙象天极，故曰极庙。"所谓极庙，乃是一宫殿的宗庙，也叫宫庙[1]。古人"宫""庙"界限不甚严格，宗庙也是从生人的宫室转化过来的[2]。

在天象中，宫室或宗室对应营室宿。《汉书·天文志》云："营室为清庙，曰离宫、阁道。"[3]《晋书·天文志》云："营室二星，天子之宫也。一曰玄宫，一曰清庙，又为军粮之府及土功事。……离宫六星，天子之别宫。"[4] 又云："阁道星，天子游别宫之道也。"[5] 可证。由此视之，秦渭南宫殿区乃象征营室宿。

《史记》卷六《秦始皇本纪》载：

> 三十五年……〔始皇〕乃营作朝宫渭南上林苑中。先作前殿阿房，东西五百步，南北五十丈，上可以坐万人，下可以建五丈旗。周驰为阁道，自殿下直抵南山。表南山之颠以为阙。为复道，自阿房渡渭，属之咸阳，以象天极阁道绝汉抵营室也。[6]

可见，在咸阳宫与阿房宫的相互关系上，表现天文思想实无可疑，现实的场景亦是如此。每年十月的黄昏时分，天空中的星象格局正好对应于地上渭水两岸的各个宫殿。紫微垣对应咸阳宫，银河对应渭水，营室宿对应阿房宫，天上的阁道星对应于横跨渭水的复道，周围的宫殿也灿若群星，拱卫皇居[7]。

关于秦在营室宿所对应的渭南地区的具体规划，《三辅黄图》卷一"咸阳故城"条载：

---

[1] 徐卫民：《秦都城研究》，西安：陕西人民教育出版社，2000 年，第 137 页。

[2] 唐兰：《西周铜器断代中的"康宫"问题》，《考古学报》1962 年第 1 期，第 15～48 页。

[3] 《汉书》卷二六，第 1279 页。

[4] 《晋书》卷一一，第 301 页。

[5] 《晋书》卷一一，第 297 页。

[6] 《史记》，第 256 页。案，刘庆柱认为秦都咸阳的"渭南"是个特定地理概念，它不是泛指渭河之南，应是与渭北秦咸阳城东西宽基本相近的渭河之南的地域，其南界应在南山以北。详见刘庆柱《秦都咸阳"渭南"宫台庙苑考》，原载《秦汉论集》，西安：陕西人民出版社，1992 年；此据所撰《古代都城与帝陵考古学研究》，第 85～89 页。

[7] 陈喜波、李小波：《中国古代城市的天文学思想》，《文物世界》2001 年第 1 期，第 61 页。

> 始皇廿六年，徙天下高赀富豪于咸阳十二万户，诸庙及台（章台宫）、
> 苑（上林苑），皆在渭南。秦每破诸侯，彻其宫室，作之咸阳北坂上。南
> 临渭，自雍门以东至泾、渭，殿屋复道周阁相属，所得诸侯美人钟鼓以充
> 入之。[1]

秦将宫室安排在渭河之北，而诸庙、台、苑则在渭河之南。后者便为营室宿所对应的建筑，其中除了清庙之外，生人居所亦可在其列。这就是天极——银河（阁道）——营室的天象图式在都城规度中所对应的建筑类别。

两汉时期是我国宫城发展的鼎盛期，宫城由若干个小城组成，每个小城四周都筑有高大的城墙，形成独立的单元。考古工作表明，汉长安城八条大街（与城门相通的干路），交叉形成棋盘式网格，每格作为一区，即十一区。其中五区分别建筑了未央宫、长乐宫、北宫、桂宫和明光宫[2]。其最终布局基本上可视为以北宫居中，其余四宫与之相接的格局（图附1-3）。其城南为南斗形，北为北斗形[3]。在星象图上，若将北斗七星、北极星、勾陈、紫微右垣星座连接起来，可发现与汉长安的实测图惊人地相似[4]（图附1-4）。亦即，汉长安城布局模仿紫微垣、南北斗已毋庸置疑。

汉长安城借鉴了秦都城规划的某些思想。如，汉长安城正对南山子午谷口与秦人"自殿下直抵南山，表南山之颠以为阙"很是相像[5]。当时的渭水紧逼龙首山北麓作西南、东北流向[6]，秦人曾以渭水象天汉（银河），汉人可能也因袭这一象征[7]，亦即汉时仍以渭水为银河的象征。

---

[1]　何清谷：《三辅黄图校释》，第 18 ～ 19 页。

[2]　刘庆柱：《汉长安城的考古发现及相关问题研究》，原载《考古》1996 年第 10 期；此据所撰《古代都城与帝陵考古学研究》，第 134 页。

[3]　何清谷：《三辅黄图校释》，第 64 页。

[4]　李小波：《从天文到人文——汉唐长安城规划思想的演变》，《北京大学学报》（哲社版）2002 年第 2 期，第 61 ～ 64 页。

[5]　秦建明、张在明、杨政：《陕西发现以汉长安城为中心的西汉南北向超长建筑基线》，《文物》1995 年第 3 期，第 14 页。

[6]　今天的渭河南距北墙已有五公里之遥。详见何清谷《三辅黄图校释》，第 66 页。

[7]　秦建明、张在明、杨政：《陕西发现以汉长安城为中心的西汉南北向超长建筑基线》，第 14 ～ 15 页。

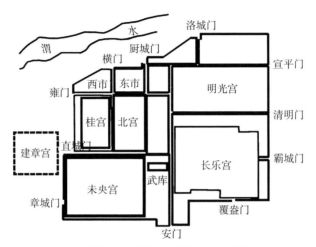

图附1-3　西汉长安城布局示意图

刘庆柱：《汉长安城的考古发现及相关问题研究》，载所撰《古代都城与帝陵考古学研究》，北京：科学出版社，2000 年，第 125 页图一

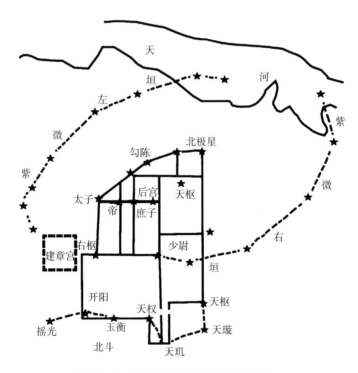

图附1-4　汉长安城与天象对应示意图

李小波：《从天文到人文——汉唐长安城规划思想的演变》，《北京大学学报》（哲社版）2002 年第 2 期，第 62 页图一

《史记》载，汉高祖八年，"萧丞相营作未央宫，立东阙、北阙、前殿、武库、太仓"[1]。唐张守义《正义》云：

> 颜师古云："未央殿虽南向，而当上书奏事谒见之徒皆诣北阙，公车司马亦在北焉。是则以北阙为正门，而又有东门、东阙，至于西南两面，无门阙矣。萧何初立未央宫，以厌胜之术理宜然乎？"按：北阙为正者，盖象秦作前殿，渡渭水属之咸阳，以象天极阁道绝汉抵营室。[2]

可见颜师古、张守义皆以为未央宫北阙为正门，而且对于这样的设计，张守义更是直接认为意在模仿秦咸阳宫和渭南宫殿的规度，即拟则天极阁道绝汉抵营室的天象图式。此言不诬。

如此则西汉陵旁立庙以及徙民于诸陵陵邑的举措便可理解。《三辅黄图》卷一"秦汉风俗"条载：

> 秦都咸阳，徙天下豪富十二万户。汉高帝都长安，徙齐诸田，楚昭、屈、景及诸功臣于长陵。后世世徙吏二千石、高訾富人及豪杰兼并之家于诸陵，强本弱末，以制天下。[3]

西汉政府的这个做法实际上跟秦相同，只不过西汉是将宫室安排在渭河以南的长安城中，而诸庙以及徙民则安排在渭河以北的陵区中，二者实有异曲同工之妙。换言之，这是西汉在规划中将帝陵区视作营室宿所在使然。而之所以在方位上发生错位的情况，其原因便在于秦汉都城与象征银河的渭水的相对关系发生了变化，由此也出现了相应变化的规划。这应该便是西汉帝陵陵旁立庙以及设立陵邑徙民充之的原因所在。

下面我们不妨从这个角度来进一步分析汉代的渭河三桥。既然渭水视作银

---

[1]　《史记》卷八《高祖本纪》，第385页。

[2]　《史记》，第386页校注 [一]。

[3]　何清谷：《三辅黄图校释》，第69～70页。

河，则其上的渡桥便可视为阁道了。长陵、安陵修建时，渭河上只有中渭桥。
即介于秦都咸阳宫殿区以南与后来的汉长安城横门之间的一座，被称为"横桥"。
这是当初秦为了连接渭水南北之间的秦宫殿而修建的，恰位于长陵和安陵之间
的秦咸阳故城南侧渭水上。《三辅黄图》载：

> 〔秦〕始皇穷极奢侈，筑咸阳宫，因北陵营殿，端门四达，以则紫宫，
> 象帝居。渭水贯都，以象天汉；横桥南渡，以法牵牛。[1]

可见，该桥本身也被纳入了秦"法天象"的宏大建筑工程体系之中[2]。在秦都
咸阳的规度中，它便是拟则"阁道"。若从汉长安城的横门北上渭桥（横桥），
当到达渭水北岸之后，就会发现，长陵和安陵实际上应分别位于这条南北向交
通干线的东、西两侧。因此，有理由推断该桥在西汉都城与陵区之间的规度布
局上也充当了所谓"阁道"的角色。

　　景帝时又在渭河上新修了一座大桥。《史记·孝景本纪》载，"五年三月，
作阳陵、渭桥（指渭河东桥）。五月，募徙阳陵，予钱二十万"[3]。可见，景
帝建桥与营陵几乎是同时进行的。武帝时又在渭水上修建了一座大桥，这就是
"便门桥"，或称"便桥"。据《汉书·武帝纪》，在"初置茂陵邑"的第二
年，便"赐徙茂陵者户钱二十万，田二顷。初作便门桥"[4]。这就是西汉渭水
三桥的形成。此与隋都洛阳洛水三桥的景观如出一辙，则其意义已可了然。

　　上文我们讨论了关中西汉帝陵区整体上与长安城之间的关系，那么该陵
区中的诸陵跟长安城是否也存在某种关联？对该问题的认识同样经历了一个
过程。

---

[1]　《三辅黄图》卷一"咸阳故城"条，《三辅黄图校释》，第 22 页。

[2]　李小波、陈喜波：《汉长安城"斗城说"的再思考》，《考古与文物》2001 年第 4 期，第 64 页；陈喜波、
　　韩光辉：《汉长安"斗城"规划探析》，《考古与文物》2007 年第 1 期，第 70 ～ 71 页；杨哲峰：
　　《渭河三桥与渭北西汉陵区的形成》，《中国文物报》2008 年 4 月 18 日第 7 版。

[3]　《史记》卷一一，第 443 页。

[4]　《汉书》卷六，第 158 页。

1995年，秦建明等发现了以汉长安城为中心的西汉南北向超长建筑基线[1]
（图附1-5）。这条基线通过西汉都城长安中轴线延伸，向北至三原县北塬阶
上一处西汉大型礼制建筑遗址；南至秦岭山麓的子午谷口，总长度达74.24公
里，南北跨纬度47′07″。从基线上分布的三组西汉初期建筑遗址及墓葬推断，
该基线设立的时代为西汉初期。这条基线不仅长度超过一般建筑基线，而且具
有极高的直度与精确的方向性，与真子午线的夹角仅0.33°。其最南端为子午
谷，向北依次为汉长安城、汉长陵（图附1-6）、清河大回转段、天井岸礼制
建筑遗址等五处。该基线的时代为西汉初期。

这种南北向的超长基线是如何营造起来的？《周礼·冬官·匠人》云："匠
人建国，水地以县。置槷以县，眡以景。为规，识日出之景与日入之景，昼参
诸日中之景，夜考之极星，以正朝夕。"[2]这说明古代城市建筑的第一步是以
水准操平，第二步是以日影和北极定向。由此可知古代是以天文方位决定地理
方位[3]。

汉初，刘邦以为秦国历时短暂，按照朝代五德循环，不足以称为一德，汉
王朝才应该是代周而成为"以水德王天下"的正统。刘邦于公元前206年十月
入主咸阳，当时又有"五星连珠"的受命之符，因此汉承秦制使用颛顼历，以
十月为岁首。

---

[1] 秦建明、张在明、杨政：《陕西发现以汉长安城为中心的西汉南北向超长建筑基线》，《文物》
　　1995年第3期，第4～15页。刘瑞对该基线的存在持否定态度。详悉刘瑞《汉长安城的朝向、轴
　　线与南郊礼制建筑》，北京：中国社会科学出版社，2011年，第58～64页。唐晓峰认为关于这
　　条建筑基线的存在，有待更多的材料确认。不过，在规划中以轴线贯穿重要建筑物乃属常见手法，
　　如果从测量学史上确认西汉人的测量能力可以达到74公里的距离，则西汉长安城一带的南北建筑
　　基线是很可能存在的。这条基线类似轴线，对它的设计，并没有多少实用的目的，其用意完全在强
　　化都城的核心意义，令规划范围内的地理空间变得严整有序。详见所撰《从混沌到秩序：中国上古
　　地理思想史述论》，北京：中华书局，2010年，第93页。黄晓芬：《漢長安城建設における南北
　　の中軸ラインとその象徴性》，《史学雜誌》115-11，2006年，第37～63页。案，若综合西汉
　　帝陵基线等现象来看，西汉时期具备上述测量能力并非不可能。详见杨哲峰《渭北西汉帝陵布局设
　　计之观察》，《文物》2009年第4期，第61～68页。
[2] 〔清〕孙诒让：《周礼正义》，第3415～3419页。
[3] 陆思贤：《唐单于都护府城垣反映的古代城建天道观》，李迪主编《中国少数民族科技史研究》，
　　呼和浩特：内蒙古人民出版社，1990年，第49页。

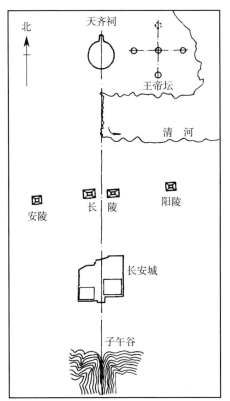

图附1-5　汉长安城基线及汉代遗址示意图

秦建明、张在明、杨政：《陕西发现以汉长安城为中心的西汉南北向超长建筑基线》，《文物》1995年第3期，第5页图一

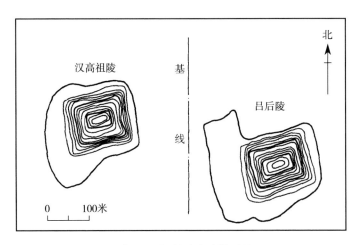

图附1-6　汉长陵遗址地形图

秦建明、张在明、杨政：《陕西发现以汉长安城为中心的西汉南北向超长建筑基线》，第6页图三

营室星在古代具有重要的指示意义，《诗经·国风·鄘风》中"定之方中，作于楚宫"，《尔雅·释天》云"营室谓之定"，《集传》云"此星昏而正中，夏正十月也"。2200 多年前，每年的十月黄昏时分，营室星就位于南中天，这是冬天开始的标志 [1]。秦汉时期在都城规度上出现南北长距离轴线很可能便是巧妙地利用了其历法与上述天象的关系。

1996 年，德国学者阿尔弗雷德·申茨（Alfred Schinz）撰文揭示了高祖长陵位于长安城安门以北中轴线，而吕后陵冢位于长安城明堂及高帝庙的延长线上；惠帝安陵陵冢中轴线的延长线正好与汉长安城大市和桂宫的西墙重合 [2]（图附1-7）。显然，该结论又将西汉帝陵区跟长安城的规划进一步紧密维系起来。

安陵跟长安城的相对关系应该也是惠帝时设计的结果。汉长安城在惠帝时完工。《三辅黄图》卷一"汉长安故城"条载：

> 汉之故都，高祖七年方修长安宫城，自栎阳徒居此城，本秦离宫也。初置长安城，本狭小，至惠帝更筑之。

> 按，惠帝元年正月，初城长安城。三年春，发长安六百里内男女十四万六千人，三十日罢。城高三丈五尺，下阔一丈五尺，六月发徒隶二万人常役。至五年，复发十四万五千人，三十日乃罢。九月城成，高三丈五尺，下阔一丈五尺，上阔九尺，雉高三坂，周回六十五里。[3]

《汉书》卷二《惠帝纪》所载与此大同：

> 〔惠帝元年〕春正月，城长安。……三年春，发长安六百里内男女

---

[1] 陈喜波、韩光辉：《汉长安"斗城"规划探析》，《考古与文物》2007 年第 1 期，第 70 页。

[2] Alfred Schinz, *The Magic Square Cities in Ancient China*, Stuttgart/London, Axel Menges, 1996；此据〔德〕阿尔弗雷德·申茨《幻方——中国古代的城市》，梅青译，北京：中国建筑工业出版社，2009 年，第 130 页，图 3.1.1.2。

[3] 何清谷：《三辅黄图校释》，第 63～64 页。

图附1-7 西汉长安城与渭北长陵、安陵关系示意图

〔德〕Alfred Schinz, *The Magic Square Cities in Ancient China*, Stuttgart/London, Axel Menges, 1996；此据阿尔弗雷德·申茨《幻方——中国古代的城市》，梅青译，北京：中国建筑工业出版社，2009年，第130页图3.1.1.2。

十四万六千人城长安，三十日罢。……六月，发诸侯王、列侯徒隶二万人
城长安。……〔五年〕春正月，复发长安六百里内男女十四万五千人城长
安，三十日罢。……九月，长安城成。赐民爵，户一级。[1]

由此可见，长陵、安陵二陵陵址与长安城的确存在参照关系，而且这显然是西
汉政府人为规度之举。

2009 年，杨哲峰对万年陵之外的渭北西汉诸陵进行考察，指出它们在布
局上应该存在一条设计基线——即长陵和安陵的连线，而且这条基线应该是依
据咸阳原的地理特征，在西汉初年就已经测定了的。他认为若以长陵东西陵中
间点与惠帝安陵陵冢中心点相连的话，该基线的方向为北偏东约 69°[2]（图附
1-8）。西汉王朝前两位即位皇帝陵的陵号顺次为长陵、安陵，便意味早在西
汉初年整个西汉帝陵区便跟帝都长安的规划联系在一起。

另外，需要注意的是，尽管由于墓侧起寝，使西汉各帝庙都立在各自的陵
墓附近，形成分散庙制，但是，三年祫祭时同样要集中到高庙。《汉旧仪》载：
"宗庙三年大祫祭，子孙诸帝以昭穆坐于高庙，诸毁庙神皆合食，设左右坐。"[3]
可见，西汉最高权力集团内存在"序昭穆如礼"的观念是毋庸置疑的。如前所
言，昭穆代表的是宗法制度，是儒家的一个核心思想。殊难理解在经学如此繁
荣的西汉，"昭穆"及其制度被置若罔闻？

《汉书》言及"昭穆"凡九次，集中出现于西汉元、成、哀帝时期。人们
在讨论西汉昭穆制度时总好引用《汉书》卷七三《韦贤传》附韦玄成传的有关
记载，据此结合西汉帝系（图附1-9）不难梳理出西汉宣帝之后的庙制改革及
其动机。

宣帝本始元年（公元前 73 年），丞相蔡义奏议谥宣帝父史皇孙刘进为"悼

---

[1] 《汉书》，第 88～91 页。《史记》卷九《吕太后本纪》（第 398 页）云："〔惠帝〕三年，方筑长安城，
四年就半，五年六年城就。"

[2] 杨哲峰：《渭北西汉帝陵布局设计之观察》，《文物》2009 年第 4 期，第 61～68 页。案，该文没
有讨论万年陵，只讨论其余 11 陵。

[3] 《汉旧仪补遗》卷下，《丛书集成初编》据平津本排印，册 0811，第 30 页。

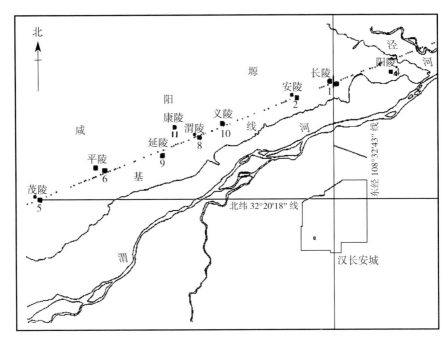

图附1-8　渭北西汉帝陵的分布与基线示意图

杨哲峰：《渭北西汉帝陵布局设计之观察》，《文物》2009年第4期，第63页图一

园"，置邑三百家。至元康元年（公元前65年）丞相魏相等又上奏："父为士，子为天子，祭以天子。悼园宜称尊号曰'皇考'，立庙，益故奉园民满千六百家，以为县"[1]。这不仅仅是表现作为人子的宣帝对父亲的孝道之情，更为重要的是宣帝为昭帝兄孙、武帝庶出，其合法性的建设尤为重要。所以，便有此二度对其父身份的提高。

永光四年（公元前40年），汉元帝采取了罢郡国庙而立庙京师长安的办法，盖欲以此提高、树立中央皇权之权威，使"四海之内各以其职来助祭"，一如后来匡衡所言"将以系海内之心"[2]。这一点可以从西汉后期皇位的继承情况论证。此时的宣、元帝，尤其是宣帝的即位颇费周折。宣帝因其祖父戾太子的

[1]　《汉书》卷七三《韦玄成传》，第3129～3130页。

[2]　《汉书》卷七三《韦玄成传》，第3121页。

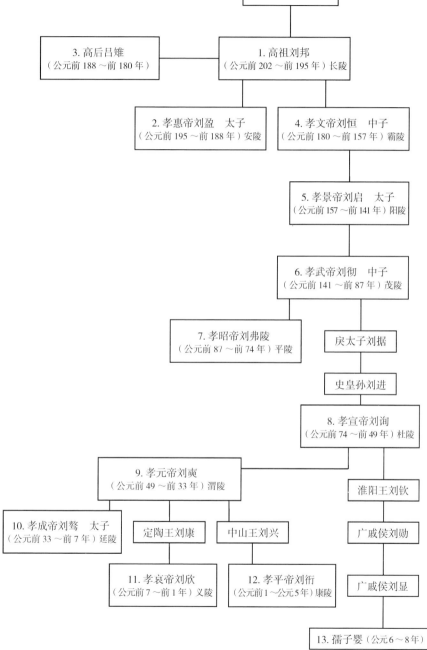

图附1-9 西汉帝系图

叛变，而已降为平民，赖霍光弄权专制的野心，得以跻身九五之尊。于是，他认为自己是由戾太子以上承武帝，极力加以推尊，以填补内心的虚弱[1]。实际上，与其说是填补内心的虚弱，毋宁说是要树立并加强自己皇权法统的威信。宣帝的身份与起自闾巷之间的经历，加之他并非源自昭帝这一支系，因此，皇权威信的树立就显得更为重要而迫切。于是，相关的举措，如庙制改革等也就自然多了起来。

罢郡国庙后月余，韦玄成等四十四人奏议，以为"立亲庙四""亲尽而迭毁"，建议以汉高祖为太祖，而"太上皇、孝惠、孝文、孝景庙皆亲尽宜毁，皇考庙亲未尽，如故"[2]。其目的是重立标榜宣帝之父悼皇考在昭穆序列中的位置。参照西汉帝系，可知韦玄成等人所谓"立亲庙四"便是高祖刘邦、戾太子刘据、史皇孙刘进（悼皇考）和宣帝等四位。这实际上对宣帝、元帝法统合法性的强调，应该是代表了汉元帝的政治初衷。但是，以亲尽为由而毁太上皇、孝惠、孝文、孝景庙，这是难以施行的，因为这些宗枝的后人及其卵翼尚在。当时，朝堂上还有其他三种不同的意见，其中大司马车骑将军许嘉等二十九人认为文帝庙不宜毁，廷尉尹忠以为武帝庙不宜毁，这两者并没有直接反对，只是提出不同意见，而谏大夫尹更始等十九人更是直言将悼皇考庙列入昭穆序列，不合礼制，宜毁。这三种意见的存在，正说明了韦玄成等人的奏议在当时并未成定谳，而元帝对此也颇为难断。对于这三种意见，尹忠一派人数最少，故元帝起先并不予考虑。于是，问题的关键在于如何协调、权衡许嘉与尹更始这二派政治力量的主张。尹更始等虽人数不少，但其意见显然是跟元帝的用心相悖，因此后并未见纳。从文献记载来看，许嘉一派的人数最多，呼声可能也更为热烈。许嘉为元帝的舅舅，他本是广汉弟延寿之子，因广汉没有儿子，便过继给广汉。广汉在霍光尊立宣帝过程中曾参与议定，这种特殊的身份和政治力量是元帝不得不要慎重考虑的。史称元帝"重其事，依违者一年"，即这件事情元帝犹豫不决，慎重考虑了一年的时间。永光五年，元帝终于颁诏做出让步，甚至于有些矫枉过正。他糅合了许嘉和尹更始二种意见：不仅承认文帝，

---

[1]　徐复观：《两汉思想史》第三卷，第 300 页。

[2]　《汉书》卷七三，第 3118 页。

同时也承认宣帝为昭帝之后且"于义一体"，而景帝庙和皇考庙皆亲尽。这是一个自相矛盾的诏书。"于义一体"，颜师古认为其意指宣帝、昭帝在昭穆序列中俱为昭。值得注意的是，此刻元帝原先意在突出的祖父悼皇考庙却走向了另一个极端。悼皇考亲实未尽，元帝本人便是他的孙子。元帝何至于健忘至此？此举恐与中央皇权之微弱而有不得已之苦衷有关。诏书颁发后，韦玄成等人又根据元帝的初衷对诏书进行了完善，重又提出皇考庙亲未尽，同时认为"祖宗之庙世世不毁，继祖以下，五庙而迭毁"。"五庙而迭毁"显然已经跟永光四年时"立亲庙四"大大的不同了。此外，虽说"五庙而迭毁"，但是实际上此前诸帝庙都得到保留。韦玄成还具列了诸帝的昭穆次序：高皇帝为太祖，孝文皇帝为太宗，孝景皇帝为昭，孝武皇帝为穆，孝昭皇帝与孝宣皇帝俱为昭，皇考庙亲未尽。太上、孝惠皇帝皆亲尽，宜毁。太上庙主宜瘗园，孝惠皇帝为穆，主迁于太祖庙，寝园皆无复修。这是与前述反对意见达成妥协的结果，其条件便是保留住悼皇考庙。这便是元帝的用心所在，通过奉高祖为太祖、文帝为太宗，此二者为祖宗之庙、万世不毁，来实现这个宗法体系，元帝最后采纳了这个意见。其中值得注意的是，西汉第二帝的惠帝为穆，缺乏相应的昭；而作为第一帝的高祖却为太祖，足见这是一个充满矛盾的宗法秩序。此如前引《汉旧仪》所言"宗庙三年大祫祭，子孙诸帝以昭穆坐于高庙，诸隳庙神皆合食，设左右坐"一般，确是一个令人费解的安排。

"后岁余，玄成薨，匡衡为丞相。上（元帝）寝疾，梦祖宗谴罢郡国庙，上少弟楚孝王亦梦焉。上诏问衡，议欲复之"[1]。匡衡深言不可，但是元帝的疾病久久仍不见平复，匡衡遂惶恐向高祖、孝文、孝武庙祷告。在匡衡的祷文中道出了元帝罢郡国庙的目的，这就是"将以系海内之心，非为尊祖严亲也。今赖宗庙之灵，六合之内莫不附亲，庙宜一居京师，天子亲奉，郡国庙可止毋修"。接着，匡衡还告谢诸毁庙，但是，元帝还是连年疾病，元帝究竟所患何疾？史无明征。元帝于永光四年春二月所颁诏文给我们勾勒了当时的政局，其诏曰：

---

[1]　《汉书》，第3121页。

> 朕（元帝）承至尊之重，不能烛理百姓，娄（屡）遭凶咎。加以边竟
> （境）不安，师旅在外，赋敛转输，元元骚动，穷困亡聊，犯法抵罪。夫
> 上失其道而绳下以深刑，朕甚痛之。[1]

史官称元帝多材艺好儒，征用儒生，委之以政，但是，牵制文义，优游不断，
终导致孝宣之业衰焉 [2]。在这种形势下，他又废郡国庙，削弱了郡国权力，优
柔寡断的他自恐郡国由此而起逆意。由此看来，元帝所患多为忧思之症，故有
"朕甚痛之"之语。因元帝连年有疾，于是便于建昭五年（公元前 34 年）恢
复了所罢的寝庙园，皆修祀如故。但是，并没有恢复郡国庙。元帝崩，匡衡奏
议再度罢毁惠帝、景帝等寝庙园，并重新提出戾太子庙不当毁。其意在进一步
强调宣、元、成帝之法统。"成帝时以无继嗣，河平元年（公元前 28 年）复
复太上皇寝庙园，世世奉祠。昭灵后、武哀王、昭哀后并食于太上寝庙如故，
又复擅议宗庙之命"。即成帝重新恢复了高后吕雉时期擅议宗庙者弃市的法令，
通过律法的手段来维护自己的法统。其中"复复"二字透露了西汉早年规定太
上皇庙即是世世奉祠且不迁的。此刻只好搬出太上皇来维系汉室帝系，以共同
的祖宗来号召整个王室，可见此刻成帝政府面临的法统危机之一般，亦足见太
上皇的地位实非同寻常。

哀帝即位后，丞相孔光、大司空何武又不失时宜地重新检讨了元帝永光五
年和建昭五年的制书，认为"迭毁之次，当以时定，非令所为擅议宗庙之意也"，
并请求与群臣重新议定。哀帝为元帝庶孙，此时重新讨论庙制，正说明昭穆礼
在政权法统中的运用。孔光、何武等人也正看中了哀帝的这个身份而提出重新
议定以迎合哀帝。于是，光禄勋彭宣、詹事满昌、博士左咸等五十三人皆以为
"继祖宗以下，五庙而迭毁，后虽有贤君犹不得与祖宗并列。子孙虽欲褒大显
扬而立之，鬼神不飨也。孝武皇帝虽有功烈，亲尽宜毁" [3]。其结果是毁武帝庙，

---

[1]　《汉书》卷九《元帝纪》，第 291 页。

[2]　《汉书》卷九《元帝纪·赞曰》，第 298 ～ 299 页。

[3]　《汉书》卷七三，第 3125 页。

并于建平二年（公元前 5 年）夏四月立其父恭皇庙于京师长安[1]。

但是，后来刘歆又引经据典提出"天子七庙"的庙制，并认为：武帝、宣帝之庙不宜毁，自贡禹建迭毁之议，惠、景及太上寝园废而为虚，失礼意矣。

平帝时，大司马王莽奏议以为"父为士，子为天子，祭以天子者，乃谓若虞舜、夏禹、殷汤、周文、汉之高祖受命而王者也，非谓继祖统为后者也"，认为立宣帝父史皇孙刘进庙，益民为县，违离祖统，乖缪本义，宜乎毁废。此时，方将悼皇考从宗庙世系中清除出去。平帝的情况跟宣帝、哀帝有似，这个议案的通过，同时还意味着平帝父亲中山孝王刘衍不能进入皇室的宗庙，这说明较元帝、哀帝二朝，此时平帝的皇权已经大大衰落了。更为重要的是，王莽通过议定宣帝父悼皇考在皇室宗庙中的不合法，从而也暗示着宣帝以下乃至平帝法统的不合法。这无疑是为王莽的篡权埋下了重要的一笔，实际上也是王莽为自己日后篡权所做的重要的舆论准备。可见，昭穆从表层上看体现的是一种伦理秩序，但实际上其深层却昭示着权力机制的权威与尊严，甚而往往预示着社会结构与秩序的变动。

综上，《汉书》卷七三《韦玄成传》集中反映了西汉后期社会权力集团在不同时期出于法统建设和宗统地位的需要而对宗庙制度的讨论，从中不难体察到昭穆观念在他们的心目中始终是根深蒂固的，才能出现在连续数朝中，昭穆成为政治斗争的一个焦点。通过字里行间给我们透露这样一个信息：西汉前期虽然宗庙没有集中使用昭穆次序，但其昭穆观念丝毫不爽。只是在实际做法上鉴于郡国的力量而不得不采取郡国立庙、宗庙异处的形式。但是，在宗庙三年的大祫祭时，子孙诸帝亦以昭穆坐于高庙，诸堕庙神皆合食，设左右坐。

那么，在陵地的布局上又是怎样，是否依照昭穆秩序？《汉书》卷二七上《五行志》记载了元帝初元四年（公元前 45 年），孝武园"白鹤馆灾。园中五里驰逐走马之馆，不当在山陵昭穆之地"[2]，明确告知山陵也有昭穆现象。但是，讨论这个问题，同样的，最重要的障碍还是文献资料的严重不足，只是文献记载的缺失，并不意味着就此却步，文献、考古二者本是相互补证，缺一不可

---

[1] 《汉书》卷一一《哀帝纪》，第 339 页。

[2] 《汉书》卷二七上，第 1335 页。

的，我们还可以通过考古资料来弥补文献的匮乏，尽管考古材料也有作伪现象的存在。

通过《水经注》《汉书》《三辅黄图》，以及《元和郡县图志》等有关历史文献的记载，结合近年来的实地勘察，西汉帝陵名位的比定目前已经达成共识[1]（图附1-10），这是研究西汉帝陵入葬图式的关键所在。

西汉十二座陵墓分别修筑在汉长安城北部荆山原（栎阳北原）、咸阳原和长安城东南的白鹿原与杜东原上。其中太上皇万年陵[2]在富平县荆山原；咸阳原上有高祖长陵、惠帝安陵、景帝阳陵、武帝茂陵、昭帝平陵、元帝渭陵、成帝延陵、哀帝义陵和平帝康陵，大体呈一斜线分布；白鹿原与杜东原上分别有文帝霸陵和宣帝杜陵。整个陵地通过太上皇万年陵、武帝茂陵这两座陵墓把陵地的东西范围界定出来，而且呈现出集中在咸阳原西部入藏的趋势。《汉旧仪》载：

> 〔每〕天子即位，明年，将作大匠营陵地，用地七顷，方中用地一顷，深十三丈，堂坛高三丈，坟高十二丈。……已营陵，余地为西园后陵，余地为婕妤以下，次赐亲属功臣。[3]

目前，汉阳陵的考古钻探、发掘成果和 GPS 测量数据表明，汉阳陵陵址是经过认真选择，营建前仔细设计，工程依照设计蓝图施工的。这些不啻说明当时

[1] 杜葆仁：《西汉诸陵位置考》，《考古与文物》1980 年第 1 期，第 29～33 页。案，王建新提出"阳陵模式"，又根据该模式重新确定了西汉后四陵的名位。详见所撰《前汉"后四陵"についての考察》，《考古学の基础研究——茨城大学考古学研究室 20 周年纪念文集》，茨城大学，2001 年；此据所撰《西汉后四陵名位考察》，《古代文明》第 2 卷，北京：文物出版社，2003 年，第 304～327 页。

[2] 1980 年 4 月～1981 年 12 月，中国社会科学院考古研究所对秦汉栎阳故城进行勘察试掘的同时，对万年陵陵园也进行了调查和钻探，收获颇丰。有关资料详见中国社会科学院考古研究所栎阳发掘队《秦汉栎阳城遗址的勘探和试掘》，《考古学报》1985 年第 3 期，第 375～378 页。

[3] 《汉旧仪补遗》卷下，《丛书集成初编》据平津本排印，册 0811，第 34 页。

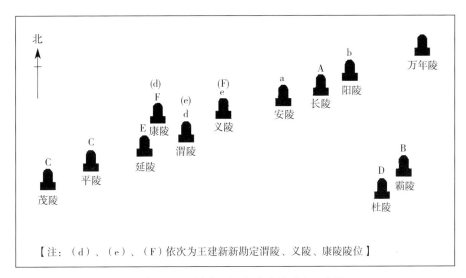

【注：（d）、（e）、（F）依次为王建新新勘定渭陵、义陵、康陵陵位】

图附1-10　关中西汉帝陵陵地秩序示意图

帝陵的营建是有规划的，由此其关中整个陵区的规划亦可见一斑[1]。此显系考古勘测验证情理中事之典型例证。

　　西汉陵区选择在汉长安城北部，北山山脉之南，原因主要有如下两方面。其一，古人认为葬者宜在国都之北，并成为一种礼制。此前已经论证过如此安排葬地跟古人建构、维护的天人秩序有莫大的关系[2]。其二，上文已经推定了五音姓利说在西汉的存在。在五姓五音的归属上虽然存在一姓多属的情况，但刘姓却始终只属宫姓。这一点不仅可以从后世的阴阳书中检索到，而且也可以从音韵学上获得支持。《图解校正地理新书》卷七"五音所宜"条云：

　　　　宫羽二姓宜北山之南，为北来山之地。西为前，东为后，南为左，北为右，明堂内水出破坤为大利向。……凡州县、寺观、城邑、馆驿、廨

---

[1]　李岗：《浅议汉阳陵的营建规划》，《考古与文物》2006年第6期，第29～33页。汉阳陵GPS测量数据可参见陕西省考古研究所《西汉长陵、阳陵GPS测量简报》，《考古与文物》2006年第6期，第23～28页。

[2]　详见本书贰"关中唐陵陵地秩序"。

宇皆无的主，尽属商姓，宜丙向；若立私宅冢墓所向及水流，皆随本音利便。[1]

西汉诸陵分布在咸阳西北北山山脉之南的黄土原上，正好符合北山之南的条件。其墓道朝向为东西向[2]，也正好符合宫羽姓葬法以"西为前，东为后"的要求。西汉的帝陵与皇后陵位置，一般前者居西，后者居东。从西汉各陵园的布局来看，也都是坐西向东，以西方为尊的。如景帝阳陵与孝景王皇后陵、昭帝平陵与孝昭上官皇后陵、宣帝杜陵与孝宣王皇后陵、元帝渭陵与孝元傅皇后陵，以及成帝延陵、哀帝义陵和平帝康陵与其后妃陵墓[3]，情况都是这样[4]。这种现象该与上述堪舆术有莫大的关系吧[5]？

如前文引文所言，汉成帝时，丞相韦玄成等奏请立昭穆之序，厘定出西汉中期几个皇帝的昭穆序列，即高皇帝为太祖，孝文皇帝为太宗，孝景皇帝为昭，孝武皇帝为穆，孝昭皇帝与孝宣皇帝俱为昭，孝惠皇帝为穆，主迁于太祖庙。无疑，该昭穆次序是以汉文帝一系为主。厚此薄彼的偏心，预示着它的偏差。

---

[1]　《图解校正地理新书》，第226页。

[2]　王丕忠、张子波、孙德润：《汉景帝阳陵调查简报》，《考古与文物》1980年第1期，第34～37页；李宏涛、王丕忠：《汉元帝渭陵调查记》，《考古与文物》1980年第1期，第38～41页；刘庆柱、李毓芳：《西汉诸陵调查与研究》，文物编辑委员会编《文物资料丛刊》第6辑，第1～15页，此据《古代都城与帝陵考古学研究》，第207～226页。

[3]　案，2001年，咸阳市文物考古研究所对西汉昭帝平陵进行了大规模的钻探和调查，根据封土、陵园的规模、陪葬坑的数量以及墓道的数量，认为东边的应是昭帝平陵，西边的是上官皇后陵。详见咸阳市文物考古研究所《西汉昭帝平陵钻探调查简报》，《考古与文物》2007年第5期，第3～5页。据此进一步认为"帝东后西"之制是西汉帝陵的主要模式，而"帝西后东"之制则是次要的模式。详见岳起、刘卫鹏《由平陵建制谈西汉帝陵制度的几个问题》，《考古与文物》2007年第5期，第6～7页。

[4]　由于渭陵东部傅皇后陵被挖迁，不便再行筑陵，便在渭陵西修筑王皇后陵。

[5]　秦朝国姓嬴姓也属宫姓，秦陵墓道以东西朝向为主，或与此有关。若此，则五音姓利说的源起至少还要提前到秦代。至于秦代是否实行昭穆葬法，则还有待今后具体工作的进一步开展。目前可知阴阳五行学说在秦朝十分盛行，卜筮类书籍便是秦始皇焚书后留下的一大类。秦王朝"尚六"的根据便是阴阳五行的学说，这种崇尚以至于三股和六股的发辫编法也成为当时最时髦、最流行的发式（详见林剑鸣《秦俑发式和阴阳五行》，《文博》1984年第3期，第54～56页），由此可见一斑。

汉后期以儒治国实为汉武帝轮台诏之泛滥[1]，此从武帝晚年已经埋下端绪，终于元帝时成为治国之根本。武帝早年虽"罢黜百家，独尊儒术"，但实阳为杂糅阴阳术数之儒学，而阴以法家治理天下。宣帝训导元帝刘奭的话便很好地总结了他们的统治策略。时为太子的元帝柔仁好儒，见宣帝用刑过多，劝谏宣帝任用儒生，宣帝作色道：

> 汉家自有制度，本以霸王道杂之。奈何纯任德教，用周政乎！且俗儒不达时宜，好是古非今，使人眩于名实，不知所守，何足委任！[2]

宣帝甚至还发出"乱我家者，太子也"的喟叹。公元前49年，宣帝死，元帝刘奭继立，宣告汉武帝以来"杂王霸道"尚法治天下的"汉家制度"的终结。元帝政府行"周政"，以儒术示天下，并在成、哀、平三朝得到相继承袭。因此便有元、成、哀、平帝时期对宗庙制度的讨论。宗庙制度的改革便是重建儒家话语秩序的重要内容，已如前论，政府希冀以此建立某种结构。这种结构不仅使其统治的合法性、合理性得以顺理成章地树立，同时也使统治秩序得以强化。遗憾的是，不合时宜却使事与愿违，这种话语权威性的重新认定严重地削弱中央皇权。无论如何，成帝政府的宗庙制度改革也就因此自然地跟此前已经确定的秩序不同，它应该不能作为西汉早期昭穆次序的参照，何况此前已经入藏的诸陵位置也不可能因为后来的这些讨论而改变。

况且，宗庙昭穆制度的讨论真正反映到陵地的安排与否，难免会存在一个时间差，正如同唐代几次庙制昭穆次序的讨论与陵位所产生的差异一样[3]，更何况这时已经是汉成帝时代，整个王朝的气数已近尾声。而且，可以这么说，庙制中的兄弟昭穆排列也一直存有歧义，未有定论。这一点西汉王朝也不例外。

尽管元、成、哀、平帝时期对宗庙制度的讨论是重建政权法统的需要，但

---

[1] 案，汉武帝轮台诏在西汉历史上的政治意义，田余庆有精辟之宏论。详见所撰《论轮台诏》，《秦汉魏晋史探微》（重订本），北京：中华书局，2004年，第30～62页。

[2] 《汉书》卷九《元帝纪》，第277页。

[3] 详见本书贰"关中唐陵陵地秩序"。

是如果仔细剖析，从中还是可以体察到某些重要线索。第一，如上所言，元、成、哀时期关于宗庙礼的讨论最终都是无疾而终，没有定谳，不能作为为此前的排列次序；第二，关于汉代早期对太上皇在宗庙昭穆中地位的处理。如前所言，在韦玄成最后厘定的昭穆次序中，有一令人费解的现象，即西汉第二帝的惠帝为穆，缺乏相应的昭；而作为第一帝的高祖却为太祖。又河平元年（公元前28年）哀帝复复太上皇寝庙园，世世奉祠。昭灵后、武哀王、昭哀后并食于太上寝庙如故，又复擅议宗庙之命。其中"复复"二字透露了西汉早年太上皇庙即是世世奉祠且不迁的。综上，若非汉初以太上皇为实际上的太祖，而名义上的太祖刘邦却位于昭位，殊难解释。其实，这种情况在后世也屡见。如，北宋仁宗崩后，神主将祔庙，礼院请增加庙室，孙抃等在陈述中提到在当朝的《禘祫图中》，"太祖（赵匡胤）、太宗同居昭位，南向；真宗居穆位，北向。盖先朝稽用古礼，著之祀典"[1]。这是太祖并未被视为实际之太祖并得居祖位的一个例证。

我们再来看看唐代对西汉庙制的看法。神龙元年（705年），唐中宗李显复位，迁武氏庙于西京，为崇尊庙，又把东都武氏故庙改为唐太庙。这时，"议立始祖为七庙，而议者欲立凉武昭王为始祖"。这件事引起了朝臣们的争论，太常博士张齐贤力排众议，说：

> 古者有天下者事七世，而始封之君为之太祖。太祖之庙，百世不迁。至祫祭，则毁庙皆以昭穆合食于太祖。商祖玄王，周祖后稷，其世数远，而迁庙之主皆出太祖后，故合食之序，尊卑不差。汉以高皇帝为太祖，而太上皇不在合食之列，为其尊于太祖也。魏以武帝为太祖，晋以宣帝为太祖，武、宣而上，庙室皆不合食于祫，至隋亦然。唐受命，景皇帝始封之君，太祖也，以其世近，而在三昭三穆之内，而光皇帝以上，皆以属尊不列合食。今宜以景皇帝（李虎）为太祖，复祔宣皇帝为七室，而太祖以上四室皆不合食于祫。[2]

---

[1] 《宋史》卷一〇六《礼志》，第2570页。

[2] 《新唐书》卷二六《礼仪志》，第339～340页。

可见，张齐贤认为汉代的太上皇尽管名义上不是"太祖"，但他要比高祖来得尊崇，因此，不在合食之列。无独有偶，颜师古也认为"太上，极尊之称也。皇，君也。天子之父，故号曰皇。不预治国，故不言帝也"[1]。抑或这正是造成汉元帝厘定之宗法秩序的矛盾性，以及《汉旧仪》所载西汉宗庙三年祫祭之场景的原因所在吧？尽管当时对此有不同意见，但是最后还是根据张齐贤的意见"以景皇帝（李虎）为始祖"。始祖即是太祖，太祖之外，更无始祖[2]。从唐陵关中陵区将祖陵景皇帝李虎的永康陵安排在汉代太上皇万年陵邻近的三原县，可以推知唐朝礼官视万年陵为西汉的祖陵，亦即西汉太上皇为实际之太祖。否则，唐朝就不可能如此安排陵区的祖陵。同时，我们还注意到下面这些现象。

《汉书》卷一下《高帝纪下》云："〔十年〕秋七月癸卯（公元前197年7月14日）太上皇崩，葬万年（陵）。"[3]可知，万年陵是最先入葬西汉陵区的陵墓。对此，唐颜师古说："《三辅黄图》云〔汉〕高祖初居栎阳，故太上皇因在栎阳。十年太上皇崩，葬其北原，起万年邑，置长丞也"[4]。可见，太上皇的陵墓之所以择葬栎阳缘于他曾居于是域；而其陵墓亦是以帝陵规格修筑[5]。又如诸陵陵庙问题，《汉书·五行志》载："古之庙皆在城中，孝文庙始出居外。"西汉初年，汉太上皇、高帝和惠帝的庙已筑于汉长安城内。真正"居陵旁立庙"当始于景帝阳陵，终西汉一代这个制度未变[6]。《汉书·韦玄成传》所载"京师自高祖至宣帝，与太上皇考、悼皇考，各自居陵旁立庙"，应是对景帝阳陵之后，自万年陵以下诸陵陵庙的描述。诸陵复于陵旁立庙，太上皇万年陵亦在其列，则该陵不仅是西汉诸陵一分子，而且为西汉陵区一组成。

---

[1] 《汉书》卷一下，第62页。

[2] 《旧唐书》卷二六《礼仪志》，第946页。

[3] 《汉书》卷一下，第67页。

[4] 《汉书》卷一下，第68页。

[5] 刘庆柱、李毓芳：《关于西汉帝陵形制诸问题探讨》，原载《考古与文物》1985年第5期；此据《古代都城与帝陵考古学研究》，第230页。

[6] 刘庆柱、李毓芳：《关于西汉帝陵形制诸问题探讨》，《古代都城与帝陵考古学研究》，第231页。

要之，从陵区的安排来看，万年陵跟刘邦以下11陵无疑是安排在同一陵区，并起着标识陵区东界的作用。也就是说，汉代从一开始便将万年陵纳入整个陵区的建设规划。还必须注意的是，刘邦封其父亲以"太上皇"的封号。且汉兴伊始，刘邦就下令各诸侯王国都立太上皇庙。

陵地建制是一个礼制的问题，跟宗庙制度有莫大关系。其中一个焦点问题便是陵地祖陵的确定。此从唐宋帝陵陵地祖陵之设定便可获证[1]。前引《汉书·韦玄成传》所载诸陵复于陵旁立庙，太上皇万年陵亦在其列，则该陵不仅是西汉诸陵一分子，而且为西汉陵区一组成部分。再者，如果说长陵和安陵在名称上是"分别取长安城的长、安二字，以示吉祥"[2]，由长陵、安陵的形制、布局等所揭示的渭北西汉帝陵的布局设计基线，从理论上讲是可以无限延伸的，故而所反映的也应是一种企盼"长治久安"的设计理念[3]。实际上，这可能正是太上皇陵寝称为"万年陵"用意之所在，它与长陵、安陵合在一起便是"万年长安"之意。此二者都进一步体现了万年陵为西汉陵区之祖陵。

其实，这也符合一般的规则。纵观中国历史，追封先祖并加以尊崇是每个王朝的惯例，从这个意义上讲，汉高祖刘邦也不可能将自己放在这个位置上。因此，有足够的理由认为在西汉陵区中太上皇陵处于祖位。看来这个问题的关键在于我们被汉高祖所谓"太祖"的称号所蒙蔽，而忽视了在实际名分上太上皇还要比他来得尊崇，这正是颜师古点明的"太上"之要义。

综观中国历代皇（王）室宗庙中的昭穆排列次序，自西周以降，除春秋、战国、秦朝、三国时期、北朝时期、隋朝、五代、辽朝以及明朝等朝代史无明文记载兄弟相继为君的昭穆异同问题外，两汉、两晋、南朝之齐朝、金朝和元朝等朝代的史志和礼书都明确载有兄弟相继为君昭穆相异的史实。只有在唐、宋、清三朝中，两种意见争论不下，其宗庙中的昭穆排列次序时而以兄弟相继为君昭穆异位，时而又昭穆同位，游移不定[4]。兄弟昭穆同位的原则在中国历

---

[1] 详见本书之"宗庙礼与陵地秩序"已有专论；又可参见本书贰"关中唐陵陵地秩序"中有唐一代君臣对宗庙礼中昭穆礼的相关讨论，及其对关中唐陵陵地秩序的影响便可明了。

[2] 孙铁山：《关于西汉安陵的新发现》，《考古与文物》2002年第4期，第46页。

[3] 杨哲峰：《渭北西汉帝陵布局设计之观察》，《文物》2009年第4期，第66页。

[4] 李衡眉：《昭穆制度研究》，第98页。

史上最先得到中央皇权的认可是在唐代，是在经历了反复不断的讨论后在唐宣宗时才确定下来的。换言之，西汉早期实行的也应该是兄弟昭穆异位——所谓"为人后者为之子"，即惠帝与文帝昭穆异位；而元、成、哀、平时期的有关复议也没有触及兄弟昭穆异位的原则。

根据上述原则，如果以太上皇为太祖位，参照西汉历世皇帝的世袭以及他们之间的血缘嬗递关系，可以划出如下五组昭穆组合，即：第一组高祖（长陵A）、惠帝（安陵a）；第二组文帝（霸陵B）、景帝（阳陵b）；第三组武帝（茂陵C）、昭帝（平陵c）；第四组宣帝（杜陵D）、元帝（渭陵d）；第五组成帝（延陵E）、哀帝（义陵e）等。此外，平帝（康陵F）则缺相应的穆位。

据前揭《图解校正地理新书》卷一三"步地取吉穴"条所云"宫羽姓祖坟下甲庚壬三穴，葬毕再向正西偏南庚地作坟一座，名曰贯鱼葬，不得过西地。分位仿此"（见图2-3），可以看出宫羽姓昭穆葬是以东北角为祖穴的，而昭穴、穆穴则分布在祖穴的西侧，昭穴在西南方位，穆穴在西北方位，昭穴在前，穆穴在后。这就是刘姓墓地昭穆葬式的特点。

根据刘姓墓地的昭穆葬式，我们来分析西汉陵区的秩序。如果以东北角的万年陵为祖穴，便可以发现上述昭穆组合都是遵守宫姓昭穆葬的模式。其中第三组较为严格地遵守宫姓昭穆葬的模式，而第一组、第二组、第四组虽昭位、穆位前后易位，但从根本上来说还是遵循昭穆制度中左昭右穆的基本原则[1]。

其实，第二组、第四组从根本上来说还是遵循昭穆制度中左昭右穆的基本原则。至于为什么昭穴宣帝杜陵在后，而穆穴元帝渭陵在前，这应跟宣帝的个爱有很大的关系。《汉书》卷八《宣帝纪》说宣帝年轻时，"喜游侠，斗鸡走马，具知闾里奸邪，吏治得失。数上下诸陵，周遍三辅，常困于莲勺卤中，尤乐杜、鄠之间，率常在下杜"[2]。又《三辅黄图》卷六"陵墓"条记载宣帝"在民间时，好游鄠、杜间，故葬此"[3]。一个人的成长经历对后来他的性格、行为有着不可忽视的影响。早年在杜、鄠之间的生活经历，所谓"乡土情怀"该

---

[1]　附记：若依王建新对后四陵名位的新看法，亦与此昭穆原则不悖，绝无二致。

[2]　《汉书》卷八《宣帝纪》，第237页。

[3]　何清谷：《三辅黄图校释》，第372页。

是宣帝择葬此地的重要原因。换言之，可进一步推断杜陵陵址乃宣帝生前所选，此如同太上皇的择葬荆山原。从上文的相关论述可以明了：汉朝统治者深切知道宗统、法统之至要，方才适时、积极地利用、推动庙制改革来辅佐现有之统治。若言宣帝通过自己的陵位远离汉帝已有之先帝陵区来重树己之法统，这是不合情理的。因为那也同样意味着他离开了重建法统必须依赖的太上皇、高祖、武帝。故宣帝此举该与确定其法统之合法性无涉。

生前择陵在西汉并非没有先例。《史记》卷一〇二《张释之传》记载张释之随汉文帝至霸陵，文帝居北临厕，顾谓群臣曰："嗟乎！以北山石为椁，用纻絮斮陈，蕶漆其间，岂可动哉！"[1] 同书卷一〇《孝文本纪》云："霸陵山川因其故，毋有所改。"[2] 可见，霸陵陵位是汉文帝生前的抉择。汉文帝生前的选择，是造成第二组帝陵昭穆前后倒置的先决原因[3]。从地理环境看，汉高祖长陵的陵位已经紧贴北山，穆穴更应该在它的东北角。可是，东北处实际的地貌是山脉，地形颇为局促、不便。鉴于客观地理环境的限制，陵墓修建时会出现适当的调整。如，《宋会要辑稿》卷八一九二"慈圣光献皇后陵"条：

> 〔元丰三年〕十一月二十日（1078年4月12日），山陵按行使韩缜等言："永昭陵北稍西地二百十步内取方六十五步可为山陵。"诏依。又以陵域迫隘，问缜可与不可增展，缜言："若增十步，作七十五步为陵域，合徵火相生及中五之数。"诏："增十步。"[4]

---

[1] 《史记》卷一〇二，第2753页。

[2] 《史记》卷一〇，第434页。

[3] 案，对文帝霸陵、宣帝杜陵位置的变化，或以为还跟他们继承皇位时的身份以及由此导致的心理状态有关。详见岳起、刘卫鹏《由平陵建制谈西汉帝陵制度的几个问题》，《考古与文物》2007年第5期，第7～8页。但是，如文中所言西汉实行兄弟相继为君，昭穆异位的原则，这是一个王朝实行的礼制原则。因此，应该不存在埋葬于先帝陵区悖礼的问题。而且二者的后继者同样在先帝陵区中安葬，另外，与二者在继承皇位时有相同身份的哀帝和平帝并没有脱离开原来的先帝陵区而另择陵址。

[4] 〔清〕徐松辑：《宋会要辑稿》礼三七之六三，上海：中华书局，1957年，册2，第1351页上栏。

可见因地形、地势的具体情况而出现变通的情况在巩县北宋八陵中也存在[1]。由此看来，似乎东北处地形的局促是西汉帝陵集中在咸阳原西部入藏的主要原因，也是文帝择址霸陵的一个原因。

如果结合汉文帝生母薄姬的身份来看，问题就可进一步明晰。尽管文帝即位后，薄姬亦贵为太后，但是吕雉已经祔葬在高祖长陵之西，薄姬是无法也不可能再葬于该陵区的。因此，可以推断至孝的文帝另择陵区意在妥善安置薄姬陵位。这恐怕才是文帝择址霸陵的主要原因。从薄姬终葬于该处，可知该区确为文帝生前有意选择的陵区。同时，文帝处于昭位，亦使其陵寝的择址具有更大的主动性。

不过，西汉陵区以高祖长陵和惠帝安陵连线为设计基线的发现，可知长陵、安陵陵址的选择是有意识的行为。正是该陵区基线的设计以及二陵跟帝都长安的呼应关系，造成了西汉帝陵第一组合的昭穴和穆穴前后错位。

那么，这条以高祖长陵和惠帝安陵连线的北偏东约69°的基线是根据什么原则规划的？前已述及，关中西汉陵区是依照宫姓昭穆葬的图式来布列诸陵的。依照五音姓利说，诸音葬式皆各有大利向（最吉）、小利向（次吉）、自如向（再次吉）以及粗通向（不佳）、凶败向（最凶）等五种方向。一般情况而言，在具体操作中，后两种情况不会采用。而前三种利向，具体见载于《地理新书》。

《地理新书》卷七"五音大利向"条载：

> 凡五音大利向，安坟坐官国山为主，以传送伏尸为案，水流从地户出者，吉。仍使勿侵地劫及传送，令两辰交界间出。……宫、羽音庚向坐甲穴，申酉为案，水从未申中间，令玄武山遮转南流东入大水，吉；忌乾出。[2]
（图附1-11）

[1]　冯继仁：《论阴阳勘（堪）舆对北宋皇陵的全面影响》，《文物》1984年第8期，第62～64页。
[2]　《图解校正地理新书》，第228页。

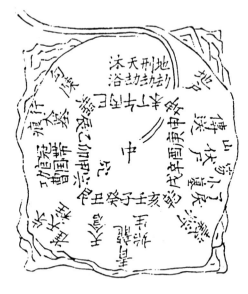

图附1-11　宫羽姓大利向图

《图解校正地理新书》，第 232 页图

又《地理新书》卷七"五音小利向"条载：

> 凡五音小利向安坟坐伏尸，传送为主，宫国山为案，水流破勾陈出。……
> 宫羽音甲向，水流巽出，安坟在庚。[1]（图附1-12）

又《地理新书》卷七"五音自如向"条载：

> 凡五音自如向，安坟坐始生为主，天劫为案，地从谷将来，水从勾陈
> 出。……凡五音自如向，安坟坐始生为主，天劫为案，地从谷将来，水从
> 勾陈出。宫、羽音丙向，水流巽出，安坟坐壬。[2]（图附1-13）

可见宫羽姓利于甲庚向，其中又以甲穴庚向为上吉。而甲庚向连线的偏角便处

---

[1] 《图解校正地理新书》，第 229 页。

[2] 《图解校正地理新书》，第 229 页。

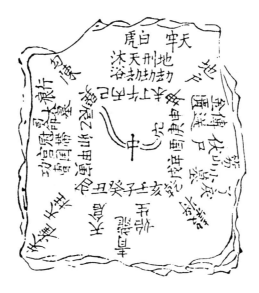

图附1-12　宫羽姓小利向图

《图解校正地理新书》，第233页图

图附1-13　宫羽姓自如向图

《图解校正地理新书》，第234页图

于北偏东 35° 至 74° 的范围之内。因此，我们可以断定上述西汉陵区北偏东约 69° 的基线便是采用所谓宫姓（刘姓）大利向——甲庚向。

如果我们进一步观察便可发现，除了长陵、安陵以及茂陵之外，其余西汉诸陵并非都正好落在该基线上，前述的帝陵昭穆组合大体沿着该基线自西而东一前一后顺次择址。而这种择址方式，正是借助这一东北—西南走向的设计基线的存在，从而保障了西汉诸帝的昭穆关系得以在陵地上相应地表现出来。

这应该也是文帝霸陵择葬于该设计基线南侧，而非北侧的内在原因。因为文帝恰处于昭位，如果其陵址选择在该基线的北侧北山上，则便易造成与随后在基线上相应穆穴的昭穆关系左右错位。显然，这是为了给后者在择址上以更大的空间。

综上所述，西汉陵区借助都城为参照系所得的这条东北——西南走向的设计基线，应该是在其昭穆葬图式下，诸陵择址的另一重要原则。通过该原则，将诸陵规画在咸阳原二道原南部边缘，更重要的是使得西汉诸帝中每组昭穆关系在陵地上的相应关系有了基本保障。但是，该基线也只是选择陵址中大体参互的基线，也就是说，大体参互该设计基线寻找相应的昭穴和穆穴。实际上，恰好在该基线上的汉陵仅有长陵、安陵以及茂陵三座帝陵。"阳陵模式"成为景帝之后西汉诸陵的建筑范式[1]，而景帝阳陵却位于该基线南侧，其余诸陵亦分列于该基线的两侧，可见该基线至多是诸陵择址时的一个参照而已，并非必须在该基线上择址。具体而言，作为穆位的昭帝平陵便在该基线的北侧，从而跟昭位的武帝茂陵更好地体现出昭穆关系；而成帝延陵、平帝康陵的陵址则顺次在该基线两侧，并未在基线上。这应也是为了表现其昭穆关系使然。上述两条基线的存在已揭示汉代拥有精准的测量技术，出现这种错位的情况显然让人费解。其中缘由恐正是为了更好地保证每组昭穆组合在陵地上的表现。

要之，该基线的基调奠定于惠帝安陵，武帝时得以再次认定。而期间及武帝之后都未能得以严格执行，其原因一如前具。西汉陵地立庙始于景帝阳陵，不仅此后诸陵得以模仿，而且此前诸陵陵庙亦得以补充建设。同时，景帝还营

---

[1] 王建新：《西汉后四陵名位考察》，《古代文明》第 2 卷，第 304～327 页。案，所谓"模式"或"范式"，只是指蓝本而言。在实际操作中会据此而酌情另行规画，而非一成不变地照搬照用。

建了东渭桥。这都说明这个规划进一步完善于景帝。依据文献记载，在西汉都城长安附近的渭水上，渭水三桥的格局大致从汉武帝时期开始出现。综上可见，西汉陵地与都城长安相互关系的图式是个逐渐完善的过程，可以说该图式肇始于万年陵，很可能成形于长陵、安陵，进一步完善于景帝阳陵，而最终定型于汉武帝时代。这一切都说明西汉陵区是一个规画有度的宏大工程，该规划将它与都城长安共同置于"法天象都"的天象模式之中。而从"万年""长""安"等西汉初期三座陵号的安排，也进一步映衬出该陵地自始便是一个整体规度的国家礼制工程。

这里还需要讨论的是成帝所筑废陵昌陵[1]。《汉书》卷七○《陈汤传》记载了成帝经营昌陵的经过[2]。关于成帝废止昌陵营作，同书卷一○《成帝纪》云：

> 〔鸿嘉元年春二月〕壬午（公元前20年2月28日），〔成帝〕行幸初陵（延陵），赦作徒。以新丰戏乡为昌陵县，奉初陵，赐百户牛酒。[3]

昌陵在长安城以东新丰县戏乡步昌亭，位于渭水南岸。在成帝与哀帝的昭穆组合中，成帝处于昭位，属于昭位的陵寝在陵址的选择上也就具有相对的自由空间。所以，在刘向的上疏中并没有言及昭穆问题，更谈不上以此为由来反对，而是提到近祖和昌陵耗资昂贵的问题。《汉书》卷三六《楚元王传》载刘向《罢昌陵疏》云：

> 陛下即位，躬亲节俭，始营初陵（延陵），其制约小，天下莫不称贤明。及徙昌陵，增埤为高，积土为山，发民坟墓，积以万数，营起邑居，期日迫卒，功费大万百余。死者恨于下，生者愁于上，怨气感动阴阳，因

---

[1] 有关研究可参见李健超《被遗忘了的古迹：汉成帝昌陵、汉傅太后陵、汉霸陵城初步调查记》，《人文杂志》1981年第3期，第113～118页；尚民杰《汉成帝昌陵相关问题探讨》，《考古与文物》2005年第2期，第61～66、75页。

[2] 《汉书》卷七○，第3023～3024页。

[3] 《汉书》卷一○，第316页。

之以饥馑，物故流离以十万数，臣甚愍焉。以死者为有知，发人之墓，其害多矣；若其无知，又安用大？谋之贤知则不说，以示众庶则苦之；若苟以说愚夫淫侈之人，又何为哉！陛下仁慈笃美甚厚，聪明疏达盖世，宜弘汉家之德，崇刘氏之美，光昭五帝、三王，而顾与暴秦乱君竞为奢侈，比方丘陇，说愚夫之目，隆一时之观，违贤知之心，亡万世之安，臣窃为陛下羞之。唯陛下上览明圣黄帝、尧、舜、禹、汤、文、武、周公、仲尼之制，下观贤知穆公、延陵、樗里、张释之之意。孝文皇帝去坟薄葬，以俭安神，可以为则；秦昭、始皇增山厚臧，以侈生害，足以为戒。初陵之橅，宜从公卿大臣之议，以息众庶。[1]

此外，西汉帝陵尚有众多大臣陪葬墓的存在，一如《白虎通义》卷一一《论坟墓篇》所言：

> 礼曰："先王之葬居中，以昭穆为左右，群臣从葬，以贵贱序。" [2]

这正是对西汉陵区的真实写照。至此关中西汉陵地总体布局原则皎然矣。

前汉一代的制度对中国后世影响至深，后世制度多可溯及，昭穆制度就是其中的一个。西汉帝陵陵地的这种分布原则影响了后来的关中唐陵分布，在后者陵地得到忠实的再现 [3]。不宁唯是。此后，巩县北宋八陵更是试图严格依照五音昭穆葬法来规划整个陵区。昭穆葬不但体现着一种独特的政治伦理，而且向天下昭示着王室的至尊、特权和无上权力的更迭、变迁。作为传统社会最高权力集团的表征，其精神一直维系着传统的中国社会。

---

[1]　《汉书》卷三六，第 1956 ～ 1957 页。

[2]　〔清〕陈立：《白虎通疏证》，吴则虞点校，第 557 ～ 558 页。

[3]　详见本书贰"关中唐陵陵地秩序"。

附二　　　　　　　巩县宋陵陵地秩序

　　在河南巩县北宋帝陵区，今可确知的有宣祖赵弘殷及太祖赵匡胤以下七帝的陵墓，俗谓"七帝八陵"（图附2-1）。根据《云麓漫钞》[1]《宋会要辑稿》[2]等文献，再佐以《地理新书》等阴阳地理书籍的记载，结合巩县宋陵陵区的具体情况，则该陵区的陵园规划遵从"五音姓利说"，按赵姓（角姓）的吉地安排，基本已成考古学界的共识[3]。

　　但是，该陵区是否依照五音昭穆葬图式入藏则存在不同的意见。郭湖生等人对此明确提出疑义，他们认为："如以永安陵为尊穴（祖），永昌固在壬方，而永熙复在永昌西北，已与壬、甲两穴昭穆相次有所抵触。而永定在永熙东北，永昭在永定东北，永裕反在永厚西南；所举祖、父两代，竟无一壬、丙方位"[4]。冯继仁则认为："今日所见'七帝八陵'特殊方位关系的形成，是在讲求五音姓利、遵从昭穆葬法之上的特殊'变异'。它们没有完全吻合于《地理新书》所示贯鱼葬图，却不等于说当时没有考虑用昭穆葬法""影响宋陵的阴阳葬术

---

[1]　《云麓漫钞》卷九（第150页）云："永安诸陵，皆东南地穿，西北地垂，东南有山，西北无山，角音所利如此。七陵皆在嵩少之北，洛水之南，虽有冈阜，不甚高，互为形势。自永安县西坡上观安、昌、熙三陵，在平川，柏林如织，万安山来朝，遥揖嵩少三陵，柏林相接，地平如掌，计一百一十三顷，方二十里云。今绍兴宫朝向，正与永安诸陵相似，盖取其协于音利，有上皇山新妇尖，隆祐宫正在其下。"

[2]　如《宋会要辑稿》卷八一八九"宋缘陵裁制下"云："〔绍圣元年四月〕二十四日（1094年5月11日），三省永裕陵，三里内系禁山，而民坟一千三百余，当迁去以便国音。上曰：'坟墓甚众，遽使之迁，得无扰乎？不迁可也。宜再问太史，不害亦无所害则毋令迁，如国音果非便，多给官钱以资改葬之费。'"礼三七之三五，册2，第1337页上栏。

[3]　冯继仁：《论阴阳勘（堪）舆对北宋皇陵的全面影响》，《文物》1984年第8期，第55～68页；郭湖生、戚德耀、李容淦：《河南巩县宋陵调查》，《考古》1964年第11期，第575页；河南省文物考古研究所《北宋皇陵》，郑州：中州古籍出版社，1997年，第448～449页；刘毅：《宋代皇陵制度研究》，《故宫博物院院刊》1999年第1期，第77～78页；秦大树：《宋元明考古》，第132～134页；秦大树：《宋代丧葬习俗的变革及其体现的社会意义》，邓小南、荣新江主编《唐研究》第11卷，北京大学出版社，2005年，第323页。

[4]　郭湖生、戚德耀、李容淦：《河南巩县宋陵调查》，第575页。

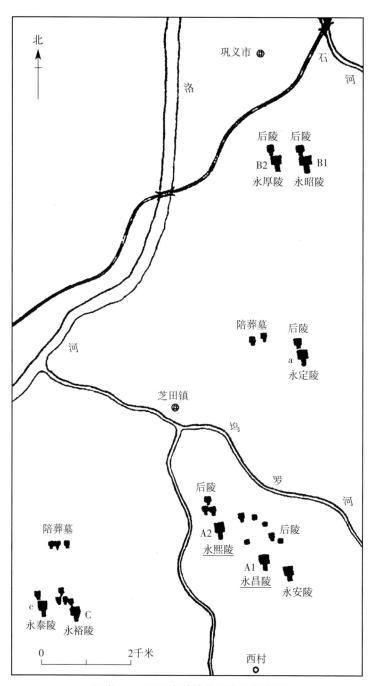

图附2-1 巩县宋陵陵地分布及秩序图

据郭湖生、戚德耀、李容淦《河南巩县宋陵调查》，《考古》1964 年第 11 期，第 565 页图二改制

中'角姓昭穆（贯鱼）葬'占据至关重要的地位——推崇宗法制度、讲崇身份等级的宋室皇帝之陵穴，必曾以之为法，并在多种阴阳禁忌的综合作用下，对昭穆（贯鱼）葬法寻求最大限度的吻合、贴近"[1]。此外，再不见其他意见。

冯氏的结论是成立的。不过，他错误地认为"角姓昭穆（贯鱼）葬法是一昭一穆共三代之葬，而非七代或八代之族葬。此前提非常重要，提示着不能将'八陵'统笼在一起，而应以三代一组去分析"[2]。换言之，尽管冯氏的结论是正确的，但其论证却存在明显的偏差。即冯氏错误地以变更尊穴的方式来解释巩县宋陵陵地秩序。因此，有必要对该陵地秩序进行重新梳理。

下面重点讨论北宋宗庙礼的几次变化，借此探讨诸帝下葬时的昭穆次序及所体现的陵地秩序。至于陵地蕴含的阴阳堪舆因素则不再赘述。

在宋朝，其宗庙中的昭穆排列次序时而以兄弟相继为君昭穆异位，时而又昭穆同位，游移不定，两种意见争论不下[3]。下面结合北宋帝系（图附2-2），依照《宋史》卷一〇六《礼·宗庙之制》[4]所载，参互理解汉唐时期宗庙礼改革的思路，对北宋的昭穆礼改革及其动机略加梳理。

北宋实行的是"天子七月葬期"的制度。史载有关宗庙礼的讨论都是先帝入葬之后的事情，亦即其陵址及陵寝已成事实。究竟讨论的内容是否便反映了先帝入葬时的昭穆次序，同样需要仔细甄辨，不可全然不加分析地使用。

北宋仁宗崩后，神主将祔庙，礼院请增加庙室，孙抃等在陈述中提到在当朝的《禘祫图》中，"太祖（赵匡胤）、太宗同居昭位，南向；真宗居穆位，北向。盖先朝稽用古礼，著之祀典"[5]。据此，可知太宗是与太祖兄弟二人同居昭位，而实际的"太祖位"应该是宣祖赵弘殷。换言之，后者是巩县宋陵陵地的祖陵。但是，史载表明至道三年（997年），宋太宗崩，奉其神主入庙。可是从咸平元年（998年）开始，真宗朝却展开了一场持久的讨论。先是判太

[1] 冯继仁：《论阴阳勘（堪）舆对北宋皇陵的全面影响》，《文物》1984年第8期，第64页。

[2] 冯继仁：《论阴阳勘（堪）舆对北宋皇陵的全面影响》，第62页。

[3] 李衡眉：《昭穆制度研究》，第98页。

[4] 《宋史》卷一〇六，第2565～2577页。

[5] 《宋史》卷一〇六，第2570页。

常礼院李宗讷认为太祖（赵匡胤）、太宗昭穆同位，可是户部尚书张齐贤等人却持反对意见。真宗遂诏付礼官讨论，礼官们认同了李宗讷的观点。显然，太祖、太宗昭穆同位的观点已占上方。真宗又让都省再讨论，又多附和张齐贤者，

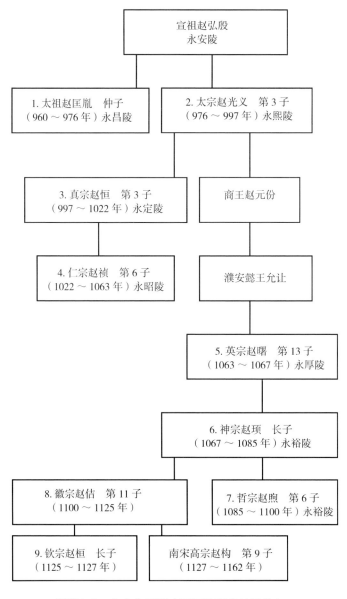

图附2-2　北宋帝系图（两框并列表示兄弟）

唯翰林学士宋湜认为："三代而下，兄弟相继则多，昭穆异位未之见也。今详都省所议，皇帝于太祖室称孙，窃有疑焉。"[1] 既然众臣还没能达成统一意见，真宗又诏令礼官再议。从前面可知，礼官是持"兄弟昭穆同位"的观点，则真宗最后责成礼官来做结论性的讨论，其用意不说自明。当然，结论是显而易见的。

从讨论的最终结果及前引《禘祫图》的描述来看，可能起初朝野对太宗陵位的选择存在异议，才有真宗多方让臣下讨论的过程。从其中，礼官始终坚持主张"太祖、太宗昭穆同位"可以断定这是选择太宗永熙陵时的根本出发点。其实，真宗朝反复讨论的过程，也就是真宗让臣子加深领会、体会真宗意图的过程，亦即朝野统一认识的过程。而"自今合祭日，太祖、太宗依典礼同位异坐，皇帝（真宗）于太祖仍称孝子，余并遵旧制"[2] 的结果无疑证明真宗取得了胜算。事实上，可以想见真宗在这场讨论中自始至终是掌控着主导地位的。

如愿处理了太宗与太祖兄弟之间的昭穆关系，随之作为太宗嫡系即位的真宗、仁宗在这个问题上也就不存在任何障碍了。于是，在仁宗朝也就自然出现前引《禘祫图》的状况，即真宗处于穆位。显然，与其相信真宗是与太祖、太宗形成昭穆组合关系，不如说这个昭穆关系的本质是真宗与其生父太宗。如此，真宗先将太宗置于昭位，木已成舟之后，又在朝野展开讨论以统一认识，其用心显明。而这一切显然从一开始就离不开真宗朝礼官的出谋划策，这也是真宗最后诏付礼官复议、决议的原因所在，其将本宗枝树为大宗，重塑法统正统性的用意显明。

元丰元年（1078年），神宗朝又重新讨论了昭穆礼。是年，"详定郊庙礼文所图上八庙异宫之制，以始祖居中，分昭穆为左右。自北而南，僖祖为始祖；翼祖、太祖、太宗、仁宗为穆，在右；宣祖、真宗、英宗为昭，在左。皆南面北上"[3]。元丰元年，神宗已即位十年。此刻讨论昭穆礼，实则主要是事涉英宗。所详定的"英宗为昭"无疑也说明了此前英宗入藏时是以昭位下葬的。这样从陵位上来看，英宗与仁宗的陵寝便俱处于昭位。英宗，太宗曾孙，濮安懿王允

---

[1]　《宋史》卷一〇六，第 2567 ～ 2568 页。

[2]　《宋史》卷一〇六，第 2568 页。

[3]　《宋史》卷一〇六，第 2574 页。

让第十三子，并非仁宗嫡出。由此神宗将英宗确定为昭位，实际是意在突出濮安懿王允让、英宗、神宗一枝的宗统，神宗以此摒弃仁宗之意显明。

不过，此次讨论也有大臣如陆佃之流提出疑义，认为诸帝昭穆之位是变动的。即，"太祖之庙百世不迁，三昭三穆，亲尽则迭毁。……以昭常为昭，穆常为穆，则尊卑失序"。所以复图上八庙昭穆之制，"以翼祖、太祖、太宗、仁宗为昭，在左；宣祖、真宗、英宗为穆，在右。皆南面北上"[1]。其中所定"英宗为穆"，则意味着随后的神宗只能处于昭位。随之，作为神宗嫡系即位的哲宗也就自然处于穆位了。此外，何洵直也图上八庙异宫，引《熙宁仪》提出不同意见，他认为："僖祖正东向之位，顺祖、宣祖、真宗、英宗南面为昭，翼祖、太祖、太宗、仁宗北面为穆，正得祖宗继序、德厚流光之本意。"又以晋孙毓、唐贾公彦言：始祖居中，三昭在左，南面西上；三穆在右，南面东上，为两图上之。又援《祭法》，言："翼祖、宣祖在二祧之位，犹同祖祢之庙，皆月祭之，与亲庙一等，无亲疏远近之杀。顺祖实去祧之主，若有四时祈祷，犹当就坛受祭。请自今二祧神主，杀于亲庙，四时之祭，享尝乃止，不及大烝，不荐新物。去祧神主，有祷则为坛而祭，庶合典礼。"又请建新庙于始祖之西，略如古方明坛制[2]。何洵直这个意见有两点，其一，他主张宗庙是五世六室；其二，他所排昭穆位序正好与陆佃者相对。但是，何洵直的这个意见朝廷并没有采纳，史载"有诏，俟庙制成日取旨"。意即待太庙殿新室修成后再做定夺，而且从事态发展来看，朝廷最终采纳的是陆佃的意见。

元丰三年，礼文上言"请新庙成"时，对宗庙石室及迁庙之主的石室"并遵古制"，得到朝廷的准许。是年二月，慈圣光献皇后神主要祔宗庙，神主诣宗庙石室的次序为"奉神主先诣僖祖室，次翼祖室，次宣祖室，次太祖室，次太宗室。次太宗与懿德皇后、明德皇后同一祝，次享元德皇后。慈圣光献皇后，异馔位、异祝，行祔谒礼。次真宗室，次仁宗室，次英宗室。礼毕，奉神主归仁宗室"[3]。从这个次序来看，显然朝廷是依照了陆佃的意见。又元丰八年，

---

[1] 《宋史》卷一〇六，第 2574 页。

[2] 《宋史》卷一〇六，第 2574 页。

[3] 《宋史》卷一〇六，第 2575 页。

礼部太常寺言："诏书定七世八室之制。今神宗皇帝崇祔，翼祖在七世之外，与简穆皇后祧藏于西夹室，置石室中。"十一月丁酉，祔神宗神主于第八室。自英宗上至宣祖以次升迁。绍圣元年二月，祔宣仁圣烈皇后于太庙[1]。朝廷诏定宗庙为七世八室，这同样说明哲宗朝最终对陆佃意见的采纳。这说明神宗终是以昭位视之的，换言之，其在陵地的位置同样也应以昭位来择址。

元符三年（1100 年），宋哲宗死，礼部太常寺言："哲宗升祔，宜如晋成帝故事，于太庙殿增一室，候祔庙日，神主祔第九室。"徽宗下诏侍从官讨论礼部该建议，众臣都附议。虽有蔡京、陆佃等人反对，但被徽宗否决。则依照前面的序列哲宗应为穆。崇宁二年（1103 年），又祧宣祖。崇宁五年，增太庙殿为十室，复翼祖、宣祖庙。如此庙制便为九庙十室制。其昭穆次序为：僖祖为始祖；翼祖、太祖、太宗、仁宗、神宗为穆，在右；宣祖、真宗、英宗、哲宗为昭，在左[2]。但显然这时离神宗下葬之时已远矣。

综上，可知太祖（赵匡胤）为昭位，真宗朝亦将太宗置于昭位。随之即位的真宗、仁宗则依次处于穆位和昭位。神宗朝将英宗置于昭位，以突显濮安懿王一枝的宗统。尽管后来将英宗调整为穆位，但是这对已经修筑的英宗永厚陵已未能造成影响。只是英宗的调整为穆位，使得随之相继即位的神宗、哲宗，作为英宗的嫡系，也就相应地处于昭位和穆位了。

在此强调一下，分析巩县宋陵陵地秩序时，必须依照诸陵下葬时当事者所处的昭穆位置来考察，王朝在诸陵下葬后对此前昭穆礼的变更不会促使诸陵陵址的变更，也不能视为分析今诸陵布局的依据。

北宋皇陵的营建，始于宋太祖改卜其父赵弘殷的安陵。《宋会要辑稿》云：

建隆元年（960 年）三月，追尊（赵弘殷）曰昭武皇帝。庙号宣祖。……陵曰安陵。〔安陵〕在开封府开封县，今（今）奉先资福禅院即其地。乾德二年（964 年），改卜[3]于河南府巩县。景德四年（1007 年），析巩倨缑氏登封县地，置县曰永安，以奉陵寝。

---

[1] 《宋史》卷一〇六，第 2575 页。

[2] 李衡眉：《昭穆制度研究》，第 46 页。

[3] 《宋会要辑稿》卷一二三〇〇，帝系一之二，册 1，第 15 页下栏。

```
┌─────────────────────────────────────────────────────────┐
│                                                           │
│                                  永安陵                   │
│                                                           │
│    ☆ 永昌陵（A1）    /☆ 永熙陵（A2）      永定陵（a）    │
│                                                           │
│    永昭陵（B1）  / 永厚陵（B2）          缺（b）          │
│                                                           │
│           永裕陵（C）                   永泰陵（c）        │
│                                                           │
│                                                           │
│  图　例：                                                 │
│  ☆ 表兄弟      （A1）、（A2）表昭穆同位    （A）、（a）表昭穆葬组合 │
│                                                           │
└─────────────────────────────────────────────────────────┘
```

图附2-3　巩县宋陵陵地秩序示意图

乾德二年（964 年）四月，宋太祖改葬永安陵于巩县。可知，宣祖永安陵是整个陵区的祖陵。

综合上述讨论，巩县宋陵陵区以宣祖赵弘殷永安陵为祖陵，以诸陵下葬时的昭穆位置论，其下的昭穆组合（图附2-3）为：第一组，太祖永昌陵（A1）/太宗永熙陵（A2）（兄弟昭穆同位）、真宗永定陵（a）；第二组，仁宗永昭陵（B1）/英宗永厚陵（B2）（同居昭位），缺乏穆穴；第三组，神宗永裕陵（C）、哲宗永泰陵（c）。若从永安陵朝向各个组合来考察，可知除了第二组帝陵缺乏穆穴之外，其他两组皆符合左昭右穆的原则。从第一、二组宋陵置于永安陵之北，特别是整个巩县宋陵陵区的选择、朝向以及第一组与永安陵的关系都体现了角姓昭穆葬图式，这冯继仁都做了很好的阐述。可以说，第二组B2与B1的相对陵位有似于第一组的A2与A1的关系。需要强调的是，仁宗、英宗的所谓昭穆同位与太祖、太宗的兄弟昭穆同位不同。如前所言，英宗为濮安懿王允让第十三子，并非宋仁宗嫡出，神宗择永厚陵于仁宗永昭陵左侧，这个位置相对于祖陵而言，显然同永昭陵一样，同处于昭位。如此则英宗以此树立、突显其法统的企图显明。至于第三组的两位帝王皆为英宗一脉，但如前所言，英宗在以昭位下葬之后，神宗朝又复将他在宗庙中置于穆位。可能是这个变化，使得神宗在陵位上难于处理与英宗永厚陵之间的关系，只好弃之，另择陵域，重以昭穆关系选址。而对英宗之既定事实也只能任之由之，不做改动。或以为巩县宋陵还包括钦宗永献陵及徽宗衣冠冢，位在神宗永裕陵、哲宗永泰陵以北的宋宗室陵墓区内[1]。倘如此，则或可视为神宗永裕陵之后开辟新陵域的延续。同时，也可进而推断神宗之后，北宋王朝计划将永裕陵、永泰陵以北区域作为新的陵域。若此，似乎也就不难理解为何永裕、永泰二陵陵址位于祖陵永安陵的左下侧翼了。不过，此上解释恐尚牵强，其最主要的原因可能还在于徽钦二帝有被掳之耻，而不得进入列祖列宗的序列之中。

总而言之，北宋王朝在规划巩县陵区时，起初应该是以角姓昭穆葬图式进行选址和总体规划的，这一点从第一、二组帝陵与祖陵永安陵的关系可以得到证明。从第三组起则计划在永安陵的左下侧翼往北按昭穆组合关系重新布列陵寝，但此刻它们同祖陵发生关系的朝向已异于此前之南北向，这是不得已的变通方式。自神宗朝以后另起陵域的原因则已具前述。

尽管如此，若较汉唐关中陵地秩序而言，巩县宋陵陵地秩序显然更能体现五音昭穆葬的精神，可谓得其"神"矣[2]。

---

[1] 傅永魁、杨瑞甫：《北宋徽、钦二帝陵墓考》，《中原文物》1992年第4期，第88～91页。

[2] 案，南宋帝陵陵地的名位虽尚无定论，难以对其陵地秩序详加讨论（相关研究可参见孟凡人《南宋帝陵攒宫的形制布局》，《故宫博物院院刊》2009年第6期，第30～54页；刘毅《南宋绍兴攒宫位次研究》，《考古与文物》2008年第4期，第52～62页；郑嘉励《南宋六陵诸攒宫方位的复原意见》，《考古与文物》2008年第4期，第63～68页；等等）。不过，若以巩县宋陵择葬情况视之，该陵地秩序应也遵循角姓昭穆葬，一如巩县宋陵陵区。这从南宋临安城以及福建漳浦赵家堡都以赵姓国音规划可证。详见王静《中古都城建城传说与政治文化》，北京：社会科学文献出版社，2013年，第130～176页。

附三　　　　　　　　西夏陵陵地秩序

西夏陵位于银川市西南郊贺兰山东麓洪积扇之上。其分布范围南起榆树沟，北至泉齐沟，东到西干渠，西抵贺兰山，东西宽约 4.5 公里，南北长 10 公里有余，总面积近 50 平方公里 [1]。到目前为止，这里共发现帝陵 9 座 [2]、陪葬墓253 座 [3]，院落建筑遗址 1 处以及砖瓦窑址若干 [4]。

根据考古发现情况，目前已推定，现在所编三号陵陵主是西夏建国之君元昊，一号、二号陵陵主是西夏建国前的李继迁和李德明，三号陵以北四至九号陵陵主（顺次）是元昊之后诸帝的陵园。这样，西夏陵就以三号陵为界，分为建国前后两大部分 [5]。又根据考古发现的从北向南数第三个王陵（原编为 2 号陵，现编为 7 号陵）出土的西夏文字体碑额，证实是西夏第五世李仁孝的寿陵 [6]。因此，应该可以推断这九座陵墓依照现有编号依次是李继迁、李德明、李元昊以及之后诸帝（表附3-1）。[7]

关于西夏皇室和贵族的埋葬制度，史载阙如，唯《嘉靖宁夏新志》载："贺兰〔山〕之东，数冢巍然，即伪夏（西夏）所谓嘉、裕诸陵是也。其制度仿巩县宋陵而作" [8]。据此有学者认为这说明西夏皇室贵族的埋葬制度是仿照赵宋陵墓制度而来的，其内容不仅仅是指单个陵园的形制、布局，就其整个陵区的

[1] 许成、杜玉冰：《西夏陵》，北京：东方出版社，1995 年，第 6 页。

[2] 案，牛达生、贺吉德考证，西夏陵区共有 9 座王陵。详见所撰《西夏陵三题》，《宁夏社会科学》1995 年第 4 期，第 11 ～ 12 页。

[3] 案，西夏陵的陪葬墓数字，详悉宁夏文物考古研究所、银川西夏陵区管理处《西夏三号陵——地面遗址发掘报告》，北京：科学出版社，2007 年，第 1 页；宁夏文物考古研究所、银川西夏陵区管理处编著《西夏六号陵》，北京：科学出版社，2013 年，第 3 页。

[4] 宁夏文物考古研究所、银川西夏陵区管理处：《西夏三号陵——地面遗址发掘报告》，第 1 页。

[5] 孟凡人：《西夏陵园形制布局研究》，《故宫学刊》2012 年第 1 期，第 94 页。

[6] 李范文：《介绍西夏陵区的几件文物》之二《二号陵残碑的碑额》，《文物》1978 年第 8 期，第 83 页。案，该文标题所言"二号陵"，现在编号为 7 号陵。

[7] 案，本表参考资料来源：孟凡人《西夏陵陵园形制布局研究》，第 86 ～ 87 页。

[8] 〔明〕胡汝砺编，〔明〕管律重修：《嘉靖宁夏新志》"陵墓"条，银川：宁夏人民出版社，1982 年，第 179 页。

表附3-1　西夏陵列表

埋葬帝王	陵名	下葬时间	葬陵编号
太祖李继迁（宋赐姓赵保吉）	裕陵	1038 年	1 号
太宗李德明（赵德明）	嘉陵	1038 年	2 号
景宗李元昊（改姓嵬名，更名曩）〔始称大夏皇帝〕	泰陵	1048 年	3 号
毅宗李谅祚	安陵	1068 年	4 号
惠宗李秉常	献陵	1086 年	5 号
崇宗李乾顺	显陵	1139 年	6 号
仁宗李仁孝	寿陵	1193 年	7 号
桓宗李纯祐	庄陵	1206 年	8 号
襄宗李安全	康陵	1211 年	9 号
神宗李遵顼	不详	1226 年	不详
献宗李德旺	不详	1226 年	不详
末主李睍	不详	1227 年	不详

选择，各陵的方位排序、布局及主要建筑等，也是按宋代的制度[1]。

关于西夏陵陵地是否采用昭穆葬式，存在两种不同的观点。第一种看法认为西夏九陵跟北宋帝陵一样，都是按《地理新书》所载角姓贯鱼葬法堪舆取穴的。其中，有学者认为一号至六号为一组，七号至九号陵为一组[2]；或以一号至四号陵为一组，从五号陵起再附昭穆葬图[3]；或说一至五号陵与《地理新书》

[1] 韩兆民、李志清：《关于西夏八号陵墓主人问题的商榷》，《考古学集刊》第 5 辑，北京：中国社会科学出版社，1987 年，第 321 页。

[2] 许成、杜玉冰：《西夏陵》，第 149 页。

[3] 韩兆民、李志清：《关于西夏八号陵墓主人问题的商榷》，第 321 ～ 323 页。

昭穆贯鱼葬角姓取穴法相合，而六号至九号陵并不符合昭穆关系[1]。

另一种看法则对此持反对意见。孟凡人认为：上述诸说之间差异较大，且无一说能将九陵纳入西夏陵完整的贯鱼葬法之中，并据此准确地断定各陵陵主，故是很值得商榷的。其次，北宋虽然赐西夏王赵姓，但元昊建国已废赵姓，改姓嵬姓，所以西夏陵在元昊三号陵之后是否按照赵姓角音贯鱼葬法取穴，是有很大疑问的[2]。

看来在这个问题上同样存在完全相对的意见。那么，《嘉靖宁夏新志》所载是否为虚言呢？

宗庙中的昭穆排列跟帝陵陵地秩序中的昭穆排列有异，主要体现在四个方面，一如前具[3]，读者可以参读。

可见，针对西夏陵陵地的问题，首要解决的一个关键问题便是陵地的祖陵为何。上述诸说，无论是否认为西夏陵地存在昭穆葬式，持论者都没有注意到陵地祖陵制度的存在。一般的，帝陵陵地祖陵对应的是宗庙中的太祖。换言之，西夏陵陵地中的祖陵应该对应其宗庙中的太祖。《宋史》卷四八五载："〔李继迁〕景德元年（1004 年）正月二日卒，年四十二，子德明立。祥符五年（1012 年），德明追上继迁尊号曰应运法天神智仁圣至道广德孝光皇帝。元昊追谥曰神武，庙号太祖，墓号裕陵。"[4] 可知，如果一号陵为裕陵，则裕陵为西夏陵地的祖陵。

《宋史·夏国传》卷四八六载，西夏"设官之制，多与宋同，朝贺之仪，杂用唐宋，而乐之器与曲，则唐也"[5]。其典章文物多采自宋朝，即所谓"得中国土地，役中国人力，称中国位号，仿中国官署，任中国贤才，读中国书籍，用中国车属，行中国法令"[6]。党项族各部落自唐末起便与中原王朝长期发生隶属关系，李元昊正是杂用唐宋之礼制以成为西夏立国之本的。作为一种文化

---

[1]　郭黛姮主编《中国古代建筑史》第三卷，北京：中国建筑工业出版社，2003 年，第 217 页。

[2]　孟凡人：《西夏陵陵园形制布局研究》，《故宫学刊》2012 年第 1 期，第 87 页。

[3]　详见本书贰"关中唐陵陵地秩序"。

[4]　《宋史》，第 13989 页。

[5]　《宋史》，第 14028 页。

[6]　孟凡人：《西夏陵陵园形制布局研究》，第 56 页。

要素，墓葬制度和丧葬习俗自然也受唐宋文化的影响[1]。

宋初，赵宋王朝赐以赵姓，李继迁改名赵保吉，李德明又名赵德明，元昊称帝，也用赵姓，后为激发党项民族自信心，稳定部族联合，曾一度改姓嵬名氏[2]。宋初，继迁、德明、元昊对外和宋朝廷都使用赵姓，也就是宋之国姓。属"角音"[3]。由此可知，如果西夏采用五音昭穆葬式，应即角音昭穆葬，如同赵宋一般。

西夏从李继迁开始，基本遵循父终子嗣的世袭制，只是从李仁孝以后，即六世桓宗李纯祐和七世襄宗李安全是叔伯兄弟的继承关系，八世李遵顼则以族子的身份继位，而九世李德旺和十世末帝李睍又是叔侄关系嗣位。这是看其是否采用昭穆葬的基本线索[4]（图附3-1）。我们知道，在宋朝，其宗庙中的昭穆排列次序时而以兄弟相继为君昭穆异位，时而又昭穆同位，游移不定，两种意见争论不下。这种状况的出现实际上是跟当朝的政治需求紧密相契，所有才会在王朝的不同时期再三被重新讨论。从目前情况来看，西夏政权在宗庙礼中是采用相继为君昭穆异位的礼制。根据这个原则，我们将西夏的昭穆次序排列如图（图附3-2）。

这样，我们便可以发现西夏陵地是以太祖裕陵为祖陵，采用角姓昭穆葬式择址下葬的（图附3-3）。巩县北宋陵地祖陵为永安陵，八陵采用角姓昭穆葬式[5]。毋庸置疑，西夏陵陵地的上述葬式是源自巩县北宋八陵的葬式。

昭穆葬是儒家文化的核心理念，西夏陵地采用角姓昭穆葬式择葬，说明西夏陵区所反映的皇室贵族的埋葬制度是"承唐仿宋"，《嘉靖宁夏新志》所言不虚。这说明西夏陵是中国古代帝陵文化一个有机组成，同时也体现了西夏的国家礼法与中原如出一辙。

---

[1] 孙昌盛：《略论西夏的墓葬形制和丧葬习俗》，《东南文化》2004年第5期，第41页。

[2] 案，公元1032年，李德明死，其子李元昊即位后废宋所赐姓，改姓嵬名氏，发布秃发令，升兴州为兴庆府。公元1034年，始建年号开运，继改广运。

[3] 韩兆民、李志清：《关于西夏八号陵墓主人问题的商榷》，《考古学集刊》第5辑，第322页。

[4] 韩兆民、李志清：《关于西夏八号陵墓主人问题的商榷》，第322页。

[5] 详见本书附二"巩县宋陵陵地秩序"。

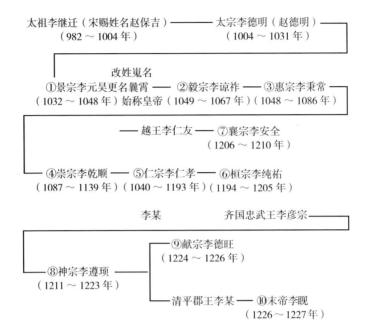

图附3-1　西夏王世系图

据孟凡人《西夏陵陵园形制布局研究》，《故宫学刊》2012年第1期，第56页表改制

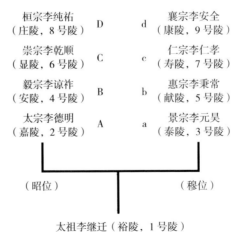

图附3-2　西夏宗庙昭穆次序

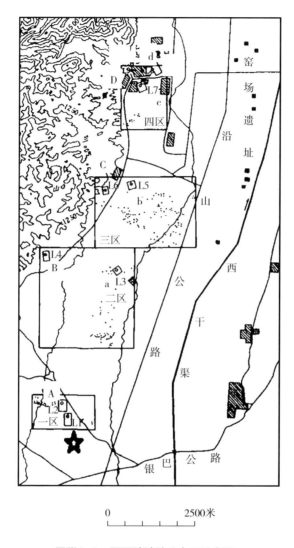

图附3-3　西夏陵陵地分布及秩序图

据宁夏文物考古研究所、银川西夏陵区管理处编著《西夏六号陵》，北京：科学出版社，2013年，第2页图一改制

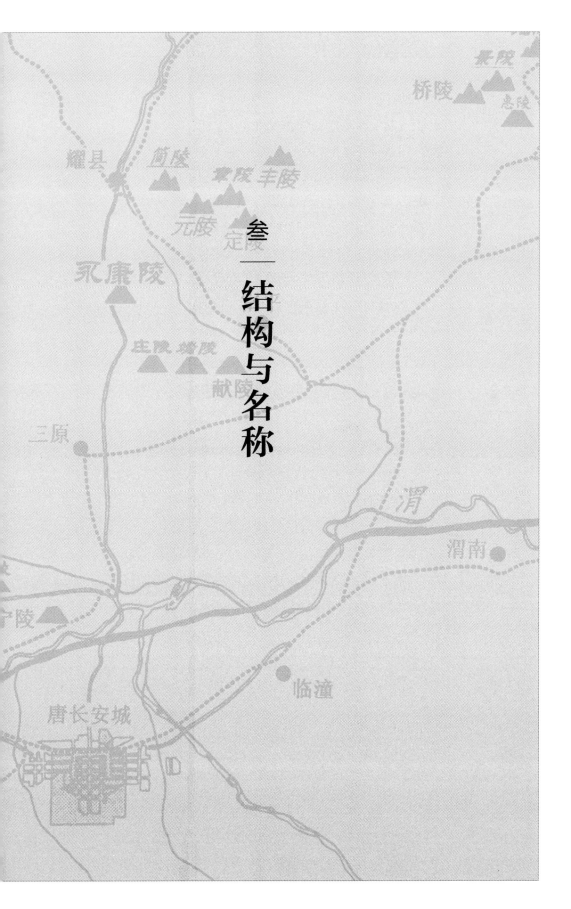

叁 —— 结构与名称

作为一种符号，事物的名称承载着某种文化信息。在某种程度上，名称的变化可以反衬出它所蕴含的文化演变轨迹。陵墓结构名称便是跟典章制度紧密关联的文化符号。遗憾的是，唐代陵墓结构名称的文献记录极其零散[1]。本章系统整理唐陵结构的唐人称谓，并试图借此解析其变化脉络。

一 释 陵

顾炎武《日知录》卷一五"陵"条云：

> 古王者之葬，称墓而已。……及春秋以降，乃有称丘者。楚昭王墓谓之"昭丘"，赵武灵王墓谓之"灵丘"，而吴王阖闾之墓亦名"虎丘"。盖必其因山而高大者，故二三君之外无闻焉。《史记·赵世家》："肃侯十五年（公元前 335 年），起寿陵。"《秦本纪》："惠文王葬公陵，悼武王葬永陵，孝文王葬寿陵。"始有称陵者。至汉，则无帝不称陵矣。[2]

君王的坟墓称"陵"，是从战国中期开始的，首先出现于赵、楚、秦等国。《史记》卷四三《赵世家》记载赵肃侯十五年"起寿陵"[3]，这是中国历史上君王坟墓称"陵"的最早记载。

---

[1] 傅熹年曾比照墓葬形制与文献对此考辨。但其工作仅限于墓葬地下某些部位的名称。详见所撰《唐代隧道型墓的形制构造和所反映的地上宫室》，《文物与考古论集》，北京：文物出版社，1986 年，第 322 ～ 343 页。

[2] 〔清〕顾炎武：《日知录集释》，〔清〕黄汝成集释，秦克诚点校，长沙：岳麓书社，1994 年，第 541 页。

[3] 《史记》，第 1802 页。

《水经注》卷一九《渭水》云：

> 秦名天子冢曰山，汉曰陵，故通曰山陵矣。《风俗通》曰：陵者，天生自然者也，今王公坟垄称陵。《春秋左传》曰：南陵，夏后皋之墓也。《春秋说题辞》曰：丘者，墓也；冢者，种也，种墓也。罗倚于山，分卑尊之名者也。[1]

可见二者名异实一，指的是坟垄，即封土[2]。

关于"冢"，《周礼·春官·序官》，云："冢人，下大夫二人，中士四人。"郑玄注："冢，封土为丘陇，象冢而为之。"贾公彦疏："案，《尔雅》，山顶曰冢，故云象冢而为之也。"[3]《诗·小雅·十月之交》云："百川沸腾，山冢崒崩（崩）。"郑玄注："山顶曰冢。"[4]清代学者段玉裁则持相反意见，认为"以冢为高坟之正称。……引伸之，凡高大曰冢"[5]。但《文选·潘岳〈射雉赋〉》云："鸣雄振羽，依于其冢。"李善注："冢，山颠也。"[6]概言之，山顶、山颠古称"冢"，坟丘因其状似山顶、山巅而得名"冢"。唐李善《文选》注、贾公彦仍持此义，说明至迟唐人观念依然。

唐人以山陵为高大如山如陵之意，不得阑入。《唐律疏议》卷七"卫禁"条云：

[1] 〔北魏〕郦道元：《水经注校证》，陈桥驿校证，北京：中华书局，2007年，第460页。

[2] 案，从考古发现看，春秋时期已出现坟丘。详见安徽省文化局文物工作队《安徽淮南市蔡家岗赵家孤堆战国墓》，《考古》1963年第4期，第204页；河南信阳地区文管会、光山县文管会《春秋早期黄君孟夫妇墓发掘报告》，《考古》1984年第4期，第302页；河南信阳地区文管会、光山县文管会《河南光山春秋黄寄偪父墓发掘简报》，《考古》1989年第1期，第26页。

[3] 〔汉〕郑玄注，〔唐〕贾公彦疏，黄侃句读：《周礼注疏》卷一七，上海古籍出版社，1990年，第261页上栏。

[4] 〔汉〕郑玄笺，王闿运补笺：《诗经补笺》诗十二小雅四，北京大学图书馆藏清光绪三十二年丙午（1906年）刻湘绮楼全书本，叶12背面～叶13正面。

[5] 〔汉〕许慎：《说文解字注》九篇上《勹部》，〔清〕段玉裁注，上海古籍出版社，1988年，第433页下栏。

[6] 〔梁〕萧统编，〔唐〕李善注：《文选》，上海古籍出版社，1986年，第420页。

诸阑入太庙门及山陵兆域门者,徒二年;_{阑,谓不应入而入者。}

【疏】议曰:……山陵者,《三秦记》云:"秦谓天子坟云山,汉云陵,亦通言山陵。"言高大如山如陵。兆域门者,《孝经》云:"卜其宅兆。"既得吉兆,周兆以为茔域。皆置宿卫防守,应入出者悉有名籍。不应入而入,为"阑入",各得二年徒坐。其入太庙室,即条无罪名,依下文"庙减宫一等"之例,减御在所一等,流三千里。若无故登山陵,亦同太庙室之坐。[1]

唐陵封土有积土为陵和依山为陵两种形式。《旧唐书》卷六六《房玄龄传》云:"〔贞观〕九年(635 年)护高祖山陵制度,以功加开府仪同三司。"[2]又同书卷七二《虞世南传》载,"后高祖崩,有诏山陵制度准汉长陵故事,务从隆厚"[3]。二文皆称堆土为冢的献陵为山陵。可见,依山为陵者直接以冢——山为坟丘,其实质应与积土为陵者无异。二者的区别当在于建筑形式,这种形式的选择除了国力之外,又是跟堪舆、礼制,诸如跟附近先帝陵寝形式一致等因素相关联的。

坟丘亦称"垄""坟"。《旧唐书》卷五一《长孙皇后传》云:

"请因山而葬,不须起坟,无用棺椁,所须器服,皆以木瓦,俭薄送终。……"〔贞观〕十年(636 年)六月乙卯,崩于立政殿,时年三十六。其年十一月庚寅,葬于昭陵。[4]

又《旧唐书》卷五一《肃宗章敬皇后吴氏传》云:

开元二十八年(739 年)薨,葬于春明门外。代宗即位之年十二月(762

---

[1]　〔唐〕长孙无忌等:《唐律疏议》,刘俊文点校,北京:中华书局,1983 年,第 149 页。

[2]　《旧唐书》,第 2461 页。

[3]　《旧唐书》,第 2568 页。

[4]　《旧唐书》,第 2166 页。

年），群臣以肃宗山陵有期，准礼以先太后（章敬皇后吴氏）祔陵庙。……二年（763 年）三月，祔葬建陵。启春明门外旧垒。[1]

若如《葬法倒杖》"悬棺"条所言：

> 来龙脉急而无缓，有分有合。穴结深泥打开实处，而见实土并内用砖起巨圹，竖四石柱于圹内，悬棺而下圹，前接金池放三吉之水，去垒土成坟以接生气。[2]

或亦可言依山为陵除了显示崇厚之外，可能还存在更易于接生气的堪舆观念。又《贞观政要》卷六《俭约第十八》云：

> 贞观十一年（637 年），诏曰："朕闻死者终也，欲物之反真也；葬者藏也，欲令人之不得见也。……朕居四海之尊，承百王之弊，未明思化，中霄战惕。虽送往之典，详诸仪制，失礼之禁，著在刑书，而勋戚之家多流遁于习俗，间阎之内或侈靡而伤风，以厚葬为奉终，以高坟为行孝，遂使衣衾棺椁，极雕刻之华，灵輴冥器，穷金玉之饰。富者越法度以相尚，贫者破资产而不逮。徒伤教义，无益泉壤，为害既深，宜为惩革。"[3]

这说明当时存在以高坟为行孝的做法。

唐陵或在陵山顶上还修建有建筑。《唐会要》卷二〇"陵议"条小字注云："〔昭〕陵在醴泉县，因九嵕层峰，凿山南面，……顶上亦起游殿。"[4]

---

[1] 《旧唐书》，第 2187～2188 页。

[2] 〔唐〕杨筠松：《撼龙经·疑龙经·葬法倒杖》，王云五主编《四库全书珍本·一二集》，台北：商务印书馆，1969 年，册 552，第 15 页。

[3] 《贞观政要》，第 188 页。另，"贞观十一年"恐误。《唐大诏令集》卷八〇"戒厚葬诏"条为"贞观十七年三月"，第 463 页；《册府元龟》卷一五九《帝王部·革弊一》亦作"十七年三月壬子"，第 1920 页下栏。

[4] 《唐会要》，第 458 页。

同书同卷"亲谒陵"条记载开元十七年十一月"十六日（728年12月11日）〔玄宗〕朝于昭陵。陵在醴泉县，掌事者仿像，遥观太宗立神游殿前。"^[1] 今九嵕山山顶为一平整之地，可知其上原有建筑物称为神游殿。《旧唐书》卷一一《代宗本纪》云：

> 〔大历八年〕夏四月戊申（773年4月29日），乾陵上仙观天尊殿有双鹊衔紫泥补殿之隙缺，凡十五处。^[2]

故知乾陵梁山上有上仙观，其主殿为天尊殿，亦称三尊殿。天尊即老君，从另一个名称三尊殿来看，很可能是殿祀三清尊神的建筑。三清，指玉清、上清、太清，原指道教天神所居圣境，后渐专指居于三清境的道教三位最高的神。三清像的摆放为玉清元始天尊居中，上清灵宝天尊于左，太清道德天尊居右。《长安志》卷六《大明宫章》载："又东翰林院北有少阳院、结邻殿、翰林门；北曰九仙门，大福殿、拾翠殿、三清殿、含冰殿。"^[3] 又《南部新书》称，"凌烟阁在西内三清殿侧，画像皆北面"^[4]。这表明长安城中至少两处三清殿，皆为内道场。其一，在东内大明宫北墙青霄门内。今仅为一平面长方形的高台基建筑遗址，出土有很多黄、绿、蓝单色的琉璃瓦及三彩瓦残片。此外，还出土有鎏金铜泡钉、鎏金龙首环形器等^[5]。其二，三清殿在西内太极殿凌烟阁

---

[1] 《唐会要》，第465页。

[2] 《旧唐书》，第302页。案："天尊殿"，《旧唐书》卷三七《五行志》（第1368页）、《册府元龟》卷三七《帝王部·颂德》（第416页下栏）、《酉阳杂俎》前集卷一六"羽篇"条（〔唐〕段成式：《酉阳杂俎》，方南生点校，北京：中华书局，1981年，第153页）作"天尊殿"同，《册府元龟》卷二五《帝王部·符瑞第四》则作"三尊殿"（第267页上栏）。另，两《唐书》《酉阳杂俎》作"大历八年"，《册府元龟》则作"大历三年"。

[3] 〔宋〕宋敏求：《长安志》，〔宋〕宋敏求撰，〔元〕李好文绘编《长安志·长安志图》，中华书局编辑部《宋元方志丛刊》第1册，北京：中华书局，1990年，第105页下栏。

[4] 〔宋〕钱易：《南部新书》，黄寿成点校，北京：中华书局，2002年，第1页。程大昌撰《雍录》卷四"凌烟阁"条所载与此稍异，详见《雍录》，黄永年点校，北京：中华书局，2002年，第69页。

[5] 秦浩：《隋唐考古》，第37～38页。

侧。[1]《宝刻丛编》卷一五记载有天宝七年立在茅山的"唐明皇祠三清文"[2]。这说明除了内道场有三清殿之外，在地方也有。今梁山顶山有一较方整的石城，可能是乾陵上仙观基址 [3]。

二　神道/御道

考古工作中发现一批东汉至南北朝时期的墓葬，坟丘前立有石柱，其上多有铭文自称"神道"。如，北京西郊的东汉元光元年（公元前 134 年）"汉故幽州书佐秦君之神道"，即所谓秦君柱是目前所见最早的神道碑 [4]。南朝萧景墓神道石柱柱额上反刻着"梁故侍中中抚将军开府仪同三司吴平忠侯萧公之神道"等字样 [5]。这一名称一直被后代沿用，唐代仍旧。有关文献、碑铭的资料很多，此不枚举。

《后汉书》卷四二《光武十王传》载：中山简王焉薨，诏"大为修冢茔，开神道。"[6] 唐李贤注："墓前开道，建石柱以为标，谓之神道。"可知唐人以墓前石刻之间的部位为神道 [7]。纪年为大唐乾宁三年（896 年）五月的敦煌

[1] 参见王永平《道教与唐代社会》，北京：首都师范大学出版社，2002 年，第 161～162 页。〔宋〕赵彦卫误认为唐人未尝殿祀三清。所撰《云麓漫钞》卷八（第 136～137 页）云："唐置崇玄学，专奉老氏，配以庄列道家之流，以谓天地未判，有元始天尊为祖气，次有道君以阐其端，老子以明其道。老子乃李氏之祖，取郊祀配天之义以尊之，号曰三清；然未尝殿而祀之。"

[2] 〔宋〕陈思纂次《宝刻丛编》，《丛书集成初编》据十万卷楼丛书本排印，册 1604，第 408 页。另，《太平御览》卷一一一载唐玄宗于天宝"十四载冬十月壬辰，幸三清宫"。〔宋〕李昉等：《太平御览》，景印文渊阁四库全书本，台北：台湾商务印书馆，1986 年，册 894，第 170 页下栏。"三清宫"，涵芬楼宋本作"华清宫"，详见《太平御览》，北京：中华书局影印本，1960 年，第 535 页上栏。《旧唐书》卷九《玄宗下》（第 230 页）亦作"华清宫"，当是。附记于此。

[3] 廖彩樑：《乾陵稽古》，合肥：黄山书社，1988 年，第 19 页。

[4] 北京市文物工作队：《北京西郊发现汉代石阙清理简报》，《文物》1964 年第 11 期，第 13～22 页。

[5] 南京市文物保管委员会、南京博物院：《南京市及其附近的古迹调查报告》，《文物参考资料》（1951 年）2 卷第 7 期，第 108 页。

[6] 《后汉书》，第 1450 页。

[7] 朱希祖：《神道碑碣考》，载中央文物保管委员会编辑委员会编辑《六朝陵墓调查报告》（中央文物保管委员会调查报告第一辑），中央图书馆筹备处印刷所，1935 年，第 202 页。

文书 S.2263《葬录》卷上云："凡墓田置山门皆当午地开为上。地轴者，鬼神之道路。^{南方阳为上，}_{故午地吉。}"这应该是神道大多修筑在坟丘之前南的一个主要原因。

在唐代，"神道"的叫法也被用于帝陵之中，而且在帝陵中成为比较常见的一种称呼。该词不仅用于即位皇帝陵，也使用于后陵之中。前者如乾陵，《新唐书》卷二〇四《严善思传》载：

> 后（则天）崩，将合葬乾陵，〔严〕善思建言："尊者先葬，卑者不得入。今启乾陵，是以卑动尊，术家所忌。且玄阙石门，冶金锢隙，非攻凿不能开。神道幽静，多所惊黩。若别攻隧以入其中，即往昔葬时神位前定，更且有害。曩营乾陵，国有大难，易姓建国二十余年，今又营之，难且复生。……"[1]

后者如福陵。《旧唐书》卷一八上《武宗本纪》载：

> 初，武宗欲启穆宗陵祔葬，中书门下奏曰："园陵已安，神道贵静。光陵二十余载，福陵则近又修崇。窃惟孝思，足彰严奉。今若再因合祔，须启二陵，或虑圣灵不安，未合先旨。又以阴阳避忌，亦有所疑。不移福陵，实协典礼。"乃止。就旧坟增筑，名曰福陵。[2]

关于神道石刻的名称，除了一些异兽之外，余者似可直称其名。《炙毂子杂录》"羊虎"条引《杂录》云："秦汉以来，帝王陵前有石麟、石象、辟邪、石马之属；人臣墓前有石虎、石羊、石人、石柱之类，皆以饰坟垄，如生前之仪卫。唐朝以为山陵，太宗葬九嵏（峻）山，阙前立石马。陵后司马门内又有番（蕃）首勇卫轩禁者一十四人，石象（像）皆刻其官名。"[3]《封氏闻见记》

---

[1] 《新唐书》，第 5807～5808 页。

[2] 《旧唐书》，第 584～585 页。

[3] 〔唐〕王献：《炙毂子杂录》，〔明〕陶宗仪等编《说郛三种》卷四三，上海古籍出版社，1988 年，第 700 页下栏。

卷六"羊虎"条所载与之大同：

> 秦、汉以来，帝王陵前有石麒麟、石辟邪、石象、石马之属；人臣墓前有石羊、石虎、石人、石柱之属；皆所以表饰坟垄，如生前之象（像）^{一本无"象"字}仪卫耳。

> 国朝因山为陵，太宗葬九嵕山，门前亦立石马。陵后司马门内，又有蕃酋曾侍轩禁者一十四人石象（像），皆刻其官名。[1]

检 S.2263《葬录》卷上云："置石碑兽法：石碑去门十步，石羊去碑七步，石柱去石羊七步，石人去柱七步。"这似乎表明这类神道石刻没有什么特别的叫法，可如上所言直呼以"石马、石象"等。据此是否便可以顺次称呼唐陵神道建筑为：石柱、石辟邪（石麒麟）、石犀、石虎、鸵鸟、石马、石人、蕃臣像、石碑、阙等。

　　神道石刻在唐帝陵的意象中充当怎样的意义和功能？如前揭《封氏闻见记》卷六"羊虎"条所载表明唐人认为唐陵神道石刻表现帝王生前之仪卫。但是对此仪仗行列该如何理解呢？若以乾陵式[2]石刻为例，解读的关键便在于神道南前四类石刻。此下再稍做申述。

　　乾陵式神道列置鸵鸟石屏[3]一对。鸵鸟作浮雕，或作侍立状，或行进于山间或腹下衬以山石。关于鸵鸟，《新唐书》卷二二一下《西域传》云：

> 永徽元年（650年），〔吐火罗〕献大鸟，高七尺，色黑，足类橐驼，翅而行，日三百里，能噉铁，俗谓鸵鸟。[4]

---

[1] 〔唐〕封演：《封氏闻见记校注》，赵贞信校注，第58页。

[2] 详见本书肆"陵园布局的分类及演变"。

[3] 案，石屏鸵鸟形象的确认，可参韩伟《〈乾陵神道鸵鸟为射侯说〉驳正》，《文博》2007年第2期，第35～37页；又刊于樊英峰主编《乾陵文化研究》（三），西安：三秦出版社，2007年，第117～120页。

[4] 《新唐书》，第6252页。

又《唐会要》卷九九"吐火罗国"条云:

> 永徽元年，〔吐火罗〕献大鸟，高七尺，其色玄，足如驼，鼓翅而行，日三百里，能噉铁，夷俗谓之驼鸟。[1]

驼鸟具有如下特点：其一，来自域外；其二，能日行三百里；其三，能噉铁。换言之，在唐人眼中，驼鸟是能快速行走的珍禽异兽。

唐代建初陵、启运陵、永康陵、兴宁陵、杨氏顺陵及乾陵以下唐代诸陵，在神道石刻南前第二位各有翼兽一对。在乾陵式石刻组合中其北与驼鸟石屏相毗。从唐陵神道现存翼兽来看，其头如兽，额上有独角，昂首，瞋目，合口或犬齿微露，躯体如畜，蹄状足蹄，背平，垂尾或缚尾，两胁有云纹翼翅，纹有多层。腹下或中空或有上承兽体下连石座之独柱，形如腰鼓状，表面浮雕云气纹。根据文献可考翼兽应为"麒麟"[2]，当即前揭《封氏闻见记》卷六"羊虎"条所言帝王陵前石刻石麒麟、石辟邪之属。牝曰麒，牡曰麟。《通雅》卷四六《动物》"兽"条云：

> 麒、麐，通作麒麟，殆天鹿乎！……《公羊传》曰：有麕而角者。孔子曰：孰为来哉！京房曰：狼额、马蹄、五彩。陆玑曰：麕身、牛尾、马足、黄色、圆蹄、一角。角端有肉，皆相传说耳。拂林僧言，天鹿即麟。[3]

麒麟即天鹿、天禄。其一角曰天禄，二角曰辟邪。名虽异而实同。同一祥瑞如麟、凤凰等之下复有不同之品类，且因时代变迁，其形象亦多随之演化，由此而致歧惑实难穷尽。《宋书》卷二九《符瑞志下》云："天鹿者，纯灵之兽也。五色光耀洞明，王者道备则至。"[4]在神道列置麒麟亦当有称颂王道之意。又《初

---

[1] 《唐会要》，第 2103 页。

[2] 刘庆柱、李毓芳：《陕西唐陵调查报告》，《考古学集刊》第 5 辑，第 226 页。

[3] 〔明〕方以智：《通雅》，北京：中国书店，1990 年，第 552 页下栏。

[4] 〔梁〕沈约：《宋书》，北京：中华书局，1974 年，第 865 页。

学记》卷二九"麟"条载："麒麟兽，有翼能飞者"[1]。除了前述祥瑞之意外，"两胁有翼"以及云气纹的形象表明麒麟的一个典型特征便是腾空飞翔。

为何将具如上特征的鸵鸟石屏和翼兽列置在神道南前呢？在出行中，祥瑞前行是北魏以来佛像出游的一个传统。此从《洛阳伽蓝记》卷一"长秋寺"条所载长秋寺每年释迦像出行的盛况可见一斑：

> 四月四日，此〔释迦〕像常出，辟邪、师（狮）子导引其前。吞刀吐火，腾骧一面。彩幢上索，诡谲不常。奇伎异服，冠于都市。像停之处，观者如堵。迭相践跃，常有死人。[2]

同样的情况也出现在帝王及高级贵族的出行仪仗中。《太平广记》卷二三七"同昌公主"条引唐苏鹗《杜阳杂编》云：

> 〔咸通十一年（870年）八月，同昌〕公主薨，……。及葬于东郊，上（懿宗）与淑妃御延兴门，出内库金玉驼马凤凰麒麟各高数尺，以为仪从，其衣服玩具，与人无异。[3]

可见，与辟邪、狮子一样，凤凰、麒麟在出行中充当仪从的角色。《论衡》卷一六《讲瑞篇》称：

> 夫凤皇，鸟之圣者也。麒麟，兽之圣者也。[4]

---

[1] 〔唐〕徐坚等：《初学记》，北京：中华书局，1962年，第700页。

[2] 〔魏〕杨衒之：《洛阳伽蓝记校释》，周祖谟校释，上海书店出版社，2000年，第51～53页。另，周祖谟认为佛像出行按例应在四月八日，故认为此条文献为"四月八日"误作"四月四日"。而范祥雍则从《洛阳伽蓝记》所载认为当时佛寺四月行像日期各异，此条文献作"四月四日"应不误。详见范祥雍校注《洛阳伽蓝记校注》，上海古籍出版社，1978年新1版，第44～45页注释〔九〕。

[3] 〔宋〕李昉等编《太平广记》，北京：中华书局，1961年，第1827页。

[4] 《论衡校释》，第722页。

依此若从帝陵级别来看，当唯凤、凰与麒麟方可相提并论。可从节愍太子墓葬壁画所绘形象来看，唐陵神道石屏确非凤凰。为何在神道中选择了列置鸵鸟石屏，而非凤凰？

《册府元龟》卷三〇云：

> 永徽元年五月，吐火罗国献大鸟，高七尺。帝（高宗）以太宗怀远所致，献于昭陵，仍刻像于〔昭〕陵之内。[1]

今献陵神道东侧石犀右前足底板上，有铭文云"高祖怀远之德"[2]。如前所言，鸵鸟因是域外进贡之物，将其石屏树立于神道，既承初唐之余绪，亦有彰举君主"怀远之德"之意。兼之前述灵异特性使得它与麒麟并列构成一个完整的祥瑞序列。意在称颂王道，置于神道前方以为出行之仪从。随着唐陵神道石刻组合的制度化、形式化之泛滥，此意恐当益发凸显。

乾陵式神道有五对石马，其旁立一石人，习称误作"仗马和控马者"。作为出行仪仗的一个组成部分，神道石马应称为"御马"。仗马则专指门仗之马。《新唐书》卷四七《百官志》记载：

> 飞龙厩日以八马列宫门之外，号南衙立仗马。仗下，乃退。大陈设，则居乐悬之北，与象相次。[3]

《唐会要》卷六五《殿中省》载：

> 进马：天宝八载七月二十五日（749 年 9 月 11 日）敕："自今南衙立仗马宜停，其进马官亦省。"十二载正月，杨国忠奏："置立仗马及进马官。"[4]

---

[1] 《册府元龟》，第 323 页上栏。

[2] 陈安利：《唐十八陵》，第 40 页。

[3] 《新唐书》，第 1220 页。

[4] 《唐会要》，第 1333 页。

又《唐会要》卷六五《闲厩使》载：

> 大历十四年七月十日（779 年 8 月 25 日），闲厩使奏："置马随仗，当使准例，每日于月华门立马八匹，仗下归厩去。"[1]

故知"仗马"应该是列仗于宫府衙门前，且仗马旁立之人宜称之为"进马官"，而非控马者。永泰公主李仙蕙墓葬壁画中的列戟图中，列戟前有二人、二马。列戟树立于宫殿府衙门前，这不仅表明了图中二人、二马的位置，而且可资判断此人、马便是所谓的进马官和仗马。唐陵司马院神门外亦立有列戟，由此益知北门六马当为仗马。

关于北门仗马取数为六，或以为大概与汉魏以来文献记载的"天子驾六"制度有关[2]。唐陵北司马门列置六骏始于太宗昭陵。昭陵六骏实指代飞骑为其北门仗内宿卫，有其现实情境的来源，这是跟唐陵被作为帝都长安的缩影来设计以及刻意摹写其影像紧密关联的[3]。这应该才是唐陵北门仗马取数为六的具体原因。

从《新唐书》卷二三《仪卫志》所载可知，唐代在出行卤簿和仪仗中，有御马和诞马的配制。其中御马为皇帝出行卤簿的专称，在除此之外的出行仪仗中则称为诞马。出行中，它们"在车后而名，但知无乘具以备阙"[4]，是待以备用、替换之用。懿德太子李重润墓葬壁画出行图中，便表现有三匹诞马。诞马亦作"但马"。《酉阳杂俎》前集卷一"礼异"条云：

> 北齐迎南使，太学博士监舍迎使。传诏二人骑马荷信在前，羊车二人捉刀在传诏后。监舍一人，典客令一人，并进贤冠。生朱衣骑马罩伞十余，绛衫一人，引从使车前。又绛衫骑马平巾帻六人，使主副各乘车，但马在

---

[1] 《唐会要》，第 1334 页。

[2] 李毓芳：《唐陵石刻简论》，《文博》1994 年第 3 期，第 37 页。

[3] 详见本书伍"昭陵六骏与十四国君长像"。

[4] 《文献通考》卷一一八《王礼一三·乘舆车骑卤簿》，页考 1067 中栏。

车后。铁甲者百余人，仪仗百余人，翦彩如衣带，白羽间为矟，聲发绛袍，帽凡五色，袍随聲色，以木为矟、刃、戟，画绛为虾蟆幡。[1]

诞马或作鞭马，见载于《唐六典》卷二三"甄官署"条：

> 三品以上九十事，五品以上六十事，九品以上四十事。当圹、当野、祖明、地轴、鞭（诞）马、偶人，其高各一尺。[2]

有了前面的认识，便可断定唐墓随葬品中无人骑乘的陶马便是所谓鞭（诞）马。这从另一个侧面反证了墓葬中随葬的车马表达的正是出行的意蕴。

在唐代曾误以诞马用于婚礼之中。《唐会要》卷八三"嫁娶"条云：

> 其年（建中元年，780年）十一月敕："婚礼皆用诞马，在礼经无其文。案《周礼》玉人有璋，诸侯以聘女。《礼》云，玉以比德。今请驸马加以璋，郡主壻加以璧，以代用马。又其函书出自近代，事无经据，请皆勿用。"从之。[3]

婚礼所用之马应为仪马，故敕文称"婚礼皆用诞马，在礼经无其文"，并对此举作了禁止。

关于诞马，方以智在所撰《通雅》卷二八《礼仪》总结道：

> 但马，遂名诞马。诞马，散马也。《江夏王义恭传》：平乘诞马不过二，唐有紫诞带，不知"诞"何义也。今外官仪从，皆有散马前行，名曰"座马"，亦曰"引马"。《程氏演繁露》曰：王义恭言"诞马"，犹言"徒马"也。《酉阳杂俎》：齐迎南使传诏二人。骑马荷信在前，罩伞绛衫引从，

---

[1]　《酉阳杂俎》，第6～7页。

[2]　《唐六典》，第597页。

[3]　《唐会要》，第1812～1813页。

但马在车后，王琼以诞马并乘鞍与太保，则知"诞马"即"但（马）"也。《淮南媒》："但"即"诞"字，王元美引〔程〕大昌作"袒马"，谓其非是。按大昌所载原不作"袒"，《辽史》作"靼马"，注即"诞马"。[1]

唐代在出行仪仗中，管理御马和诞马的专门人员都有哪些呢？《新唐书》卷二三上《仪卫志》记载大驾卤簿中有"次御马二十四，分左右，各二人驭"[2]、"御马二，各一人驭"[3]、"御马二十四，各二人驭，分左右"[4]，由此可知唐代御马旁立之人可称为驭者。

一马左右一人的形象在巩县宋陵神道石刻得到生动的表现。唯宋代文献称其帝后陵墓神道石刻的石马及其旁立人为"石马""把马官""控马者"[5]。《宋史》卷一四五《仪卫志三》记载天子大驾卤簿有：

> 次御马二十四，中道，并以天武官二人执辔。尚乘奉御二人从。[6]

则宋陵神道石马（御马）的"把马官""控马者"的身份或即为天武官。成书于金元时期的《大汉原陵秘葬经》亦称天子山陵前所陈石马为"御马"，该书《碑碣墓仪法篇》云："天子山陵皇堂前御道……御马二匹，长九尺，高五尺，合九宫五行也。"[7]

总之，宋代的这种情况也可反证唐陵神道石马应为御马，而非仗马；唐陵神道御马旁立之人宜称之为驭者。

在唐代掌控诞马的人员也可以称作"驭者""执者"。这一点在大驾卤簿与其他出行仪仗中无甚区别。《新唐书》卷二三下《仪卫志》载，太皇太后、

[1] 《通雅》，第 345 页上栏。
[2] 《新唐书》，第 491 页。
[3] 《新唐书》，第 493 页。
[4] 《新唐书》，第 493 页。
[5] 河南省文物考古研究所编《北宋皇陵》，第 454 页。
[6] 《宋史》，第 3412 页。
[7] 《大汉原陵秘葬经》，《永乐大典》，第 3830 页上栏。

皇太后、皇后卤簿"次诞马十，分左右，执者各二人。次厩牧令一人居左，丞一人居右，各府、史二人骑从"[1]、皇太子卤簿"次诞马十，分左右，驭者各二人"[2]、亲王卤簿"次诞马八，驭者服如夹稍，分左右"[3]，故知。

《西京杂记》卷五记载："汉朝舆驾祠甘泉汾阴，备千乘万骑，大（太）仆执辔，大将军陪乘，名为大驾。……御马。三 节十六。欠八右华盖，中道。"[4] 可见，引文所指御马并非指仗马，而是诞马。御马之制汉代已有之，唐朝该承自汉制。

唐代御马由尚乘局管理，"司廪、司库各一人，正九品下。掌六闲槁秸出纳。奉乘十八人，正九品下。掌饲习御马"[5]。

贞陵神道御马马背上凿有圆窝，该情况不见于其他唐陵御马。其西列南数第一御马，马背上有圆窝 13 个，窝径 4～6、窝深 0.5 厘米；东列南数第一御马，马背上有圆窝 16 个，窝径 4～7、窝深 0.5～1 厘米；东列南数第二御马，马背上有圆窝 14 个，窝径 2～5、窝深 0.5 厘米[6]。从贞陵御马马身鞦秋及饰物简化来看，或与利用这些圆窝来固定某种马饰有关。但具体为何时何故何人所为，尚待进一步探讨。

宫殿中当正门为"御道"，人臣并不得行，为皇帝出入专用之道路。其管理极其严格，"若于宫殿中行御道者，徒一年；有横道及门仗外越过者，非"、"宫门外者，笞五十。误者，各减二等"[7]。那么，在帝陵中专供皇帝出行的"神道"是否也可专称为"御道"？《南齐书》卷四五载：

> 始安贞王道生字孝伯，太祖次兄也。宋世为奉朝请，卒。建元元年（479

---

[1] 《新唐书》，第 500～501 页。

[2] 《新唐书》，第 502 页。

[3] 《新唐书》卷二三下《仪卫志》，第 505 页。唐时控马应指骑马，而非专指出行仪仗中牵马之人。如《太平广记》卷三八八"刘立"条引《会昌解颐》（第 3093 页）云："仆（刘立）今控马者是矣"，说的是罢官（长葛尉）后的刘立自言骑马的人正是他。

[4] 〔晋〕葛洪：《西京杂记》，《燕丹子·西京杂记》，北京：中华书局，1985 年，第 33～34 页。

[5] 《新唐书》卷四七《百官志》，第 1220 页。

[6] 刘庆柱、李毓芳：《陕西唐陵调查报告》，《考古学集刊》第 5 辑，第 242 页。

[7] 《唐律疏议》卷七《卫禁上》，第 158 页。

年），追封谥。建武元年（494年），〔齐明帝〕追尊为景皇，妃江氏为后。
立寝庙于御道西，陵曰修安。[1]

前引《大汉原陵秘葬经·碑碣墓仪法篇》亦称之为"天子山陵皇堂前御道"。
但是，仍不可否认这样一个事实：在唐代，"神道"的叫法常见于帝后陵中，
已如前述。

据《唐会要》卷七二"马"条载："贞观二十一年八月十七日，骨利幹遣
使朝贡，献良马百匹，其中十匹尤骏。太宗奇之，各为制名，号曰十骥。"[2]
唐陵神道御马取数为五对或跟"十骥"之说有关[3]。

在唐陵神道南首立有一对石柱，由上中下三部分组成。下部由础石和石座
组成，后者置于前者之上。中部柱身呈八棱面向上收杀，其下有榫插入下部石
座的卯内。上部多由宝珠、八棱面盘和仰莲盆组成。据前揭敦煌文书S.2263《葬
录》卷上所载"置石碑兽法"以及前揭《封氏闻见记》所言可知唐人径呼之为
"石柱"。

从文献和考古材料来看，神道石柱存在一个从一般官吏向社会顶层渗透的
过程。如《水经注》卷九"清水"云：

　　〔获嘉〕县故城西有汉桂阳太守赵越墓，冢北有碑。……碑东又有一
　　碑，碑北有石柱、石牛、羊、虎俱碎，沦毁莫记。[4]

又同书卷二二"洧水"云：

　　〔汉弘农太守张伯雅墓〕茔域四周，垒石为垣，隔阿相降，列于绥水
　　之阴。庚门表二石阙，夹对石兽于阙下。冢前有石庙，列植三碑。碑云：

---

[1] 〔梁〕萧子显：《南齐书》，北京：中华书局，1972年，第788页。

[2] 《唐会要》，第1542页。

[3] 李毓芳：《唐陵石刻简论》，《文博》1994年第3期，第37页。

[4] 《水经注校证》，第226页。

德字伯雅，河南密人也。碑侧树两石人，有数石柱及诸石兽矣。[1]

又同书卷二三《阴沟水》云：

> 〔谯定王司马士会〕冢前有碑，晋永嘉三年（309 年）立。碑南二百
> 许步有两石柱，高丈余，半下为束竹交文，作制极工。[2]

等等。到了六朝"石柱"[3] 的称呼仍得以沿袭，此从《六朝事迹编类》所载可见一斑。如，该书卷一三"梁吴平忠侯墓"条云：

> 《南史》：梁吴平忠侯萧景，字子照，谥曰忠。墓在花林之北，有石
> 麒麟二、石柱一，题云"梁故侍中、中抚将军、开府仪同三司、吴平忠侯
> 萧公之神道"。今去城三十五里。[4]

北魏时仍旧。《魏书》卷九三《赵修传》云：

> 〔赵〕修之葬父也，百寮自王公以下无不吊祭，酒犊祭奠之具，填塞
> 门街。于京师为制碑铭，石兽、石柱皆发民车牛，传致本县。[5]

隋唐五代时期继续沿用"石柱"的叫法。《隋书》卷八《礼仪志》云：

> 〔梁天监〕六年（507 年），申明葬制，凡墓不得造石人兽碑，唯听
> 作石柱，记名位而已。[6]

---

[1] 《水经注校证》，第 518 页。

[2] 《水经注校证》，第 554 页。

[3] 朱希祖认为南朝梁代碑与石柱，若正其名，实当称为碑与碣。且其形制尚保存丰碑有揭櫫有版遗迹。
详见所撰《神道碑碣考》，载《六朝陵墓调查报告》，第 201 ~ 211 页。

[4] 〔宋〕张敦颐：《六朝事迹编类》，张忱石点校，上海古籍出版社，1995 年，第 135 页。

[5] 〔北齐〕魏收：《魏书》，北京：中华书局，1974 年，第 1998 页。

[6] 《隋书》，第 153 页。

《旧唐书》卷二五《礼仪志》云：

> 〔梁武帝〕谓侍臣曰：陵（建陵）阴石虎，与陵俱创二百余年，恨小，可更造碑、石柱、麟，并二陵（原陵、建陵）中道门为三闼，园陵职司，并赐一级。[1]

《唐六典》卷二三"甄官署"条云：

> 甄官令掌供琢石、陶土之事；丞为之贰。凡石作之类，有石磬、石人、石兽、石柱、碑碣、碾硙，出有方土，用有物宜。[2]

《旧五代史》卷一一三《太祖纪四》云：

> 〔太祖〕累谕晋王曰："……陵寝不须用石柱，费人功，只以砖代之。用瓦棺纸衣。临入陵之时，召近税户三十家为陵户，下事前揭开瓦棺，遍视过陵内，切不得伤他人命。勿修下宫，不要守陵宫人，亦不得用石人石兽，只立一石记子。……"[3]

可见，石柱是包括帝陵在内的陵墓神道南最前端竖石的通称。

这里还要讨论有关华表的说法。《绎史》卷九云：

> 《古今注》：尧设诽谤之木，今之华表木也。以横木交柱头，状若花也，形似桔槔，大路交衢，悉施焉。或谓之表木，以表王者纳谏也，亦以表识衢路也。[4]

---

[1] 《旧唐书》，第 972 页。

[2] 《唐六典》，第 597 页。

[3] 〔宋〕薛居正等：《旧五代史》，北京：中华书局，1976 年，第 1503～1504 页。

[4] 〔清〕马骕：《绎史》，王利器整理，北京：中华书局，2002 年，第 89 页。

华表更多的是指表识衢路的，如《洛阳伽蓝记》卷三载"南北两岸有华表，举高二十丈，华表上作凤凰似欲冲天势"[1]。《新唐书》卷四三下《地理志》称罗和异国"国人于海中立华表，夜则置炬其上，使舶人夜行不迷"[2]；《宋史》卷六七《五行志》所载太平兴国"四年八月，泗州大风，浮梁竹筚、铁索断，华表、石柱折"[3]。这些都是华表树立于衢路的记载。

但也有用华表指陵墓前石柱的。唐许嵩所撰《建康实录》卷一三载，南朝宋大明七年（463年）四月"大风折和宁陵华表"[4]，又同书卷二〇亦有南朝梁太建九年"七月庚辰（577年8月8日），大风雨，震万安陵华表"[5]之说。只是将"华表"用在这种场合相对来说要少得多。是否专指帝陵神道石柱不得而知。无怪乎，高承总结道：

> 《古今注》曰：程雅问："尧设诽谤之木何也？"曰："今之华表，以木交柱头，如状华形，似桀楔之状，或谓之表木。"应劭曰：今宫外桥梁头四柱木是也。尸子曰：尧立诽谤之木。韦昭曰：虑政事有缺失，使言事者书之于木，凡交衢道路悉施焉。后世以石易之，第取其观瞻而已。后人立于冢墓之前，以纪（记）其识也。[6]

后来华表又有桓表、和表等说法。《海录碎事》卷四下《梁柱门》"和表"条云：

> 木名，桓表。今谓之和表。和、桓声相近，即华表也。[7]

---

[1] 《洛阳伽蓝记校释》，周祖谟校释，第129页。

[2] 《新唐书》，第1153页。

[3] 《宋史》，第1468页。

[4] 〔唐〕许嵩：《建康实录》卷一三《宋世祖孝武皇帝》，张枕石点校，北京：中华书局，1986年，第485页。

[5] 《建康实录》卷二〇《陈高宗孝宣皇帝顼》，第790页。

[6] 〔宋〕高承：《事物纪原》卷一〇"华表"条，金圆、许沛藻点校，北京：中华书局，1989年，第544页。

[7] 〔宋〕叶廷珪：《海录碎事》，李之亮校点，北京：中华书局，2002年，第167页。

　　至于墓前石柱的另一个说法"望柱"，则出现得更晚。《宋史》载有，"按《会要》：勋戚大臣薨卒，……。坟所有石羊虎、望柱各二，三品以上加石人二人"[1]。

　　可见，"石柱"为最常见的称呼，"华表"较少，而"望柱"一词则恐始见于赵宋。石柱位于神道石刻的最南端，从唐陵现存石柱看，其柱体雕刻蔓草、翼马等图案。如，桥陵石柱周身线雕缠枝卷叶纹和天马行空图案，而正南面天马行空图案更多达六层；崇陵石柱柱身各棱面则线刻伎乐飞天和蔓草纹饰；丰陵石柱棱面阴线刻迦陵频伽、獬豸、凤、花卉、吹笛童子等[2]。其升天的寓意已自显明，毋庸赘言。

　　鸵鸟石屏和麒麟皆属祥瑞，偕石柱安置于神道最前端，恰又进一步表明神道石刻表现的正是一种出行、升仙的场景。它们的排列次序呈现出引导帝王亡灵出行，且越往神道南端，行走速度越快、越往天界上升的趋势。唐陵陵园作为长安城的缩影[3]，其地宫象征着皇帝生前所居宫殿，联系已经发掘的唐墓壁画[4]、随葬品[5]，可以确认陵墓从地下到地上顺序共同营造了一个陵墓主人亡灵家居、出行、升天的意象和场景。由此也可将壁画和随葬品分成宴居和出行两大类别[6]。

　　唐陵中，乾陵、定陵、桥陵各有10对挂剑石人，泰陵以下诸陵亦是石人10对，左（东）文右（西）武，文者持笏，武者挂剑。从这个角度来看，这10对神

[1]　《宋史》卷一二四《礼志》，第2909～2910页。

[2]　刘向阳：《唐代帝王陵墓》，第168、235、244页。

[3]　详见本书陆"唐陵陪葬墓地布局"。

[4]　李星明：《唐代墓室壁画研究》，西安：陕西人民美术出版社，2005年，第134页。

[5]　案，墓葬中随葬之陶俑也是象征墓主人生前之仪卫。检牛僧孺《玄怪录》卷三"卢公焕"条云："〔明州〕有盗发墓者云：初见车辙中有花砖，因揭之，知是古冢墓。乃结十人于县投状，请路旁居止，县尹允之。遂种麻，令外人无所见，即悉力发掘，入其隧路，渐至圹中，有三石门，皆以铁封之。其盗先能诵咒，因斋戒禁之。翌日，两门开，每门中各有铜人铜马数百，持执干戈，其制精巧。盗又斋戒三日，中门一扇开，有黄衣人出，传语曰：'汉征南将军刘忘名使来相闻，某生有征伐大勋，及死，敕令护葬及铸铜人马等，以象存日仪卫。奉计来此，必要财货，所居之室，实无他物，且官葬不瘗货宝，何必苦以神咒相侵，若更不见已，当不免两损。'"〔唐〕牛僧孺、〔唐〕李复言编《玄怪录·续玄怪录》，北京：中华书局，1982年，第81页。

[6]　沈睿文：《中国古代物质文化史·隋唐五代》，北京：开明出版社，2015年，第174～193年。

道石人也应该是出行仪仗之组成，尽管其内容或受到朝仪变化之影响 [1]。如，太和公主发赴回纥及自蕃还京，群臣便皆班于章敬寺送迎 [2]。石人取数为十对，这可能跟当时班剑二十为最高仪卫有关 [3]。其出现"文左武右"的列置则可能跟弥补陪葬墓地格局的变化有关 [4]。关于蕃酋像，当如前引《封氏闻见记》所言，其用意一方面让他们在勇卫轩禁——地宫，不管现实中他们是否参与守卫皇宫；另一方面，也是为了阐扬徽烈 [5]。另外，从宋陵神道所立客使像则可推知唐陵蕃酋像亦应为出行仪仗之一部。而唐陵兆域门狮，则与佛教关系甚密 [6]。

唐陵神道树碑始于恭陵，时称"睿德纪"。但直到玄宗时期，苏颋仍认为帝王及后无神道碑。《旧唐书》卷八八《苏环传》云：

> 玄宗欲于靖陵建碑，〔苏〕颋谏曰："帝王及后无神道碑，且事不师古，动皆不法。若靖陵独建，陛下祖宗之陵皆须追造。"玄宗从其言而止。[7]

此时尚未视乾陵两通石碑为神道碑。从"述圣记"一名分析，唐人以该碑称颂

---

[1] 初唐仍用隋礼，据《隋书》卷一二《礼仪志》（第279～280页）所载："梁武受禅于齐，侍卫多循其制。正殿便殿阁及诸门上下，各以直阁将军等直领。又置刀钤、御刀、御楯之属，直御左右。兼有御仗、铤矟、赤氅、角抵、勇士、青氅、卫仗、长刀、刀剑、细仗、羽林等左右二百七十六人，以分直诸门。行则仪卫左右。又有左右夹毂、蜀客、楯剑、格兽羽林、八从游荡、十二不从游荡、直从细射、廉察、刀戟、腰弩、大弩等队，凡四十九队，亦分直诸门上下。行则量为仪卫。"李毓芳认为乾陵、定陵和桥陵石人可能为直阁将军、殿中将军或侍郎。而检《唐会要》卷二五"文武百官朝谒班序"条（第563～564页）所言："文武官行立班序：通乾、观象门外序班，武次文，至宣政门，文由东门而入，武由西门而入，至阁门亦如之。其退朝，即并从宣政西门出。"泰陵以后诸陵石人可能跟朝仪制度的变化有关。详见李毓芳《唐陵石刻简论》，《文博》1994年第3期，第36页。

[2] 《旧唐书》卷一六《穆宗本纪》，第490页。又《新唐书》卷二一七下《回鹘传下》（第6129页）载："天子（穆宗）御通化门饯主（太和公主），群臣班辞于道。"《旧唐书》卷一九五《回纥传》（第5211页）载长庆元年七月辛酉（821年8月4日），"太和公主发赴回纥国，穆宗御通化门左个临送，使百僚章敬寺前立班，仪卫甚盛，士女倾城观焉"。

[3] 李毓芳：《唐陵石刻简论》，第36页。

[4] 详见本书陆之"唐陵设计思想"。

[5] 详见本书伍"昭陵六骏与十四国君长像"。

[6] 阎文儒：《关中汉唐陵墓石刻题材及其风格》，《考古与文物》1986年第3期，第95页；王仁波：《试论乾陵陵园石刻题材》，《文博》1985年第3期，第48页。

[7] 《旧唐书》，第2881页。

帝王之丰功伟绩，一如恭陵之"睿德纪"。不过，若从记述生平的角度来看，与官员之神道碑无异。二者只是在碑文措辞和渲染上有天壤之别。这也说明帝陵不称神道碑欲在与一般官员墓葬之碑相区别，以突出皇权之至上。

赵宋一代，帝陵神道石刻组合出现新变化。其神道石刻例设60件，由南而北为石柱1对、石象与驯象人1对、瑞禽石屏1对、角端1对、御马与驭者2对、石虎2对、石羊2对、客使6对、武官2对、文官2对、宫人2对、上马石2对、石狮1对。可见它对唐陵神道石刻有了变化，使之进一步具有操作性和制度性。如，在唐陵中所谓"蕃臣"像并未成为一种固定建制，虽普遍存在，但在唐陵中位置、数量都不固定。宋陵则将之例改成仪仗行列内的6对客使像，无疑已敷衍成形式。将唐陵"左文右武"的10对官员石像例改成武官、文官各2对前后排列的形式。由角端代替麒麟，鸵鸟石屏变为瑞禽石屏。同时，新增加了象与驯象人、用以辟邪的虎羊、以便差役的宫人、守卫神门的武士和便于登程的上马石等。

通过仔细梳理，不难发现变化的只是"形"，而其"神"却仍得以存续。此从神道御马以南石刻可知。所谓角端实即麒麟的一种。《通雅》卷四六《动物》"兽"条引《涌幢小品》云：

> 麟之青曰骍狐，赤曰炎驹，白曰素冥，黑曰角端，黄曰麒麟。雄鸣曰游圣，雌鸣曰归昌，皆附会也。[1]

角端也是麒麟的一种。如同后者一样，角端的出现亦表明君圣德。所谓"角端者，日行万八千里，又晓四夷之语，明君圣主在位，明达方外幽远之事，则奉书而至"[2]。两胁有火焰状翼翅正意在表现角端"日行万八千里"之能事。

瑞禽石屏之瑞禽形象为马首、鸟身、鹰爪、凤尾呈孔雀开屏状，展翅欲飞，几乎占满整个屏面。其背景衬以层叠的山石纹，山石之中多有一只小兽仰望，与瑞禽之首上下遥遥相对。从石屏所处神道位置及其构图来看，很可能表现

---

[1]　《通雅》，第552页下栏。

[2]　《宋书》卷二九《符瑞志下》，第865页。

"鸑鷟鸣岐山"的场景。《国语》卷一《周语上》云："周之兴也，鸑鷟鸣于岐山。"[1]《说文解字·鸟部》曰："鸑鷟，凤属，神鸟也。"[2]《后汉书·贾逵传》李贤注亦云："鸑鷟，凤之别名也"[3]。"凤凰鸣矣，于彼高冈"，即此之谓。据此或可断石屏之瑞禽为鸑鷟，即凤鸟的一种品类。而石屏以此来比喻贤才生于治朝的意义也就益发明晰。至于小兽具体为何，尚待进一步考辨。不过，其仰首张望恐意在表明鸑鷟之鸣惊动山野。若此，石屏与角端构成一个完整称颂明君圣主的意象。当然，其中也同样蕴含了出行、飞行之意，一如唐陵鸵鸟石屏与麒麟。唐陵鸵鸟石屏衬以山石的构图正好给宋陵"鸑鷟鸣岐山"石屏的创立以灵感，无疑这是赵宋对李唐帝陵鸵鸟石屏的成功改造，也映衬出鸵鸟石屏所涵盖的祥瑞之意。抑或唐陵鸵鸟石屏表现的正是颂君主"怀远之德"与"凤鸣岐山"的巧妙结合？《通雅》卷四五《动物》"鸟"条载："蔡衡曰：赤多者凤，青多者鸾，黄多者鹓，紫多者鸑鷟，白多者鹔鹴。"[4]结合角端的体色，是否当时神道石刻亦施有相应之彩[5]？

宋陵石柱以卷云纹作地，主纹为升空的飞龙或飞凤。可见，宋陵的这三类石刻在内涵上实与唐陵同。宋陵神道瑞兽石刻组合应该便是唐风的沿袭。

宋陵神道出现石象与驯象人且仪次于石柱，则是"宋卤簿，以象居先"的反映[6]。《宋史》卷一四五《仪卫志》载大驾卤簿"象六，中道，分左右。次六引，中道"[7]。象与驯象人、马与控马者、客使、武官、文官等，基本上同于皇帝生前出行的仪仗行列[8]。而上马石在神道北首的设置则使宋陵神道出行之意象更为彰显。

---

[1] 《国语》，上海古籍出版社，1988年，第30页。

[2] 《说文解字注》，第148页下栏。

[3] 《后汉书》卷三六《贾逵传》，第1235页注释〔二〕。

[4] 《通雅》，第539页下栏。

[5] 如，汉霍去病墓前马雕便通过石质成分的不同，呈现出不同的色泽，从而来体现霍去病的骁勇善战。详见刘丹龙、孙平燕《汉霍去病墓石雕艺术探微》，《文博》2004年第6期，第89页；昭陵六骏则通过六骏的体色来表现其方位，详见本书伍"昭陵六骏与十四国君长像"。

[6] 河南省文物考古研究所编《北宋皇陵》，第455页。

[7] 《宋史》，第3408页。

[8] 河南省文物考古研究所编《北宋皇陵》，第450页。

虽与唐陵石刻相比，宋陵石刻更接近于现实生活中的宫廷仪仗[1]，且更为具象。但是，唐宋帝陵神道石刻歌颂所谓明君圣主以及表示帝王亡灵出行、升天的意蕴却是一致的。历经五代兵燹战乱，而唐宋帝陵神道意蕴一仍如是，文化与时代变迁之关系发人深思。

在宋陵神道南端尚有乳台、鹊台两种建筑。《宋史》卷一二二《礼志第七十五》云：

> 〔宣祖安陵〕皇堂下深五十七尺，高三十九尺，陵台三层正方，下层每面长九十尺。南神门至乳台，乳台至鹊台，皆九十五步。乳台高二十五尺，鹊台增四尺。神墙高九尺五寸，环四百六十步，各置神门、角阙。[2]

这虽不见载于唐代文献，但此类建筑在唐陵神道石柱南前有见。是否唐时亦如此称呼，待考。不妨权仍暂以"土阙"名之。

三　陵　园

唐陵陵园皆由司马院、神道、陪葬墓区以及下宫等[3]组成。陵台位于司马院北部，为陵园主体建筑。司马院夯筑，四隅筑有角阙，四面中央各开一司马门。唐陵四隅"角阙"一名在唐时文献不见，从前引《宋史》卷一二二《礼志第七十五》可知宋陵以此名之。

一般的，依山为陵的唐陵玄宫设于南部的山腰上，然后在山峰的四周围建

---

[1]　秦大树：《宋元明考古》，第131页。

[2]　《宋史》，第2848页。

[3]　一般认为，唐陵由内城、外城组成。其中唐陵陵园的内城指的是陵垣部分（司马院），外城指的是石刻部分（以柏城外缘为边界）。但在考古调查中仅发现一层城垣，即唐陵的司马院，而不见所谓的外城。1999年秋，乾陵发现外城垣。这是唐代帝陵中迄今为止唯一一座发现有内、外城的陵墓。详见秦建明、甄广全《唐代帝陵中第一次发现双重城垣——航拍显示乾陵外城跨山越谷气势恢宏》，《中国文物报》2000年4月5日第1版。

城墙，在每一面的中央开一门，南门为正门。东、西、南三门多正对玄宫，而北司马门多因地势而筑，方位不正。一般陵台或玄宫所处山峰在陵园内东西居中，而陵台或山陵南麓至南司马门较北司马门为宽，此因献殿筑于陵台或玄宫之南所致，唯昭陵不在此列。积土为陵的唐陵封土则位于司马院的中部偏北处。司马院四门之外各有石虎或石狮一对，为陵园或兆门门狮（虎）。司马院南司马门之内有献殿，门前有神道，门外有三道门阙。在自北而南第一、二道门阙之间放置石刻。除了献陵、庄陵的陪葬墓位于东北处外，第二、三道之间正南或偏东为陪葬墓区。唐陵石刻主要分布在神道两旁及四司马门，皆成对排列。内容有三出阙、石柱、麒麟、鸵鸟（朱雀）、御马和驭者、石人、石碑、蕃酋像、狮子、虎、犀牛等。一般的，在神道石刻最北部立有"蕃臣"或"蕃酋"石像[1]。下宫在陵园的西南，为皇帝谒陵的行宫，平时是守陵官员及宫人的居所。根据《方志》的记载，唐陵下宫距陵多在五里左右；陵墓多去当地陵邑（县城）二十里。积土为陵的唐陵除了玄宫的选址与依山为陵者有异外，余者同。

2006年，陕西省考古研究院组建唐陵考古队承担"陕西唐陵大遗址保护项目"的考古调查工作。调查对象包括18座帝陵以及兴宁陵、永康陵和武则天母亲杨氏顺陵。已先后完成乾陵、顺陵、建陵、贞陵、崇陵、桥陵、泰陵、景陵、光陵、定陵、献陵、章陵等唐代帝陵的考古调查、勘探、测绘工作，已有若干考古简报刊布，对唐陵的司马院、寝宫建筑、下宫、门阙、陪葬墓园等有了更为明确的认识。

（一）司马院

昭陵陪葬墓李思摩墓志称："宜令使持节册命，陪葬昭陵。赐东园秘器，于司马院外高显处葬，冢象白道山。葬事所须，并宜官给。"可知陵垣范围之内称"司马院"。查两《唐书》、《唐会要》等文献只提到昭陵祭坛"北门"[2]、

---

[1] 刘庆柱、李毓芳：《陕西唐陵调查报告》，《考古学集刊》第5辑，第244页。

[2] 昭陵陪葬墓许洛仁碑称："及天下太平，思其骖服，又感洛仁诚节，命刻石图（洛仁骑）像，置于昭陵北门。"详见《唐故左监门将军冠军大将军使持节都督代忻朔蔚四州诸军事代州刺史上柱国许公（洛仁）之碑并序》，张沛编著《昭陵碑石》，西安：三秦出版社，1993年，第151页下栏。

"北司马门"[1] 等。据前揭《炙轂子杂录》"羊虎"条所载："唐朝以为山陵，太宗葬九嵏（峻）山，阙前立石马。陵后司马门内又有番（蕃）首勇卫轩禁者一十四人，石象（像）皆刻其官名。"说明唐陵陵垣四面所开的门称为司马门，其前各冠以东、西、南、北即可。检《唐会要》卷二〇"亲谒陵"条载唐玄宗谒桥陵时步进"神午门"[2]，则又知神午门乃南门之专称。《唐会要》卷一七"庙灾变"条载：

> 元和十一年正月，宗正寺奏："建陵黄堂南面丹景门，去年十一月，被贼斫破门戟四十七竿。"[3]

门戟列置于神门之外，故知引文所言丹景门即建陵南神门之名称，而引文所言黄堂当指代帝陵陵山 [4]。

又《旧唐书》卷二五《礼仪志》云：

> 贞观十三年正月乙巳（639 年 2 月 9 日），太宗朝于献陵。先是日，宿卫设黄麾仗周卫陵寝，至是质明，七庙子孙及诸侯百僚、蕃夷君长皆陪列于司马门内。皇帝至小次，降舆纳履，哭于阙门，西面再拜，恸绝不能兴。礼毕改服入于寝宫，亲执馔，阅视高祖及先后服御之物，匍匐床前悲恸。左右侍御者莫不歔欷。初，甲辰之夜，大雨雪。及皇帝入陵院，悲号哽咽，百辟哀恸。[5]

可知帝陵的司马院又可简称陵院。

---

[1] 如，《资治通鉴》卷一九九"庚寅，葬文皇帝于昭陵"条（第 6269 页）云："蛮夷君长为先帝所擒服者颉利等十四人，皆琢石为其像，刻名列于北司马门内。"

[2] 《唐会要》，第 464 页。

[3] 《唐会要》，第 411 页。

[4] 黄堂，原指古代太守衙中的正堂。如《后汉书》卷二七《郭丹传》云："敕以〔郭〕丹事编署黄堂，以为后法。"李贤注："黄堂，太守之厅事。"详见《后汉书》，第 941 页注释〔三〕。

[5] 《旧唐书》，第 972 ～ 973 页。

据两《汉书》记载，两汉帝陵陵园亦有司马门。《汉书》卷二七上《五行志》载："园陵小于朝廷，阙在司马门中" [1]；同书卷九七上《外戚列传》云"五官以下，葬司马门外" [2]；《文献通考》卷一二四《王礼考十九·山陵》注引《皇览》："汉家之葬，方中百步，已穿筑为方城。其中开四门，四通。" [3] 文中方城当指陵园垣墙所围之范围，而四门亦即司马门。实际上，司马门为宫门之称呼。《三辅黄图》卷二云：

> 司马门，凡言司马者，宫垣之内，兵卫所在，司马主武事，故谓宫之外门为司马。按汉《宫卫令》，诸出入殿门、公车司马门者皆下，不如令，罚金四两。王莽改公车司马门曰王路四门，分命谏大夫四人，受章疏以通下情。[4]

又《汉书》卷一〇《成帝纪》载永始四年"夏四月癸未（公元前13年4月11日），长乐临华殿、未央宫东司马门皆灾" [5]。可见，陵园司马门的叫法从宫门而来。《三辅黄图》卷三"非常室"条载"《汉书》：'成帝绥和二年（公元前7年），郑通里人王褒，绛衣小冠，带剑入北司马门殿东门，上前殿，至非常室中。……'" [6] 可见依据方位，可在"司马门"之前冠以东、南、西、北名之。

唐陵司马门有阙楼式、过殿式、过洞式和混合式四种 [7]。经发掘，昭陵北阙双阙东西相对，间距31.5米，双阙形制结构相同，下皆为东西横长的三出形夯土台。东阙不包括散水东西长14米，东端宽7.2米，西端宽7.67米，现存最高处4米。双阙阙体筑法为内夯土外包砖。外包层最底部以石条奠基，石基上以砖找平，然后再水平码放石条，石条上部砌砖内让，形成一层平台。石

---

[1] 《汉书》，第1336页。

[2] 《汉书》，第3935页。

[3] 《文献通考》，页考1117下栏。

[4] 何清谷：《三辅黄图校释》，第147页。

[5] 《汉书》，第324页。

[6] 何清谷：《三辅黄图校释》，第168页。

[7] 周明：《陕西关中唐十八陵陵寝建筑形制初探》，《文博》1994年第1期，第65～66页。

台以上的砌砖为层层叠涩内收。石台以下砌砖为露明面磨光，其他各面削砍，外侧细密对缝，砖间不施灰浆。阙底部周绕的砖砌散水宽 0.85 米，与阙体相应呈三出形 [1]。昭陵北司马门以双阙间南北中线为纵轴东西对称，并以门址为界，分门内、外两部分。门址以外（以北）遗迹有：最北部东西对称的双阙和双阙后的长条形房址（即列戟廊房）。门址位于阙南部正中，两侧与夯土围墙相连接。门址内（以南）西部遗存保存较好，其中最南端的长廊状房址形制基本完整。门址东南的遗迹大部不存。廊房地面为台阶状，每间一台，从北向南逐级升高。以柱础为标准，廊房东西 5.35 米，一间半宽，南北长 23 米，共 7 间。七间廊房放置十四国酋长像和昭陵六骏，每侧南 1 ～ 3 间各置两座，到第四间置一座，而北部三间则各置一六骏石刻 [2]。

2006 年，经钻探调查与部分试掘知乾陵陵园的东、北、西三座门址结构相同，都由一对三出阙、一对列戟廊和殿堂式大门组成。阙台系夯土高台，周边用砖包砌，周围堆积的大量瓦片说明阙台上原建有阙楼；殿堂式大门均有夯土台基，周边用砖包砌，两侧与陵园墙垣相连 [3]。

"元和八年三月丙子（813 年 5 月 1 日），大风拔崇陵上宫衙殿西鸱尾，并上宫西神门六戟竿折。行墙四十间檐坏" [4]；元和十一年正月"甲申（816年 2 月 19 日），盗断建陵门戟四十七竿" [5]。可见，唐陵司马院四门又称神门，四神门外均有列戟，司马院亦称上宫，上宫建有衙殿和行墙。

行墙大概是仅一侧有墙、其顶上有檐的类似走廊的建筑；因有分间，可能还有廊柱。今在昭陵北司马门遗址整个夯土围墙两侧皆有砖铺散水，而且有大量筒瓦、板瓦和瓦当堆积，说明墙头原覆盖有两面坡的瓦顶。此类夯土墙保存

[1] 陕西省考古研究所、昭陵博物馆：《2002 年度唐昭陵北司马门遗址发掘简报》，《考古与文物》2006 年第 6 期，第 7 页。

[2] 陕西省考古研究所、昭陵博物馆：《2002 年度唐昭陵北司马门遗址发掘简报》，第 6 ～ 9 页。

[3] 孙欢：《武则天墓下宫遗址布局逐步展露真容》，http://www.sn.xinhuanet.com/misc/2007-08/09/content_10817876.htm。

[4] 《旧唐书》卷三七《五行志》，第 1362 页。

[5] 《旧唐书》卷一五《宪宗本纪下》，第 455 页；亦见于《资治通鉴》卷二三九"甲申，盗断建陵门戟四十七枝"条（第 7721 页）、《新唐书》卷七《宪宗本纪》（第 1362 页）。

完好的是唐代庑殿式门址东侧部分，墙基宽 2.1 米，墙体残存部分的内外表面抹一层白灰面，在墙的外侧下部尚残留有顺墙底延伸的一道红色彩绘宽边，彩绘中还留存有一小段垂直于底边的红条带。这种彩绘与唐墓壁画中的"影作木构"完全相同。这应该便是行墙，其中顺墙底的宽边象征底脚栏，而垂直的竖条象征分间的廊柱 [1]。

唐陵神门列戟属于法物之列 [2]。有唐一代列戟制度前后有所变更。初唐时期，天子庙舍门、宫殿列戟二十四。懿德太子墓中壁绘列戟凡二十五杆，或认为"可能是画工信手多绘一戟" [3]，应属于帝王一级。天宝六年四月八日（747年5月21日）敕改《仪制令》，庙社门、宫殿门每门各二十戟 [4]。肃宗于宝应二年三月庚午（763年5月13日）葬于建陵，其神门列戟可能便为二十杆。若此，则建陵被盗断之四十七竿门戟应分属几个神门，但文献语焉不详，难以遽断。贞元九年（793年），太常礼院修撰王泾奏上的《大唐郊祀录》卷九《荐飨太庙》仪注云："其庙，长安在子城安上门内道东，宫垣四面，各依方色。面各一屋三门，每门各列二十四戟，华饰以浮思焉。" [5] 太庙与帝陵为同一级别。可知，唐代诸陵四神门列戟数也存在变化，可能曾出现过列戟二十以及二十四杆两种情况。昭陵北司马门双阙后各有条形房址一处，东、西编号分别

---

[1] 张建林、王小蒙：《对唐昭陵北司马门遗址考古新发现的几点认识》，《考古与文物》2006 年第 6 期，第 19 页。

[2] 《唐会要》卷一七"庙灾变"条，第 412 页。

[3] 陕西省博物馆、陕西省文物管理委员会：《唐李重润墓壁画·前言》，载所撰《唐李重润墓壁画》，北京：文物出版社，1974 年，第 5 ～ 6 页。

[4] 《唐会要》卷三二，第 685 页。

[5] 〔唐〕王泾：《大唐郊祀录》卷九，《大唐开元礼·附大唐郊祀录》，北京：民族出版社，2000年，第 792 页上栏。《唐六典》卷四《尚书礼部》记载："凡太庙、太社及诸宫殿门，东宫及一品已下、诸州门，施戟有差：凡太庙、太社及诸宫殿门，各二十四戟；东宫诸门，施十八戟；正一品门，十六戟；开府仪同三司、嗣王、郡王、若上柱国·柱国带职事二品已上及京兆·河南·太原府、大都督、大都护门，十四戟；上柱国·柱国带职事三品已上、中都督府、上州、上都护门，十二戟；国公及上护军·护军带职事三品，若下都督、中·下州门，各十一戟。"（第 116 页）此即所谓唐朝列戟之制见于唐人文献最完整者。有关列戟的研究，可参见夏晓臻《唐代荣戟制度考述》，《东南文化》1994 年第 6 期，第 28 ～ 30 页；申秦雁《唐代列戟制探析》，《陕西历史博物馆馆刊》第 1 辑，西安：三秦出版社，1994 年，第 60 ～ 66 页。

为 ZLJ Ⅲ F1、ZLJ Ⅲ F2。两者形制相同，皆呈平台形房基。以 ZLJ Ⅲ F1 为例，房基表面已被破坏得不甚平整，在距南壁 0.9、西壁 0.85 米处和距南壁 3.6、东壁 1 米处各残留一石柱础，柱础表面磨光，无中心柱孔，边长 0.3 米左右。按柱础的位置推算，ZLJ Ⅲ F1 为南北面阔三间、每间 2.25 米；东西进深一间，进深 2.95 米。未见有夯土墙痕迹，应为四面敞开状。其夯筑平台周包砌砖，底部绕散水 [1]。可能是根据与双阙的相对位置，发掘者推测为列戟廊房。

哀帝温陵初并无陵邑，后始增之。《唐会要》卷二《帝号下》云："后唐明宗初就故陵（温陵）置园邑。"[2] 说明温陵初建时并无置陵邑，五代后唐时始置，所谓陵园五代后唐时称为园邑。

陵垣墙面原系朱色。1963 年 7 月调查桥陵时，不少处发现夯筑垣墙的白灰墙皮涂有朱色，有些地方仍在墙上 [3]。1984 年 5～6 月调查崇陵时亦有发现 [4]。1998 年 8 月，在献陵陵垣的东北角保存的一段矮墙上，仍然可以看出涂有朱色的白灰墙皮。根据考古勘察情况，推测唐陵陵墙的建筑形式大概有如下两种情况，即石条砌筑基础，其上为夯墙；或直接为夯墙 [5]。

昭陵北司马门的主题建筑经 2002 年度的考古发掘已趋清楚，但是，该区域的建筑恐怕并非只是这些。1982 年，昭陵博物馆的钻探资料表明，清代"山门外起台阶处向北 1224 处有一东西向砖基，平顺砖，东西残长 910，全为唐砖。向北 85 处有东西向石条"[6]。测量的单位皆为厘米，其中所言砖基，昭陵博物馆初步判断为照壁，亦即屏。联系天子树屏的制度，我们不排除唐代曾在此修建一个"屏"的可能性。

1974 年，在建陵朱雀门门狮东侧约 7 米和白虎门西南约 140 米处分别出

---

[1] 陕西省考古研究所、昭陵博物馆：《2002 年度唐昭陵北司马门遗址发掘简报》，《考古与文物》2006 年第 6 期，第 7 页。

[2] 《唐会要》，第 18 页；又见于《旧唐书》卷二○下《哀帝本纪》，第 811 页。

[3] 雒忠如等：《唐桥陵调查简报》，《文物》1966 年第 1 期，第 43 页。

[4] 刘随群：《唐崇陵调查简报》，《文博》1997 年第 4 期，第 12 页。

[5] 周明：《陕西关中唐十八陵陵寝建筑形制初探》，《文博》1994 年第 1 期，第 65 页。

[6] 昭陵博物馆：《1982 年 10 月 16 日量祭坛有关尺寸》第⑬条。

土石质马首人身俑和猴首人身俑，其高 42 厘米，下连石座[1]。这是目前发现的唐代帝陵放置生肖俑的首例，为研究唐代陵寝制度增添新旨趣。S.2263《葬录》卷上"置石碑兽法"条云："石碑去门十步，石羊去碑七步，石柱去石羊七步，石人去柱七步，自余诸兽依十二辰位消息置之，其墓田亩数大小步数安之。"引文中依十二辰位消息安置的"诸兽"应是指十二生肖俑，亦即可以推测建陵此套石俑的存在。值得注意的是，在巩县宋陵陵区也发现有十二时石刻，埋藏在神墙以外的地下。由此或可推论此为唐宋帝陵的一项制度，其意应与晚唐、五代北方地区墓葬在墓壁内部装饰一圈十二时像的葬俗大同[2]。已经发掘的靖陵便在墓室壁面小龛和甬道小龛绘制十二生肖壁画，可证。新罗金庾信墓、第 38 代元圣王金敬信（785～798 年在位）挂陵以及高丽太祖王建（877～943 年在位）显陵和日本元明天皇（661～721 年）山陵都发现有十二生肖石刻[3]。金庾信将军陵墓四周围绕十二生肖石刻浮雕神像；挂陵封土下部有一圈护石，其上雕刻有十二生肖像，现有一残缺不存；而日本元明天皇山陵则将十二辰俑矗立于地面，可谓另一种变形。这是唐时新罗、日本宗教受到中土道教雷法影响所致。

1943 年，于桥陵南墙外东侧石狮之南数米处发现南方镇墓石一方；20 世纪 80 年代，又于陵墙西门外北侧石狮背后发现北方镇墓石一方[4]。前者言及睿宗肃明圣皇后刘氏、昭成顺圣皇后窦氏二皇后陪葬桥陵一事。20 世纪后期，曾于中宗定陵东神门发现中央、东方二方中宗镇墓石[5]。

1978 年，昭陵陵园区内曾发现一罐唐代铜钱，共约 3000 枚[6]。其中以"开

[1] 李浪涛：《唐肃宗建陵出土石生肖俑》，《文物》2003 年第 1 期，第 95～96 页。

[2] 宿白：《关于河北四处古墓的札记》，《文物》1996 年第 9 期，第 62 页；秦大树：《宋代丧葬习俗的变革及其体现的社会意义》，《唐研究》第 11 卷，第 328 页注〔78〕。

[3] 〔日〕内藤虎次郎：《隼人石と十二支神象とに就きて》，所撰《読史叢録》，京都：弘文堂，1929 年，第 427～431 页。

[4] 王世和、楼宇栋：《唐桥陵勘查记》，《考古与文物》1980 年第 4 期，第 60～61、69 页。案，西安乔连学亦收藏到一方睿宗窦氏皇后的镇墓石，详见惠毅《西安新发现大唐睿宗黄天真文镇墓刻石》，《西北大学学报》（哲社版）2008 年第 1 期，第 47 页，封三。

[5] 姜捷：《关于定陵陵制的几个新因素》，《考古与文物》2003 年第 1 期，第 72～73 页。

[6] 孙东位：《昭陵出土唐代铜钱》，《考古与文物》1987 年第 1 期，第 111 页。

元通宝"数量最多，尚有"乾元重宝"五种。汉代陵园有瘗钱的习俗，如《史记》便记载了汉文帝霸陵陵园瘗钱被盗之事[1]，《新唐书》卷一〇九《王屿传》亦载"汉以来葬丧皆有瘗钱，后世里俗稍以纸寓钱为鬼事"[2]。故而或可推测昭陵陵园区内发现的这些铜钱是唐太宗昭陵陵园瘗钱。宋裴骃《史记集解》云"瘗埋钱于园陵以送死"[3]，宋叶庭珪也持该意见[4]。唐封演于所撰《封氏闻见记》卷六"纸钱"条总结道：

> 今代送葬为凿纸钱，积钱为山，盛加雕饰，异以引柩。
>
> 按，古者享祀鬼神有圭璧币帛，事毕则埋之。后代既宝钱货，遂以钱送死。《汉书》称"盗发孝文园瘗钱"是也。
>
> 率易从简，更用纸钱。纸乃后汉蔡伦所造，其纸钱魏、晋以来始有其事。今自王公逮于匹庶，通行之矣。
>
> 凡鬼神之物，取其象似，亦犹涂车刍灵之类。古埋帛；今纸钱则皆烧之，所以示不知神之所为也。[5]

实际情况则是，纸钱出现的年代不晚于南北朝后期，但见于吐鲁番阿斯塔那地区高昌时期的墓葬中，其中 521 号墓内的纸钱为目前所见最早的实物，该墓与出土有建昌二年（556 年）墓志的 522 号墓为同时代[6]。而中原地区焚烧纸钱，恐与王屿有莫大之关系。王屿，《旧唐书》本传云："王屿，少习礼学，博求祠祭仪注以干时。开元末，玄宗方尊道术，靡神不宗。屿抗疏引古今祀典，请置春坛，祀青帝于国东郊，玄宗甚然之，因迁太常博士、侍御史，充祠祭使。

---

[1]　《史记》卷一二二《酷吏列传》，第 3142 页。

[2]　《新唐书》，第 4107 页。

[3]　《史记》卷一二二，第 3143 页。

[4]　《海录碎事》卷一〇下"瘗钱"条亦云："埋钱于园林（陵）以送死也"，第 552 页。

[5]　〔唐〕封演：《封氏闻见记校注》，赵贞信校注，第 60～61 页。

[6]　陆锡兴：《唐宋时期的纸钱风俗》，《文史知识》2010 年第 4 期，第 76～77 页。所举墓葬情况可参见新疆维吾尔自治区博物馆、西北大学历史系考古专业《1973 年吐鲁番阿斯塔那古墓发掘简报》，《文物》1975 年第 7 期，第 9 页。

玙专以祠事希幸，每行祠祷，或焚纸钱，祷祈福佑，近于巫觋，由是过承恩遇。
肃宗即位，累迁太常卿，以祠祷每多赐赍。"[1]对于纸钱的出现与使用，朱熹
认为"汉祭河用御龙、御马，皆以木为之，此已是纸钱之渐。纸钱起于玄宗时
王玙。盖古人以玉币，后来易以钱。至玄宗惑于王玙之说，而鬼神事繁，无许
多钱来埋得，玙作纸钱易之"[2]。王玙之后，纸钱渐行。此风之下，唐陵陵园
瘗钱以纸钱替代铜钱恐非不可能之事。

　　唐人认为柏树可驱食肝之罔象。《酉阳杂俎》前集卷一三"尸穸"条云：
"《周礼》：方相氏驱罔象。罔象好食亡者肝，而畏虎与柏。墓上树柏，路口
致（置）石虎，为此也。"[3]故唐陵陵园种植柏树而称"柏城"兼以示封域。
《唐会要》卷二〇"陵议"条："以陵寝经界，在柏城之内，非远于陵也。"[4]
恒山愍王李承乾墓志（略云）："贞观十七年十月一日（643年11月17日）
薨，开元廿五年十二月八日（738年6月20日）奉（下空）敕官供陪葬（下空）
昭陵柏城内京兆府醴泉县安乐乡普济里东赵村，西北去（下空）陵一十八里。"
《元和郡县图志》卷一《关内道一》"京兆府上奉先县"条，云："惠文太子
陵，在桥陵东三里。并在柏城内。"[5]《新唐书》卷七七《后妃列传下》略云：
"宣帝即位，葬贤妃王氏端陵之柏城。"[6]白居易曾有"陵上有老柏，柯叶寒
苍苍"[7]的诗句描述乾陵柏树。让皇帝李宪惠陵周围曾广植翠柏巨槐，称为"柏

---

[1] 《旧唐书》卷一三〇《王玙传》，第3617页。

[2] 〔宋〕黎靖德编《朱子语类》卷一三八《杂类》，王星贤点校，北京：中华书局，1994年，第3287页。

[3] 《酉阳杂俎》前集卷一三"尸穸"条，第123页；又《炙毂子杂录》（《说郛三种》卷四三，第
　　700页下栏）"羊虎"条引《杂录》云："后汉太尉杨震葬日入圹驱罔象。罔象好食亡者肝脑，人
　　家不能制，为方相立于墓侧；而罔象畏虎与柏，故墓上树柏，墓前立虎。或说陈仓人掘地得物，若
　　羊非羊，献之道。逢二童子谓此名为媪，常在地中食亡人脑，若欲杀之，以柏东南枝插其首。由是
　　墓前皆树柏。以二说各异，未知孰是。"《封氏闻见记》卷六"羊虎"条所载稍异。详见〔唐〕封
　　演《封氏闻见记校注》，赵贞信校注，第59页。

[4] 《唐会要》，第461～462页；《唐会要》卷二〇"陵议"条："昭陵柏城"，第463页；又见于
　　《新唐书》卷二〇〇《韦彤传》（第5709页）云："它陵（寝宫）皆在柏城，随便营作，不越封兆，
　　力省易徙。"

[5] 《元和郡县图志》，第9页。

[6] 《新唐书》卷七七《后妃下》，第3510页。该陪葬墓至今尚未发现。

[7] 〔唐〕白居易：《白居易集》卷一《文柏床》，顾学颉校点，北京：中华书局，1996年，第26页。

城"。民国初年尚有古柏百余株，合围者居多，当地人称"云柏"[1]。《唐会要》卷二一"诸陵杂录"条云：

> 会昌二年四月二十三日敕节文："诸陵柏栽，今后每至岁首，委有司于正月、二月、七月、八月四个月内，择动土利便之日，先下奉陵诸县，分明榜示百姓，至时与设法栽植。毕日，县司与守茔使同检点，据数牒报，典折本户税钱。"[2]

可见，唐陵陵园种植柏树之举是毋庸置疑的。故此，兆域又称柏寝[3]。按，北宋官修《地理新书》卷一四《阡陌顷亩篇》"顷亩合吉穴法"条云："凡茔域过大于居宅者，凶。欲其宽大者，内方四面可种松柏，令其狭小者吉。"[4] 同书卷一五《杂忌篇》"送葬"条云："凡柩木用豫、樟、楸、柏吉，杨柳凶。"[5] 敦煌文书 S.2263《葬录》卷上云："若墓田穴隘吉。"可知松、柏、楸（檟）都是丧葬中表示吉祥的树木，且陵墓植松布柏不只如一般所说系为形成肃穆气氛，还是避害就利的一种阴阳之术[6]。这种做法也见于此后历代帝陵陵区。

那么，是不是唐陵陵区便没有其他树种呢？

《隋唐嘉话》云：

> 司稼卿梁孝仁，高宗时造蓬莱宫，诸庭院列树白杨。将军契苾何力，铁勒之渠率也，于宫中纵观。孝仁指白杨曰："此木易长，三数年间宫中可荫映。"何力一无所应，但诵古人诗云："白杨多悲风，萧萧愁杀人。"

[1] 王仲谋、陶仲云：《唐让皇帝惠陵》，《考古与文物》1985 年第 2 期，第 108 页。

[2] 《唐会要》，第 488 页。

[3] 〔唐〕高彦休：《唐阙史》卷上"真（贞）陵开山"条，《唐五代笔记小说大观》（下册），第 1343 页。

[4] 《图解校正地理新书》，第 443 页。

[5] 《图解校正地理新书》，第 468 页。

[6] 冯继仁：《北宋皇陵建筑构成分析》，北京大学考古系编《考古学研究》（二），北京大学出版社，1994 年，第 232 页。

　　意谓此是冢间墓木，非宫中所宜种。孝仁遂令拔去，更树梧桐也。[1]

引文明确指出白杨为冢间树木，可知冢墓间种植白杨亦为唐时风俗。在大中五年（851年）太常礼院议私庙奏文中表示反对在百官居处旁立庙。《唐会要》卷一九"百官家庙"条云："今若缘南路不欲令置私庙，却令居处建立庙宇，即须种植松柏及白杨树，近北诸坊，窃恐非便。"[2] 则家庙中也要种植松柏和白杨，而这些树是不宜种在居民密集的坊中，更不容临近宫阙的[3]。

　　实际上，唐代冢墓间尚有梧楸、槐树等。《玄怪录》卷二"顾总"条便说"岂意十余年，陵寝梧楸寒"[4]。又据《唐会要》卷二八《祥瑞上》记载：

　　〔兴元元年（784年）〕先天观玄元皇帝太后陵槐树下，有灵泉涌出。[5]

不过，唐陵有意种植白杨、梧楸、槐树与否至此尚需进一步考证。根据贞观二十年（646年）唐太宗诏令"其有父祖陪陵，子孙欲来从葬者，亦宜听允"[6]，岑仲勉认为"推太宗之定制，则平民有时亦得与帝王同其葬地"[7]。唐代复有兆域内古坟不毁的令文，若此，即便唐陵柏城没有种植白杨，也不能轻易否定陪葬墓区有意种植这些树种的可能。

　　东汉纬书有关于坟墓高度和种树种类的等级规定，《礼含文嘉》说："天子坟高三仞，树以松；诸侯半之，树以柏；大夫八尺，树以栾；士四尺，树以槐；庶人无坟，树以杨柳。"[8] 事实上，这种规制与汉代的实际情况并不相同。

---

[1]　〔唐〕刘𫗧撰，程毅中点校：《隋唐嘉话》卷中，《隋唐嘉话·朝野佥载》，第29～30页。

[2]　《唐会要》卷一九，第453页。

[3]　傅熹年主编《中国古代建筑史》第二卷《两晋、南北朝、隋唐、五代建筑》，第416页。

[4]　《玄怪录》，《玄怪录·续玄怪录》，第44页。

[5]　《唐会要》卷二八《祥瑞上》，第622页。

[6]　《全唐文》卷八"太宗·赐功臣葬地诏"条，第96页上栏；《新唐书》卷二《太宗本纪》记载贞观二十年八月"丁亥（646年10月12日），许陪陵者子孙从葬"，第45页。

[7]　岑仲勉：《隋唐史》，石家庄：河北教育出版社，2000年，第135页。

[8]　《礼含文嘉》，〔日〕安居香山、中村璋八辑《纬书集成》（中），石家庄：河北人民出版社，1994年，第503页。

纬书所说的高度只有汉制的五分之一，很可能是根据战国的礼制而加上理想化的成分；同样的，纬书所说的墓地种树种类的等级规定，可能也是一种理想的制度，并未真正实行，汉时黄帝陵园和民间冢墓都以种柏树为主。战国时代也只有墓地种树多少的等级制[1]。《唐会要》卷二一"陪陵名位"条云：

> 元和九年五月，左金吾卫大将军郭钊奏："亡祖故尚父子仪，陪葬建陵，欲于坟所种植楸松。"敕："如遇年月通便，陵寝修营，宜令所司，许其栽种。"[2]

可见唐陵陪葬墓地是种植有梧楸的。陵园内种植的松、柏、枳橘和檟树（即楸树）皆属"嘉木"之列[3]。但是，从这条记载也可以推知唐王朝对陪葬墓的栽种是有严格管理的，同样要经过王朝批准方可，不得自行栽种。国家对山陵的管理自然极其严格。

柏城四面各三里，其内不得另有安葬[4]，而功臣密戚请陪陵葬者听之。《天圣令·唐丧葬令》云："先代帝王陵，并不得耕牧樵采"、"先皇陵，皆置留守，领甲士，与陵令相知巡警。左右兆域内，禁人无得葬埋，古坟则不毁"[5]。

山陵兆域与太庙一样不得阑入。此外，唐政府严加惩处山陵兆域失火者。《唐律疏议》卷二七《杂律下》"山陵兆域内失火"条载：

> 诸于山陵兆域内失火者，徒二年；延烧林木者，流二千里；杀伤人者，减斗杀伤一等。其在外失火而延烧者，各减一等。
>
> 【疏】议曰：……。然山陵兆域之所，皆有宿卫之人，而于此内失火者，徒二年。延烧兆域内林木者，流二千里。杀伤人者，减斗杀伤一等。

---

[1] 杨宽：《中国古代陵寝制度史研究》，第159～160页。

[2] 《唐会要》，第484页。

[3] 冯继仁：《北宋皇陵建筑构成分析》，《考古学研究》（二），第230～232页。

[4] 《资治通鉴》卷二二九"灵武留后"条胡注引宋白曰，第7369～7370页。

[5] 吴丽娱：《唐丧葬令复原研究》，载天一阁博物馆、中国社会科学院历史研究所天圣令整理课题组校证《天一阁藏明钞本天圣令校证（附唐令复原研究）》，北京：中华书局，2006年，第709页。

"其在外失火",谓于兆域外失火,延烧兆域内及林木者,"各减一等",谓延烧兆域内,徒二年上减一等;若延烧林木者,流二千里上减一等。[1]

（二）寝 宫

建中"二年（781年）二月,复肃宗神座于寝宫。先是宝应二年（763年）,西戎犯京师焚毁建陵之寝室,至是始创复焉"[2],可见寝宫中有供奉先帝神座之场所。但是,寝宫之中具体有哪些建筑? 先帝神座在其中的哪座建筑中供奉?

献陵陵园以北距北门址180米处或为寝宫建筑群[3]。《资治通鉴》卷二三九"十一月,寿州刺史李文通奏败淮西兵"条载元和十年十一月"戊寅（815年12月15日）,盗焚献陵寝宫永巷"[4],知献陵寝宫中有永巷,可见其规模之大。

史载,永泰元年二月"戊寅（765年3月12日）,党项羌寇富平,焚定陵寝殿"[5]。又权德舆曾说"寝宫便殿,虔奉衣冠"[6]。《汉书》卷七三《韦玄成传》载:"〔陵〕园中各有寝（殿）、便殿。日祭于寝,月祭于庙,时祭于便殿。寝,日四上食;庙,岁二十五祠;便殿,岁四祠。又月一游衣冠"[7],唐人颜师古注曰:"凡言便殿、便室者,皆非正大之处。寝者,陵上正殿,若平生露寝矣。便殿者,寝侧之别殿耳。"[8]可见,寝宫包含有寝殿、便殿等建筑,在帝陵祭祀中功能各有不同。据研究,寝宫起着"寝"和"庙"的双重作用。

---

[1] 《唐律疏议》,第508～509页。

[2] 《册府元龟》卷三〇《帝王部·奉先》三,第329页上栏。可参见《唐会要》卷一七"庙灾变"条,第411页。

[3] 陕西省考古研究院:《唐高祖献陵陵园遗址考古勘探与发掘简报》,《考古与文物》2013年第5期,第31～44页。

[4] 《资治通鉴》,第7719页。又《册府元龟》卷一五三《帝王部·明罚第二》（第1854页下栏）亦云:"〔元和十年,815年〕十一月戊寅盗焚献陵寝宫永巷,陵台令武金益以无备罚一月俸,官吏节级科罚。"

[5] 《旧唐书》卷一一《代宗本纪》,第278页。

[6] 《全唐文》卷四八四《中书门下贺八陵修复毕表》,第4949页下栏。

[7] 《汉书》,第3115～3116页。

[8] 《汉书》,第3116页注〔三〕。

有便殿者为"庙"，无便殿者为"寝"。寝宫这组建筑群总称也可称为"庙"或"署"[1]。寝殿应是供奉先帝神座之场所，寝宫放置先帝先后服御之物。此见于前引《旧唐书》卷二五《礼仪志》：

> 贞观十三年正月乙巳（639年2月9日），太宗朝于献陵。……礼毕改服入于寝宫，亲执馈，阅视高祖及先后服御之物，匍匐床前悲恸。

前文言及唐陵司马院院亦称上宫，上宫建有衙殿和行墙。唐制，天子居曰"衙"，行曰"驾"，皆有卫有严[2]。唐人颜师古认为："寝者，陵上正殿，若平生露寝矣。"[3]据此可推知衙殿应便是放置灵位的主殿，亦即寝殿[4]。

永徽六年正月一日（655年2月12日），唐高宗亲谒昭陵，"降辇易服，行哭就位，再拜擗踊。礼毕，又改服，奉谒寝宫。其崇圣宫妃嫔，大长公主以下，及越、赵、纪三国太妃等，先于神座左右侍列，如平生。"[5]可知，昭陵寝宫又称"崇圣宫"。唐昭陵文帝昭容韦尼子墓志亦称"薨于崇圣宫"，亡宫五品墓志云"卒于昭陵宫"。由此看来寝宫有可能称为崇圣宫或某陵宫。但不知这一叫法是否可以扩充到其他帝陵的寝宫。唐天宝年间安禄山叛乱，杜甫避乱经过蒲城，有咏桥陵的长诗三十韵，诗中有"宫女晚知曙，祠官早见星"[6]。"祠官"应是桥陵寝宫里负责祭祀的官员。

前引《旧唐书》卷二五《礼仪志》云：

> 贞观十三年正月乙巳（639年2月9日），太宗朝于献陵。先是日，宿卫设黄麾仗周卫陵寝，至是质明，七庙子孙及诸侯百僚、蕃夷君长皆陪

---

[1] 周明：《陕西关中唐十八陵陵寝建筑形制初探》，《文博》1994年第1期，第73页。

[2] 《新唐书》卷二三上《仪卫志上》，第481页。

[3] 《汉书》，第3116页注〔三〕。

[4] 周明认为衙殿当指"寝宫南门"。详见周明《陕西关中唐十八陵陵寝建筑形制初探》，第74页。

[5] 《唐会要》卷二〇"亲谒陵"条，第464页。

[6] 〔唐〕杜甫：《杜诗详注》卷三《桥陵诗三十韵因呈县内诸官》，〔清〕仇兆鳌注，北京：中华书局，1979年，第233页。

列于司马门内。皇帝至小次，降舆纳履，哭于阙门，西面再拜，恸绝不能兴。礼毕改服入于寝宫，亲执馔，阅视高祖及先后服御之物，匍匐床前悲恸。左右侍御者莫不歔欷。

永徽六年正月一日（655 年 2 月 12 日），唐高宗亲谒昭陵，

> 文武百官，宗室子孙并陪位。上（高宗）降辇易服，行哭就位，再拜辟踊。礼毕，又改服，奉谒寝宫。其常圣宫妃嫔，大长公主以下，及越、赵、纪三国太妃等，先于神座左右侍列，如平生上入寝，哭踊，绝于地。进至东阶，西面再拜。号恸久之，乃进太牢之馔，加珍羞具品，引太尉无忌、司空勣、越王贞、赵王福、曹王明及左屯卫将军程知节，并入执爵进俎。上至神座前，拜哭奠馔，阅先帝先后衣服，拜辞讫。行哭出寝北门，乃御小辇还宫。[1]

又开元十七年十一月十六日（729 年 12 月 12 日），唐玄宗朝于昭陵，“及上（玄宗）入寝宫，闻室中謦咳之音。上又令寝宫门外设奠，以祭陪陵功臣将相萧瑀、房玄龄等数十人，如闻其抃蹈之声”[2]。

唐太宗、高宗、玄宗谒陵时，都是先在寝殿门外设奠，然后再进入寝殿至神座前，拜哭奠馔，阅先帝先后衣服。这表明在寝殿正门（南门）外还有一处祭奠的专用场所[3]。据研究，巩县宋陵献殿之前便有拜台。今在永熙陵南神门内发现的南北长 5.96 米、东西宽 2.78 米的大石板，若非献殿内当心间地面铺石（供祭拜用），则即为献殿之前拜台铺石[4]。唐陵寝殿之前当也有拜台的类似设施，惜其名称已不得而知。

这里需要说明的是，在唐代文献中不见唐陵中有献殿的记载和说法，“献殿”一词始见于宋代文献。比较唐宋帝陵的结构布局，不难判断唐陵寝殿便是

---

[1] 《唐会要》卷二〇“亲谒陵”条，第 464 页。

[2] 《唐会要》卷二〇“亲谒陵”条，第 464 ～ 465 页。

[3] 周明亦认为寝宫南门也有祭祀之用。详见周明《陕西关中唐十八陵陵寝建筑形制初探》，《文博》1994 年第 1 期，第 74 页。

[4] 冯继仁：《巩县宋陵献殿的复原构想》，《文物》1992 年第 6 期，第 65 ～ 66 页。

宋陵之献殿。尽管唐陵寝殿建筑早已荡然无存，但是考古发现还是映衬出其规模之宏大。1964 年，在昭陵南司马门内寝殿处出土一大型鸱尾[1]，高 1.5、底长 1.0、宽 0.65 米，重约 150 公斤。20 世纪 70 年代，在唐肃宗建陵南门石蹲狮西侧出土一件中唐时期的灰陶质兽面脊头瓦，这种兽面瓦一般用在屋面的垂脊端头[2]，应是建陵寝殿建筑附件。

　　为了搞清昭陵寝宫宫城的总体布局和结构，2005 年，陕西省考古研究所对遗址做了钻探、调查和局部试掘。通过钻探发掘得知，昭陵寝宫为一组完整的宫殿建筑，外周是近长方形的宫城城墙，南北长 304 米，东西宽 238.5 米，夯土城墙厚 2.5 米左右，外表原有白灰墙皮，顶部覆瓦。寝宫北部用一道东西向内城墙隔出南北宽 47.5 米的夹城。城墙西北拐角为弧形连接，西南拐角外有放大加宽的护坡。宫城东西两面没有发现城门，南北两面辟有城门，夹城城墙上与北门相对的位置又开设一座重门。三座门址虽破坏较为严重，但总体结构仍然大体可辨，门基址均为包砖的夯土台，结构为庑殿式，与陵园北司马门已发掘的门址结构大体相同。城墙范围内经初步钻探，发现了纵横分布的夯土墙体遗迹和大量砖瓦堆积。本次考古还对陵园南司马门遗址进行了发掘，也取得丰厚的收获[3]。我们期待着资料的全面刊布。

　　东汉明帝显节陵、章帝敬陵、和帝慎陵、安帝恭陵、顺帝宪陵等诸陵陵山皆是"无周垣，为行马，四出司马门，石殿、钟虡在行马内，寝殿、园省在东园寺，吏舍在殿北"[4]。东汉陵园陵前建石殿的这种布局，对后世的影响很大，唐陵司马院南司马门之内献殿（案，即寝殿、寝庙），其建筑设计便源于此[5]。这种献殿在前，陵寝在后的布局和宗庙前庙后寝的建制相同。

---

[1] 允时：《全国重点文物保护单位——昭陵》，《文物》1977 年第 10 期，第 60 页。

[2] 李浪涛：《唐肃宗建陵出土一件兽面脊头瓦》，《考古与文物》2006 年第 5 期，第 112 页。

[3] 呼延思正、朱旨昂：《昭陵考古有新进展 唐代皇陵寝宫气势宏大》，http://www.chinanews.com.cn/news/2005/2005-03-09。

[4] 〔宋〕徐天麟：《东汉会要》卷七"帝陵"条，北京：中华书局，1955 年，第 71 页。

[5] 刘敦桢：《大壮室笔记（西汉陵寝·东汉陵寝）》，《中国营造学社汇刊》（1932 年）第 3 卷第 4 期，第 111 页；徐苹芳：《中国秦汉魏晋南北朝时代的陵园和茔城》，《考古》1981 年第 6 期，第 524 页，后以《秦汉魏晋南北朝时代的陵园和茔城》为名，收入所撰《中国历史考古学论丛》，第 265 页。其文称"唐宋以后的享（献）殿或棱恩殿，皆源于此"。

（三）壖　垣

唐陵陵园中，还有一项重要的建制，这就是壖垣。《新唐书》卷一四《礼乐志》云：

> 〔开元〕十七年（十一月十日）（729 年 12 月 4 日），玄宗谒桥陵，至壖垣西阙下马，望陵涕泗，行及神午门，号恸再拜。且以三府兵马供卫，遂谒定陵、献陵、昭陵、乾陵乃还。[1]

故知。"壖"是我国古代建筑的一个重要制度，为古代城邑、陵墓及宗教等建筑布局的一个有机组成部分，极具研究旨趣。揆诸秦汉简牍，言及壖、垣的大概有：

见于龙岗秦简的有一八号简：

> 城旦春其追盗贼、亡人，追盗贼、亡人出入禁苑奂（？）者得迎□∅ [2]

又二七号简：

> 诸禁苑为奂（壖），去苑卅里，禁毋敢取奂（壖）中兽，取者其罪与盗禁中 [同]∅ [3]

又二八号简：

> 诸禁苑有奂（壖）者，□去奂（壖）廿里毋敢每（谋）杀□……敢每

---

[1]　《新唐书》，第 364 页。具体时间据《唐会要》卷二〇"亲谒陵"条补，第 464 页。

[2]　中国文物研究所、湖北省文物研究所编《龙岗秦简》，北京：中华书局，2001 年，第 78 页。

[3]　《龙岗秦简》，第 82 页。

（谋）杀……▨[1]

又一二一号简：

盗徙封，侵食冢庐，赎耏；□□宗庙奰（壖）▨[2]

又五号简：

关。关合符，及以传书阅入之，及言□佩〈佩〉入司马门久（？）▨[3]

又睡虎地秦墓竹简之《法律答问》一八六号简：

越里中之与它里界者，垣为"完（院）"不为？巷相直为"院"，宇相直者不为"院"。[4]

胡平生对"壖"曾有辩证，迻录于兹：

奰，通"壖"，亦作"堧"、"壖"。壖，本指城边或河边的空地，后特指宫殿、宗庙、禁苑等皇家禁地的墙垣外专设的一片空地，作为一条"隔离地带"，壖地边缘，或建有墙垣。《说文》田部："堧，城下田也。一曰，堧，却地。"段《注》："所谓附郭之田也。张晏云，城旁地也。……《河渠书》、《沟洫志》皆云：故尽河堧弃地。韦昭曰：河堧，谓缘河边地。《食货志》：赵过试以离宫卒田其宫堧地。师古曰：堧，余地。《史记·五宗世家》：临江王侵庙堧垣为宫。《史记·晁错》、《汉书·申徒嘉传》、《晁错传》皆云：错凿太上皇庙堧垣。古者庙有垣，垣外有堧，

[1]　《龙岗秦简》，第83页。

[2]　《龙岗秦简》，第112页。

[3]　《龙岗秦简》，第72页。

[4]　睡虎地秦墓竹简整理小组：《睡虎地秦墓竹简》，北京：文物出版社，1990年，第137页。

堧之竟复有垣以阑之。是为堧垣。临江王、晁错皆侵毁堧垣者也。堧者，河外、宫庙外沿边隙地也。"[1]

可见，堧是一个过渡地带。堧地边缘，或建有墙垣，且不得阑入。

堧垣这个制度到了唐代仍然存在，而且它的意义没有发生变化。它不仅见于大唐的长安城，同时还见于河东、西域的庙宇。《唐摭言》卷一五载：

> 进士旧例于都省考试，南院发榜 _{南院乃礼部主事受领文书于此，凡板样及诸色条流，多于此列之} 张榜墙乃南院东墙也。别筑起一堵，高丈余，外有堧垣。未辨色，即自北院将榜就南院张挂之。元和六年，为监生郭东里决破棘篱 _{篱在垣墙之下，南院正门外亦有之} 坼裂文榜，因之后来多以虚榜自省门而出，正榜张亦稍晚。[2]

当时在南院东前外因发榜专门砌了一堵张榜墙，又在该墙的外面用棘篱做成堧垣以防止观者越入。在南院正门外也有用棘篱做成堧垣。

在河东及西域的庙宇也可见堧垣这种附属建筑形式。《太平广记》卷三二"颜真卿"条引《仙传拾遗》等云：

> 河东有郑延祚者，母卒二十九年，殡于僧舍堧垣地。[3]

又《大唐西域记》卷八云：

> 〔鞮罗释迦伽蓝〕庭宇四院，……中门当涂有三精舍，上置轮相，铃铎虚悬；下建层基，轩槛周列。户牖栋梁，堧垣阶陛，金铜隐起，厕间庄严。[4]

---

[1] 《龙岗秦简》，第82页二七号简注释〔一〕。考证详见胡平生《云梦龙岗秦简"禁苑律"中的"堧"（墙）字及相关制度》，《江汉考古》1991年第2期，第61～63页；后收入《龙岗秦简》，第170～172页。

[2] 〔五代〕王定保：《唐摭言校注》，姜汉椿校注，上海社会科学院出版社，2003年，第293页。

[3] 《太平广记》，第206页。

[4] 〔唐〕玄奘、辩机：《大唐西域记校注》，季羡林等校注，北京：中华书局，1985年，第650页。

同书卷八又云：

> 正门东辟，对尼连禅河，南门接大花池，西阨险固，北门通大伽蓝。墙垣内地，圣迹相邻，或窣堵波，或复精舍，并赡部洲诸国君王、大臣、豪族钦承遗教，建以记焉。[1]

同书卷九云：

> 胜密火坑东北，山城之曲，有窣堵波，是时缚迦大医。^{旧曰耆婆讹也。} 于此为佛建说法堂，周其墙垣，种植花果，余趾蘖林，尚有遗迹。[2]

这说明墙垣是当时极为普遍的建筑布局方式，此至宋代仍然。《宋朝事实》卷六"太庙戟门"条：

> 太常礼院言：天子宗庙，皆有常制。今太庙之南门立戟，即庙正门也。又有外墙棂星门，即汉时所谓墙垣，乃庙之外门也。昨新建面西墙门，原在通衢，以止车马之过庙者，其臣僚下马，宜勿禁，从之。初，知宗正丞赵恭和言：今庙墙短，而去民居近，非所以严宗庙，请别为复墙，以觊羸之。故又设面西之门，然而非制也。[3]

在城邑及宗庙建筑中，墙垣的用材有两种，即除了通常的建筑用材之外，更多的还有使用棘篱或者竹篱、木篱的。

张家山汉墓竹简 [二四七号墓] 之 "二年律令·律关令" 四九五号简云：

---

[1] 《大唐西域记校注》，第 668 页。

[2] 《大唐西域记校注》，第 723 页。

[3] 〔宋〕李攸：《宋朝事实》，《丛书集成初编》据聚珍版丛书排印，册 0833，北京：中华书局，1985 年，第 97 ～ 98 页。

□、相国、御史请缘关塞县道群盗、盗贼及亡人越关，垣离（篱）、格堑、封刊，出入塞界，吏卒追逐者得随出入服迹穷追捕。令_{四九四}将吏为吏卒出入者名籍，伍人阅具，上籍副县廷。事已，得道出入所。出人盈五日不反（返），伍人弗言将吏，将吏弗劾，皆以越塞令论之。[1]

文中的离是指以柴竹等做的藩篱，格堑是指用作边界的深沟，而封刊则是作为边界标志的树木[2]。用深沟作为边界的做法还见于汉长安城。《古今注》上《都邑第二》"阙"条云：

> 长安御沟谓之杨沟，谓植高杨于其上也。又曰羊沟，谓羊喜能触墙垣，故为沟以隔之，故曰羊沟。[3]

这些表现形式在唐长安城中一仍其旧。前引《唐摭言》卷一五记载了唐时南院东外张榜墙及正门外面用棘篱做成墙垣以防止观者越入。从《唐律疏议》的有关记载也可以了解到这种建筑方式。《唐律疏议》卷五云：

> 即强盗及奸，略人为奴婢，犯阑入，若逃亡及私度、越度关栈垣篱者，亦无首从。
>
> 疏议曰：……关谓检判之处，栈谓堑栅之所，垣谓宫殿及府廨垣墙，篱谓不筑墙垣、唯以藩篱为固之类。[4]

唐代长安城中有些坊市便是以篱为垣墙的，甚至有些县城的边界也是如此。《唐律疏议》卷八云：

---

[1] 张家山二四七号汉墓竹简整理小组：《张家山汉墓竹简 [二四七号墓]》，北京：文物出版社，2001 年，第 206 页。

[2] 张家山汉墓竹简 [二四七号墓] 之 "二年律令·田律" 二四五号简所记谷巷，疑指溪水旁的小路；树巷，树木间的小路（《张家山汉墓竹简 [二四七号墓]》，第 166 页）。这给我们展示了另外一种形式的巷。

[3] 〔晋〕崔豹：《古今注》，沈阳：辽宁教育出版社，1998 年，第 5 页。

[4] 《唐律疏议》，第 117 页。

疏议曰：……越县城，杖九十。纵无城垣，篱栅亦是。[1]

同书卷八云：

> 越官府廨垣及坊市垣篱者，杖七十。侵坏者，亦如之。
>
> 疏议曰：官府者，百司之称。所居之处，皆有廨垣。坊市者谓京城及诸州、县等坊市。其廨院或垣或篱，辄越过者，各杖七十。侵，谓侵地；坏，谓坏城及廨宇垣篱，亦各同越罪。[2]

在南方地区，从实物和文献资料得知，六朝早期的城邑都是用土墙和竹篱，以土筑成城墙，以竹编成城门。在东晋末年和南朝初年南方始用砖建城，但亦仅限城门部分，同时还存在用竹篱或茅草覆盖的城门，城墙仍悉用土筑[3]。

壖垣不得阑入，私自进入这个地带的要受到处罚。前引秦汉简牍都记载了非法进入壖垣的行为要受到处罚。同样，翻越、破坏垣墙的也要受到同样的处理。张家山汉墓 [二四七号墓] 之"二年律令·杂律"一八二号简：

> 越邑里、官市院垣，若故坏决道出入及盗启门户，皆赎黥，其垣坏高不盈五尺者，除。[4]

又该墓所出之"二年律令·田律"二四五号简：

> 盗侵巷术、谷巷、树巷及狠（垦）食之，罚金二两。[5]

《唐律疏议》中关于皇家宫殿、宗庙、陵园、禁苑的防卫有《卫禁律》，详细记述对此类行为的处罚。同书卷八载：

---

[1] 《唐律疏议》，第 170 页。

[2] 《唐律疏议》，第 170 ~ 171 页。

[3] 罗宗真：《魏晋南北朝考古》，北京：文物出版社，2001 年，第 37 ~ 38 页。

[4] 《张家山汉墓竹简 [二四七号墓]》，第 157 页。

[5] 《张家山汉墓竹简 [二四七号墓]》，第 166 页。

疏议曰：沟渎者，通水之渠。从此渠而入出，亦得越罪。"越而未过"，或在城及垣篱上，或在沟渎中间，未得过者。从"越州城"以下，各得减一等。[1]

同书同卷又云：

疏议曰：……余条未度准此者，谓城及垣篱、缘边关塞有禁约之处，已至越所而未度者，皆减已越罪五等。若越度未过者，准上条"减一等"之例。[2]

同书卷一三载：

疏议曰：……"园圃"，谓莳果实、种菜蔬之所而有篱院者，以其沃埤不类，故加一等。[3]

同书卷二八载：

疏议曰：……"势不得助者"，谓隔川谷、垣篱、堑栅之类，不可踰越过者及驰驿之类。称"之类"者，官有急事，及私家救疾赴哀，情事急速，亦各无罪。[4]

建筑上的这个制度，也影响到汉唐帝陵的陵墓布局。《汉书》卷五四《李广传》云：

明年〔元狩五年（公元前118年）〕，李蔡以丞相坐诏赐冢地阳陵当

---

[1] 《唐律疏议》，第171页。

[2] 《唐律疏议》，第173页。

[3] 《唐律疏议》，第246页。

[4] 《唐律疏议》，第529页。

得二十亩，蔡盗取三顷，颇卖得四十余万，又盗取神道外墙地一亩葬其中，当下狱，自杀。[1]

又前引《新唐书》卷一四《礼乐志》云：

〔开元〕十七年（730年）〔十一月十日〕，玄宗谒桥陵，至墙垣西阙下马，望陵涕泗，行及神午门，号恸再拜。且以三府兵马供卫，遂谒定陵、献陵、昭陵、乾陵乃还。

遗憾的是，墙垣这样的建筑迄今在考古工作中没能确定。但是，既然城邑中墙垣可用篱来标识，那我们也就有理由推断在陵园中之墙垣很有可能也采用这种方式。

目前，我国发现的最早陵园规划的考古材料是河北平山战国中山王陵遗址出土的《兆域图版》，其上注明了"内宫垣"和"中宫垣"两道围墙，规划中尚有更大范围的"外宫垣"未在图中表示。在一、二号墓以东约1500米处，曾发现一块大型砾石碑刻，碑文表明为守陵官员所立。据此推测外宫垣范围或接近3千米方圆。从碑文知道，陵园禁区里还有池、囿等园林内容；或以为三道宫垣应有墙基遗存[2]，但是，在考古中迄今未能发现这三道宫垣的墙基遗存。我们推测这三道宫垣是采用竹木篱笆之类的建筑形式，也许这第三道宫垣便是所谓的墙垣，而所发现的砾石碑刻恐怕是陵墓的兆域界石，亦即"封"的所在。

《资治通鉴》卷六九"初，帝欲以杨彪为太尉"条"又令〔杨彪〕门施行马"下注云：

魏、晋之制，三公及位从公，门施行马。程大昌曰：行马者，一木横中，两木互穿，以施四角，施之于门，以为约禁也。《周礼》谓之梐枑，

---

[1] 《汉书》，第2449页。

[2] 杨鸿勋：《宫殿考古通论》，第187页；河北省文物管理处：《河北省平山县战国时期中山国墓葬发掘简报》，《文物》1979年第1期，第1～31页。

今官府前叉子是也。[1]

"行马"——拦阻人马的木制警戒设施，也见于陵墓兆域。东汉伏无忌《古今注》具体列举了东汉诸帝的陵园规模，除了光武帝原陵其中的一种形式以明帝显节陵为代表，没有"周垣"而代以"行马"，"行马"四出司马门，在"行马"以内设置石殿和钟虡[2]。巩县宋陵则在陵台外先作神墙一重，再作枳橘之篱一重，又于兆域边缘围枳橘一周或密植"嘉木"数重。最外可能垒起一些土堆，即封。如前所言，所谓"嘉木"便是指陵园内种植的松、柏、枳橘和楥树（即楸树）。可见其神墙外及"封"之间的两重墙垣是以枳橘之篱或嘉木来标识的。这是一个值得我们重视的现象。不少文献记载唐太宗昭陵有司马院的存在，可是在迄今为止的考古勘察中却没能发现有关司马院墙垣及角阙的遗迹[3]。"斟酌汉魏"是唐代典章制度的一个重要原则，而初唐的太宗昭陵又正好处于唐陵制度的探索时期[4]。在贞观九年（635年）关于献陵的讨论中，唐太宗最后便是采纳了东汉光武帝陵陵高六丈的规格来营建献陵。因此，很可能昭陵司马院墙垣采取的是东汉明帝显节陵行马的方式，即施以木制警戒设施。北宋皇陵基本继承唐陵的墓仪制度，其平面布局基本上沿袭唐陵的制度[5]。而北宋帝陵"篱寨"的存在，似乎又可以表明唐陵陵园中类似建筑的存在。这不仅寓示着该营建制度的历史延续性，而且也给解读文献所载唐陵的多重陵垣提供了一个新思路。

元代皇帝的葬地称为大禁地，不许有人接近。如果任何人敢走近这些墓地，

---

[1] 《资治通鉴》，第2194页。

[2] 〔东汉〕伏无忌：《伏侯古今注》，崇泮林辑，《丛书集成初编》据十种古逸书本排印，北京：中华书局，1985年，册0811，第2～3页。

[3] 孙迟：《略论唐帝陵的制度、规模及文物》，陕西省文物事业管理局《陕西省文博考古科研成果汇报会论文选集·1981》，华阳县印刷厂，1982年，第330页；又题为《略论唐帝陵的制度、规模及文物——兼谈昭陵"因山为陵"对唐帝陵制度的影响》，收入人文杂志丛刊编辑委员会编辑《唐太宗与昭陵》，西安：陕西省社会科学院出版发行室，1985年，第89～90页。

[4] 详见本书肆"陵园布局的分类及演变"。

[5] 中国社会科学院考古研究所河南第二工作队、河南省偃师县文物管理委员会：《唐恭陵实测纪要》，《考古》1986年第5期，第461页。

被捉住要剥光衣服，鞭打并受到严厉的虐待。据南宋使臣的报道，"其墓无冢，以马践蹂，使如平地。若忒没真（铁木真）之墓，则插矢以为垣，阔逾三十里，逻骑以为卫"[1]。若参照这个记载，或可以推论中原地区先秦时期所谓不封不树的情况该与此相差无几。当然，不见得也用箭矢，可通过其他器具如木头、树枝、瓦片等为标识。在曲村发掘的洞室墓中，便曾于墓道内或墓口置有陶罐、瓮、筒瓦之属。主要形式有如下三种。其一，单置筒瓦，筒瓦均笋口朝下竖插于墓道上口；其二，单置罐或瓮；其三，置筒瓦再加上罐（瓮）。其中个别墓发现有封土，据称发掘时揭去表土后，筒瓦便已从残存的封土中露出来。由此推测，一些没有封土的墓葬，罐、瓮、筒瓦之属亦有可能露出当时的地面而起到一定的标识作用。当然，这并不排除再借助他物的做法[2]。北齐颜之推《颜氏家训》卷七《终制篇》云：

> 载以鳖甲车，衬土而下，平地无坟；若惧拜扫不知兆域，当筑一堵低墙于左右前后，随为私记耳。[3]

这段话告诉我们标记墓而不坟的墓葬的一种方式，今天读来仍颇有启发。北朝颜家就是在墓葬的前后左右修筑小矮墙，用这种方法来标识兆域的。当然，这应该只是众多方法中的一种而已，而这些办法只要能"随为私记"即可。标榜门阀的北朝颜家对此都做了统一规定，由此视之，墓而不坟的帝陵对此应该也有一个统一的处理办法。

边界的标志为"封"，是一种小土堆。前引龙岗秦简一二一号简云：

> 盗徙封，侵食冢庐，赎耐；□□宗庙奥（墙）☒

---

[1] 〔宋〕彭大雅：《黑鞑事略》，王国维笺证《蒙鞑备录·黑鞑事略笺证》，北京：文殿阁书庄，1936年，第115页。

[2] 杨哲峰：《曲村秦汉墓葬分期》，北京大学考古学系编《考古学研究》（四），北京：科学出版社，2000年，第243页。此承杨哲峰先生见告，谨致谢忱！

[3] 王利器：《颜氏家训集解》，北京：中华书局，1993年，第602页。

睡虎地秦简《法律答问》六四号简云：

> "盗徙封，赎耐。"可（何）如为"封"？"封"即田千（阡）佰（陌）
> 顷半（畔）封殹（也），且非是？而盗徙之，赎耐，可（何）重也？是，
> 不重。[1]

关于"封"的形制，四川青川郝家坪出土的秦牍《秦武王二年为田律》规定：
"封高四尺，大称其高"。以一秦尺合 0.23 米折算，封高约为 1 米，是很明
显的田界标识[2]。

在边界的两个封土台之间又为壝埒来划分界域。《古今注》上《都邑第二》
"阙"条云：

> 封疆画界者，封土为台，以表识疆境。画界者，于二封之间，又为壝
> 埒，以画分界域也。[3]

从文献的记载来看，唐代修建帝陵的时候，也要先立"封"以示兆域。《唐会
要》卷二一"诸陵杂录"条云：

> 〔开元〕二十三年十二月三日敕："诸陵使至先立封，封内有旧坟墓，
> 不可移改。自今以后，不得更有埋葬。"[4]

《新唐书》卷四八《百官志》云：

> 诸陵四至有封，禁民葬，唯故坟不毁。[5]

---

[1] 《睡虎地秦墓竹简》，第 108 页

[2] 《龙岗秦简》，第 112 页注释〔一〕。

[3] 《古今注》，第 5 页。

[4] 《唐会要》，第 487 页。

[5] 《新唐书》，第 1251 页。

又《唐会要》卷二一"皇后诸陵议"条：

> 会昌五年二月，翰林待诏杨士端奏："……今年太岁在己丑，季土王年，不宜于光陵柏城内兴工动土，宜于光陵封外东西北三面，有地平稳处，别择置陵吉。"[1]

封内有柏城，唐陵诸陵皆栽柏以环之。唐政府对山陵的严格管理已如前言。

总之，墙垣反映了都城建筑形式对陵园布局的影响，也从某种程度说明了陵园布局对都城制度的模仿。

（四）下宫与陵署

昭陵下宫原来建造在山上，后因发生火灾烧毁，经过朝议迁到山下瑶台寺之旁[2]。故亦称作"下宫"。下宫是一组规模庞大的建筑群，其中包括的建筑项目现已不甚明了。该建筑群围以墙垣，南北各开一门，而无东西门[3]。乾陵下宫遗址规模巨大，发现有内外两重夯筑的城墙，外城垣平面呈方形，四边均长达 380 米左右；同时在内城及内外城之间，还发现了多处建筑夯土遗迹[4]。

陵署是管理陵园的机构，诸陵皆有。今知乾陵陵署在陵南六里，其余诸陵署遗址多未发现[5]。"陵令掌山陵茔兆之事，率其（陵）户而守陵焉，丞为之

---

[1]　《唐会要》，第 479 页。

[2]　《新唐书》卷二○○《韦彤传》（第 5709 页）云："会昭陵寝宫为原火延燔，而客祭瑶台佛寺。又故宫在山上，乏水泉，作者惮劳，欲即行宫作寝，诏宰相百官议。"又《旧唐书》卷一三六《崔损传》，第 3755 页。

[3]　周明：《陕西关中唐十八陵陵寝建筑形制初探》，《文博》1994 年第 1 期，第 75 页。

[4]　孙欢：《武则天墓下宫遗址布局逐步展露真容》，http://www.sn.xinhuanet.com/misc/2007-08/09/content_10817876.htm。

[5]　王双怀：《荒冢残阳——唐代帝陵研究》，西安：陕西人民教育出版社，2000 年，第 93～94 页。

贰”[1]。关于陵署的管理人员及其品阶，《旧唐书》卷四四《职官志》"诸陵署"条载：

> 诸陵署：令一人，从五品上。录事一人，府二人，史四人，主衣四人，主辇四人，主药四人，典事三人，掌固二人。……诸太子陵令各一人，从八品下。丞一人，从九品下。[2]

但是，陵署令开始仅为从七品下。《旧唐书》卷四二《职官志》"从第五品上阶"条称：

> 著作郎、太子洗马、殿中丞、尚衣尚舍尚乘尚辇奉御、献陵、昭陵、恭陵、桥陵八陵令。_{武德，诸陵令从七品下，永徽二年加献、昭二陵[3]令，为从五品。已后诸陵并相承献、昭二陵也。}

据《唐会要》卷二一"诸陵杂录"条所载："永徽二年（651年）四月，进献、昭二陵令为从五品，丞为从七品。"[4] 陵署令阶至从五品在永徽二年四月之后。但是，诸陵署令的品阶并不一致，以建初启运、兴宁、永康陵为低，仅高于太子陵署。《唐六典》卷一四《诸陵署》载：

> 献陵、昭陵、乾陵、恭陵署：令各一人，从五品上；丞一人，从七品下；录事一人；陵户。_{乾陵、桥陵、昭陵各四百人；献陵、定陵、恭陵各三百人。}……永康、兴宁二陵署：令各一人，从七品下；丞一人，从八品下。……隐、章怀、懿德、节愍、惠庄、惠文、惠宣七太子陵署：各令一人，从八品下；丞一人，从九品下。[5]

天宝十三载（754年）二月制："献、昭、乾、定、桥五署，改为台令，

---

[1] 《唐六典》，第401页。

[2] 《旧唐书》，第1874页。

[3] 《旧唐书》，第1795页。

[4] 《唐会要》，第486页。

[5] 《唐六典》，第400～401页。

丞各升一阶，自后诸陵，例皆称台。"[1] 又至德元年（756年）八月以后，经太常礼院定夺永康陵、兴宁二陵署亦改为台。《新唐书》卷四八《百官志》云：

> 　　诸陵台　令各一人，从五品上；丞各一人，从七品下。建初启运、兴宁、永康陵，令各一人，从七品下；丞各一人，从八品下。掌守卫山陵。……诸太子陵　令各一人，从八品下；丞各一人，从九品下，录事各一人。有府各一人，史各二人，典事各二人，掌固各一人，陵户各三十人。太常旧有太庙署，令一人，从七品下；丞二人，从七品下；斋郎二十四人。[2]

可见，其品阶较此前并没有发生变化。

今知乾陵陵署在陵南六里，其余诸陵署遗址多未发现[3]。此外，各陵最南的门阙处，都有大面积建筑遗迹，原来名称无考[4]。

2006年9月18日，昭陵北司马门附近一断崖发现了"新添修昭陵宫寝廊宇并使判厅七司院记"碑（下文简称"碑记"）和若干石板，位于距离断崖上缘大约2米的地方，其方位在北司马门的东北方向，西距押关口约120米左右。2009年，我们调查时在该庄稼地的东侧田埂上尚可见5块石板，皆一大面磨光，余者毛面，不见文字。

"碑记"石为青白质，横长76.4～79.1厘米，宽37.0～39.1厘米，厚11.4～14.2厘米，正面磨光，其他各面毛糙，正面竖书左行39行，楷书阴刻，因字体大小不一、兼之顶格、空格致满行字数不等，行9～23字，800余字（图3-1、图3-2）。从碑记的形制看，很可能是镶嵌在壁上的，而不是置于碑座之上。

现迻录"碑记"碑文如下：

---

[1]　《唐会要》卷二〇"陵议条"，第460页。

[2]　《新唐书》，第1251～1252页。

[3]　王双怀：《荒冢残阳——唐代帝陵研究》，第93～94页。

[4]　贺梓城：《"关中唐十八陵"调查记》，文物编辑委员会《文物资料丛刊·3》，北京：文物出版社，1980年，第141页。

图 3-1　唐昭陵 "碑记" 出土地点

沈睿文拍摄于 2010 年 1 月 12 日

01. 　　　新添修 昭陵宫寝廊宇并使判厅七司院记

02. 　　　　　　　　　　　太原郡王克全撰并书。

03. 君有非常之圣，必有非常之灵。贤臣翊辅，何假 轩皇。忠良

04. 弼赞，岂异 尧舜。且我大唐

05. 太宗文武仁孝皇帝，创业之功，有过前古。征而取克，伏而

06. 与之，何国不朝。东西南北之君，接踵而归，身为臣妾，受土

07. 之封，海内晏清，岂待殷汤。成 　　　主之臣，不揖周郡。乃致

08. 远方之贡，万国来称，兆人是庆。获安 　大业，恩溥苍生。

09. 止戈息武，示不征也。草择（泽）求贤，修其文也。承 嗣继代，自

□（周？）

10. 以还，莫之与续。天下无事，百寮肃雍，始而思终，而乃择茔，

11. 卜寝于九嵕山。　　诏曰：昭陵其山高耸，直上廿余里，周

12. 回百数，岑峭严峻，险秀异端，荆棘不植，恶禽宁止。茔□

13. 合中之极峰，实谓秦地之最山也。修而不饰，琢而不丹，厂（石）

图 3-2　唐昭陵"碑记"拓片

沈睿文拍摄于 2010 年 1 月 12 日

新葺奉先□□陵宫寝廊宇并使判廊宇司院记

太原郡王克全撰并书

□□皇忠良□

君有非常之圣必有非常之灵贶臣朔辅何陵

□贵登异

太宗文武伝守皇帝剏业之功有过前古远□而

之封海内契清宜待殷汤成

之何国不朝东西南北之君楼钟而归身为臣姜受士

与之贡万国来擴地人是庆摸女大业恩溥蓉主

远方之貢□□□□終其交义也永嗣継伐而

以□息戎示不远也掌擇求賢

□置□與續天下無事百寮蕭雍姒希思終而乃擇塋

卜寝千九峻山詔曰昭陵其山高聳直上廿餘里固

過百數岌嶪險秀異端岩赫不稽恶禽止堂

□中□林苐寶謂泰也最山也於而不而不飾禄而不丹

而不雕無榮力而成不悄農隙不瘵仕務旬月取就地不妨

□□□□宮坦數刃棠宇四周如卹御

柯萬姓堂倘四海無使亦愛

中七司居外竹奉四時以主供给元和遣逆旨未珎

後乱于京師　　　德宗皇帝因幸於西郊賦日

遂來熟陵寝井七司院瓦木無遺　上天福祐未遷于

憧嵗月之間　御輦還闕寨區復朗海内一

14. 而不雕，无劳力而成。不捐农隙，不废仕务，旬月取就，地不妨
茱（茶）

15. 耨（耨）。万姓岂徭，四海无役。初修也，宫垣数刃，寰宇四周。妃
御广（在）

16. 中，七司居外，将奉四时，以主供向（飨）。去贞元初，遭逆臣朱玼（泚）

17. 叛乱于京师，　　　　　　　德宗皇帝因幸于西郊，贼臣

18. 遂焚爇陵寝并七司院，瓦木无遗。　　　　上天福佑，未坠于

19. 德。数月之间，　　　御辇还阙，寰区复明，海内一

20. 德。乃命有司，差官崇饰，不违前制。伏缘当　陵七司

21. 院在外，稍□（嫌）不稳，况又烬灰之余，劳力捐工，难求永固。

22. 逐便取宜，遂从。七司院于内墙之内，宫人之北洛，虽有其

23. 名，而实残破。星霜才捔，风雨长侵，主者频苦，

24. 奏论有修而不公。去大中元年，新

25. 皇帝丕大业，统河图，念　　祖宗而思厥德，乃

26. 诏有司，添修诸　陵宫。于无臆

27. 帝业，以遵谥典。唯　昭陵使宣议郎行内侍省掖庭局

28. 宫教博士员外置同正员上柱国赐绯鱼袋骆淮质，公

29. 而复忠，清而能廉。倜傥无双，　　仁厚若一。独发神谟，

30. 巧机在幄。师匠不劳，人力岂倦。添修　宫殿，刱（创）起

31. 使、判两厅并七司院，炜炜之光，不昧

32. 圣君，实为壮观。月旬之际，毕就工成。　　朝列称奇，

33. 时辈咸仰。知我　骆公，竭诚奉　　上，赤心佐

34. 主。名不虚美，功为时唱。克全贱劣无知，获走

35. 阶尘，睹兹盛事，固难陈纪。况常承　　　　　恩顾，

36. 命为斯记。不敢浮华，朴书其实。后来　　君子，

37. 知我骆公，奉　国奉公，诚心不谬，若此无私。

38. 谨题于石，用传千古。

39.　　　大中三年三月廿四日书。　河南郡骆从庆镌。

　　碑文由太原郡人王克全撰并书写，河南郡骆从庆镌刻于大中三年三月廿四日（849 年 4 月 20 日）。碑文所记为骆淮质添修昭陵宫寝廊宇及使判二厅及七司院一事，从庆、淮质二人皆为骆姓，或可推测骆从庆为骆淮质属下，二人地望同。王克全、骆从庆、骆淮质皆不见于其他史载。"碑记"对统治者同样多有虚美之辞。

　　据"碑记"载："七司居外，将奉四时，以主供向（飨）。"即对帝陵的四时供飨都由七司院来主持。

　　七司院，《通典》卷三三云：

　　　　大唐县有令而置七司，一如郡制，武德元年诏：京令五品。丞，一人，七品正；六人，八品。畿令，六品。丞，一人，七品正；四人，八品。上县令，六品。丞，一人，八品正；四人，九品中；下县各有差。丞为副贰，如州上佐。主簿上辖，如录事参军，其曹谓之录事司，并司功以下六曹，总谓之七司。尉分理诸曹，如州判司。录事省受符历，佐史行其簿书。[1]

又《云麓漫钞》卷五亦云：

　　　　隋改尉为县正，唐置七司，一如郡制。丞为副贰，如州上佐。主簿上辖，如录事参军，其曹谓之录事司。司功以下有六曹，尉分掌之，如州判司，总为七曹。[2]

唐时，帝陵所在县之县官也参与帝陵的管理事宜。如，《册府元龟》卷八〇载：

　　　　〔开元〕十七年十一月，谒桥陵毕。大赦诸州侍老，百岁以上赐帛十段，九十以上赐五段，八十以上赐三段；献陵、昭陵、定陵官使并管陵县官各别加一阶；内外赐文武官三品以上加爵一等，四品以下赐一阶。[3]

---

[1]　《通典》，第 920 页。

[2]　《云麓漫钞》，第 80 页。

[3]　《册府元龟》卷八〇《帝王部》庆赐二，第 932 页。

又《唐会要》卷二〇载：

> 天宝六载八月一日（747年9月9日）敕："每年春秋二时，巡谒诸陵，差公卿各一人，奉礼郎一人，右校署令一人。其奉礼郎右校署令，自今以后宜停，至陵所差县官及陵官摄行事。其巡陵仪式，宜令太常寺修撰一本，送令管陵县收掌，长行需用，仍令博士助教习读，临时赞相，永为例程。"[1]

唐时礼泉县衙在今县城之北，似不可能将其七司置于陵山之上。"碑记"的发现又进一步告诉我们唐代昭陵北司马门一带除了现有的主体建筑之外，很可能还应有使、判两厅和七司院等管理陵寝的附属建筑。陵署之七司院主持对帝陵的四时供馈，很可能参照县衙的结构[2]。

贞元十四年（798年），崔损充修八陵使对唐陵进行造屋或修葺工作[3]。亦即"碑记"所言"乃命有司，差官崇饰"。贞元十四年（798年），崔损充修八陵使对唐陵进行造屋或修葺工作。但是，崔损修陵的原因，史载不传。"碑记"的记载恰可补充史阙。原来崔损此次修陵的原因，就是德宗建中四年（783年）朱泚的泾原兵变——"碑记"误为"贞元初"。泾原兵变时，德宗西逃至咸阳、奉天、兴元，叛军则占据长安大肆抢掠，并于京城晋昌里迎朱泚为帅，称太尉，居大明宫含元殿。不仅如此，他们还"遂焚爇陵寝并七司院，瓦木无遗"。泾原兵变三年后，京师收复。面对满目疮痍的先帝陵寝，德宗遂指派崔损充修八陵使造屋，据阙补造。

另外，"碑记"还重点向我们叙述了大中三年（849年）对昭陵的修复，

---

[1] 《唐会要》卷二〇，第467页。

[2] 详悉沈睿文、李浪涛《"新添修昭陵宫寝廊宇并使判厅七司院记"碑考释》，《中国典籍与文化》2010年第2期，第106～112页。

[3] 《唐会要》卷二〇《陵议上》（第463页）记载贞元十四年（798年）："右谏议大夫、平章事崔损充修八陵使，及所司料计，献、昭、乾、定、泰五陵，各造屋三百七十八间（《旧唐书》卷一三《德宗本纪下》作"三百八十间"，第387页；而同书卷一三六《崔损传》则作"五百七十间"，第3755页。惟马端临《文献通考》卷一二五《王礼二十》亦作"三百七十八间"，页考1127中栏。疑是），桥陵一百四十间，元陵三十间，惟建陵不复创造，但修葺而已。"

这是此次镌刻的主旨所在。而从该碑记在叙述对昭陵的修复所采用的追溯的手法来看,唐宣宗之前唐政府对帝陵的修复很可能就只有这两次。根据"碑记"的题额,可知此次修建的内容有昭陵宫寝廊宇并使、判厅及七司院,推测蕃臣像和昭陵六骏的廊宇可能也在其重修之列。

"碑记"称此次添修昭陵宫寝廊宇在唐宣宗即位的大中元年(847 年)。同年的正月戊申(847 年 1 月 31 日),宣宗还到郊庙祭祀[1]。这些可能都是新皇帝即位,告祭先帝及树立政权法统的重要措施。每次国家动荡、统治者更迭或推行新举措,当朝者大多会对宗庙和帝陵进行大祀或维修活动。宣帝是以武宗叔父的身份即位的,在某种程度上更急需政权法统合法性的建设。为了法统或国事而谒陵、祭陵在历朝历代并非鲜事。

昭陵七司院等建筑虽曾燬于泾原兵变,但事后便得以及时重建。无奈后又历经兵燹战乱,便慢慢淡出历史的视线,终湮没无闻。如今我们唯赖"碑记"的出土,才有了更接近历史真实的可能。虽说历史原本有个真实,可是沧海桑田,真实却又何在?

金代"爰命有司,鸠工修饰"特别对乾陵进行了一次大修理,所谓"回廊四起",但时至今日已一点形迹都看不出来了[2]。

四　地下部分

(一)埏　道

"埏道"也就是墓道。作为墓葬地下部分的重要组成之一,是通向墓室的主要干道,多为南北向。

《新五代史》卷四○《温韬传》载:

---

[1]　《旧唐书》卷一八下《宣宗本纪》,第 616 页。

[2]　张永祥:《乾陵〈无字碑〉》,《文博》1988 年第 1 期,第 59 页。

〔温〕韬在镇七年，唐诸陵在其境内者，悉发掘之，取其所藏金宝，而昭陵最固。韬从埏道下，见宫室制度闳丽，不异人间。中为正寝，东西厢列石床，床上石函中为铁匣，悉藏前世图书，钟、王笔迹，纸墨如新。韬悉取之，遂传人间，惟乾陵风雨不可发。[1]

可知帝陵墓道专称为埏道。埏道又可称"隧""隧道"。《新唐书》卷一八二《夏侯孜传》云：

> 懿宗立，进门下侍郎、谯郡侯。俄以同平章事出为西川节度使。召拜尚书左仆射，还执政，进司空，为贞陵山陵使。坐隧坏，出为河中节度使，犹同平章事。[2]

又《唐会要》卷二一"诸陵杂录"条云："于〔恭陵〕隧道左右开便房四所，以贮明器。"[3] 所谓便房就是墓道中的侧龛。从考古发掘的实际情况看，唐代墓葬龛位置在所谓的"过洞""天井"皆有之。可资判定所谓的隧道应该包括"过洞""天井"在内的部分。《史记》卷六《秦始皇本纪》，唐张守节正义："羡：谓冢中神道。"[4] 即张氏认为羡道是地上神道向地下的延伸。不过，根据《周礼注疏》唐贾公彦疏"隧道则上有负土。……羡道上无负土"[5] 的记载，则墓葬地下第一个过洞之前（亦即所谓斜坡墓道）可称"羡道"，余者为隧道。

乾陵、桥陵埏道都已经做过试掘。1963 年 4 月至 11 月间，陕西省考古研究所对蒲城县境内四座唐陵进行勘察。为了解桥陵埏道的结构，开了两条东西向的探沟横截埏道。根据对两条探沟的试掘，约略推知埏道的结构和封固情

---

[1] 〔宋〕欧阳修：《新五代史》，北京：中华书局，1974 年，第 441 页。

[2] 《新唐书》卷一八二《夏侯孜传》，第 5374 页。

[3] 《唐会要》，第 485 页。

[4] 《史记》，第 266 页。

[5] 《周礼注疏》卷二二《春官·冢人》，第 334 上栏。

况[1]。知其埏道用排列整齐有序的青石条镇封，石面有《千字文》编号，如"天册一""地册五""玄册""黄册四"等。封塞的顺序是从南向北作阶梯式叠砌，如果按埏道斜坡走势和这一部分的长度、深度，参照已见的编号来计算，北端最深处全砌石条，最少也得有三十层。推算其全部封口的石条须要三千九百块[2]。乾陵埏道口封砌石条也有编号，惜其次序已乱[3]。其余如定陵、建陵等，所见砌石与桥、乾二陵相似，并且都使用铁栓板套接，铁栓缝隙灌铅，砌封得十分坚固。看来，封闭得尽量的严实是诸陵的共同特点。《唐阙史》记载了开凿宣宗贞陵地宫的方法。该书卷上"真（贞）陵开山"条记载：

> 丞相夏侯公（夏侯孜）为宣宗山陵使，有司妙选陵寝，虽山形外正而蕴石中顽。丞相衔命，以丰价募丁匠开凿皇堂，弥日不就。京府两邑隶纳锻具，联车以载，辙迹相望。至则镶酰以沃之，且煎且凿，役百万丁力，孜孜矻矻，竟日所攻，不及函丈。暨石工告毕，百步夷然。[4]

引文中皇堂所指当即玄宫。高宗乾陵因为武则天的入葬而重新打开过墓道，如何打开砌封如此坚固的青石，我们不得而知。但《酉阳杂俎》曾记载了一则故事，或许能给我们某种启示。《酉阳杂俎》前集卷一三"尸疰"条云：

> 刘晏判官李邈，庄在高陵，庄客悬欠租课，积五六年。邈因官罢归庄，方欲勘责，见仓库盈羡，输尚未毕。邈怪问，悉曰："某作端公庄客二三年矣，久为盗，近开一古冢，冢西去庄十里，极高大，入松林二百步方至墓。墓侧有碑，断倒草中，字磨灭不可读。初，旁掘数十丈，遇一石门，固以铁汁，累日烊粪沃之方开。……"[5]

---

[1] 王世和、楼宇栋：《唐桥陵勘查记》，《考古与文物》1980年第4期，第54～61、69页。

[2] 王世和、楼宇栋：《唐桥陵勘查记》，第55～57页。

[3] 陕西省文物管理委员会：《唐乾陵勘查记》，《文物》1960年第4期，第57～58页。

[4] 〔唐〕高彦休：《唐阙史》，《唐五代笔记小说大观》（下册），第1343页。

[5] 《酉阳杂俎》，第124页。

佛教与世俗政权关系密切。北魏以来，最高统治者就逐渐被视为人中之佛。而释迦牟尼从南北朝起亦即被比拟为人主[1]，从而也影响到墓葬建筑。唐代地宫仿墓室建筑，法门寺塔基安放舍利的地宫，是模拟人间埋葬皇帝的最高规格的墓室构筑的[2]。《法门寺衣物帐碑》云：

> 主持真身」
> 院及隧道宗奭、清本、敬舒等，一同点验安置于塔下石道内讫，其石记于鹿」
> 项内安置。咸通十五年正月四日（875 年 1 月 25 日）谨记。」[3]

据此可知今称之为墓道的部位时称隧道，而在墓葬中多放置墓志的甬道——相当于放置物账碑处亦即前室的入口处称"鹿项"。北宋《地理新书》的记载证实了这个推测，该书卷一四《埏道合祔法》云：

> 堂内南北通鹿项长不可过六步，短不可过五步，其大小埏道长短皆依此。……入冢口鹿项内，一步云闭祇。[4]

"鹿项"也称作"鹿巷""麓巷"。《宋会要辑稿》卷七三六九载：

> 今来园陵皇帝（堂）用四十五尺，依朝旨参酌，增损丈尺等。其修砌皇堂、地宫、鹿巷、厢壁、火口、土阁在四十五尺内，并依去年皇堂故例。[5]

同书卷七三六八载北宋神宗钦圣宪肃向皇后陵：

---

[1]　宿白：《西安地区的唐墓形制》，《文物》1995 年第 12 期，第 47 页。

[2]　杨泓：《法门寺塔基发掘与中国古代舍利瘗埋制度》，《文物》1988 年第 10 期，第 30～31 页。

[3]　迻录自齐东方《唐代金银器研究》，北京：中国社会科学出版社，1999 年，第 14 页。

[4]　《图解校正地理新书》，第 441 页。

[5]　《宋会要辑稿》礼三三之二五，册 2，第 1278 页下栏。

　　皇堂开塇下深六十九尺，填筑六尺，面方二丈五尺，石地宫深一丈，明高二丈一尺，鹿巷长七十二尺。[1]

又《宋朝事实》卷一三《仪注三》"英宗葬永厚陵"条云：

　　陵前阙角，谓之鹊台门，侧台曰乳台。陵台三层，高五十三尺。上宫方百五十步，卷四重，共高八尺。厌木者二重。石樟高一丈。其凿长一丈二尺。深阔七尺。盖条石各长一丈，阔二尺。十四板。皇堂方三丈，深二丈三尺。麓巷长八十三尺，深阔一丈八尺。自平地，至深六十三尺。隧道长四百七十尺，石人物六十事。[2]

　　从下引司马光《书仪》可知隧道两侧的小龛称土室、窟室、便房。墓志则多称"贞石"，此不赘述。

（二）墓　门

　　《唐会要》卷二〇"陵议"条称昭陵有"五重石门"[3]。又《旧唐书》卷一九一《严善思传》云：

　　则天崩，将合葬乾陵。〔严〕善思奏议曰："谨按《天元房录葬法》云：'尊者先葬，卑者不合于后开入。'则天皇后卑于天皇大帝，今欲开乾陵合葬，即是以卑动尊，事即不经，恐非安稳。臣又闻乾陵玄阙，其门以石闭塞，其石缝隙，铸铁已固其中，今若开陵，必须镌凿。"[4]

可知，墓门除了称石门之外，亦称玄阙。

---

[1]　《宋会要辑稿》礼三三之二五，册 2，页 1250 上栏。

[2]　《宋朝事实》，《丛书集成初编》据聚珍版丛书排印，册 0834，第 210～211 页。

[3]　《唐会要》，第 458 页。

[4]　《旧唐书》，第 5102 页；又见于《唐会要》卷二〇"陵议"条，第 396 页。

《旧唐书》卷一九六上《吐蕃传》上云：

> 乃刊石像其（赞普弄赞）形，列昭陵玄阙之下。[1]

同书卷一九八《焉耆传》云：

> 及太宗葬昭陵，乃刻石像龙突骑支之形，列于玄阙之下。[2]

若以玄阙为墓门之义观之，此上两条文献是否寓示着唐太宗昭陵隧道入口在九峻山北部，亦即北司马门最南端列置十四国君长像的第五台地之上的山体北坡？若此，无疑是一个值得兴味的话题。

（三）墓　室

墓室称"宫室""正寝""圹""玄宫"，中置"千味食""明器"等物事。

帝陵墓室称作"玄宫"。1960 年出土的南京富贵山东晋恭帝司马德文玄宫石碣文曰：

> 宋永初二年太岁辛酉｜
> 十一月乙巳朔七日辛｜
> 亥（421 年 12 月 16 日）晋恭皇帝之玄宫｜

唐陵墓室仍旧。《唐会要》卷二一"诸陵杂录"条云：

> 孝敬皇帝恭陵，在河南府缑氏县界，上元二年（675 年）八月十九日葬。初修陵，蒲州刺史李仲寂充使。将成，而以元（玄）宫狭小，不容送终之具，遽欲改拆之，留役滑、泽等州丁夫数千人，过期不遣。丁夫患苦，夜

---

[1] 《旧唐书》，第 5222 页。
[2] 《旧唐书》，第 5302 页。

中投砖瓦，以击当作官，烧营而逃。遂遣司农卿韦机续成其功。机始于隧道左右，开便房四所，以贮明器。于是，撙节礼物，校量功程，不改玄宫，及期而就。

故唐姚合《敬宗皇帝挽词》有言："玄宫今一闭，终古柏苍苍。"[1] 另，据前引《唐阙史》卷上"真（贞）陵开山"条可知玄宫又称皇堂。"皇堂"的称呼到赵宋一代仍是。《宋史》卷一二二载宋真宗永定陵中随葬器物，云：

> 皇堂之制，深八十一尺，方百四十尺。制陵名曰永定。〔乾兴元年（1022年）〕九月十一日，诏辅臣赴会庆殿，观入皇堂物，皆生平服御玩好之具。[2]

前引《宋朝事实》卷一三《仪注三》"英宗葬永厚陵"条亦以"皇堂"称其玄宫。

《宣室志》卷三用文学的笔触详细地描述乾陵地宫，称乾陵"宫阙台阁，既峻且丽"[3]。《新五代史》卷四〇《温韬传》亦载："〔温〕韬从埏道下，见宫室制度闳丽，不异人间。中为正寝，东西厢列石床，床上石函中为铁匣，悉藏前世图书、钟王笔迹，纸墨如新。"[4] 参照南唐二陵的结构，可知南唐二陵后室两侧室的须弥式砖台即为石床。

关野贞曾据汉魏六朝墓砖铭文得出如下结论："玄室或曰'穴'，曰'灵穴'，或曰'壙（圹也）'曰'圹'，或曰'宫室'曰'神室'曰'玄宫'等。此外虽有'玄室'，'元宫'等名，然余尚未睹实物也"。"椁，冢椁，壁椁、灵椁、壁垺"。"此玄室之周界，即郭也。""椁，指此'圹'（玄室）之周廓，其四壁屋顶以木石或砖筑成之部。"[5] 这是汉魏六朝时对墓室的称呼。从

---

[1] 〔唐〕姚合：《姚合诗集校考》卷一〇《敬宗皇帝挽词三首·其一》，刘衍点校，长沙：岳麓书社，1997年，第139页。

[2] 《宋史》卷一二二《礼志》二五，第2852页。

[3] 〔唐〕张读：《宣室志》卷三，上海古籍出版社编《唐五代笔记小说大观》（下册），上海古籍出版社，2000年，第1007页。

[4] 《新五代史》，第441页。

[5] 〔日〕关野贞：《汉魏六朝之墓砖》，傅抱石译，《文艺月刊》（1931年）卷一〇第二期，第4～5页。另，有关研究可参见丁士选《圹砖琐言》，《考古学社社刊》（1937年）第六期，第43～60页。

文献记载来看，唐代仍旧。《葬法倒杖》"悬棺"条云："来龙脉急而无缓，有分有合。穴结深泥打开实处，而见实土并内用砖起巨圹，竖四石柱于圹内，悬棺而下圹，前接金池放三吉之水，去垒土成坟以接生气。"[1] 可为一证。

司马光根据《仪礼》而参以当时所行的丧葬礼仪撰成《书仪》，该书卷七《丧仪三》"穿圹"条云：

> 葬有二法，有穿地直下，为圹置柩，以土实之者；有先凿埏道，旁穿土室；揜柩于其中者。……其竖土之乡，先凿埏道，深若干尺，然后旁穿窀室以为圹。或以砖范之，或但为土室。以砖叠重塞其门，然后券土实其埏道。……葬时，先以竹竿步地，稍（楄）在圹中，置柩于其上而揜之，既而抽其竹。其明器、下帐、五谷、[2] 牲酒等物，皆于埏道旁别凿窀室为便房贮之。

玄宫中置"千味食""明器"等物事。《旧唐书》卷九五《让皇帝宪传》载：

> 制追赠宪妃元氏为恭皇后，祔葬于桥陵之侧。及将葬，上（玄宗）遣中使敕琎等务令俭约，送终之物，皆令众见。所司请依诸陵旧例，圹内置千味食，监护使、左仆射裴耀卿奏曰："尚食所料水陆等味一千余种，每色瓶盛，安于藏内，皆是非时瓜菜及马牛驴犊麇等肉，并诸药酒三十余色。仪注礼料，皆无所凭。……"制从之。[3]

《旧唐书》卷一六《穆宗本纪》亦载元和十五年五月壬子（820年6月25日）诏云：

> "入景陵玄宫，合供千味食，鱼肉肥鲜，恐致熏秽，宜令尚药局以香药代食。"庚申（7月3日），葬宪宗于景陵。[4]

[1]　《撼龙经·疑龙经·葬法倒杖》，王云五主编《四库全书珍本·一二集》，第15页。

[2]　〔宋〕司马光：《司马氏书仪》，《丛书集成初编》排印学津讨原本，北京：中华书局，1985年，册1040，第78～79页。

[3]　《旧唐书》，第3013～3014页。"仪注礼料"，《册府元龟》卷五八九《掌礼部·奏议第十七》同（第7044页上栏），〔宋〕钱易：《南部新书·癸》误作"仪注礼仪"。详见《南部新书》，黄寿成点校，第169页。

[4]　《旧唐书》，第478页。

前揭《唐会要》卷二一"诸陵杂录"条云"于〔恭陵〕隧道左右开便房四所，以贮明器"。明器叫法有多种，如前引《贞观政要》卷六《俭约第十八》称作"冥器"[1]"盟器"[2]等，或直接称之为"偶人像马"。如《旧唐书》卷四五《舆服志》所载："近者，王公百官，竞为厚葬，偶人像马，雕饰如生。……若无禁制，奢侈日增。望诸王公已下，送葬明器，皆依令式，并陈于墓所，不得衢路行。"[3]

关于唐陵玄宫的形制意见不同[4]，但是其主要形式应该是前中后三室的石室结构[5]。其中还应随葬有帝王的谥宝和哀册。如史思明墓、工建永陵及南唐二陵皆随葬有玉哀册。从北周武帝孝陵的随葬品来看，盗后劫余的"天元皇太后玺"为金质，这说明孝陵中原应尚有一枚武帝的金印玺[6]。天子印玺称为"宝"是始于武后时，后又经反复。《新唐书》卷二四《车服志》载：

> 初，太宗刻受命玄玺，以白玉为螭首，文曰："皇天景命，有德者昌。"至武后改诸玺皆为宝。中宗即位，复为玺。开元六年，复为宝。天宝初，改玺书为宝书。十载，改传国宝为承天大宝。[7]

前蜀王建永陵便随葬有宝盏和谥宝，并出土有玺绶上的玉环 1 枚、玉饰 2 件[8]。但是，天子印玺按汉制应以玉，唐代同样如是，其"天子有传国玺及八玺，

---

[1]　《贞观政要》，第 188 页。

[2]　《博异志》"张不疑又"条，〔唐〕谷神子、〔唐〕薛用弱：《博异志·集异记》，北京：中华书局，1980 年，第 39 页。

[3]　《旧唐书》，第 1958 页。

[4]　详见本书陆"唐陵陪葬墓地布局"。

[5]　王静：《唐墓石室规制及相关丧葬制度研究——复原唐〈丧葬令〉第 25 令文释证》，荣新江主编《唐研究》第 14 卷，北京大学出版社，2008 年，第 421～446 页。

[6]　详见本书附四"陵墓与政治——以永固陵与北朝帝陵为例"。

[7]　《新唐书》，第 524～525 页。

[8]　冯汉骥：《前蜀王建墓发掘报告》，北京：文物出版社，1964 年，第 72～78 页。永陵所出玺绶上的玉环出土时位于谥宝之前稍偏东处，其正面刻一龙纹，背面刻云纹。两件玉饰则位于谥宝之前偏西处。每件共五节，通长 9.5 厘米。其最前一节略大，形如带头的玉饰。其上套有银环一个。以后的各节，每一节均较前一节略小，其上刻鳞纹五道，两边又刻齿形五。每节的背面各有三小孔，似用小钉钉于革带上面的。五节互相衔接，但可以弯曲。

皆玉为之"。又何来金玺之称呼？《晋书》卷二〇《礼志》云：

> 及〔曹魏文帝〕受禅，刻金玺，追加〔魏武帝〕尊号，不敢开埏，乃
> 为石室，藏玺埏首，以示陵中无金银诸物也。[1]

这还得从永陵所出谥宝来分析，报告称该谥宝的离开处观察，其"质为纯洁温
润的白玉"、宝纽雕龙形，其龙鳞甲上面原有贴金，而龙嘴及腹则涂红色；且
宝下篆刻之谥文均贴金[2]。从永陵谥宝的这种情况也就不难理解为何文献又称
天子随葬之玉玺为"金玺"了。

前揭《新五代史》卷四〇《温韬传》载：

> 〔温〕韬在镇七年，唐诸陵在其境内者，悉发掘之，取其所藏金宝，
> 而昭陵最固。韬从埏道下，见宫室制度闳丽，不异人间。中为正寝，东西
> 厢列石床，床上石函中为铁匣，悉藏前世图书，钟、王笔迹，纸墨如新。
> 韬悉取之，遂传人间，惟乾陵风雨不可发。

这是关于唐陵玄宫情况的较为详细的一则文献了。

俞樾曾记载简陵中的银罗汉。俞氏《茶香室三钞》卷二六"唐简陵中银罗
汉"条云：

> 宋上官融《友会谈丛》云："陕西形胜，耀州为最，唐帝陵多在其境。
> 温韬之起，唐帝之陵，靡不开发。简陵内有银罗汉十八，身各高五尺。其
> 山座具备，环列于梓宫，每一身以拾余牛牵致，方出隧道。简陵乃懿宗也。"
> 予按《唐书》，自武帝愤释氏恣横，扫荡几尽，懿宗怼前朝之致毁，乃竭
> 力以兴复，罗汉环于梓宫，即其意也。[3]

---

[1] 《晋书》，第632页。

[2] 冯汉骥：《前蜀王建墓发掘报告》，第75～76页。

[3] 〔清〕俞樾：《茶香室丛钞》，贞凡、顾馨、徐敏霞点校，北京：中华书局，1995年，第1372页。

前蜀王建永陵中室棺床的东、西两侧列置十二神，每侧六人，东一、东六、西一、西四为单置，余皆两两相并。十二神像仅刻半身，股以下则埋于地中。戴冠、戴盔者各六，相间列置。各神像皆以双手置于棺床之下，似将棺床抬起拥护者然。据考该十二神像应为十二天将，置于墓中意在于"解除"[1]。同样的情形还出现在南汉刘龑康陵。王士禛《渔洋精华录集注》卷一一·乙丑《伪汉刘龑冢歌》惠栋注云：

> 刘龑墓，在番禺东二十里。崇祯九年（1636 年）秋，北亭洲间有雷出，奋而成穴一，田父见之，投以石，空空有声，乃内一雄鸡，夜尽闻鸡鸣，于是率子弟以入，堂宇豁然，珠帘半垂，左右金案玉几备列。有金人十二，举之重各十五六斤。中二金像，冕而坐，若王与后，重各五六十斤。旁有学士十八，以白银为之。……于是邻人觉而争往，遂白邑令，令巫临其地视搜发，令得玉枕一、金人四以归。……一碑当穴门中立，辞称"高祖天皇大帝哀册文，翰林学士知制诰正议大夫尚书右丞紫金袋臣卢应敕撰并书"。其所为"大帝"者，崩于岁壬寅四月甲寅朔，越（粤）廿四日丁丑，号为大有十五年，葬以光天元年，陵曰康陵。盖刘龑墓也。[2]

文中的"金人十二"或亦即所谓十二天将。除此之外，康陵还列置有十八学士银像。考古发掘知康陵前室近甬道处立一通石质碑形哀册文，是在下葬时墓门封堵之前凿开铺地砖放置的，哀册文碑下部有两排文字被埋入地下[3]。此与王士禛文中所言"一碑当穴门中立，辞'称高祖天皇大帝哀册文'"相符，而且王氏所记哀册文的撰者及刘龑的丧日、葬日亦与考古发现者同[4]，说明王氏所言非虚。此外，考古发掘也已经证明北宋和明代确有分别凿穿康陵中室和后室

---

[1] 冯汉骥：《前蜀王建墓发掘报告》，第 36～41 页。

[2] 〔明〕王士禛：《渔洋精华录集注》，〔清〕惠栋、金荣注，伍铭点校整理，济南：齐鲁书社，1992 年，第 1336 页注①。

[3] 广州市文物考古研究所：《广州南汉德陵、康陵发掘简报》，《文物》2006 年第 7 期，第 16 页、第 17 页图二三。

[4] 详见广州市文物考古研究所《广州南汉德陵、康陵发掘简报》，第 24～25 页。

的盗洞[1]。不过，哀册文碑立于前室近甬道处，恰说明明代曾借由后室盗洞进入后室并穿过中室来到前室。那么，这里面便有一个问题。既然宋代盗贼既已进入中室，为何没能洗劫前室与后室，而且竟能使得如此众多的金银珠宝得以完整地保存至明崇祯九年？宋代盗墓时究竟发生了什么曲折之事竟使得盗贼在中室逗留后匆匆而去，实在费解。

后蜀孟知祥墓和陵中室横陈一棺台，为须弥座，底座绕以莲瓣，前后各有裸身卷发的力士五人，中层四方各凿长方形孔数个，作插放罩棺锦帐柱用；四角各雕一身披甲胄、面部表情各异的力士，作跪地负棺状，均系深浮雕；上层四周则雕有双龙戏珠浮雕[2]。

总之，从前蜀永陵和南汉康陵建制中的相同点来看，唐懿宗简陵梓宫也并非不可能环列有列像的。抑或懿宗佞佛而将十二天将替代以罗汉，抑或俞樾因懿宗之佞佛而想当然地将之附会成十八罗汉？事实究竟如何，这恐怕只能成为一个悬案了。不过，前举五代帝陵棺床形制源自唐陵玄宫棺床，亦即二者相近应该没有太大的问题。

（四）梓　宫

《旧唐书》卷五一《后妃列传上》睿宗昭成顺圣皇后窦氏于长寿二年正月二日（693 年 2 月 12 日）：“遇害。梓宫秘密，莫知所在。睿宗即位，谥曰昭成皇后，招魂葬于都城之南，陵曰靖陵。”[3]

又《剧谈录》卷上“孟才人善歌”条云：

---

[1] 发掘简报称：“打破康陵和陵台的盗洞共有 7 个，有 3 个是进入墓室的。其中，贴近封门石板西侧的盗洞以及凿穿陵台神龛、中室券顶的盗洞年代最早，从盗洞内出土的遗物判断应属北宋时期；打破陵台北部、后室券顶和后壁的大盗洞较晚，应是明代。”详见广州市文物考古研究所《广州南汉德陵、康陵发掘简报》，《文物》2006 年第 7 期，第 17 页。

[2] 成都市文物管理处：《后蜀孟知祥墓与福庆长公主墓志铭》，《文物》1982 年第 3 期，第 16 页。

[3] 《旧唐书》，第 2176 页。

孟才人善歌，有宠于武宗皇帝，嫔御之中莫与为比。一旦龙体不豫，召而问曰："我若不讳，汝将何之。"对曰："若陛下万岁之后，无复生焉。"……及宫中晏驾。哀恸数日而殒。禁掖近臣以小棺殡于殿侧。山陵之际，梓宫重莫能举。识者曰："得非候才人乎。"于是舆榇以殉。遂窆于端陵之侧。[1]

从该条记载称呼的差异可知梓宫专用来指皇帝的棺柩。梓宫内外的有关情况可参检此下两条记载。《通典》卷八四《沐浴》载：

大唐《元陵仪注》："……浴者举大行，易床设枕，理其须发，断爪，盛于小囊，大殓即内于棺中也。着明衣裳，以方巾覆面，以大殓之衾覆之。内外入，就位哭。其五品以上沐用稷，四人浴。六品以下沐用粱，二人浴。"余具《开元礼》。[2]

又同书卷八五《大敛》载：

大唐《元陵仪注》："其日大敛前三刻，侍中版奏'请中严'，内外皆哭。御府先设大敛床于大行皇帝西，南首，枕席帏帐如初。所司先陈大敛衣百二十称，及绞紟衾，并六玉于殿两楹之东席上，南领西上。衣必朝祭及五时正服。……中官内官掌事者皆盥讫，升敛，如小敛次加衣毕，乃以组连珪、璋、璧、琮、琥、璜六玉而加焉。所司以梓宫龙輴绋等入陈于殿西阶下。至时司空引梓宫升自西阶，置于大行皇帝西，南首。加七星版于梓宫内，其合施于版下者，并先置之，乃加席褥于版上。以黄帛裹施仰蔑，画日月星辰龙龟之属，施于盖。陈衣及六玉敛讫，中官掌事者奉大行皇帝即梓宫内。所由先以白素版书应入梓宫内，一物以上称名进入梓宫，

[1] 〔唐〕康骈：《剧谈录》，徐凌云、许善述点校《唐宋笔记小说三种》，合肥：黄山书社，1991年，第14页。

[2] 《通典》，第2267～2268页。

然后加盖。事毕，覆以夷衾。"百官仪制具《开元礼》。[1]

可知梓宫覆以夷衾绡幕。

五　小　结

唐代帝陵结构名称与帝王生前所居都邑宫室有莫大关系，且上承汉魏，下启赵宋。此皆缘于汉魏以来中原诸王朝共同依托的礼制传统。透过历代帝陵布局嬗变的表象，不仅历代帝陵布局存在承递关系的内因由此得以昭示，而且历代都邑建筑布局的关联由此也得以揭发。唐代帝王陵寝跟帝王生前所居都邑宫室有何关联？作为一种制度，唐陵制度是否跟汉代及北魏建立的帝陵制度也存在某种渊源关系？这无疑又提供了一个重要的线索，而事实证明正是如此。

---

[1]　《通典》，第2301页。

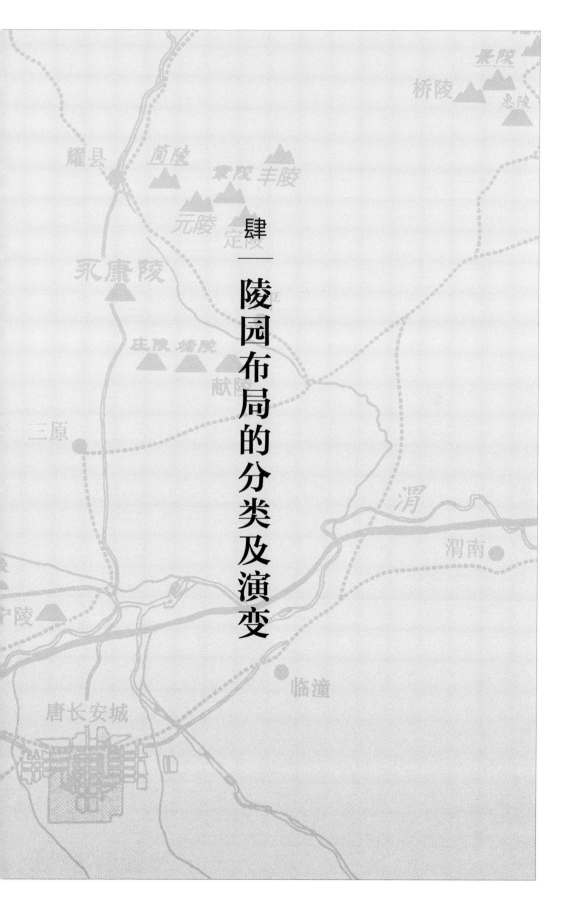

肆——陵园布局的分类及演变

充分认识唐代各类帝陵之间的关系有一个长期的过程。1914 年 3 月，法国考古学家谢阁兰（Victor Segalen，曾译作色伽兰）在沿渭水右岸调查至乾陵时发掘了神道麒麟 [1]；他还到桥陵实地进行拍照、绘图，并有著作问世 [2]。谢阁兰曾专门论及唐代诸陵，但并不囿于所谓关中十八陵，而是列举了临潼唐懿宗韦后福陵、王后安陵、王后寿陵以及新丰西门附近的唐奉天皇帝齐陵，还有文敬太子与惠昭太子墓。同时，他认为唐代渭北诸陵中最值得注意的是顺陵和乾陵 [3]。尽管尚无深入之研究，但其独到的学术眼光迄今毫不逊色。遗憾的是，这个观点在很长一段时间内并没有得到进一步的阐发。

在唐代高等级墓葬的分类研究中，王子云首先将唐代墓葬分成唐祖陵、唐帝陵及太子和贵戚陵等三类 [4]，注意到唐祖陵在唐陵系统中的重要地位，尽管其中的太子和贵戚陵实际上混淆了"号墓为陵"与"改墓为陵"的区别。在研究初唐帝陵建制中，林通雁认为初唐的永康、兴宁、献、昭四陵实施三种建制，诸陵雕刻在个体式样及种类组合方面不同程度地沿袭了北朝模式，献陵和昭陵积极向两汉陵寝制度取法，并实行改革，其中，献陵采取东汉规制，形成雕刻群做四门——神道的列置方式，初唐陵园雕刻的这些特点对盛唐陵园雕刻发生

[1]　〔法〕色伽兰：《中国西部考古记》，冯承钧译，北京：中华书局，1955 年，第 20 ～ 21 页。1908 年，沙畹调查乾陵时，该麒麟只有头部露在外面，身体其他部分埋在土中。色伽兰认为该麒麟制于 683 年（第 21 页），明朝时因地震与台座分离，其台座距麒麟不远，麒麟所缺下腿即在其上。

[2]　Segalen, Victor，*Mission archéologique en Chine (1914)*，Paris: Librairie Orientaliste Paul Geuthner, 1923-24. Segalen, Victor，*Chine, la grande Statuaire suivi de les origins de la statuaire de Chine*, Paris: Flammarion, 1996, pp.141-168, fig.37-38, 40-44.

[3]　〔法〕色伽兰：《中国西部考古记》，第 81 ～ 82 页。

[4]　王子云：《也谈唐陵石雕艺术兼述中国陵墓雕刻中的瑞兽——附：唐陵名称及陵前石雕刻类别简记》，《美术》1989 年第 4 期，第 64 页。

了重要影响[1]。文中不乏真知灼见，只是初唐帝陵中的隆尧建初陵、启运陵没能纳入其视野当中。不过无论如何，其观点颇值得关注。

傅熹年则从建筑学的角度着重以乾陵、恭陵、顺陵为例探讨唐陵的平面规划[2]，通过当时所发表的实测数据进行分析，认为唐代帝陵上宫方 500 丈、后陵方 250 丈、太子陵方 150 丈、神道长 100 丈。由此推知它们可能是分别以 50 丈和 10 丈即 100 步和 20 步的方格网为基准布置的。傅氏又认为顺陵内城垣内的石刻属于唐代王墓的规制，余者乃扩建为帝后陵的遗迹，拟扩建的陵垣方 250 丈，面积为乾陵的 1/4[3]。

张崇德认为顺陵的营建情况和武则天政治地位的变化紧密相连。他注意到顺陵司马院南门内石人与封土前石人的时代风格不同，将顺陵石刻分成封土前、司马院南门内——神道等两个组合，并认为这是武则天二次营建的结果[4]。此后相关研究与此卓识大同。权东计等人从顺陵遗址现状对其规划进行有益的探讨，认为顺陵陵园在规划上存在三条东西并列的中轴线，由此论证了顺陵石刻的三个组合及其形成过程，并对顺陵石刻总数作了推测[5]。2004 年，陕西省考古研究所对顺陵陵园进行的第二次大面积普探、发掘，据此刘向阳、郭勇二人撰文对顺陵陵园石刻的形成得出相同的结论[6]。可见，同样内容的三个组合与武则天的两度改造都是它们论证的重要结论。此上都能注意到非即位帝王陵在唐陵建制中的地位，遗憾的是，此上对顺陵神道石刻组合的具体内容都没能做出有力的考证，同时因为未能将顺陵纳入唐陵建制体系之中，使得其论证稍嫌单薄。

[1] 林通雁：《初唐陵园雕刻与汉制及北朝模式》，《陕西师大学报》（哲社版）1991 年第 4 期，第 80～85 页。

[2] 傅熹年：《中国古代城市规划建筑群布局及建筑设计方法研究》（上册），第 58～59 页。

[3] 傅熹年主编《中国古代建筑史》第二卷《两晋、南北朝、隋唐、五代建筑》，第 424 页。

[4] 张崇德：《唐顺陵营建初探》，《泾渭稽古》（总 2 期），1993 年 7 月，第 53～54、39 页。

[5] 权东计、赵荣：《唐顺陵遗址现状与规划营建探讨》，《西北大学学报》（自然科学版）2002 年第 1 期，第 93～96 页；赵荣、权东计：《唐顺陵遗址现状与形制探讨》，《考古与文物》2002 年第 4 期，第 68～71 页。

[6] 刘向阳、郭勇：《唐顺陵石雕群及其组合研究》，樊英峰主编《乾陵文化研究》（二），西安：三秦出版社，2006 年，第 195～205 页。

一　陵园的分类及演变

在考察唐陵陵园布局理念时，需要甄辨哪些因素与时代风格有关，而无涉于唐陵布局理念之变更。显然，石刻组合及石刻所表现的身份、角色的转换才是跟布局理念相关的。但是，同一角色却会因时代不同而在服饰等方面或多或少存在差别。换言之，如果是身份相同的话，体现该身份的时代性、历史性因素即可不予考察，不宜喧宾夺主。因为这些不同应该归属于同一身份的演变序列，不宜成为混淆陵园布局理念的因素。这是需要从陵园布局理念中离析出来的元素。从这个意义上来讲，石刻大小的变化可能跟陵园规划有关，而并非都只是王朝政治命运、经济境况的结果。换言之，陵园规模与所谓国运、国力不可简单地相提并论，不能总是习惯地将规模大小的变化归结为王朝时运之不济，而应首先考虑是否跟陵园规划理念的变化乃至礼制的重新整饬有关。

此外，石刻在姿态、形态、如站立、行走的变化也与规划理念有关。要言之，探讨陵园的分类及演变时，最为重要的是考察陵园规划理念的变化。这里面应该包括：司马院平面、司马门石刻、神道石刻以及陪葬墓地位置。其中神道石刻需要考虑的因素有：石刻组合内容的变化、相邻石刻南北间距、石刻的形态及其大小的变化等因素。当然，整个陵区的形胜也是跟规划理念紧密相连的一个因素。

唐陵陵园平面形状是跟具体的设计理念联系在一起的，而这又与王朝的礼制密不可分。因目前的勘察工作尚未能提供诸陵准确的平面图，只能根据已有的调查数据，暂时按平面形状将唐陵陵园分为方形、六边形以及垣墙边数多于六边的多边形三种。其中平面为六边形的陵墓有乾陵[1]、崇陵[2]、

[1]　陕西省文物管理委员会：《唐乾陵勘查记》，《文物》1960年第4期，第53～60页。

[2]　刘庆柱、李毓芳：《陕西唐陵调查报告》，《考古学集刊》第5辑，第231～232页；刘随群：《唐崇陵调查简报》，《文博》1997年第4期，第11～15页。

景陵[1]、贞陵[2]、简陵[3]，多边形的有桥陵[4]、建陵[5]，余者为方形。下面叙述唐陵陵园的分类及演变情况。

除去第四类"号墓为陵"者为陪葬墓外，这里将讨论其余的三类墓葬。根据陵园平面、石刻组合及陪葬墓位置，同样依次把唐陵大体分为如下相应的三类：

第一类：追改坟墓为"陵"，有建初陵（见图1-3）、启运陵、永康陵（见图1-4）、兴宁陵、杨氏顺陵等五座。平面方形，该类陵墓大体可以分成两组。

第一组：初唐祖先四世组，即建初陵、启运陵、永康陵、兴宁陵等四陵。圆锥形封土，神道石刻由南而北依次为石柱1对、麒麟1对、御马2对、石人3对[6]、门狮1对。石人呈中郎将形象。永康陵陪葬墓在陵东、东南及南等方位[7]。为了叙述的方便，姑且称该组石刻为"四祖式"。司马院垣墙及相关附属建筑已荡然，具体情况不清。

神道相邻石刻南北间距，建初陵、启运陵近13米，永康陵约28～30米，兴宁陵则多为15米（表4-1）。可见，神道相邻石刻南北间距在初唐祖先四世组诸陵内部基本一致，但是间距的数据诸陵之间则互不相同。其中要以永康陵为最，恐与永康陵为关中唐陵的祖陵有关。建初陵、启运陵最小，则恐与其神道石刻东西间距增加有关[8]。

[1] 刘庆柱、李毓芳：《陕西唐陵调查报告》，《考古学集刊》第5辑，第233～235页。

[2] 泾阳县文教局调查组：《唐贞陵调查记》，《文博》1986年第6期，第16～20页；刘庆柱、李毓芳：《陕西唐陵调查报告》，第240～242页。

[3] 刘庆柱、李毓芳：《陕西唐陵调查报告》，第242～243页。

[4] 雒忠如等：《唐桥陵调查简报》，《文物》1966年第1期，文中称桥陵陵园"整个平面呈一规矩的刀把形"（第43页）；王世和、楼宇栋：《唐桥陵勘查记》，《考古与文物》1980年第4期，第54～61、69页；美茵兹罗马—日耳曼中央博物馆、陕西省考古研究所编《唐睿宗桥陵》，达尔马斯德特，2002年。

[5] 陕西省文物管理委员会：《唐建陵探测工作简报》，《文物》1965年第7期，第31～34页，其中第32页附有建陵平面示意图；张崇德：《唐代建陵及其石刻》，《考古与文物》1988年第3期，第41～44、20页。

[6] 详见本书壹"四个陵区"。

[7] 巩启明：《唐永康陵调查记》，《文博》1998年第5期，第6页。

[8] 详见本书壹"四个陵区"。

表 4-1　唐陵 "四祖式" 神道相邻石刻南北间距一览表　　（单位：米）

陵　名	神道	石柱与麒麟	麒麟与御马	御马之间	御马与石人	石人之间	石人与门狮
永康陵	36-40	29	28	28	30	30	30
兴宁陵	20.8	不清	24.8	28.2	15	15	15[1]
建初陵启运陵	32-40	13	12.3	12.5	17	12	13.7

　　第二组：杨氏顺陵[2]（图 4-1）。司马院呈方形，除南墙开有司马门外，东、西、北三面均未开门。封土居于司马院中部偏西北位置，据钻探知，墓道位于封土堆南侧，正南北走向，长约 28.5 米，宽约 2 米，墓道内两壁绘有壁画[3]。陵园内现存石刻，分布在陵前、后和东西两边，其中又以陵前最多，陵后次之。结合考古钻探知，其石刻有封土前——石人 1 对、石羊 2 对、石狮 2 对、石柱 1 对；司马院南内石人（中郎将形象）8 对；神道石刻由南而北——石柱 1 对、天禄（麒麟）1 对、石人（中郎将形象）3 对、石走狮 1 对、顺陵碑 1 通；另外，东、西、北各有石座狮 1 对；北侧尚有所谓北门仗马 1 对。此详见下文考辨。其神道相邻石刻南北间距情况详见表 4-2。武三思陪葬墓可能位于陵园西南隅。

　　第二类：唐代历朝皇帝陵。唐朝二十一帝，共 20 陵。该类陵墓大体可以分成五组[4]。

　　第一组：献、昭二陵。平面呈方形，石刻不多，形制特大，尚无组合可言；陪葬墓位置不定。具体如次：

[1]　兴宁陵北御马与门狮间距为 60 米，二者之间原尚有 3 对石人，故作此推测。咸阳市博物馆：《唐兴宁陵调查记》，《文物》1985 年第 3 期，第 46 ～ 47 页。

[2]　陕西省考古研究所：《唐顺陵勘查记》，《文物》1964 年第 1 期，第 34 ～ 39、48 页。

[3]　刘向阳、郭勇：《唐顺陵石雕群及其组合研究》，《乾陵文化研究》（二），第 196 页。

[4]　在第二类唐陵中若未特别指出，其资料皆源于刘庆柱、李毓芳《陕西唐陵调查报告》，《考古学集刊》第 5 辑，恕不一一注明。此外，有关唐陵石刻的详细数据详见该文第 24 ～ 263 页附表。

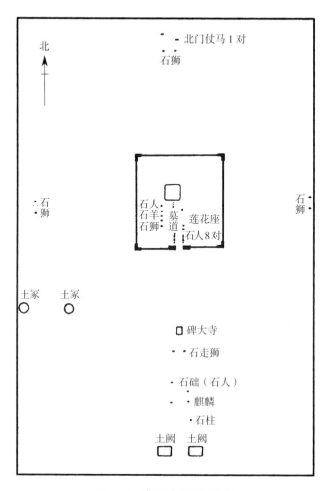

图 4-1　唐顺陵平面示意图

据陕西省考古研究所《唐顺陵勘查记》，《文物》1964 年第 1 期，第 35 页图二改制

　　献陵[1]（图 4-2）：陵园平面呈方形，堆土为陵。四司马门外各有石虎 1 对[2]，南司马门外神道自南而北有石柱和石犀各 1 对。石犀乃诸陵中所独有者。陵园以北距北门址 180 米处或为寝宫建筑群。陪葬墓位于陵北部和东北部，分

---

[1]　巩启明：《唐献陵踏查记》，《文博》1999 年第 1 期，第 47～55 页；陕西省考古研究院：《唐高祖献陵陵园遗址考古勘探与发掘简报》，《考古与文物》2013 年第 5 期，第 31～44 页。

[2]　献陵四司马门置石虎以驱罔象，见前引《酉阳杂俎》前集卷一三"尸疰"条。或以为献陵神道石虎为石狮，但其形象与初唐四祖陵的石狮不同。

布区域大致呈三角形，可确定者至少有 93 座，由南而北大致为 6 排[1]。据当地村民告知在献陵神道石犀以北原尚有 3 个石人[2]。今知石柱与石犀的间距约为 84 米，石犀与石虎的间距为 326 米[3]，若有 3 对石人，则石人之间的间距约为 82 米，该数据与石柱、石犀的间距大体一致（表 4-3）。据此献陵当时或立有 3 对石人。

表 4-2　唐顺陵、恭陵神道相邻石刻南北间距一览表　　（单位：米）

陵名	神道	石柱与麒麟	麒麟与石人	石人与石人	石人与门狮	北门仗马与北门狮	备注
顺陵	55	37[4]	30	30	35[5]	30	
	.						
恭陵	50	92	43	32、33	32		[6]

表 4-3　唐献陵神道相邻石刻南北间距一览表　　（单位：米）

陵名	神道	石柱与犀牛	犀牛与石人	石人与石虎	备注
献陵	39.5	84	82	82	

---

[1] 陕西省考古研究院：《唐高祖献陵陵园遗址考古勘探与发掘简报》，《考古与文物》2013 年第 5 期，第 31～44 页。

[2] 笔者调查笔记；巩启明：《唐献陵踏查记》，《文博》1999 年第 1 期，第 50 页。

[3] 数据据巩启明《唐献陵踏查记》，第 47 页图一（本文图 4-2）所示。

[4] 此据刘向阳、郭勇《唐顺陵石雕群及其组合研究》（《乾陵文化研究》（二），第 197～198 页）称顺陵石柱"在南乳阙遗址北约 90 米处"、天禄（麒麟）在"南乳阙遗址北约 127 米处"，故知。另外，此与陕西省考古研究所《唐顺陵勘查记》（《文物》1964 年第 1 期，第 36 页）称在"土阙（南乳阙）北约 80 米处，掘出华表（石柱）顶 1 件"不同。又陕西省考古研究所《唐顺陵勘查记》（第 36 页）称麒麟在"华表顶北 47 米处"。恐误。

[5] 陕西省考古研究所《唐顺陵勘查记》（第 36 页）称"在独角兽（麒麟）北有石础两个。一在东，距（东侧）独角兽 30 米；一在西，距（西侧）独角兽 60 米"，可知顺陵麒麟与相邻北侧石人、相邻石人之间的间距均为 30 米。顺陵北门仗马南去北门狮亦为 30 米似可证明。又南门狮在麒麟北 155 米处，根据顺陵神道石刻组合，故有此推论。

[6] 中国社会科学院考古研究所河南第二工作队、河南省偃师县文物管理委员会：《唐恭陵实测纪要》，《考古》1986 年第 5 期，第 458～462 页。

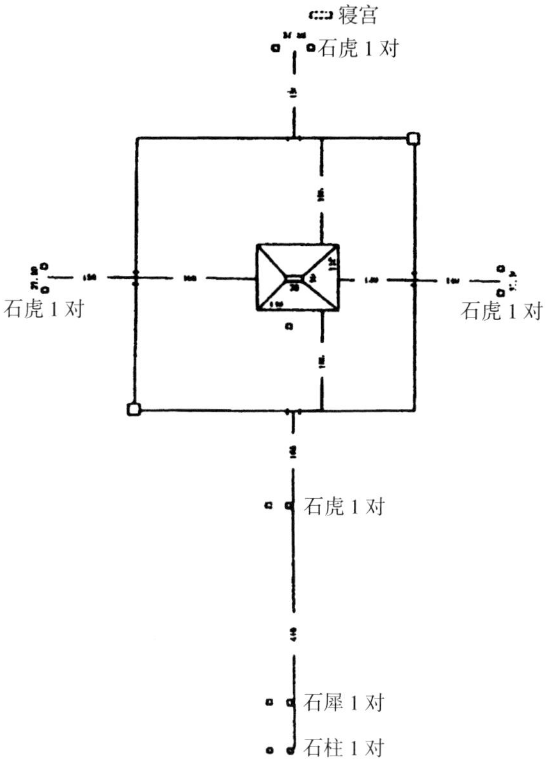

图 4-2　唐献陵平面示意图

据巩启明《唐献陵踏查记》，《文博》1999 年第 1 期，第 47 页图一；陕西省考古研究院《唐高祖献陵陵园遗址考古勘探与发掘简报》，《考古与文物》2013 年第 5 期，第 31～44 页改制

昭陵：依山为陵，不见陵垣[1]，很可能标识以木制警戒设施[2]。北司马门内为院落，院南系正殿，院中方亭，东西北三面为廊。贞观十年（636 年），唐太宗于九嵕山后树立了《昭陵刻石文》和《六马像赞（语）》二石。高宗即位后开始着手琢列蕃酋石像和六骏石屏[3]。昭陵十四国君长像置于北司马门最

---

[1]　孙迟：《略论唐帝陵的制度、规模及文物——兼谈昭陵"因山为陵"对唐帝陵制度的影响》，《唐太宗与昭陵》，第 89～90 页。

[2]　详见本书叁"结构与名称"。

[3]　详见本书伍"昭陵六骏与十四国君长像"。

图 4-3 唐昭陵东方门狮

〔日〕常盤大定，關野貞：《中国文化史蹟·9（陕西）》，京都：法藏馆，1976年7月，第95頁図（2）

图 4-4 唐乾陵南神门东侧门狮

沈睿文摄于 2006 年 12 月 27 日

南端的第五台地上，与昭陵六骏一起排列在两座东西相对的廊房中。20世纪70年代在九嵏山南9公里的后寨村发现一对石走狮[1]，此前亦曾刊布昭陵东方有石蹲狮（图 4-3）。该石蹲狮与乾陵南神门门狮（图 4-4）形态相近，只是稍显直立，胸肌也不如乾陵者健硕而已。据此，应可断定该石狮为昭陵时期的门狮。据此可有二论。其一，昭陵陵园或兆门石狮为南走（立）狮，东、西、北为蹲狮。姑且称之为"昭陵式门狮组合"。其二，从石走狮离陵园远达9公里来看，恐怕昭陵的陵垣或所树陵兆警戒设施的南缘也该与此距离相近。

史载昭陵还有石马、鸵鸟石刻。据前揭《封氏闻见记》卷六"羊虎"条所载，可知在昭陵陵南原来恐尚立有石马，惜具体位置不清。史载"永徽元年五月，吐火罗国献大鸟，高七尺。帝（高宗）以太宗怀远所致，献于昭陵，仍刻像于

---

[1] 刘庆柱、李毓芳：《陕西唐陵调查报告》，《考古学集刊》第5辑，第219～220页。

〔昭〕陵之内"[1]，此时唐太宗早已入藏昭陵，所言"陵之内"应在昭陵地面。唯憾其具体位置与画像形式难以推知。

陪葬墓于陵之北、东、西、东南[2]。昭陵尚发现一批陪葬宫人墓[3]，从出土墓志可知墓主人为守陵宫女[4]。此外，九嵕山顶有神游殿，昭陵尚有不少佛道寺观[5]。下宫原修建于山上，后移至山下瑶台寺之旁。

第二组：乾、定、桥三陵。陵园平面呈六边形（多边形）或方形出现。自乾陵始石刻出现"北门仗马"及神道由南而北的石柱、麒麟、鸵鸟各1对、御马和驭者5对、石人10对、石碑、蕃酋像的组合。此外，司马门外各有1对小石人。参照巩县宋陵神道石刻组合，或可拟定为宫人。姑称呼该组合为"乾陵式"组合。其石刻个体规模较大，唯没有统一的规则，且相差较大（表4-4）。陪葬墓位于东南处。其神道相邻石刻南北距离详见表4-5。另加说明如次：

乾陵（图4-5）：平面呈六边形，有两组三出阙（图4-6、图4-7）及两重城垣（图4-8）[6]，内城四司马门外各置门狮1对，左右分列。神道石刻自

---

[1]　《册府元龟》，第 323 页上栏。

[2]　昭陵文物管理所：《昭陵陪葬墓调查记》，《文物》1977 年第 10 期，第 33 ～ 44、49 页。

[3]　孙东位：《昭陵发现陪葬宫人墓》，《文物》1987 年第 1 期，第 83 ～ 95 页。1990 年，巩县也发现一方守陵（恭陵）宫女墓志。详见刘洪淼、孙角云《巩义市出土唐代九品宫人墓志》，《文物》1997 年第 2 期，第 94、54 页。

[4]　如，文帝昭容韦尼子墓志略云："薨于崇圣宫，以囗月十八日（656 年 11 月 10 日）陪葬昭陵。"亡宫五品墓志："显庆二年闰正月廿六日（657 年 4 月 2 日）卒于昭陵宫，其年二月十四日（657 年 4 月 2 日）陪于（下空）昭陵。"亡宫三品婕好金氏墓志（略云）："侍寝昭阳。"志文中所言侍寝昭阳指在昭陵之阳（即九嵕山之南）服侍。唐太宗死后，高宗把诸多宫女遣送到寺院及昭陵。

[5]　昭陵薛赜墓志云："有诏特授中大夫，……别于昭陵之左创筑紫府观以居。粤以其年十二月十四日（647 年 1 月 25 日）陪葬于昭陵之所。"昭陵侧还有佛寺，如西南有瑶台寺等。永徽六年（655 年）"于〔昭〕陵侧建佛寺"（《旧唐书》卷四《高宗本纪上》，第 73 页）；又《旧唐书》卷一三六《崔损传》（第 3755 页）记载贞元十四年（798 年）昭陵旧宫"移在瑶台寺左侧"，故知此亦见载于《唐会要》卷二〇"陵议"条（第 461 ～ 463 页）。近年发现了瑶台寺（天宝二年八月十五日（743 年 9 月 7 日）立）、广济寺（约唐中期）佛顶尊胜陀罗尼经幢。

[6]　详见韩伟《维修乾陵地面建筑获重大发现》，《中国文物报》1995 年 12 月 24 日第 1 版；秦建明、甄广全《唐代帝陵中第一次发现双重城垣——航拍显示乾陵外城跨山越谷气势恢宏》，《中国文物报》2000 年 4 月 5 日第 1 版。这是帝陵制度中关于城垣、三出阙规制结构的重复使用，下文将对此重点讨论。

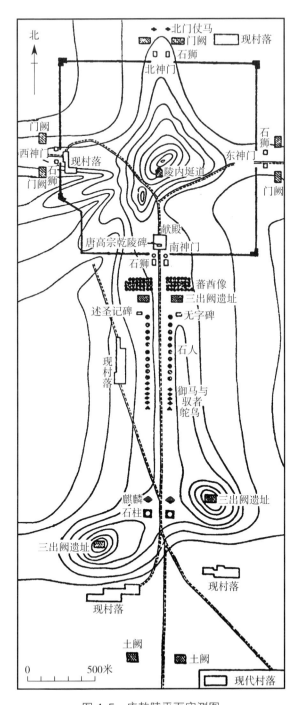

图 4-5　唐乾陵平面实测图

据陕西省文物管理委员会《唐乾陵勘查记》，《文物》1960 年第 4 期，第 59 页图 20 改制

表 4-4-1　第二类唐陵神道建筑个体规模一览表（1）　　　　（单位：米）

	南门二阙间距	石柱			
		高度	中部		上部通高
			通高	底径	
第二组	41～78	7.67～8.63	5.68～6.15	1.15～1.2	1.07～2.2
第三组	57.5～70 60	不清	4.2～5	1.1～1.13	1.9～1.95
第四组	80～110[1]	7.15、7.7[2]	4.8～5.05	1.05～1.2	多为1.7～1.

〔注：表中阴影者为崇陵、丰陵的数据；＿表示是景陵的数据。〕

表 4-4-2　第二类唐陵神道建筑个体规模一览表（2）　　　　（单位：米）

	鸵鸟石屏			御马		
	长	宽	厚	长	石座、础石	
					长	宽
第二组	1.8～2.27	1.4～1.96	0.34～0.5	1.7～2.8	1.23～2.5	0.72～
第三组	1.7～2.1	1.35～1.4 0.95（残）	0.2～0.5	1.6～1.9	不清	不
第四组	1.97～2.2 2	1.47～1.55[5] 1.5	0.4～0.46[6] 0.45	1.6～2.15	1.3～2.1	0.7～

〔注：表中阴影者为崇陵、丰陵的数据；＿表示是景陵的数据。〕

---

[1]　今知除了庄陵南土阙间距为 60 米，余者为 80～110 米。

[2]　7.15、7.7 米分别为光陵和景陵东列石柱的通高。但从调查所得数据看，景陵以下诸陵除靖陵外，
　　其石柱下部础石和石座规格比较一致。

[3]　光陵东列石柱上部通高为 1.35 米，靖陵东列石柱通高为 1.1 米。

[4]　简陵东、西列麒麟身长分别为 2.06、2 米，靖陵西列麒麟身长为 1.5 米。

[5]　庄陵东列石屏宽 1.3 米。

[6]　端陵石屏厚 0.35 米。

麒麟			
长	石座		础石
	上座	下座	
97、3.2、3.5	2.73-3x1.2-1.9+0.26/0.29	3.22-3.5x1.46-1.49+0.53/0.56	3.35-3.6x1.7-1.8+0.08/0.12/0.48
、2.4、2.53	2x1+0.3 1.85x1.06+0.3	2.4x1.2+0.35 2.06x1.4+0.35	3x1.7+0.4
2.8 两种规格[4]	1.6x1.05+0.25 2.1x1.1+0.3	2.4x1.2+0.25 2.48x1.33+0.33	2.8x1.6+0.3 2.86x1.53+0.33

	石人			
厚	身高	肩宽	侧厚	石座础石
～0.95	3.7～4.5	1.1～1.2	0.5～0.6	1.1-1.87x1.1-1.85+0.25-0.7/0.93
清	2.2～2.8 1.7～2.8	0.75～0.92 0.81～0.92	0.4～0.8 0.4～0.64	0.9-1.22x0.54-0.66+0.22-0.26/0.44
～0.35	2.2～2.8	2～2.8	0.46～0.6	0.9-1.25x0.54-0.65/0.97+0.22-0.28/0.44

表 4-4-3　第二类唐陵神道建筑个体规模一览表（3） （单位：米）

		北门仗马	
	长	石座、础	
		长	宽
第二组	2.01～2.6	0.9～1.51	0.15～0.89
第三组	1.96	1.33	0.61
第四组	1.36～1.9	1.4～2.5	0.67～1.21

注：表中阴影者为崇陵、丰陵的数据；_表示是景陵的数据。

图 4-6　唐乾陵内城南神门外东侧三出阙

韩伟：《维修乾陵地面建筑获重大发现》，《中国文物报》1995 年 12 月 24 日第 1 版

---

[1]　此组仅有泰陵西 3 仗马的数据。

[2]　简陵南门西狮高为 1.4 米。

[3]　简陵南门西狮宽为 1.2 米。

厚	南门狮	
	高	宽
	2.7～3	1.16～1.25
0.13[1]	1.4～1.75/1.8	0.85～0.9
0.2～0.4	1.7～1.75[2] 1.8	0.85～1[3]

图 4-7　唐乾陵神道南端西侧三出阙

韩伟：《维修乾陵地面建筑获重大发现》，《中国文物报》1995 年 12 月 24 日第 1 版

表 4-5　唐陵神道相邻石刻南北间距一览表（单位：米）

陵名	神道	石柱与麒麟	麒麟与鸵鸟	鸵鸟与御马	御马之间	御马与石人	石人之间	北门仗马	备注
乾陵	25	30	23.6	18.5	18.2	17.7	18.5	15.5	石人与述圣记碑相距 17.4
定陵	90								
桥陵	60	28	28	29	29	29	29	17	
泰陵	60	20	18	19	19	19	19	18	
建陵	160	28	32	32	30	32	30		
元陵								23.5、24.5	
崇陵	70.4	22	22	22	22.4	22.4	22.4		
丰陵								20	
景陵	60	24	24	24	24	22.5	22	18～24	
光陵	60	22	22	22	22	22	22[1]	24	
庄陵	67.5	24	24	23.7	23.7	23.7	24[2]		
章陵									

[1] 今光陵东列石人仅存 1 人，位于麒麟北 155 米。而麒麟位于石柱北 22 米，根据光陵石刻组合，可以推算出该石人为光陵东列南 1，且其相邻石刻南北相距皆为 22 米。

[2] 庄陵麒麟与石柱和鸵鸟的南北间距皆为 24 米。其东列南数第一石人在鸵鸟北 142 米，第二个石人在第一个北 140 米，第三个在第二个北 41 米。其神道西列南数第一个石人在麒麟北 168 米，第二个在第一个北 116 米，第三个在第二个北 80 米。据此，东西二列南数第一石人为原来神道南数第 1 对石人，在此石人与鸵鸟之间尚有 5 对御马，这段距离今知东、西列分别为 142、144 米，则御马与鸵鸟、石人之间及其内部间距为 23.7 米。根据对称的原则，从神道西列南数第 2 石人以及东列南数第 2 石人的距离，可知相邻石人南北间距为 24 米。再以此数可以推算出神道东列第 2 个石人实为原来的第 7 个石人，西列第 2、3 石人分别为原来的第 6、9 个石人。综上，庄陵神道相邻石刻南北相距为 24 米。

续表 4-5

陵名	神道	石柱与麒麟	麒麟与鸵鸟	鸵鸟与御马	御马之间	御马与石人	石人之间	北门仗马	备注
端陵	66	9.8	约 10	11.7	11.7	11.7	13 或 14[1]		
贞陵	68	22						22	
简陵	90		22.5	22.5	20	21.8	22.5[2]	6	恐原仅立 2 对御马
靖陵	60	26	9	9	26	12	12 或 22[3]		
和陵	不清	不清	不清	不清	不清	不清	不清		不清
温陵	不清	不清	不清	不清	不清	不清	不清		不清
惠陵	30	不清	不清	不清	不清	不清	不清		今麒麟北距封土约 236

---

[1] 端陵神道麒麟在石柱北 9.8 米，东列现存 3 个石人，南数第一个在麒麟北 80 米，第二个在第一个北 13.15 米，第三个在第二个北 14 米；西列现存 1 个石人，在麒麟北 98 米。据此，可以推算出端陵神道相邻石人南北间距 13 或 14 米不等。如果东列南数第 1 个石人和鸵鸟之间 70 余米的距离中原有 5 对御马，则御马与鸵鸟、石人以及御马内部之间的间距为 11.7 米。综上，可知今神道东列所存石人依次为原来的南数第 1、2、3 个，西列现存石人原为南数第 2 个。

[2] 简陵神道西列南数第一御马在麒麟北 45 米，第二御马在第一御马北 20 米。西列南数第一石人在御马北 21.8 米，第二石人在第一石人北 45 米。如果简陵神道存在鸵鸟，则鸵鸟与麒麟、御马的间距恐皆为 22.5 米。此数与现存神道西列御马之间以及御马与南数第 1 石人之间距相近，由此可以得出如下两点。第一，简陵神道应树立有鸵鸟；第二，简陵神道仅树立 2 对御马，此与此前唐陵神道树立 5 对御马不同。据此，可以推算出简陵神道西列现存石人分别为原来的第 1、3 个，其相邻石人南北间距亦为 22.5 米。

[3] 靖陵神道麒麟位于石柱北 26 米，御马东列南数第一个在石柱北 44 米，第二个在第一个北 105 米；东列石人在陵台南 400 米，御马北 12 米，西列石人在陵台南 312 米（详见刘庆柱、李毓芳《陕西唐陵调查报告》，《考古学集刊》第 5 辑，第 243 页）。如果靖陵神道石刻组合同乾陵，据此则神道相邻御马南北间距为 26 米，而鸵鸟与麒麟和御马的间距皆为 9 米。今知现存西列石人与东列石人之间的垂直距离为 88 米，假设相邻石人南北间距为 12 米，则西列石人为南数第 8 个，南数第 10 个石人应在北距陵台 288 米处。假设相邻石人南北间距为 22 米，则西列石人为南数第 5 个，南数第 10 个石人应在北距陵台 202 米处。是否靖陵神道没有树立鸵鸟石屏？若此，其神道相邻石刻南北间距为 22 和 26 米。

图 4-8　唐乾陵航拍图

秦建明、甄广全：《唐代帝陵中第一次发现双重城垣——航拍显示乾陵外城跨山越谷气
势恢宏》，《中国文物报》2000 年 4 月 5 日第 1 版

南而北依次为石柱、麒麟、鸵鸟各 1 对，御马和驭者 5 对，石人 10 对，述圣记碑、无字碑，"六十四蕃臣像"[1]。出现"北门仗马"。梁山之巅建筑上仙观天尊殿。陪葬墓于陵南和东南处。在司马门处出现一对小石人。乾陵北司马门门址清理出土残石马、石虎、石狮、石刻座等六件石刻，其中石虎的发现，为重新认识唐代帝陵北门外石刻组合提供了新资料[2]。从表 4-5 可知，乾陵神

[1]　今仅存 61 尊像。详见陈国灿《唐乾陵石人像及其衔名的研究》，文物编辑委员会编《文物集刊》第
　　　2 辑，北京：文物出版社，1980 年，第 190 页。

[2]　孙欢：《武则天墓下宫遗址布局逐步展露真容》，http://www.sn.xinhuanet.com/misc/2007-08/09/
　　　content_10817876.htm。

道相邻石刻南北间距，不同种类石刻之间的数据不同。这是此后唐陵中所不见的。

定陵：平面呈多边形。破坏其厉，现存门狮、石人2尊、"北门仗马"2匹。知"文革"前尚存有石柱、麒麟各1对、御马3对、石人5对、蕃酋像1对、立狮1对、无字碑1通。可推知其组合同乾陵。陪葬墓于陵东南处。

桥陵：平面呈多边形。四对门狮有牝牡之分，"北门仗马"。神道石刻由南向北有：石柱、麒麟和鸵鸟各1对、御马5对、石人10对，司马门外各有1对小石人。发现有蕃酋像。亦可推知其组合同乾陵。陪葬墓于陵东南处。石柱础石、石座、柱身与乾陵石柱同。

第三组：泰、建、元、崇、丰陵等五座陵。石刻开始按文左（东）武右（西）摆置，组合承袭第二组。石刻个体规模到崇、丰二陵趋于统一（表4-4）。其中建陵石刻规模稍小，可能跟玄宗、肃宗相继于763年5月入葬有关。其神道相邻石刻南北距离详见表4-5。另加说明如次：

泰陵：平面呈方形。门狮、"北门仗马"。神道石刻由南向北有石柱、麒麟、鸵鸟各1对、御马5对、石人10对、蕃酋像14件。石刻个体变小。高力士于陵东南2500米处陪葬[1]。门狮形制同桥陵，唯个体变小；从石柱残存部分看，其上部形制与桥陵基本相同。

建陵：平面呈多边形。今尚可见石刻组合、形制与泰陵基本相同。其陪葬墓郭子仪墓于陵西南2公里处之坡阳村。麒麟、鸵鸟、御马、石人形制同泰陵。今亦发现有蕃酋像。

元陵：平面呈方形。残存门狮及"北门仗马"。

崇陵：平面呈六边形。破坏极其严重，南司马门南寝殿范围内发现数十尊蕃酋石像[2]。神道石刻组合同泰陵。石柱形制基本与建陵同，麒麟及东列石人形制与泰陵同。

---

[1]　陶仲云等：《陕西蒲城县发现高力士残碑》，《考古与文物》1983年第2期，第36～38页。1999年7月至10月，陕西省考古研究所对高力士墓进行抢救性发掘，出土陶俑、墓志等文物二百余件。详见陕西省考古研究所《唐高力士墓发掘简报》，《考古与文物》2002年第6期，第21～32页。

[2]　刘随群：《唐崇陵调查简报》，《文博》1997年第4期，第12页。

丰陵：平面呈方形。残存石柱 1 座，北司马门外御马 2 匹。石刻均残。

第四组：景、光、庄、章、端、贞、简、靖陵等八座陵。神道石刻组合基本承袭第二组，除了靖陵石刻规模明显变小外，余者在崇、丰二陵的基础上略有变化，虽间或有规模较大者，如贞陵，但总体而言石刻规模相对恒定，有些石刻加大（见表 4-4）。此外，个别陵墓石刻数量减少。其神道相邻石刻南北距离详见表 4-5。另加说明如次：

景陵：平面呈六边形。门狮 4 对，"北门仗马"。神道石刻组合同泰陵。陪葬墓于陵南。石柱形制同崇陵，石人形制同泰陵。

光陵：平面呈方形，神道石刻组合同泰陵。发现有蕃酋像。门狮、石人形制同景陵，石柱形制与崇陵相近。

庄陵：平面呈方形。门狮，神道石刻组合同泰陵。但在陵南、东南和神道石刻北共发现 8 座蕃酋像。陪葬墓于陵东北 800 米处。石柱、东列石人形制同崇陵，鸵鸟形制同景陵，西列石人形制同光陵。

章陵：平面呈方形。石刻均被破坏。发现有蕃酋像。

端陵：平面呈方形。门狮，"北门仗马"。石刻组合同泰陵。陪葬墓不见。门狮、麒麟、西列石人形制同庄陵，石柱形制同建陵，鸵鸟形制同景陵。

贞陵：平面呈六边形。门狮，"北门仗马"。神道石刻组合同泰陵。门狮形制同崇陵，石人形制同庄陵。发现有蕃酋像。

简陵：平面六边形。门狮，神道石刻现存麒麟、御马和石人各 2 个，南司马门外东西阙址南外至少有 11 对蕃酋像[1]。值得注意的是，其神道御马很可能原本只有 2 对[2]。门狮形制同庄陵，麒麟、御马、石人形制同贞陵。

---

[1] 简陵南司马门外东阙址南 10.5 米，有南北向一排 5 个础石，与神道东列麒麟在南北线上。础石编号 1～5 号，由北而南：1～2 号间距 0.9 米，2～3 号间距 1.04 米，3～4 号间距 2.9 米，4～5 号间距 4.68 米。今础石旁有 2 个小石人（蕃酋像）。其一，在 4、5 号础石之间；其一，在 2 号础石之西。可知原来础石之上都立有小石人。从目前础石间距来看，原来相邻础石南北间距或为 0.9～1.0 米。若此，则 3、4 号础石之间应尚有 2 个础石，4、5 号础石之间应尚有 4 个础石。如此则原来东列应至少有 11 个础石，再根据左右对称的原则，简陵原来所立蕃酋像至少有 22 个。

[2] 详见表 4-5 简陵的注释。

靖陵：平面呈方形。门狮，神道石刻现存石柱、麒麟、御马和石人[1]。其神道很可能原本没有鸵鸟石屏[2]。发现有蕃酋像。

第五组：昭宗李晔和陵、哀帝李柷温陵分别葬于偃师缑氏、山东菏泽。哀帝温陵初并无陵邑，后始增之[3]。

第三类：恭陵、惠陵共两座。分成两组。

第一组：恭陵[4]。为帝、后合葬，但同茔不同墓，后墓在帝墓的东北隅（图4-9）。陵园南宽北窄，略呈梯形。四角筑有角阙，垣墙四面中央各开一司马门，门外各置门狮1对。其中东、西、北门外为坐狮，南门外为立狮。此即所谓"昭陵式门狮组合"。其神道石刻自南而北依次为：石柱、麒麟各1对，石人3对，尚有睿德纪碑位于东侧第一、二石人之间。暂且称之为"恭陵式"。其神道相邻石刻南北相距情况详见表4-2。

第二组：惠陵[5]。堆土为陵，其封土亦是覆斗形（图4-10）。其陵园布局组成，如寝殿、下宫及石刻等基本与唐陵同。神道石刻有石柱、麒麟、鸵鸟各1对，御马5对，石人10对，唯形体较小[6]；惠陵神道相邻石刻南北相距情况

---

[1] 靖陵是迄今为止唯一的一座考古发掘的唐代皇帝陵。其陵体呈方形，边长约48.5米，有陵园、门阙和石象生。地下部分总长44.18米，有墓道、甬道和一个墓室组成，该陵墓道、甬道和墓室原均有壁画，因历史上多次被盗，破坏较严重，残存壁画面积不足三分之一，可看出题材的有墓道的青龙图、仪卫图、牵马图，甬道的执钺武士图，墓室及甬道壁龛内的十二生肖图，墓室顶部的天象图，墓室北壁的侍臣图。壁画风格具有典型的晚唐特征。详见陕西省考古研究所编《陕西新出土唐墓壁画》，重庆出版社，1998年，第22页图版说明，第190～195图。关于甬道的执钺武士图的考证，可参见王昱东《唐靖陵壁画中的"戟"与相关问题》，陕西历史博物馆编《唐墓壁画国际学术研讨会论文集》，西安：三秦出版社，2006年，第285～290页。

[2] 详见表4-5靖陵的注释。

[3] 《唐会要》卷二《帝号下》，第18页；《旧唐书》卷二〇下《哀帝本纪》（第811页）云："后唐明宗初就故陵（温陵）置园邑。"说明温陵初建时并无置陵邑，五代后唐时始置。详见陈长安《唐恭陵及其石刻》，《考古与文物》1986年第3期，第36页注[1]。

[4] 陈长安：《唐恭陵及其石刻》，《考古与文物》1986年第3期，第32～36页；中国社会科学院考古研究所河南第二工作队、河南省偃师县文物管理委员会：《唐恭陵实测纪要》，《考古》1986年第5期，第458～462页。

[5] 王仲谋、陶仲云：《唐让皇帝惠陵》，《考古与文物》1985年第2期，第107～108页；陕西省考古研究所编著《唐李宪墓发掘报告》，北京：科学出版社，2005年。

[6] 王仲谋、陶仲云：《唐让皇帝惠陵》，第108页。

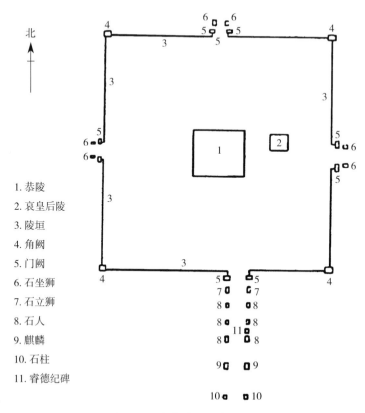

1. 恭陵
2. 哀皇后陵
3. 陵垣
4. 角阙
5. 门阙
6. 石坐狮
7. 石立狮
8. 石人
9. 麒麟
10. 石柱
11. 睿德纪碑

图 4-9　唐恭陵平面实测图

据若是《唐恭陵调查纪要》，《文物》1985 年第 3 期，第 43 页图一改制

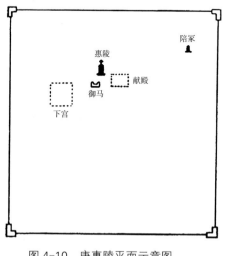

图 4-10　唐惠陵平面示意图

据王仲谋、陶仲云《唐让皇帝惠陵》，《考古与文物》1985 年第 2 期，第 108 页图二改制

不详。其陪葬墓位于东北部，这跟献陵、端陵及庄陵一样。

由上可把唐陵陵园布局相应分成如下五个阶段：

7世纪初至7世纪末为初创期，同时存在三类帝陵形式。其中第一类帝陵布局极为稳定，始终如一。第二类即献陵、昭陵，陵园石刻尚少、形体很大。同时出现第三类中的"恭陵式"陵园布局。这一时期陵园布局尚未形成定制，但对后来诸陵影响颇大。如昭陵开创唐陵因山为陵之风气，特别是开拓了此后历代唐陵陵园石象生中置"蕃酋石像"及"北门仗马"的先例。其"昭陵式门狮组合"也被"恭陵式"陵园布局所采用。陪葬墓开始在东南处出现。而第一类、第三类帝陵的布局也被后来的唐陵有效地加以吸收成有机的部分。

7世纪末至8世纪初为定型期，即第二类第二组的乾陵、定陵、桥陵。陵园平面呈现出渐趋帝都长安平面的趋势。陵园石刻继承在石刻形制上大的特点，南门狮一般高2.7～3.0米。种类、数量锐增，从乾陵开始出现唐陵石刻组合并基本形成定制，即"乾陵式"。它对后来诸陵影响深远。陪葬墓地安排在陵的南或东南处，此亦为诸陵所效仿。尽管唐陵石刻组合已经形成，但从其石刻大小比较随意来看，唐陵规划理念尚未统一。

8世纪初至9世纪初为整理期，即第二类第三组泰陵等五座。基本沿袭盛唐时期的陵园布局——"乾陵式"，但石刻特别追求对称，如御马、狮子左右分雌雄，神道石人左右分文武。石刻个体变小，如南门狮高1.5～1.7米。石刻个体虽大小不一，但到崇、丰二陵基本得到统一。崇、丰二陵的规划对此后唐陵影响甚厉，说明唐陵规划理念至此终得以成熟。

9世纪初至9世纪末为基本恒定期，即第二类第四组景陵等八座。此后诸陵石刻大小比较集中稳定，虽其个体大小稍或有变化。如，鸵鸟石屏加大，长度多在2～2.2米之间；麒麟身长在2.35米以上，甚或长达2.8米。南神门外二土阙的间距，在宪宗景陵之前多在60～70米左右，从景陵以后该距却多在80～110米之间。这可能还能说明唐陵后期的阙楼更为高大[1]。此外，个别陵墓石刻数量减少。尽管如此，仍可以看出从景陵开始基本承袭崇、丰二陵的规

---

[1] 周明：《陕西关中唐十八陵陵寝建筑形制初探》，《文博》1994年第1期，第69页。

划理念。

10世纪初迄唐末为衰败期，即第二类第五组两座。没有陵邑，神道不见石刻。目前情况不清。

从上文的分析不难得出：晚唐帝陵石刻的规模并不见得比前期的小，亦即石刻的大小跟王朝的国力、命运似乎关系不大。当然也有因个别皇帝的命运而出现极少数不同的情况。但是，总体而言，它们共同营造了一个相对恒定的原则。足见唐陵石刻的这种变化应该更多地归于规划理念乃至礼制的变更，而相同石刻在形制上的异同不能成为探讨规划理念的一个主导因素。

稍需说明的是，崇陵以下神道相邻石刻南北间距多在22米左右（见表4-5），且石刻个体规模基本相同且较为稳定，这可能跟唐德宗时期颜真卿撰修《大唐元陵仪注》的整理工作，以及唐宪宗时期裴塈《崇丰二陵集礼》的再度制定与整饬波及唐陵建制有关。此举不仅使得崇、丰二陵的规划理念被宪宗景陵所吸收，同时也影响了景陵以下诸唐陵。

宪宗以下诸帝都出自他的两个子嗣穆宗、宣宗。正如已经讨论的，宣宗急需通过宗统来进行法统合理性的建设，一方面他要更加突出宪宗的位置；一方面他要忽视先前三位为帝的侄子及其兄长穆宗。由此造成两个结果，一个是宪宗以下诸陵对景陵规划的宗奉，另一个直接结果便是武宗端陵神道相邻石刻南北间距减至10米左右。随后即位的宣宗为其叔父，宣宗的宗统建设需要借助藐视先前三位为帝的侄子及穆宗来实现。由此也导致了端陵神道规模大为缩减，其神道相邻石刻南北间距不到后期唐陵的一半。不过也正是出于《崇丰二陵集礼》的遵奉，其神道石刻个体大小之制基本仍得以保持。宣宗贞陵若干石刻规模的扩大，除此原因之外，可能还跟所谓"宣宗中兴"的局面有关。凡此也寓示着景陵及其下八陵具有更大的共同性，可从第二类第三组唐陵中析出为另一阶段。附记于此，以俟将来资料充实进一步考辨。

总之，初唐时期唐陵陵园布局，特别是石刻尚无规律可言，盛唐时期形成定制，中、晚唐时期渐趋衰落。就现有材料而言，关中唐陵陵园平面布局大体呈方形、六边形（或多边形）交替出现的趋势，或许是一种有意识的人为行为。不过，因为此上所据并非全为实测图，所以这个趋势更可能不能说明什么问题。

通过上面的分析，可以得出一个结论：在唐陵陵园布局的演化中，乾陵是一关键转折点，它对唐代后来诸陵布局的影响不可不谓深远，探讨乾陵布局有助于理解唐陵布局的最终形成。因此，下面将主要就乾陵神道石刻组合做进一步的讨论。

二　"乾陵式"布局的形成——以乾陵为中心

需要说明的是，任何过渡都是渐进的，由此导致任何界限也是模糊的，所谓的"模式化"实际上也是对此过程勉为其难的处理方式。如果执着于此，反而容易陷入另一个困境。"求大同存小异"才是解决所谓阶段性变化的便宜方法，因为前后大多存在着或多或少的异质[1]。

那么，"乾陵式"布局最终是怎样形成的？

如欲解释这一现象，自然需要分析乾陵布局的形成。因为乾陵石刻规制在唐陵陵园制度的变革中起着承上启下的作用，已如前述。通过比较不难发现乾陵布局与恭陵、"四祖式"之间有着休戚相关密不可分的关系。初唐诸陵的调查成果已使得综合研究唐代帝陵成为可能。而顺陵陵园石刻则为该问题的解决提供了一个有力的启示。

唐代各陵修建后，又屡经历代的改造、修葺甚而破坏[2]。参照乾陵神道石刻的现状，应该是基本保持其原貌。

综观乾陵所有石刻和石碑，皆用整块石料，大多就地取材雕刻而成，少数可能由外县运来。在梁山东、西两峰之南崖断面上，发现有取材加工的痕迹，石刻的石质大多与山的石质相同。乾陵地面石刻的雕成，以当时的历史条件，粗略估计需要十五万人干十三年[3]。高宗李治弘道元年十二月丁巳（683年12月27日）卒，睿宗李旦于文明元年八月庚寅（684年9月25日）将其下葬乾陵，

---

[1] 如，姜捷强调定陵陵制中出现的新因素（详见所撰《关于定陵陵制的几个新因素》，《考古与文物》2003年第1期，第69～74、82页），此恰说明唐陵建制是一个变动的过程。

[2] 详见王双怀《荒冢残阳——唐代帝陵研究》，第162～187页。

[3] 廖彩樑：《乾陵稽古》，第16页。

距高宗死期仅 273 天。时限既促，从历史文献记载，结合当时的历史情势，可以推断唐高宗乃死后方始营造陵墓。据此及高宗"园陵制度，务从节俭"的遗诏[1]，工程量如此之巨，实难短期而就。为时如此之短是不会、也不大可能营造出如此之大的陵园——如阙台址距南司马门约 3000 米。1995 年，陕西省考古研究所对乾陵地面建筑进行维修，清理发掘出两组保存较好、结构清晰的三出阙。一在南司马门外东西两侧（见图 4-6），一在司马道南端北距南司马门750 米处（见图 4-7）。这与唐代帝王居所及陵园以一组三出阙示其等级有异。故韩伟认为陵园城墙、王宾相、南司马门外的三出阙为高宗陵园，而神道石刻及司马道南端的三出阙则为则天陵园制度[2]。此说首倡乾陵存在两个陵园的事实，虽尚待修订，但已属难得。1999 年秋，乾陵考古又有新进展，这便是乾陵外城垣（见图 4-8）的发现，乾陵外城垣与内城垣相距 220 米左右，内外城垣北端的东西宽度分别为 1320 米和 1750 米[3]。这个发现又为乾陵布局结构的解释增添旨趣。总之，武后在高宗入葬乾陵后对乾陵地面设施加以改造，已成事实。其中最根本的一点，即乾陵是高宗与武后的合葬陵，仅此就足以构成一度大权在握的武后着意经营乾陵最有力的理由。神龙元年"冬十一月壬寅（705年 12 月 16 日），则天将大渐，遗制祔庙、归陵"[4]，"归陵"二字便准确地道出武后生前改造高宗乾陵的动机。正是高宗的归葬关中陵区和武周政权的走势，以及传统社会的宗法制度才使得武后不得不对自己的葬所做此选择[5]。

　　下面通过分析恭陵及顺陵陵园布局的几次变化尝试离析武后对乾陵石刻的改造内容。

---

[1]　《旧唐书》卷五《高宗本纪下》，第 112 页；《唐大诏令集》卷一一《大帝遗诏》条，第 67～68 页；《全唐文》卷一四《遗诏》条，第 163 页上栏～第 163 页下栏。

[2]　韩伟：《维修乾陵地面建筑获重大发现》，《中国文物报》1995 年 12 月 24 日第 1 版。韩伟：《〈乾陵神道鸵鸟为射侯说〉驳正》，《文博》2007 年第 2 期，第 37 页；《乾陵文化研究》（三），第117～120 页。

[3]　秦建明、甄广全：《唐代帝陵中第一次发现双重城垣——航拍显示乾陵外城跨山越谷气势恢宏》，《中国文物报》2000 年 4 月 5 日第 1 版。

[4]　《旧唐书》卷六《则天皇后本纪》，第 132 页。

[5]　详见本书壹"四个陵区"。

　　高宗太子李弘恭陵[1]（见图 4-9）位于洛阳偃师县缑氏公社滹沱村村南景山上，为帝、后合葬，但同茔不同墓，后墓在帝墓的东北隅[2]。神道不在陵墓封土正前方而东偏，如前所述"恭陵式"神道石刻自南而北依次为：石柱、麒麟各 1 对，石人 3 对，尚有睿德纪碑位于东侧第一、二石人之间。唐陵陵园中首见碑石便是恭陵之睿德纪碑。若比较一下恭陵式石刻组合与乾陵者即所谓乾陵式石刻组合，便会发现前者较后者少了鸵鸟、御马和驭者及蕃酋像、北门仗马。

　　据睿德纪碑文所述，李弘薨于上元二年四月二十五日（675 年 5 月 25 日），并于上元二年八月十九日（675 年 9 月 13 日）下葬恭陵，前后历时 112 天。时离高宗之死尚长达八年之久，去则天之死长约三十年。据史载[3]及高宗所撰睿德纪碑文可知，李弘确因与武后政见不合而失爱，终死于非命[4]。故可排除武氏改造、修葺恭陵的可能性。加之李弘的死亡为突发事件，年方二十四，更不可能于生前营造陵墓。也就是说恭陵及其石刻的营造是在高宗生前、李弘死后进行的，且其"制度尽用天子之礼"[5]。睿德纪碑亦云："谥（李弘）为孝敬皇帝，其葬事威仪及山陵制度，皆准天子之礼。"[6]唐高宗赐谥李弘为孝敬皇帝，且以天子之礼安葬——此从恭陵门狮径用"昭陵式门狮组合"可证。这正说明恭陵的建筑设置反映了唐高宗时期对帝陵制度的构想。不仅如此，高宗还亲自参与、过问恭陵的具体情况。史载"高宗亲为〔恭陵〕制《睿德纪》，

[1]　若是：《唐恭陵调查纪要》，《文物》1985 年第 3 期，第 43 ～ 45、47 页；陈长安：《唐恭陵及其石刻》，《考古与文物》1986 年第 3 期，第 32 ～ 36 页；中国社会科学院考古研究所河南第二工作队、河南省偃师县文物管理委员会：《唐恭陵实测纪要》，《考古》1986 年第 5 期，第 458 ～ 462 页。

[2]　恭陵哀皇后墓已经发掘，详见郭洪涛《唐恭陵哀皇后墓部分出土文物》，《考古与文物》2002 年第 4 期，第 9 ～ 18 页。

[3]　《新唐书》卷八一《孝敬皇帝弘传》（第 3589 页）云："〔武〕后将骋志，〔李〕弘奏请数忤旨。上元二年（761 年），从幸合璧宫，遇酖薨，年二十四，天下莫不痛之。"又见《全唐文》卷一五《孝敬皇帝睿德纪》条，第 184 页上栏～第 186 页下栏。

[4]　可参见黄心川《唐孝敬皇帝之死与印度顺世论的关系》，周绍良先生欣开九秩庆寿文集编集委员会《周绍良先生欣开九秩庆寿文集》，北京：中华书局，1997 年，第 59 ～ 63 页。

[5]　若是：《唐恭陵调查纪要》，《文物》1985 年第 3 期，第 45 页。

[6]　《全唐文》卷一五《孝敬皇帝睿德纪》条，第 186 页上栏；《旧唐书》卷八六《孝敬皇帝弘传》，第 2830 页。

并自书之于石，树于陵侧”[1]。又，在《淳化阁法帖》中刻有一通唐高宗书，中云：“〔恭〕陵初料高一百一十尺，今闻高一百卅尺，不知此事虚实，今日使还，故遣相问。”[2] 皆可证。

恭陵陵域为一次性规划，睿德纪碑铭称经“卜葬”。先后由蒲州刺史李仲寂和司农卿韦机负责修陵，本欲扩建恭陵玄宫，后因劳工造反而罢，只是“于隧道左右，开便房四所，以贮明器。于是樽节礼物，校量功程，不改玄宫，及期而就”[3]。可见恭陵陵园及陵墓陈设为一次性完成，全陵石刻陈设位置也基本未动，石刻未阙，这都是其他唐陵所不及的。换言之，恭陵保存了高宗朝所谓帝陵石刻制度的原貌，这说明高宗下葬时乾陵的石刻至少有“葬事威仪及山陵制度，皆准天子之礼”的恭陵所具者。

恭陵、顺陵、乾陵神道石人中郎将形象相同，这不仅是时代风格使然，更重要的是说明它们之间的密切关联。出土于邙山的韦泰真墓志提供了另一个线索。该志文称户部郎中韦泰真“弱冠，起家为太宗文武圣皇帝挽郎”[4]，因熟知有关山陵事宜，故复得以负责恭陵封土的营建，上元“三年（676年）十月，以恭陵复土，加授朝散大夫”[5]。有了这两次经验，所以，“时（嗣圣元年，684年）方上事起，诏公（泰真）摄将作大匠并吏部尚书韦禧价驰赴乾陵。公昼则临视众作，夜则寝苫悲涕。因以成疾，力至东都殆至不济。既而恩旨重选，医药相寻，乃渐瘳差而竟不痊复。光宅元年（684年），事毕，蒙授正议大夫、行洛州长吏，赐物六百段”[6]。不过，“弘道中（683年），高宗大帝遗俗脱屣，公（泰真）志不求生，及营山陵（乾陵），因以增疾，竟不瘳损，以至于薨”[7]。

---

[1] 《旧唐书》卷八六《孝敬皇帝弘传》，第2830页。

[2] 案，恭陵坟丘已残毁，原高度不明。由此可知恭陵设计高度为110尺，约合32米左右。详见傅熹年主编《中国古代建筑史》第二卷《两晋、南北朝、隋唐、五代建筑》，第424页。

[3] 《唐会要》卷二一《诸陵杂录》，第485页。

[4] 《大唐故使持节怀州诸军怀州刺史上柱国临都县开国男京兆韦公（泰真）墓志铭并序》（下简称《韦泰真墓志》），《全唐文补遗》第5辑，西安：三秦出版社，1998年，第199页上栏。韦泰真墓志现藏于洛阳古代艺术馆碑刻墓志室。

[5] 《韦泰真墓志》，第199页下栏。

[6] 《韦泰真墓志》，第200页上栏。

[7] 《韦泰真墓志》，第200页下栏～第201页上栏。

韦泰真为将作大匠，与吏部尚书前往营建乾陵一事也见载于两《唐书·韦挺传》[1]。可知其言不虚，故恭陵与乾陵在陵园营建上有诸多相似处在情理之中。最明显的是恭陵东、西、北司马门的坐狮，风貌极似乾陵石雕。因此有学者认为帝陵石刻制度肇始自恭陵，乾陵臻于完备，其后帝陵多沿用此制，或大同小异[2]。此说并非全无道理。但是，李唐太祖李虎永康陵[3]和世祖李昺兴宁陵[4]二陵皆于陵园南司马门立石狮，神道石刻组合较恭陵、顺陵多出两对御马和驭者。李虎、李昺皆追封于武德元年六月二十二日（618 年 7 月 19 日）[5]。从石刻组合上来看，恭陵是仿自永康陵及兴宁陵。这表明在高宗朝时唐陵制度又经历着一次改革，实际上是对初唐永康、兴宁二陵制度的一种回归。换言之，若从长时段看唐陵石刻制度应肇始于"四祖式"，只不过高宗入葬乾陵时没有采用它，而首先采取了"恭陵式"。高宗时期陵园制度上的这种变化，是否跟高宗朝的礼制改革相呼应？显庆三年（658 年），行显庆礼去《国恤章》。上元三年（676年）以后，显庆礼与贞观礼兼行。事隔十八年，《国恤章》得以再现，是否跟高宗朝帝陵制度的回归有关？

　　武后之母杨氏顺陵（见图 4-1）位于咸阳市东北渭河北岸第二道原上[6]。其陵园范围，以东门门狮至西门门狮间距 866 米，北门石马南至神道南阙门间距 1264 米推测，陵园占地面积约 110 万平方米。封土居于司马院中部偏西北位置，现存封土高 12.6 米，底边长 48.5 米。2004 年，对顺陵陵园进行的第二次大面积普探资料表明，顺陵陵园遗址距今地表 0.6 ～ 0.7 米。所谓司马院即为当初

[1]　案，《唐书》所载吏部尚书作"韦待价"。见《旧唐书》卷七七《韦挺传》（第 2672 页）云"则天临朝，〔待价〕拜吏部尚书，摄司空，营高宗山陵"；《新唐书》卷九八《韦挺传》（第 3904 页）载"武后临朝，〔待价〕摄司空，护营〔高宗〕乾陵"，并未言及韦待价拜吏部尚书一事。据此，墓志所言"韦禧价"与《唐书》所言"韦待价"当为同一人。不知孰是，抑或此一人二名皆行于时？仍待甄辨。韦氏一族因熟谙礼制而屡次护营帝陵。宪宗朝时，韦挺的孙子韦武为京兆尹，"护治丰陵，未成，卒，赠吏部尚书"。详见《新唐书》卷九八《韦挺传》，第 3905 页。

[2]　陈长安：《唐恭陵及其石刻》，《考古与文物》1986 年第 3 期，第 36 页。

[3]　巩启明：《唐永康陵调查记》，《文博》1998 年第 5 期，第 3 ～ 7 页。

[4]　咸阳市博物馆：《唐兴宁陵调查记》，《文物》1985 年第 3 期，第 46 ～ 47 页。

[5]　《唐会要》卷一《帝号上》，第 1 页。

[6]　陕西省考古研究所：《唐顺陵勘查记》，《文物》1964 年第 1 期，第 34 ～ 39，48 页。

墓园，其平面呈方形，角阙为三出阙直角曲尺形，遗址尚存。垣墙夯筑，墙体宽2米，地表部分均不存，地下墙基最厚处0.3米，未见散水、包砌砖，也没有瓦片、瓦当等覆盖痕迹，表明原址仅为素土夯筑墙体。司马院东、西、北三面均未开门，只在南垣墙的中间设立一对门阙，两阙现存基址间距22米，门阙中间为门道。此对门阙为长方形夯土台，东西长25～25.5米，南北宽12.1至13.7米，地面部分夯土层厚0.1～0.15米，从钻探出的白灰墙皮残块可知，原门阙土台的表面敷有一层白灰墙皮。钻探资料表明，武则天每对其母追封一次，就扩建陵园一次，而且每次扩建时都把原来的墓墙铲除重建，所以遗留下的有些基址深埋地下。司马院西北角阙基址还发现两次加工的痕迹，旧夯土遗址内包含旧的夯土遗址[1]。

可见，顺陵陵园平面与恭陵似，其神道与封土相对位置的设置也与恭陵同[2]。顺陵陵园内现存石刻，分布在陵前、后和东西两边，其中又以陵前最多，陵后次之。因清理的石刻残阙甚厉，此下首先逐一考证其具体内容。

在司马院内陵前有莲花座1个，该莲花座座面上有凹槽，其纹饰与石柱者同，且位于陵前石刻的前方。基此，可断该莲花座为石柱之基座。

顺陵陵园地面现存石人13尊。在司马院南门内两侧有12尊，东西相对。其中3尊无头，其余完好。按照对称排列和勘探资料推断，司马院南门两侧至少有8对石人列置[3]。另一尊石人在墓冢前石刻北端西侧，勘探资料显示，与

[1] 刘向阳、郭勇：《唐顺陵石雕群及其组合研究》，《乾陵文化研究》（二），第196页。

[2] 若是：《唐恭陵调查纪要》，《文物》1985年第3期，第45页。若是认为：这可能含有较其他帝陵降一格的礼制，而非无意的巧合。此说可商，这种做法应与风水术有一定的关系。详见本书陆之"唐陵设计思想"。

[3] 石人高2.05～2.25米，胸宽0.5～0.75米，胸厚0.25～0.45米。石人像与座为整块石雕刻而成，嵌于长0.75米、宽0.5米的石座中，石座埋于地下。石人面部方圆，弯眉，杏仁眼，有的上唇须上翘，有的下须浓厚，有的无下须，短颈；头戴小冠，冠前低后高，头后发髻线明显，呈"人"字形。上身着拖地长裙，足履露裙外（有的足履已残）。双手叠压，拄剑于胸前（左手在上，右手在下）。剑有鞘，系为四竹节形，两条剑穗下垂。详见刘向阳、郭勇《唐顺陵石雕群及其组合研究》，《乾陵文化研究》（二），第201页。

其相对应的东侧位置也应有一尊石人[1]。

陵前神道石刻由南而北经过钻探发掘知，东列：石柱础、天禄（麒麟）、北1底座、北2底石、北3出土残石仪刀、走狮；西列：石柱础、天禄（麒麟）、北1底石、北2底座、北3底石、走狮。根据神道石刻对称的原则，可知东、西两列北1、北2应该都是有底座的石刻，而北3也应该都是有石仪刀的石刻。林侗（1627～1714年）在所撰《来斋金石刻考略》卷中"周顺陵碑"条写道：

> 乙巳四月，余至咸阳过顺陵，见陵制壮丽，几与昭、乾二陵。埄南双阙内天禄、辟邪二石兽东西相向，高丈许；又北翁仲十，又北石狮二，南向尤高大；又北为陵庙旧址，今为佛寺三层，碑石一片在中楹，可坐可卧，百许字，径可二寸。寺后石兽、翁仲如前之数，又北巍然陵也。[2]

此条记录言及顺陵神道石刻情况。林侗告知顺陵神道及陵园内原各有10对石人，虽然对于神道石刻而言，这个数字远远要超出3对，但是，他还是将神道石刻树立石人（所谓翁仲）的重要信息留给我们。引文所言林侗访顺陵之"乙巳"年为1665年。《福建通志》卷五一《文苑》云：

> 林侗，字同人，闽县人。博涉经史，弱冠食饩于庠。随宦三秦，纵观三辅名胜，历游边徼，走庄浪、凉州间，金石碑版，搜罗考订无遗。康熙丙辰（1676年）奉檄署尤溪教谕，以二亲垂老，绝意功名，卜居于城西荔水庄老屋荒池，以著述吟咏自娱。所著有《来斋选古》、《井野识涂》、

---

[1] 现存西侧石人高3.25米，胸宽0.60米，胸厚0.35米，与石底座以榫卯相连，石底座长1.25米，宽1.25米，厚0.51米，半埋于地下。石人头戴小冠，冠残，前发髻明显，弯眉、杏目、上唇须上翘，下唇须浓厚，面部及头感强。上身着交领褒衣，腰系宽带，双袖垂于膝下，各有袯褶五条；下身穿曳地长裙，足部平直履残，双手扶剑柄，右手上，左手下，剑柄为环状，无剑穗，剑鞘为五竹节形。石人像稍后倾，背部现存枪击弹痕6处。详见刘向阳、郭勇《唐顺陵石雕群及其组合研究》，《乾陵文化研究》（二），第201页。

[2] 〔清〕林侗：《来斋金石刻考略》，《石刻史料新编》第2辑，台北：新文丰出版公司，册8，第5994页上栏。

《昭陵石碛考略》、《金石考略》、《李忠定公纲年谱》。年八十八卒。[1]

则林侗五十岁后，便辞官返乡赡养双亲，以著述吟咏自娱。周在浚在林氏《唐昭陵石碛考略》一书的序言中说"同人（林侗）游昭陵，于庚子（1660 年）及辛未（1691 年），两至其地"[2]，可见辞官后，六十五岁的林氏曾二游昭陵。但是，一个人可能对数字的记忆会发生错误，应该不易混淆对象的具体内容。因此，估计是林侗著《来斋金石考略》时因年代久远记忆有误所致。同时，从这一点看，神道树立石人应该是没有问题的。无怪乎，神道石刻的底座跟司马院南内石人底座形制基本相同。同时，根据神道东列北 3 出土残石仪刀，可判断此 3 对石人像与司马院南内 10 对石人的形象同。此外，由林侗的见闻亦可说明后来顺陵神道石刻遭受破坏并非李唐复辟后所为。

恭陵首开唐陵陵园立碑的先例。在顺陵神道石走狮北有一石础，参考顺陵该石础的型制、位置，可定为碑座，亦即当年顺陵碑的碑座[3]。

综上，可知顺陵的石刻有封土前——石人 1 对、石羊 2 对、石狮 2 对、石柱 1 对；司马院南内石人（中郎将形象）8 对；神道石刻由南而北——石柱 1 对、天禄（麒麟）1 对、石人（中郎将形象）3 对、石走狮 1 对、顺陵碑 1 通；另外，东、西、北各有石座狮 1 对；北侧尚有所谓北门仗马 1 对。

顺陵原称杨氏墓，墓主杨氏为武后之母，咸亨元年八月二日（670 年 8 月 22 日）崩，其年闰九月辛丑朔廿一日辛酉（670 年 11 月 9 日）以王礼葬咸阳洪渎原[4]，永昌元年二月戊戌（689 年 3 月 31 日），杨氏墓改名明义陵。天授

---

[1]　〔清〕郝玉麟等监修，谢道承等编纂《福建通志》，景印文渊阁四库全书，台北：台湾商务印书馆，1986 年，册 529，第 723 页下栏。

[2]　〔清〕林侗：《唐昭陵石碛考略（附谒唐昭陵记）》，《丛书集成初编》据粤雅堂丛书本排印，上海：商务印书馆，1960 年，册 1609，第 4 页。从周氏文末所记"丙子五月"，可知林氏《唐昭陵石碛考略》成书于 1696 年。

[3]　顺陵碑立于大周长安二年（702 年）正月，武三思撰文，相王李旦书丹，全文正书 4449 字，其中有武则天造字 16 字。详见刘向阳、郭勇《唐顺陵石雕群及其组合研究》，《乾陵文化研究》（二），第 344 页。关于顺陵碑的情况可参见张德臣《顺陵碑与嘉靖地震》，《咸阳师范专科学校学报》2001 年第 1 期，第 49 ～ 52 页。

[4]　武三思：《大周无上孝明高皇后碑铭并序》，《全唐文》卷二三九，第 2421 页上栏。

元年九月丙戌（690年10月20日）又改称顺陵，顺陵之名由此始。景云元年七月乙亥（710年8月25日）睿宗诏废武氏崇恩庙，顺陵名随废去。二年又复顺陵。先天二年（713年）正月又废，从此以后顺陵称为王妃墓。随着武后政权的盛衰，顺陵等级屡经改易，其陵域规模和石刻也势必随之数易。此并非孤例。开成五年（840年），唐武宗既修崇其母陵寝之后，更欲将其合祔穆宗光陵。事见《旧唐书》卷一八上《武宗本纪》：

> 初，武宗欲启穆宗陵祔葬，中书门下奏曰："园陵已安，神道贵静。光陵二十余载，福陵则近又修崇。窃惟孝思，足彰严奉。今若再因合祔，须启二陵，或虑圣灵不安，未合先旨。又以阴阳避忌，亦有所疑。不移福陵，实协典礼。"乃止。就旧坟增筑，名曰福陵。[1]

从这段文献的记载可以知道，穆宗妃韦氏因其子武宗的即皇帝位，地位升高，被追谥为宣懿太后，同时她的陵墓也得以修崇增筑。因为中书门下的进奏，最后武宗只是在原先墓葬园邑的基础上对福陵进行增筑。这是一个身份提高，墓葬级别及其建筑也随之增加的事例。其实，这样的事例在唐史中还有。故随着杨氏墓名号的改变，墓葬地面建筑的相应增加也是理所当然的。顺陵陵园石刻比较冗杂、看似杂乱无章的现状，正是该陵等级历次升降，而还没来得及整顿的孑遗。现在，从其陵园石刻布局可以看出来的至少有二次。

初，杨氏仅以王礼下葬。比较各陵陪葬墓的形制[2]，不难推测这时杨氏墓

---

[1]　《旧唐书》，第584～585页。亦见载于《唐会要》，第479页。

[2]　唐代贵族官员的墓葬依照其封土形状可以分成依山为陵、山形冢、覆斗形墓、圆锥形以及无封土等五种。其中依山为陵者多为唐代帝王陵以及贵戚重臣，如魏征与新城公主墓。山形冢为旌表墓主人军功，如李靖和李勣墓。覆斗形墓主人则为部分唐代帝王陵以及贵戚重臣，其他一般贵族官员则多采取圆锥形封土。目前，官员采取无封土墓葬的只有高士廉。由此可见封土形状应与墓葬等级有着密切的联系。考古调查表明，昭陵陪葬墓的封土形状和其石刻组合是一致的。如覆斗形墓，墓前有石人1对（东西分列），再南东列石羊3只，西列石虎3只，再南石柱1对（东西分列），再南石碑1通。山形冢，冢前均有石刻，其组合为石人1对（东西分列），再南东列石羊3只，西列石虎3只，再南石碑1通。圆锥形冢，冢前石刻一般为石羊、石虎和石柱。详见刘庆柱、李毓芳《陕西唐陵调查报告》，《考古学集刊》第5辑，第220页。

仅为陵垣、角阙、封土及在陵园内坟丘前西侧的石人 1 对、石羊 2 对、石狮 2 对、石柱 1 对。这是杨氏墓的石刻组合，与王礼相符，时在咸亨元年闰九月辛丑朔廿一日辛酉（670 年 11 月 9 日）。

很显然，陵垣不可能与兆域门狮同时，因为兆域门狮距该陵垣长达数百米，而且陵垣仅南面开设司马门，二者如若同时当不会出现这种情况。因此可以断定四对兆域门狮是武后加筑的，意在扩大兆域。在石柱南加设一对土阙也属此举之列。当然，北门石狮之北的一对石马——北门仗马——也应与上述举措同时。换句话说，这是一个组合，它们具有共时性。至于陵园南内两侧的 8 对石人位于南兆域门狮之北，这种相对位置不见于唐陵诸石刻组合。所以，不但可以判断此八对石人与兆域门狮并非同时营建，而且 8 对石人的设立要先于兆域门狮。神道南石柱 1 对、麒麟 1 对、顺陵碑 1 通、石人 3 对、石狮 1 对，它们也具备共时性的特点。不难看出，这四项石刻实际上共同构成一个“恭陵式”的石刻组合。这个组合的设置也与兆域门狮、北门仗马以及土阙组合的设立应为同一规划内容。从陵园规划看，顺陵封土前石刻、陵园南内 8 对石人以及神道石刻分别处于三个中轴线的两侧[1]，这表明它们是三组不同的石刻组合。另外，封土前石人与司马院南内石人形制不同[2]，也说明二者的历时性。

改墓为陵使墓葬的级别随之升高，所以神道石刻增设也在情理之中。武后改造杨氏墓的目的是要以“制度尽用天子之礼”改葬，保持与此时的乾陵石刻布局一致。而且，可以断定武后改造杨氏墓较她改造乾陵超前的可能性微乎其微。但是又是跟武则天革命的态势紧密相关的。根据该原则，结合上文的分析，推断武后第一次改造杨氏墓的内容是在陵垣南司马门内两侧立 8 对石人，这次改造当在杨氏墓改名明义陵之后。时在 689 年 3 月 31 日至 690 年 10 月 20 日之间。载初元年九月九日壬午（690 年 10 月 16 日）革唐命，始改国号为周，并改元为天授。可见，杨氏墓改名明义陵时武则天尚未正式登皇帝位。但是，因则天

---

[1] 权东计、赵荣：《唐顺陵遗址现状与规划营建探讨》，《西北大学学报》（自然科学版）2002 年第 1 期，第 94 页；赵荣、权东计：《唐顺陵遗址现状与形制探讨》，《考古与文物》2002 年第 4 期，第 70 页。

[2] 张崇德：《唐顺陵营建初探》，《泾渭稽古》（总 2 期），1993 年 7 月，第 54 页。

已实权在握，将杨氏墓升级为明义陵便是明证，故增加杨氏墓陵园设置也是当然。只因礼制之钳制尚不敢公然使用"天子之礼"来对待其母杨氏墓的建制，在陵园南门内增加了 8 对石人而已。这是因为神道石人是标识墓主人身份的最为重要的参数。如，永泰公主、懿德太子墓神道石刻皆为石柱 1 对、石人 2 对、石狮 1 对[1]。其神道石人增至两对便与二墓号墓为陵有关。因此，可将武后增加八对石人的时间进一步限定于 689 年 3 月 31 日至 690 年 10 月 16 日之间。

兆域门狮、北门仗马以及土阙和神道"恭陵式"石刻组合的设立是在明义陵改名顺陵之后进行的，这是武后对杨氏墓的第二次改造——意在扩大兆域。这一措施使杨氏墓的陵园从原来边长约 290 米的园邑扩大到南北长 1264 米、东西宽 866 米，占地面积约 110 万平方米的范围。此举与武后在乾陵增设外城及司马道南端的三出阙如出一辙。这一次改造当在 690 年 10 月 20 日明义陵又改称顺陵之后到 710 年 8 月 25 日之间。需要注意的是，顺陵石刻中不见蕃酋像，表明武后对明义陵的这一次改造当在乾陵增设六十四蕃臣像之前。乾陵蕃臣像是武后增设的[2]，经陈国灿考证，乾陵"蕃臣"石像建于神龙元年（705 年）前后[3]。武后崩于神龙元年十一月壬寅（705 年 12 月 16 日），并于神龙二年五月庚申（706 年 7 月 2 日）[4]入葬乾陵，前后相距 198 天。一般而言，武后死后改造顺陵的工程大概也会停止。

综上所述，推测武后对顺陵的这次改造当在 690 年 10 月 20 日之后到 705 年前后。作为该组合之一的顺陵碑，建立于"长安二年岁次壬寅金正月己巳木

[1] 详见陕西省文物管理委员会《唐永泰公主墓发掘简报》，《文物》1964 年第 1 期，第 13 页；（陕西省博物馆、乾县文教局）唐墓发掘组《唐懿德太子墓发掘简报》，《文物》1972 年第 7 期，第 26 页。

[2] 宋人认为六十四蕃臣像乃武后所为。《长安志图》卷中云："唐高宗乾陵在奉天县。宋元祐中，计使游公（师雄）图而刻之，防御推官赵楷之记曰：'乾陵之葬，诸蕃之来助者，何其众也。武后曾不知太宗之余威遗烈，乃欲张大夸示来世。于是录其酋长六十一人，各肖其形，镵之琬琰，庶使后人皆可得而知之。'"由此知之。详见〔元〕李好文编绘《长安志图》，〔宋〕宋敏求撰，〔元〕李好文编绘《长安志·长安志图》，《宋元方志丛刊》第 1 册，第 215 页下栏。

[3] 陈国灿：《唐乾陵石人像及其衔名的研究》，《文物集刊》第 2 辑，第 190 页。

[4] 《旧唐书》卷六《则天皇后本纪》，第 132 页。

朔五日癸酉金（702 年 2 月 6 日）”[1]。换言之，顺陵“恭陵式”的石刻组合很可能便是与顺陵碑同时树立的。也就是说，这组石刻树立很可能完成于 702年 2 月 6 日。其目的是要以“制度尽用天子之礼”改葬，保持与此时的乾陵石刻布局一致。实际上，其时高宗已经入葬乾陵，所以与其说仿恭陵，毋宁说是仿高宗乾陵。由此也可反证，高宗乾陵的石刻组合即为恭陵式。实际上，在这期间乾陵式的石刻制度无形中也已渐趋完成。

乾陵是迄今为止考古发现的唯一一座具有内外双重城垣的唐代帝陵，《全唐文》卷九六《高宗天皇大帝哀册文》条称“追凉水殿，避暑山楹；霞翻浪井，树响层城”[2]。“层城”二字描述了高宗入葬时乾陵内、外两重城垣的存在，这已经被考古发现证实。乾陵外城垣的设置一方面与扩大园邑的意图有关，另一方面也是帝陵制度中关于城垣规制结构的重复使用（后立之无字碑也在此列）。结合考虑乾陵有两对三出阙，推断外城垣的修筑估计与司马道南端的三出阙同时。也就是说，高宗入葬乾陵时乾陵的外城垣及两对三出阙都已经修建完毕。上述设置有违唐高宗“园陵制度，务从节俭”的遗诏，无疑也显示了武后的机心，即在营建高宗乾陵时武后便有修建两套陵园的初衷以为自己日后的“归陵”做准备。这个行动的付诸实施始于高宗死后至高宗入葬乾陵时。其时当在 683 年 12 月 27 日高宗卒后到 684 年 9 月 25 日下葬乾陵之前。

可见，武则天对乾陵、顺陵改造的一个重要步骤都是扩大园邑，前者通过添置外城、三出阙，后者则以远设恭陵式石刻组合、土阙来实现。只不过，前者与修建高宗乾陵同时。乾陵外城垣正好把 10 对石人像包围在外城南内，同时它与司马道南端三出阙相距 530 米左右。这两点顺陵与乾陵很相似，如顺陵南司马门内立八对石人像，顺陵新增阙台距南神墙约 600 米左右。从乾陵、顺陵的上述比较，可以看出来武后对顺陵的改造是以则天乾陵园邑为参照系的。这体现了武后在乾陵布局设计中以自己为中心的主导思想。杨氏墓升级为明义陵，可武则天尚未正式革命，只得采取模仿此刻高宗乾陵增添 8 对神道石人。

---

[1] 〔清〕顾炎武：《求古录·大周无上孝明高皇后碑铭并序》，王云五主编《四库全书珍本十一集》，台北：台湾商务印书馆，1969 年，册 398，第 55 页正面～ 68 页背面，特别是第 68 页正面。

[2] 《全唐文》，第 992 页下栏～第 993 页上栏。

这既是对杨氏墓升级的呼应，又未僭越高宗乾陵制度。这种处理方式显然是合乎情理的。

从恭陵陵园的建制、武后对杨氏顺陵的二度改造，大体可以知道乾陵石刻的形成过程。这就是高宗下葬时乾陵的"恭陵式"石刻布局——门狮四对，神道石刻自南而北有石柱、麒麟、石人、述圣记碑[1]及内城南司马门口处三出阙，这是当时的"天子之礼"。其时当在弘道元年十二月丁巳（683年12月27日）高宗卒后到文明元年八月庚寅（684年9月25日）下葬乾陵之前。同时，在此基础上，武后增设了外城垣及司马道南端三出阙以为自己园邑，试图利用当时帝陵制度规制结构的重复使用来建置自己的园邑。也就是说，乾陵从一营建就存在两套帝陵园邑。这可能也是此刻乾陵神道石人增至10对的原因吧。武则天在高宗乾陵树立述圣记碑跟高宗在李弘恭陵树立睿德记碑的思路是一脉相承的。

其次，武后仿唐太宗昭陵依次增设了北门仗马、六十四蕃臣像，这是武后对高宗乾陵石刻的第一次改造。顺陵出现北门仗马的时间是在690年10月20日至702年2月6日前后，因此高宗乾陵北门仗马的增设应该在这个时间之前。

最后是仿效"四祖式"增设5对御马和驭者，同时增设了鸵鸟1对及无字碑。这或许是发生在705年前后—706年7月2日左右的事情。现无字碑阳面从上到下布满了4.5厘米见方的格子，计95行，行44格。这些格子绝不是后人刻上去的[2]。这个现象至少说明：第一，当时很可能也是要在碑石上面刻字的。第二，并不存在将碑石上的刻字磨去的问题。这恐怕是武则天此刻为自己准备的，留待来日刻写述圣记之用。神龙元年"冬十一月壬寅（705年12月16日），则天将大渐，遗制袝庙、归陵，令去帝号，称则天大圣皇后"[3]，亦即武则天入藏乾陵时是以皇后的身份，而非皇帝的身份。这种身份的变化应该便是后来

---

[1] 述圣记碑为武后撰文，唐中宗书。弘道元年十二月丁巳(683年12月27日)高宗卒后，唐中宗即位柩前，嗣圣元年二月戊午（684年2月26日）中宗废为卢陵王，故唐中宗书述圣记碑的时间应在683年12月27日到684年2月26日之前。

[2] 刘向阳：《唐代帝王陵墓》，第106页。

[3] 《旧唐书》卷六《则天皇后本纪》，第132页。

无字碑不能再写字的一个重要原因。崔融所写的武后哀册文《则天大圣皇后哀册文》便是这么来处理她的身份的，该哀册文也随葬入乾陵。哀册文中对武后有了高度的评价，所以应该不存在不知道如何来评价武则天的问题。因此，说无字碑是不知道如何评价武后或者留待后人评点的解释是不合理的[1]。恐怕武则天生前便给自己树立了无字碑，欲留待后日书丹。无奈李唐复辟之后，其身份变转降为皇后，根据礼制不得有述圣记碑，但中宗、睿宗尚忌惮武家之余威亦不敢毁弃，李、武二家妥协的结果遂留下一通布满格子的石碑。这也恰说明无字碑实早已树立在乾陵神道的右侧了。

如前所言，乾陵神道相邻石刻南北间距，不同种类石刻之间的数据不同。恐怕也跟神道长度已经固定，而又累次增加石刻，遂只能进行内部调整使然。这一不见于其他唐陵的现象也给我们留下了一点蛛丝马迹。

如上是对乾陵石刻形成的推测，也是"乾陵式"石刻布局的形成过程。所幸后来重开乾陵祔葬高宗成为事实，否则，武则天不免要枉费一番心思了。

此后，乾陵又历经中宗、睿宗二朝的迁葬、陪葬工作，整个工程方才告罄。这就是乾陵整个陵园布局的最终形成，从中可窥唐陵陵园布局演变脉络之大概。先是初唐时的不定型；接着，高宗时出现"恭陵式"；最后，武后时乾陵石刻最终完成，且形成定制。从此，这一定制便影响了我国武周之后历朝历代陵墓的布局。

三　小　结

综上所述，有唐一代帝陵陵园制度的形成是一个渐进的过程。从陵园布局和石刻组合看，在高宗入葬乾陵之前似乎一直以第一类陵墓即"四祖式"为最高等级，李唐四祖的后代子孙都不敢僭越它；而献陵、昭陵二陵反映的则是初唐皇帝探索的过程，是初唐第二等级的帝陵。不过，这两次尝试在石刻组合制

---

[1] 刘向阳：《唐代帝王陵墓》，第106页。

度方面似乎很失败，以至于高宗时出现"恭陵式"为帝陵石刻布局的形式[1]，比照恭陵与"四祖式"的陵墓制度，可知前者较后者少了两对御马和驭者。由此可见恭陵只是去趋同后者，表明了高宗对"四祖式"石刻制度的认同，不过这时高宗仍不敢超越后者的陵墓制度。所以高宗入葬乾陵时也只是采用了"恭陵式"——尽管武后意在营建两套园邑，但实质上此时也不过是同一帝陵布局规制结构的复制而已，而仍以"四祖式"为第一等级。换句话说，"恭陵式"是高宗朝第二等级帝陵的图式，其四门狮组合便承自昭陵；到了武后时便逐渐、大胆地突破了这一局限，在形体上、数量上都大大超越了"四祖式"，形成了所谓的唐陵石刻制度——"乾陵式"，则天乾陵及其后诸陵便只存在"乾陵式"这一级别。高宗朝及武周时期恰值对"四祖式"组合的认同过程，这从武后对杨氏顺陵及高宗乾陵的经营便可得到反映。从规划理念看，经对崇、丰二陵建制的再度整饬基本得到统一，景陵以下唐代诸陵在石刻尺度、间距、门阙等方面显示出更大的相同和稳定。换言之，经过《大唐元陵仪注》的整理以及《崇丰二陵集礼》的再度整饬之后，唐陵的营造便真正进入一个有统一规划理念的时期。

---

[1]　由此视之，乾陵北司马门遗址出土的石虎恐正是高宗乾陵在献陵及恭陵式石刻之间取舍的孑遗。另外，恭陵式布局采用"昭陵式门狮组合"，是否也寓示着二者神道石刻组合之间的关联？此有待进一步的考古工作。

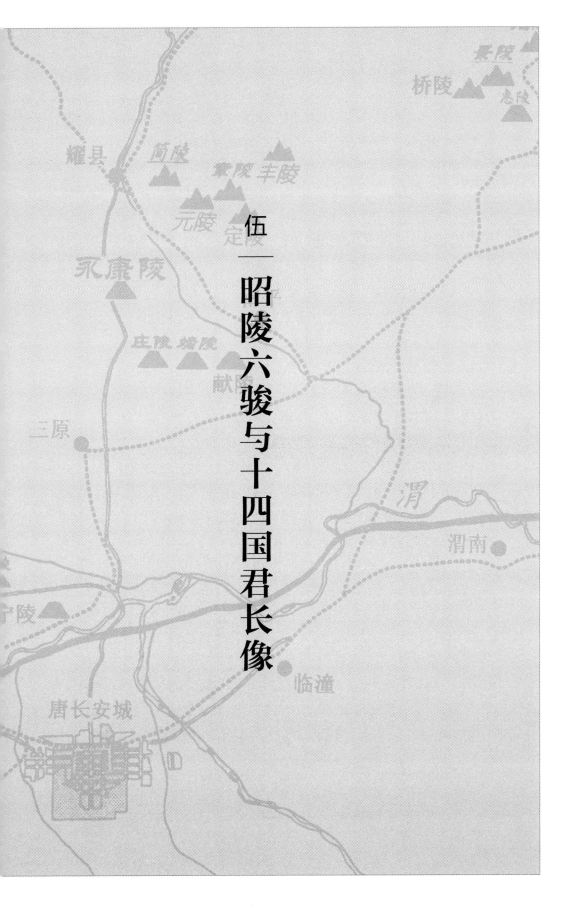

伍 昭陵六骏与十四国君长像

　　唐代帝陵中北门六马和蕃酋像的制度肇始于唐太宗昭陵。随着考古发掘的突破性进展 [1]，对昭陵六骏与十四国君长像的研究再度成为学界关注的一个焦点，有关讨论也一时多了起来。但是，这些讨论大多集中在对昭陵六骏的名实、次序、流失以及传拓和意义方面的讨论 [2]，对十四国君长像的研究则相对要少

---

[1]　近年来，昭陵北司马门的考古工作最为引人注目，有关工作的进展可参考李浪涛《昭陵六骏考古新发现》，西安碑林博物馆《碑林集刊》第 9 集，西安：陕西人民美术出版社，2003 年，第 289 ～ 290 页；张建林《唐昭陵考古的重要收获及几点认识》，黄留珠、魏全瑞主编《周秦汉唐文化研究》第 3 辑，西安：三秦出版社，2004 年，第 254 ～ 258 页；张建林《唐昭陵考古的重要收获及几点认识》，樊英峰主编《乾陵文化研究》（一），西安：三秦出版社，2005 年，第 224 ～ 229 页；张建林、史考《唐昭陵十四国蕃君长石像及题名石像座疏证》，西安碑林博物馆编《碑林集刊》第 10 集，西安：陕西人民美术出版社，2004 年，第 82 ～ 88 页；李浪涛《唐昭陵发现欧阳询书〈昭陵刻石文碑〉》，《碑林集刊》第 10 集，第 89 ～ 91 页。

[2]　李浪涛：《"昭陵六骏"群雕赏析》，《文物世界》2002 年第 4 期，第 65 ～ 66 页；周秀琴：《昭陵两骏流失始末》，西安碑林博物馆编《碑林集刊》第 8 集，西安：陕西人民美术出版社，2002 年，第 225 ～ 240 页；王世平：《昭陵六骏被盗经过调查》，《四川文物》2008 年第 5 期，第 119 ～ 126 页；陶喻之：《卢芹斋其人其事》，西安碑林博物馆编《碑林集刊》第 9 集，西安：陕西人民美术出版社，2003 年，第 273 ～ 281 页；马成功：《昭陵六骏中"青骓"和"什伐赤"的定名》，西安碑林博物馆编《碑林集刊》第 8 集，西安：陕西人民美术出版社，2002 年，第 241 ～ 245 页；陈诵雎：《昭陵六骏名实考》，西安碑林博物馆编《碑林集刊》第 8 集，西安：陕西人民美术出版社，2002 年，第 246 ～ 254 页；杨新：《对昭陵六骏的追慕与神往——金赵霖〈昭陵六骏图卷〉》，《文物天地》2002 年第 2 期，第 54 ～ 57 页；李举纲：《〈昭陵六骏碑〉研究》，西安碑林博物馆编《碑林集刊》第 8 集，西安：陕西人民美术出版社，2002 年，第 255 ～ 260 页；罗宏才：《昭陵六骏蓝本、仿绘、仿刻、拓本、模制及相关问题的研究》，西安碑林博物馆编《碑林集刊》第 9 集，西安：陕西人民美术出版社，2003 年，第 255 ～ 270 页。葛承雍：《唐昭陵六骏与突厥葬俗研究》，钱伯城、李国章主编《中华文史论丛》第 60 辑，上海古籍出版社，1999 年，第 182 ～ 209 页；后收入所撰《唐韵胡音与外来文明》，北京：中华书局，2006 年，第 159 ～ 179 页。

得多[1]，而且这些研究将六骏和十四国君长像割裂开来，未能充分认识到二者与陵山作为一个整体的内在蕴含。这一部分重新检讨若干问题，以期对该课题有所促进。

一　修筑的时间

关于蕃酋像修筑的具体时间，文献并没有具体记载，或认为是高宗永徽年间（650～655年）雕凿十四国君长石像树立在北司马门内[2]。这个观点的依据便是《唐会要》的一条记载，即该书卷二〇"陵议"条云：

> 至〔贞观〕二十三年八月十八日（649年9月29日），山陵（昭陵）毕。……上（高宗）欲阐扬先帝徽烈，乃令匠人琢石，写诸蕃君长贞观中擒伏归化者形状，而刻其官名。突厥颉利可汗、左卫大将军阿史那咄苾，突厥颉利可汗、右卫大将军阿史那什钵苾，突厥乙弥泥孰俟利苾可汗、右武卫大将军阿史那思摩，突厥都布可汗、右卫大将军阿史那社尔，薛延陀真珠毗伽可汗，吐蕃赞普，新罗乐浪郡王金真德，吐谷浑河源郡王、乌地也拔勒豆可汗慕容诺曷钵，龟兹王诃黎布失毕，于阗王伏阇信，焉耆王龙突骑支，高昌王、左武卫将军麴智盛，林邑王范头黎，帝那伏帝国王阿罗那顺等十四人，列于陵司马北门内，九嵕山之阴，以旌武功。〔高宗〕乃又刻石为[3]〔太宗〕常所乘破敌马六匹于阙下也。

他们认为既然高宗树立蕃酋像在贞观二十三年八月十八日安葬太宗于昭陵之后，那么应当就是在随后的永徽年间。如果仅仅依靠这么一条文献便做出如此判断，未免有失草率，甚至有些牵强，故而必须继续寻求其他支持。《册府元龟》卷九七四云：

> 高宗贞观二十三年六月即位，七月，于阗国王伏阇信来朝，拜右卫大将军，又授其子叶护玷为右骁卫将军，并赐金带、锦袍，布帛六千段，并宅一区，留数月而遣之，因请留子弟以备宿卫。太宗葬昭陵，刻石像其形，

---

[1] 如陈全方《从昭陵吐蕃赞府石刻像谈唐与吐蕃的关系》，《考古与文物丛刊》3号，1983年，第229～235页；章群《唐代蕃将研究续编》，台北：联经出版事业公司，1990年，第88～95页。

[2] 刘向阳：《唐代帝王陵墓》，第41页；张建林：《唐昭陵考古的重要收获及几点认识》，《周秦汉唐文化研究》第3辑，第254页。

[3] 《唐会要》，第458页。

列于玄阙之下。[1]

可见，刻立于阗国王伏阇信石像于昭陵是在高宗即位之后的事情。高宗于贞观
二十三年六月甲戌朔（649 年 7 月 15 日）即皇帝位[2]，也就是说昭陵蕃酋像的
树立只能是在这个日期之后。

　　同样的记载也出现在吐蕃赞普弄赞。据《册府元龟》卷九六四的记载：

　　　　高宗以贞观二十三年即位，拜吐蕃赞府（普）弄赞为驸马都尉，封海
　　西郡王，弄赞因致书长孙无忌云："上初即位，若臣下有不臧之心者，请
　　勒兵以赴之。"并献金银珠宝十五种，请置太宗灵座之前，以表其诚。于
　　是进封宾王，赐杂彩三千段，乃刻其形像，列于昭陵玄阙之下。[3]

《旧唐书》对此则有更为详尽的记录，该书卷一九六上《吐蕃传》上云：

　　　　高宗嗣位，授弄赞为驸马都尉，封西海郡王，赐物二千段。弄赞因致
　　书于司徒长孙无忌等云："天子初即位，若臣下有不忠之心者，当勒兵以
　　赴国除讨。"并献金银珠宝十五种，请置太宗灵座之前。高宗嘉之，进封
　　为宾王，赐杂彩三千段。因请蚕种及造酒、碾、硙、纸、墨之匠，并许焉。
　　乃刊石像其形，列昭陵玄阙之下。
　　　　永徽元年（650 年），弄赞卒。高宗为之举哀，遣右武候将军鲜于臣
　　济持节赍玺书吊祭。[4]

从文中可以确定高宗树立弄赞石像是在永徽元年弄赞死之前。《资治通鉴》卷
一九九记载高宗永徽元年"春，正月，辛丑朔（650 年 2 月 7 日），改元（永

---

[1]　《册府元龟》，第 11443 页上栏。

[2]　《旧唐书》卷四《高宗上》，第 66 页。

[3]　《册府元龟》，第 11340 页上栏。

[4]　《旧唐书》，第 5222 页。

徽）"[1]，又同书同卷记载永徽元年"夏，五月，壬戌（650 年 6 月 28 日），
吐蕃赞普弄赞卒"[2]。

综上，作为一个统一的整体规划，高宗雕琢昭陵十四国君长石像是在贞观
二十三年六月甲戌朔（649 年 7 月 15 日）即皇帝位后到永徽元年夏五月壬戌（650
年 6 月 28 日）吐蕃赞普弄赞卒之前。这个判断应该大体不误。

《资治通鉴》对此事的记载是：

〔贞观二十三年八月〕庚寅（649 年 9 月 29 日），葬文皇帝于昭陵，
庙号太宗。阿史那社尔、契苾何力请杀身殉葬，上（高宗）遣人谕以先旨
不许。蛮夷君长为先帝所擒服者颉利等十四人，皆琢石为其像，刻名列于
北司马门内。

丁酉（649 年 10 月 6 日），礼部尚书许敬宗奏弘农府君庙应毁，请
藏主于西夹室，从之。[3]

文中提到的太宗"先旨"以及琢石列像在时间序列上的位置，值得深思。所谓
"先旨"可以说明两点。第一，在太宗驾崩之前，可能阿史那社尔等人便有此
表示。第二，太宗对阿史那社尔等人的表示极其明晰，所以才会特地留下旨意
禁止他们这么做。但是，太宗是否对琢石列像也有措意就不得而知了。从文献
记载来看，这个问题的解决还是止于唐高宗。司马光便将立十四国君长像置于
葬太宗于昭陵与礼部尚书许敬宗奏弘农府君庙应毁一事之间，亦即 649 年 9 月
29 日至 649 年 10 月 6 日之间。

要之，太宗驾崩之前留下旨意禁止阿史那社尔等蕃酋杀身殉葬。高宗即位
后开着手雕琢蕃酋石像，并于 649 年 9 月 29 日至 649 年 10 月 6 日之间树立
石像于昭陵玄阙。此举很可能是跟太宗入藏昭陵同时，因为这样杀身殉葬的意
味才最为强烈。

---

[1] 《资治通鉴》卷一九九，第 6270 页。

[2] 《资治通鉴》卷一九九，第 6271 页。

[3] 《资治通鉴》卷一九九"庚寅，葬文皇帝于昭陵"条，第 6269 页。

值得深究的是，前引《唐会要》卷二〇"陵议"条还说：

> 至〔贞观〕二十三年八月十八日（649 年 9 月 29 日），山陵（昭陵）毕。……〔高宗〕乃又刻石为〔太宗〕常所乘破敌马六匹于阙下也。[1]

这条文献已经被我们习惯性地忽视了，因为这里面存在一个矛盾之处。根据前文的结论，若依照这一记载则昭陵六骏亦是高宗所为，其刊石镌形的时间应该也跟十四国君长石像同。但是，《册府元龟》中唯一的一条相关记载则与此迥异。该书卷四二云：

> 〔贞观〕十年（636）十一月，帝（太宗）谓侍臣曰："朕自征伐以来，所乘戎马，陷军破阵、济朕于难者，刊石为镌真形，置之左右以申帷盖之义。"初，帝有骏马名露紫霜，每临阵多乘之，腾跃摧锋，所向皆捷。尝讨王世充于隋，盖马坊（方）酣战移景，此马为流矢所中，腾上古堤，右库直立（丘）行恭拔箭而后马死。至是追念不已，刻石立其像焉。[2]

《旧唐书》卷三《太宗本纪》称贞观十年"冬十一月庚寅（636 年 12 月 6 日），葬长孙皇后于昭陵"[3]，则刊镌六骏似乎又应该是长孙皇后下葬昭陵之后太宗的主意了。显然，这跟《唐会要》所载是不同的。出现这种抵牾的症结在哪里呢？

宋元祐四年端午日（1089 年 6 月 15 日），游师雄（1038～1097 年）所题《昭陵六骏》碑（图 5-1），是昭陵六骏研究中最为重要的一项资料。其文曰：

> 师雄旧见《唐太宗六马画像》，世传以为阎立本之笔，十八学士为之赞。晚始得《唐陵园记》，云太宗葬文德皇后于昭陵，御制《刻石文》并

---

[1]　《唐会要》，第 458 页。

[2]　《册府元龟》，第 477 页下栏。

[3]　《旧唐书》，第 46 页。

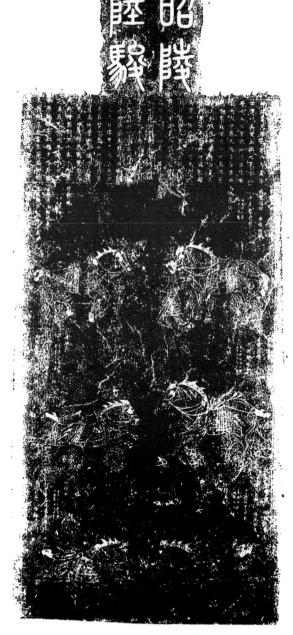

图 5-1　游师雄《昭陵六骏》碑拓片

张沛编著《昭陵碑石》，西安：三秦出版社，1993 年 12 月，第 95 页图

《六马像赞》，皆立于陵后，敕欧阳询书。高宗总章二年（669年）诏殷仲容别题马赞于石座。即知赞文乃太宗自制，非天策学士所为明矣。欧阳询书今不复见，唯仲容之字仍存，如写白蹄乌赞云："平薛仁果时乘"，由此盖知唐史误以"果"为"杲"耳。……元祐四年端午日，武功游师雄景叔题，京兆府礼泉县尉习玠书，主簿蔡安时篆额，知县吕由圣立石。[1]

从上可以得出如下三个判断。第一，在北宋时期，昭陵六骏的图卷《唐太宗六马画像》（纸本或绢本）仍流传于世，游师雄曾亲自观摩，图卷上应有六骏的图像及赞语[2]，且这个蓝本很可能出自阎立本之手[3]。第二，文中所指"御制刻石文"即所谓《昭陵刻石文碑》《文德皇后碑》，明代时被改刻成祭陵碑，已在2001年昭陵考古工作中发现并确认[4]；而所谓《六马像赞》却迄今未稍闻。范祖禹《唐鉴》便记载了"御制刻石文"的部分文字，该书卷二《太宗上》云：

> 文德皇后崩，〔贞观十年〕十一月葬昭陵。……十一年二月，帝（太宗）自为终制。……及葬，帝复为文刻之石，称"皇后节俭，遗言薄葬。以为'盗贼之心，止求珍货，既无珍货，复何所求。'朕之本志，亦复如是。王者以天下为家，何必物在陵中，乃为己有。今因九嵕山为陵，凿石之工才百余人，数十日而毕。不藏金玉，人马、器皿，皆用土木，形具而已，庶几奸盗息心，存没无累。当使百世子孙，奉以为法。"

文中"文刻之石"便即所谓"御制刻石"。可见，此事之真确。

第三，从《唐陵园记》所载唐太宗"御制刻石文并六马像赞，皆立于陵后，敕欧阳询书"，可知欧阳询书写的内容有《昭陵刻石文》和《六马像赞》两种，

---

[1] 张沛编著《昭陵碑石》，第230页上栏。

[2] 李举纲：《〈昭陵六骏碑〉研究》，《碑林集刊》第8集，第255～256页。

[3] 罗宏才：《昭陵六骏蓝本、仿绘、仿刻、拓本、模制及相关问题的研究》，《碑林集刊》第9集，第268页。

[4] 李浪涛：《唐昭陵发现欧阳询书〈昭陵刻石文碑〉》，《碑林集刊》第10集，第89～91页。

由此或可确定《六马像赞》是指六马像的赞语。

张沛便认为《昭陵六马赞》为单独的一石[1]。比游师雄稍晚三十多年的赵明诚（1081～1129年）在所撰《金石录》卷二三"唐昭陵六马赞"条云：

> 右《唐昭陵六马赞》。初，太宗以文德皇后之葬，自为文，刻石于昭陵；又琢石象平生征伐所乘六马，为赞刻之。皆欧阳询八分书。世或以为殷仲容书，非是。至诸降将名氏，乃仲容书尔。今附于卷末云。[2]

据此记载可以证明宋代有欧阳询书《唐昭陵六马赞》一石拓本流传[3]，亦即游师雄《昭陵六骏》碑中所谓"六马像赞"。这进一步说明游氏所指"六马像赞"很可能是指刊刻于同一石上的"六马像的赞语"。也就是说，贞观十年欧阳询所书碑刻，可能仅为单独刊刻的赞语，并不意味着已经开始了昭陵六骏的雕刻[4]。尽管唐太宗时期已有纸本或绢本的《六马画像》，但并没有出现在《六马像赞（语）》石上。因为如果《六马像赞（语）》石上同时有六骏图像并存的话，那在《金石录》等著录上该不会遗漏此重要现象。但是，既然有《六马像赞》，似乎也就意味着"六马像"的存在。昭陵许洛仁碑称：

> 太宗经纶天下，曾涉戎行。险阻艰难，备尝之矣。公于武牢关下，进马一匹，骏足追风，未足□□□□；□□□魏，无以□其神速。每临阵指麾，必乘此马，（下空）」圣旨自为其目，号曰洛仁骢。及天下太平，思其骖服，又感洛仁诚节，命刻石图像，置于昭陵北门。[5]

许洛仁龙朔二年四月十六日薨（662年5月9日），其年十一月十七日（663

---

[1] 张沛编著《昭陵碑石》，第244页上栏。

[2] 〔宋〕赵明诚：《金石录校证》，金文明校证，桂林：广西师范大学出版社，2005年，第397～398页。

[3] 李举纲：《〈昭陵六骏碑〉研究》，《碑林集刊》第8集，第260页注释⑨。

[4] 李举纲：《〈昭陵六骏碑〉研究》，第256页。

[5] 《唐故左监门将军冠军大将军使持节都督代忻朔蔚四州诸军事代州刺史上柱国许公（洛仁）之碑并序》，《昭陵碑石》，第151页下栏。

年 1 月 1 日）陪葬昭陵于安乐乡之原。若非洛仁碑撰者在叙事时间上有误，则碑文中所谓"刻石图像"恐亦为线刻之形式而非浮雕才是。

《唐会要》的成书前后历经一百七十余年，三易其人，由私撰变为官修，最后完成于王溥之手 [1]。很明显，不论刊镌六骏浮雕石屏是在太宗朝，还是在高宗朝，应当都在德宗时期苏冕及其弟苏弁编次之列。尽管苏氏兄弟编撰《会要》也难免存有遗漏之处 [2]，但从下文可以看出在同一记录中，《唐会要》准确表达了高宗树立十四国君长像的用意，这在一定程度上也是对《唐会要》此条记载可信度的支持。

综上，贞观十年唐太宗树立了《昭陵刻石文》和《六马像赞（语）》二石于九嵕山后。此外，也许还树立了线刻之六马图像石。其实，也许正是有了唐太宗此举在前，高宗最终的刊镌六骏才成为顺理成章之事。若从这个角度来说，作为一个整体的建筑，昭陵十四国君长像和六骏与来自太宗《唐昭陵六马赞》石的启发不无关系，且其灵感恰恰应该肇始于后者；而唐太宗时期的《六马画像》（纸本或绢本）应该是六骏浮雕石屏的蓝本。这个过程也正说明太宗陵墓及其附属设施是陆续建成的。

《金石录》对马座刻铭只字不提，马座刻铭亦迄今未见，考古工作只是发现了蕃酋像座殷仲容的刻铭。而游氏《昭陵六骏》碑文对蕃酋像座殷仲容刻铭只字不提，可能是因为碑文题材与此无关所致。但碑文对马座殷仲容刻铭却言之凿凿，游氏关于"果"与"呆"的细节描写让人确信殷仲容书写之马赞刊于马座上无疑。无独有偶，清代王昶在其《金石萃编》中曾言昭陵"马赞旧题于石坐（座），〔苏〕东坡尝得石本，赋诗纪之" [3]。苏轼嘉祐七年（1062 年）至至平二年（1065 年）曾任凤翔府判官，从当时的椎搨技术看，其所看到者

---

[1]　有关《唐会要》撰写以及版本流布的详细情况，可参见黄永年《唐史史料学》，上海书店出版社，2002 年，第 69 ～ 71 页。

[2]　详见本书陆之"桥陵陪葬墓地布局"。

[3]　〔清〕王昶：《金石萃编》卷一三九《游师雄题六骏碑》，西安：陕西人民美术出版社据扫叶山房民国十年（1921 年）石印本影印，1990 年，叶 4 正面上栏。其中苏轼所赋为"昭陵六马，唐文皇战马也，琢石象之，立昭陵前，客有持此石本示予，为赋之"诗。〔清〕王文浩辑注《苏轼诗集》卷四九，孔凡礼点校，北京：中华书局，1982 年，第 2725 ～ 2726 页。

应为六骏像赞（语）之拓本，而绝不可能是六骏浮雕石屏的"石本"[1]。综上，马座上原有殷仲容书刊马赞应该是实有其事。

可是，赵崡《石墨镌华》卷五"宋刻昭陵六马图赞"条却说：

> 《六马赞》，唐文皇御制，欧阳询书石，与文德皇后碑同立陵后。高宗又诏殷仲容别题马赞于石座，则赞宜有欧、殷二公书也。今文德皇后碑与欧书都亡，而陵上马无石座书，世所传图乃游景叔（师雄）所刻。[2]

引文明确记载马座并无刻铭，却是为何？这可能得从关中地震史上的活动期谈起。

明代中后期——尤其成化至隆庆（1465～1572 年）的百余年间，是地震活动的高潮，关中历史上发生的七次六级以上大地震，有四次发生在这段时间。此间的中小地震更是频繁，以至于成为连绵数十年的长期震灾。明嘉靖三十四年十二月十二日（1556 年 1 月 23 日），陕西发生中国有地震记录以来最大的一次地震，尤以关中地区受灾最重。关中碑石多在这次地震中仆倒断裂。此后至明万历三年（1575 年）的二十年中，关中强震、余震不断，百姓不敢置屋安家。直到万历之后，关中地震才进入休眠期[3]。1630 年，赵崡游九嵕山峰下时说"余既至峰下，观历朝祭碑与翁仲，或侧或仆"[4]，正是此情此景的真实描写，可见其破坏之厉。昭陵六骏最有可能在这次地震高潮中仆倒碎裂。清末张弨曾亲上昭陵，作《昭陵六骏赞辩》："每边三马相连，各离尺许，共置一座，座面之石即与地平，合缝有铁锭连属"[5]，这些铁锭很可能就是扶立六骏时所加，

---

[1]　罗宏才：《昭陵六骏蓝本、仿绘、仿刻、拓本、模制及相关问题的研究》，《碑林集刊》第 9 集，第 260 页。

[2]　〔明〕赵崡：《石墨镌华》，《丛书集成初编》据知不足斋丛书本排印，北京：中华书局，1985 年，册 1607，第 57～58 页。

[3]　关于地震史的叙述引自陈诵雎《昭陵六骏名实考》，《碑林集刊》第 8 集，第 252～253 页。

[4]　〔明〕赵崡：《石墨镌华》卷七《二游九嵕》，第 90 页。

[5]　武树善编《陕西金石志》卷八"昭陵六骏"条，《石刻史料新编》第 1 辑，台北：新文丰出版公司，1988 年，册 22，第 16470 页下栏。

以使残破的六骏更为牢靠地固定在石座上^[1]。同样的，一个最大的可能便是原有殷仲容书题马赞的马座在六骏重新扶立时，或因为本身的破损或由于这种新的建筑形式的需要而被替换了。无怪乎，赵崡有此疑问："考欧阳询书赞刻石，殷仲容又书刻马座。今马身半刻，而无座字，制亦不类唐人。且太宗以天下全力，岂难作一石马而半刻之耶？姑存以待博物者"^[2]，即赵崡认为所见石座形制明显并非唐制。实际上，明代的这种破坏性保护和管理是存在的。正是在明代，《昭陵刻石文碑》被改刻成祭陵碑，而"突厥答布可汗阿史那社尔"石像座亦未经改造被直接借用为祭陵碑座^[3]。2001年7月18日发现的龟兹王诃黎布失毕也被搬至第四台地西侧用作明代祭陵碑碑座^[4]。鉴于这种情况，也许殷仲容书题马赞的马座正是这时候被废弃的。于是，1630年^[5]，赵崡游九嵕山时，自然便看不到殷仲容书刊马赞的马座了。这应该是发生在地震期间抑或其后祭祀昭陵以求庇佑，但是因受灾后社会财力、经济大为削弱而不得已的结果。直到今日，九嵕山仍有所谓"唐王节"，即当地民众犹视唐太宗为"唐王爷"，每年唐王节都到北司马门祭拜以求庇佑和福祉。1998年8月，我考察九嵕山时恰逢此盛况。当然，具体情况如何，尚有待考古工作的证实。

　　总之，作为一个整体构思的建筑，十四国君长像和昭陵六骏石屏应该是高宗时期同时策划、修筑的。同样的，最大的可能仍是列置于太宗入藏昭陵之时。其时恰适逢太宗去世，高宗方始即位之际。恐怕所处的这个时间也是容易误解君长像和六骏石屏为太宗所为的缘故吧？总章二年时，殷仲容又奉诏别题马赞于六骏石座。

[1] 陈诵雒：《昭陵六骏名实考》，《碑林集刊》第8集，第252页。

[2] 〔明〕赵崡：《石墨镌华》卷七《二游九嵕》，《丛书集成初编》据知不足斋丛书本排印，第90页。

[3] 李浪涛：《唐昭陵发现欧阳询书〈昭陵刻石文碑〉》，《碑林集刊》第10集，第89页。

[4] 张建林、史考：《唐昭陵十四国蕃君长石像及题名石像座疏证》，《碑林集刊》第10集，第87页。

[5] 据《石墨镌华》自叙，该书成于万历戊午年（1618年），时赵崡38岁。其《游终南》篇称五十岁时游终南、九嵕山，则其访古二山的时间是1630年。详见《石墨镌华》，第85页。

二　君长像和六骏的意蕴

探讨昭陵十四国君长像和六骏的意蕴，首先得搞清楚它们的大体布局。

考古发掘证实，昭陵十四国君长像置于北司马门最南端的第五台地上，与昭陵六骏一起排列在两座东西相对的廊房中。保存较好的西侧廊房坐西向东，南北面阔七间、东西进深一间，就地势筑成阶梯状，从北向南逐级增高。七间廊房中北侧三间每间各置一石马（即六骏），南侧四间分三对半放置七个石人，石马和石人及石座上的题名均面朝东。东侧的廊房基址虽已不存，但原来应该是与西侧廊房相对应的[1]。尽管它们的位置都曾有过混乱[2]，所幸的是目前已可大体复原。

考古发掘出土的碑像残头和带刻铭的像座残块 20 余件。现发现有突厥突利可汗、突厥乙弥泥孰俟利苾可汗、新罗乐浪郡王、吐谷浑河源郡王、林邑王像座残块，连同以前发现的刻铭石座，证实并纠正了文献记载[3]。昭陵蕃酋像石座题铭，凡在西侧的，其题铭都左起向右竖排顺读，东侧则恰与之相反[4]。根据这个原则以及五件尚保留在原位置的石人座，对新出土的石人座残块进行综合排比，东西两侧石人的总体分布已经可以得到确定。西侧石人分别是：薛延陀真珠毗伽可汗（前排（东）南起第一）、于阗王伏阇信（后排（西）南起第一）二者同处七间廊房南起第一间；吐蕃赞普弃宗弄赞（前排南起第二）、焉耆王龙突骑支（后排南起第二）；高昌王左武卫将军麴智勇（处在南起第三间房的位置，但已移位，尚不知前后）；龟兹王诃黎布失毕被搬至第四台地西侧用作明代祭陵碑碑座；吐谷浑河源郡王、乌地也拔勒豆可汗慕容诺曷钵，惜

---

[1] 张建林、史考：《唐昭陵十四国蕃君长石像及题名石像座疏证》，《碑林集刊》第 10 集，第 82 页。

[2] 清代学者林侗曾记录了昭陵十四国君长像分成东西两排侍立的情况（〔清〕林侗：《唐昭陵石碛考略（附谒唐昭陵记）》，《丛书集成初编》据粤雅堂丛书本排印，册 1609，第 29～30 页），但以目前考古所获视之，其描述有误。

[3] 张建林：《唐昭陵考古的重要收获及几点认识》，《周秦汉唐文化研究》第 3 辑，第 256 页。

[4] 孙迟：《昭陵十四国君长石像考》，《文博》1984 年第 2 期，第 63 页。

其位置不清。东侧石人分别是：突厥颉利可汗左卫大将军阿史那出苾、突厥颉利可汗右卫大将军阿史那什钵苾、突厥乙弥泥孰俟利苾可汗右武卫大将军阿史那李思摩、突厥都布可汗右卫大将军阿史那社尔、帝那伏帝国王阿罗那顺、林邑王范头黎、新罗乐浪郡王金贞德。不难看出这种排列是按照地域划分的。西侧的蕃君长都是唐朝西边的河陇、西域、吐蕃等地，而东侧的蕃君长则以突厥人为主，兼有朝鲜半岛和南亚地区的首领 [1]。明显的，可以看出西方边境的诸蕃君长占了绝大部分。

至于昭陵六骏的排列次序，据考证游师雄《昭陵六骏》碑准确地记录了北宋时昭陵六骏的基本情况及其在昭陵上的原始排序 [2]。即由南而北，东第一特勒骠，东第二青骓，东第三什伐赤；西第一飒露紫，西第二拳毛䯄，西第三白蹄乌。六骏的马头均朝向南方，即陵山山顶方向。

综合以上的研究结论，此下用图示（图 5-2）来表示蕃酋像和六骏的平面布局。

如此树立昭陵十四国君长像和六骏又有什么意义呢？

"兴庆玉龙寒自跃，昭陵石马夜空嘶" [3]。前揭《封氏闻见记》卷六"羊虎"条云：

> 秦、汉以来，帝王陵前有石麒麟、石辟邪、石象、石马之属；人臣墓前有石羊、石虎、石人、石柱之属；皆所以表饰坟垄，如生前之象（像）_{一本无"象"字}。仪卫耳。
>
> 国朝因山为陵，太宗葬九嵕山，门前亦立石马。陵后司马门内，又有蕃酋曾侍轩禁者一十四人石象（像），皆刻其官名。

文中所载昭陵门前石马，迄今未闻，亦恐为封演未能亲历以讹传讹所致。至于

[1]　张建林、史考：《唐昭陵十四国蕃君长石像及题名石像座疏证》，《碑林集刊》第 10 集，第 87 页。

[2]　陈诵雎：《昭陵六骏名实考》，《碑林集刊》第 8 集，第 246 ～ 254 页。

[3]　韦庄：《闻再幸梁洋》，《全唐诗》卷六九七，北京：中华书局，1960 年，第 8017 ～ 8018 页。

图 5-2　昭陵十四国君长像和昭陵六骏平面布局示意图

东廊房		西廊房		
东 1	突厥颉利可汗左卫大将军阿史那出苾、突厥颉利可汗右卫大将军阿史那什钵苾、突厥乙弥泥孰俟利苾可汗、右武卫大将军阿史那李思摩、突厥都布可汗右卫大将军阿史那社尔；帝那伏帝国王阿罗那顺、林邑王范头黎、新罗乐浪郡王金贞德（突厥可汗在前，但具体位置都不清）	薛延陀真珠毗伽可汗	于阗王伏阇信	西 1
东 2		吐蕃赞普弃宗弄赞	焉耆王龙突骑支	西 2
东 3		高昌王左武卫将军麴智勇（具体位置不清）		西 3
东 4		龟兹王诃黎布失毕、吐谷浑河源郡王、乌地也拔勒豆可汗慕容诺曷钵（其中有 1 个在西 3）		西 4
东 5	特勒骠（中央黄色）	飒露紫（北方间色紫色）		西 5
东 6	青骓（东方青色）	拳毛騧（中央黄色）		西 6
东 7	什伐赤（南方赤色）	白蹄乌（西方白色）		西 7

蕃酋曾为侍轩禁者的说法虽曾一度颇有影响，但是，经过索引钩沉，此论已经得到反正[1]。十四人中，新罗女王金贞德、薛延陀真珠毗伽可汗、吐蕃赞普弃宗弄赞，以及林邑王范头黎，从来未至中国，更何谈"曾侍轩禁"？此不能概视之为侍卫蕃将。

《唐会要》说昭陵十四蕃酋像是"写诸蕃君长贞观中擒伏归化者形状"，所说大概无误。就国族而论，太宗时所破者，有突厥、薛延陀、吐谷浑、龟兹、焉耆、高昌、中天竺。归顺者有新罗、于阗。至于吐蕃，自文成公主适吐蕃之后，终弃宗弄赞之世，未尝侵犯唐朝。此已有详细之论证[2]，读者可自辨析，不再赘述。

---

[1]　章群：《唐代蕃将研究续编》，第 89～91 页。

[2]　章群：《唐代蕃将研究续编》，第 92～93 页。

昭陵六骏是唐太宗平定天下时曾经骑乘的六匹战马。但是，唐太宗平定天下所骑并非只此六匹战马，为何独对此六匹战马大加赞誉？除了此六匹战马为关键战役时所骑，太宗有以之纪功之意味外，是否尚有其他寓意？涉及其实质内容的最早资料是唐太宗所作《六马图赞》。其文见《全唐文》卷一〇，云：

> 拳毛騧：黄马黑喙，平刘黑闼时所乘。前中六箭，背二箭。赞曰：月精按辔，天驷横行。弧矢载戢，氛埃廓清。^{其一}
>
> 什伐赤：纯赤色，平世充、建德时乘。前中四箭，背中一箭。赞曰：瀍涧未静，斧钺伸威。朱汗骋足，青旌凯归。^{其二}
>
> 白蹄乌：纯黑色，四蹄俱白，平薛仁杲时所乘。赞曰：倚天长剑，追风骏足。耸辔平陇，回鞍定蜀。^{其三}
>
> 特勒骠：黄白色，喙微黑色，平宋金刚时所乘。赞曰：应策腾空，承声半汉。入险摧敌，乘危济难。^{其四}
>
> 飒露紫：紫燕骝，平东都时所乘。前中一箭。赞曰：紫燕超跃，骨腾神骏。气詟山川，威凌八阵。^{其五}
>
> 青骓：苍白杂色，平窦建德时所乘。前中五箭。赞曰：足轻电影，神发天机。策兹飞练，定我戎衣。^{其六[1]}

通过考察，不难发现六骏的名字并非与颜色毫无关系。但雕琢六骏所用青石无法像霍去病墓前石马一样靠石质来表现颜色，详见下文。根据赞文，昭陵六骏原先应该是上彩的，甚而其中颇有深意。萧吉《五行大义》卷三《论配五色》篇云：

> 《春秋考异邮》云："北狄之气生幽都，色黑……；南夷之气生交趾，色赤……；东夷之气生〔莱柞〕，色苍……；西夷之气生沙丘，色白……；中央土会，色黄……"此五者为正色，其变色亦五。……然则东青、北黑、

---

[1]　《全唐文》，第124页下栏～第125页上栏。

中黄皆正色也。……东方间色绿，……南方间色红，……西方间色缥，……北方间色紫。[1]

若比照唐太宗之《六马图赞》所载六骏之颜色，拳毛䯄和特勒骠可代表中央黄色，青骓可代表东方青色，白蹄乌突出的是白蹄，其主色应该是白色——亦即代表西方白色，什伐赤可代表南方赤色，而飒露紫则代表北方间色紫色——亦即代表北方（见图 5-2）。据此可见六骏实际上代表着五方色，应该是寓意大唐帝国的国土疆域。

长安城玄武门置"飞骑""百骑"（即左右屯营）。《旧唐书》卷五九《姜行本传》载：

> 时太宗选趫捷之士，衣五色袍，乘六闲马，直屯营以充仗内宿卫，名为"飞骑"，每游幸，即骑以从，分隶于〔左屯卫将军姜〕行本。[2]

以六骏之体色暗指五方色当欲在表现现实"衣五色袍"之意——这也应是此六骏在唐太宗众多的骑乘中脱颖而出的重要原因吧，则六骏指代飞骑为昭陵北门仗内宿卫亦成自然之理。可见，这种象征意义有着现实情境的来源，是对后者的刻意摹写。这也反映了设计者是将昭陵作为帝都长安的缩影来安排的。姜行本，"贞观中为将作大匠。太宗修九成、洛阳二宫，行本总领之，以勤济称旨，赏赐甚厚。有所游幸，未尝不从"[3]。贞观十七年（643 年），姜行本从太宗远征高丽于盖牟城中流矢卒，太宗赋诗悼之，陪葬昭陵。昭陵六骏的象征意义又跟姜行本所率之飞骑相涉，是否行本参与了六骏石屏的创意？此事史无明文，无法遽断。

所谓六闲马，《新唐书》卷四七《百官志》记载：

---

[1]　《五行大义》，第 58～59 页。

[2]　《旧唐书》，第 2333 页。

[3]　《旧唐书》，第 2333 页。

　　　尚乘局，奉御二人，直长十人。掌内外闲厩之马。左右六闲：一曰飞
　　黄，二曰吉良，三曰龙媒，四曰驹騄，五曰駃騠，六曰天苑。凡外牧岁进
　　良马，印以三花、"飞"、"凤（凤）"之字。飞龙厩日以八马列宫门之外，
　　号南衙立仗马。仗下，乃退。大陈设，则居乐县（悬）之北，与象相次。[1]

又同书同卷《百官志》"殿中省"条记载：

　　　左右仗厩，左曰奔星，右曰内驹。两仗内又有六厩：一曰左飞，二曰
　　右飞，三曰左万，四曰右万，五曰东南内，六曰西南内。园苑有官马坊，
　　每岁河陇群牧进其良者以供御。六闲马以殿中监及尚乘主之。武后万岁通
　　天元年（696 年），置仗内六闲：一曰飞龙，二曰祥麟，三曰凤苑，四曰
　　鹓鸾，五曰吉良，六曰六群，亦号六厩。以殿中丞检校仗内闲厩，以中官
　　为内飞龙使。圣历中，置闲厩使，以殿中监承恩遇者为之，分领殿中、太
　　仆之事，而专掌舆辇牛马。自是，宴游供奉，殿中监皆不豫。开元初，闲
　　厩马至万余匹，骆驼、巨象皆养焉。以驼、马隶闲厩，而尚乘局名存而已。[2]

此上引文所言六闲名称不同，但从中不难理解缘何唐陵北门六马应视作仗马。
恐怕这也是昭陵六骏的另一个含义吧？

　　如此，在配合以代表外族之十四国君长像，则其所蕴含之一内一外相互呼
应的意义便很清楚了。无怪乎，前引《唐会要》卷二〇"陵议"条称高宗此举
是"欲阐扬先帝徽烈"、"以旌武功"，即宣扬太宗的功绩[3]。
　　十四国君长像和昭陵六骏与陵山应该构成一个整体性的建筑，形成一个完
整的意蕴，故宜将主要分布于九嵕山南的陪葬墓地纳进来考虑。昭陵陪葬墓地

[1]　《新唐书》，第 1220 页。"凤"作"凤"，参见《旧唐书》卷四四，第 1866 页；《唐会要》卷
　　七二，第 1546 页；梁丰：《三彩马之"飞凤"铭考》，《中国历史文物》2006 年第 6 期，第 41 ～ 45 页。
[2]　《新唐书》，第 1217 ～ 1218 页。
[3]　孙迟：《昭陵十四国君长石像考》，《文博》1984 年第 2 期，第 63 页。

不仅象征着唐代的长安城[1]，而且其成分是关陇集团的主体，这无疑是李唐"关中本位政策"的写照。

　　分析一下昭陵十四国君长像和六骏的布局可知，其西侧全为唐朝西边的蕃酋，东侧则亦将西北方边境的蕃酋即突厥可汗置于最前方（南）。这种布列形式无疑表明了唐朝对西北边诸国和诸部的高度重视。而将十四国君长像置于六骏之前，是否也寓示着西北方各国对王朝政局的重要意义呢？诚如陈寅恪所言："李唐承袭宇文泰'关中本位政策'，全国重心本在西北一隅，而吐蕃强盛延及二百年之久。故当唐代中国极盛之时，已不能不于东北方面采维持现状之消极政略，而竭全国之武力财力积极进取，以开拓西方边境，统治中央亚细亚，藉保关陇之安全为国策也。"[2] 整个昭陵陵山的规划恰好准确地体现了李唐的这一深刻用心。通过具体石像的排列，对后来唐朝统治者无疑也是一个煞费苦心的昭示。从这个意义上说，高宗琢石列像于昭陵玄阙不仅是阐扬太宗徽烈，实际上也是笼络诸蕃酋的重要措施。因为在诸蕃酋看来，割耳剺面、杀身殉葬不仅是一种种族习惯，更是一种无上荣耀。

　　另外，从唐太宗祭祀献陵的陪从人员来看，除了七庙子孙及诸侯百僚外，还有蕃夷君长。这一点应该引起足够的重视。《旧唐书》卷二五《礼仪志》云：

　　　　贞观十三年正月乙巳（639 年 2 月 9 日），太宗朝于献陵。先是日，宿卫设黄麾仗周卫陵寝，至是质明，七庙子孙及诸侯百僚、蕃夷君长皆陪列于司马门内。皇帝至小次，降舆纳履，哭于阙门，西面再拜，恸绝不能兴。礼毕改服入于寝宫，亲执馔，阅视高祖及先后服御之物，匍匐床前悲恸。左右侍御者莫不欷歔。[3]

唐陵树立蕃酋像于司马门处，是否跟皇帝谒陵时的陪列情景有关。显然，这些

---

[1]　详见本书陆之"昭陵陪葬墓地布局"。

[2]　陈寅恪：《陈寅恪集·唐代政治史述论稿》下篇《外族盛衰之连环性及外患与内政之关系》，第326～327 页。

[3]　《旧唐书》，第972～973 页。

百僚蕃夷君长恐不能经常、及时陪列在帝陵的大祀典礼中。正因难以做到蕃夷君长陪列谒陵，故立其石像于陵前司马门处。是否这也是唐代诸陵蕃酋像"阐扬徽烈"之外的意义？

三　君长像和昭陵六骏的来源

这一部分想重新检讨一下昭陵十四国君长像和昭陵六骏设计思想的来源。

文献记载有关秦汉陵墓石刻不少。《西京杂记》最早记载秦始皇陵有石刻，但是迄今尚未发现，其真实与否不清[1]。墓前竖立石人当始自东汉，今能看到的以山东为最多。但是纵观东汉墓前石人形象，均为一侍从者，一守卫者[2]。这应跟汉魏之际青徐豪霸的活跃有关。东汉墓前神道两侧发现的石兽，有据可查的只是些郡太守或相当于和略高于郡太守一级的高级官吏。到了北魏瀍西墓地遂出现一些新因素，这就是帝陵前设置石人、石兽[3]。这些作为墓仪的神道石人显然是跟昭陵十四国君长像的意义不同，后者在石刻内容和特点上是突厥化的一个直接表现，此已有辩证，不再赘述[4]。但是，如果一个异族文化制度的元素此前已被某甲文化的较早阶段所吸收，如果此因素在甲文化的较晚阶段中继续出现，那只能说较晚阶段的甲文化继承了其较早阶段的创举，而不宜再称其汲取了异族文化的元素。因为，此刻甲文化与异族文化二者之间已经不存

---

[1] 《西京杂记》卷四"五柞宫石麒麟"条记载五柞宫："宫西有青梧观，观前有三梧桐树。树下有石骐驎（麒麟）二枚，刊其胁为文字，是秦始皇郦山墓上物也。头高一丈三尺。东边者前左脚折，折处有赤如血。父老谓其有神，皆含血属筋焉。"〔晋〕葛洪：《燕丹子·西京杂记》，第18页。

[2] 陈长安：《简述帝王陵墓的殉葬、俑坑与石刻》，《中原文物》1985年第4期，第75页。

[3] 详见本书附四"陵墓与政治——以永固陵与北朝帝陵为例"。

[4] 岑仲勉：《隋唐史》，第138页及脚注①。葛承雍：《唐昭陵、乾陵蕃人石像与"突厥化"问题》，余太山主编《欧亚学刊》第3辑，北京：中华书局，2002年，第150～162页；后收入所撰《唐韵胡音与外来文明》，第180～197页。清代学者徐松（1781～1848年）经过实地考察，认为在新疆所见石人为古勃律君长葬地之陪葬如唐昭陵制（〔清〕徐松：《西域水道记》卷五"喀喇布拉克水"条，朱玉麒整理，北京：中华书局，2005年，第286～287页）。徐氏等同二者的性质，并未进而解释二者相互影响的问题。

在直接的关联了。这种情况在历史上多有出现，唐陵制度中也不例外。

关于唐陵陵园制度，贞观九年（635 年）高祖李渊遗诏云：

> 其服轻重，悉从汉制，以日易月，于事为宜。其陵园制度，务从俭约，
> 斟酌汉魏，以为规矩。[1]

从后来事态的发展情况看，"斟酌汉魏，以为规矩"确是唐陵制度建设的一条
主线。昭陵六骏分别雕凿在六块巨大的长方形青石石屏上，《水经注》卷一三
"漯水"条云：

> 〔方〕岭（即方山）上有文明太皇太后陵，陵之东北有高祖陵（即孝
> 文帝陵），二陵之南有永固堂（案：永固堂为文明太后清庙），堂之四周
> 隅，雉列榭、阶、栏、槛，及扉、户、梁、壁、椽、瓦，悉文石也。檐前
> 四柱，采洛阳之八风谷黑石为之，雕镂隐起，以金银间云矩，有若锦焉。
> 堂之内外，四侧结两石跌，张青石屏风，以文石为缘，并隐起忠孝之容，
> 题刻贞顺之名。庙前镌石为碑、兽，碑石至佳。左右列柏，四周迷禽暗日。
> 院外西侧，有思远灵图，图之西有斋堂，南门表二石阙，阙下斩山，累结
> 御路，下望灵泉宫池，皎若圆镜矣。[2]

在永固堂内外四侧尚有石屏，其上"隐起忠孝，题刻贞顺之名"等儒家题材。
这是汉文化的核心之一，此举亦是中国陵墓石刻石屏风的开始[3]。显然，昭陵
六骏的这种石雕浮屏的做法应源自北魏方山永固陵。

在汉代霍去病墓前有 16 件石雕，其中有马踏匈奴、跃马、卧马等三件有
关马的石雕。这应是凸显主题的一组主体作品，具有标志性和纪念性意义。巧

---

[1] 《唐大诏令集》卷一一"神尧遗诏"条，第 67 页。

[2] 《水经注校证》，第 312 页。

[3] 大同市博物馆、山西省文物工作委员会：《大同方山北魏永固陵》，《文物》1978 年第 7 期，第
29～35 页。

妙的是，这组马雕通过石质成分的不同，呈现出不同的色泽，从而象征霍去病的骁勇善战。马踏匈奴之马由中粒二长花岗岩雕成，岩石中因含磁铁矿成分，经淋滤风化后，使岩石表面略呈黄色，又因含浅白灰色的斜长石之故，该马似"黄色有白斑"的黄骠马，与霍去病"骠骑大将军"的封号暗合；而由花岗伟晶岩雕成的跃马，因岩石中含 60% 左右的红色正长石斑晶，雨后会通体发红，正是汗血马的写照。这种石材的表现方式正是昭陵六骏所缺乏的。这三匹马雕头部和马体上部用圆雕手法，四肢用浮雕手法雕刻而成，形神兼备，给人以强烈的视觉和触觉艺术冲击 [1]。唐太宗昭陵六骏以马的名字代表方色和霍去病墓以石质来表现马的不同色泽有异曲同工之妙。

尽管霍去病墓出现这种情况与异族文化有关，也尽管昭陵六骏的马种及其来源可能跟域外有关，但是从唐昭陵该制度的直接源头来看，还是应以源自汉代为宜。概言之，昭陵六骏的出现应该是融合了汉代霍去病墓马雕和北魏方山永固陵青石屏风的表现形式，而不宜与突厥习俗相联系 [2]。

综上，可以看出昭陵十四国君长像和昭陵六骏的来源是个复杂的混同体。其中既有直接来自突厥的因素，亦不乏"斟酌汉魏，以为规矩"的成分。这对此后唐陵制度有着深远的影响。武后合葬乾陵时，将蕃酋像改置于南司马门外 [3]，此后基本成为制度，定陵、桥陵、泰陵、建陵、崇陵、光陵、庄陵、贞陵、简陵、靖陵等均发现有蕃酋像 [4]，但未形成一种固定建制。乾陵及以后诸唐陵北门仗马则为圆雕，造型与神道御马同，置于司马院北神门外。

---

[1] 刘丹龙、孙平燕：《汉霍去病墓石雕艺术探微》，《文博》2004 年第 6 期，第 89 页。

[2] 葛承雍：《唐昭陵六骏与突厥葬俗研究》，《中华文史论丛》第 60 辑，第 182～209 页；《唐韵胡音与外来文明》，第 158～179 页。

[3] 陈国灿：《唐乾陵石人像及其衔名的研究》，《文物集刊》第 2 辑，第 189～190 页。

[4] 刘庆柱、李毓芳：《陕西唐陵调查报告》，《考古学集刊》第 5 辑，第 244 页；张建林：《唐昭陵考古的重要收获及几点认识》，《周秦汉唐文化研究》第 3 辑，第 257 页。

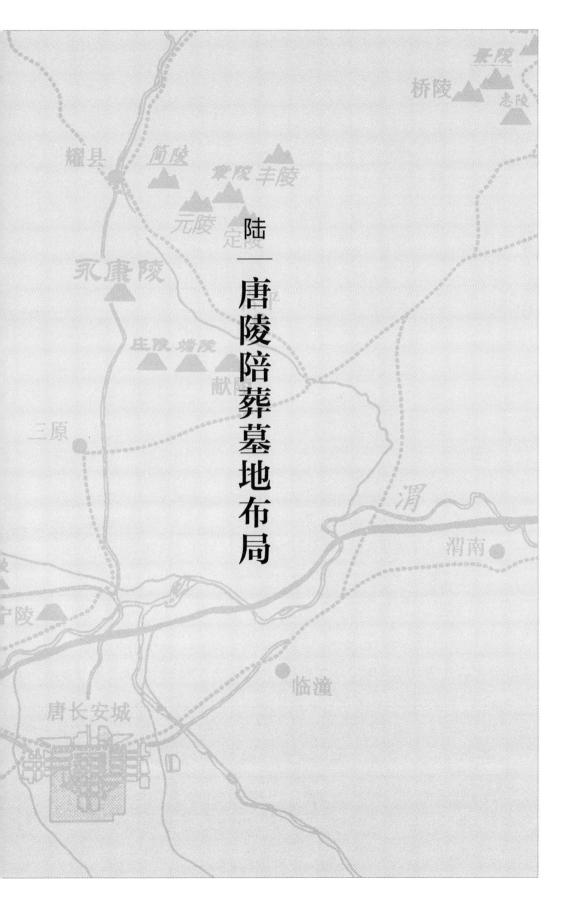

陆——唐陵陪葬墓地布局

一 陪陵制度的颁定

作为帝陵制度的有机组成，陪葬墓自然也成为一个重要课题。陪葬是唐代皇室埋葬制度的一个重要组成部分，是唐朝帝王给予皇室人物和文武大臣的一种特殊优遇和荣誉，也是用以笼络人心、巩固政权的一种手段。陪葬墓葬地是由唐王朝统一规划、管理的，陪葬者皆为功臣密戚或谋臣武将。整个帝陵兆域表达的是统治者意欲营建的另一个天下，跟他生前的天下相契合。同样的，唐陵陪葬墓地布局也存在一个变化的过程，而这是跟唐王朝的政治发展紧密结合在一起的。

对于唐代陪陵制度的颁布过程，史载存有不少混淆，需对史实重做梳理。这一整套陪陵制度是从唐太宗时期开始制定的。

贞观十一年二月丁巳，唐太宗颁《九嵕山卜陵诏》。诏文见于《旧唐书》卷三《太宗本纪下》，其文曰：

> 今预为此制，务从俭约。于九嵕之山，足容棺而已。……
>
> 又佐命功臣，义深舟楫，或定谋帷幄，或身摧行阵，同济艰危，克成鸿业，追念在昔，何日忘之！使逝者无知，咸归寂寞。若营魂有识，还如畴曩。居止相望，不亦善乎！汉氏使将相陪陵，又给以东园秘器，笃终之义，恩意深厚。古人岂异我哉！自今已后，功臣密戚及德业佐时者，如有薨亡，宜赐茔地一所，及以秘器，使窀穸之时，丧事无阙。所司依此营备，称朕意焉。[1]

---

[1] 《旧唐书》卷三《太宗本纪下》，第 46 ~ 47 页。

《唐大诏令集》卷七六《九嵕山卜陵诏》所载时间为"贞观十一年二月"[1]，《册府元龟》亦云"十一年二月丁巳"[2]，皆与《唐会要》所载之"贞观八年"[3]有别。此上文献所载文字大同，可知记录的是同一事件。又《新唐书》卷二《太宗本纪》载贞观十一年"二月丁巳，营九嵏（嵕）山为陵。赐功臣、密戚陪茔地及秘器"[4]。从唐太宗营陵九嵕山的经过[5]，可知《唐会要》所载时间有误。此外，从《九嵕山卜陵诏》可知，太宗在营陵九嵕山之初便已对陪葬昭陵做出了明确的态度。

温彦博是最早入葬昭陵陪葬墓区的重臣，其神道碑称，贞观十一年六月四日（637年7月1日），温氏薨于旌善里，唐太宗"诏有司立碑纪德，给茔地于昭陵之侧"[6]，惜温氏入葬具体时间不详，今只知其神道碑立于贞观十一年十月。此月，唐太宗又颁诏准许功臣陪葬献陵。因献陵已入藏有日，此举不啻是对唐高祖的弥补，无疑也是在允许功臣陪葬昭陵之后对功臣密戚陪葬帝陵制度的补充和完善。唐杜佑《通典》卷八六载：

> 贞观十一年十月，诏曰："诸侯列葬，周文创陈其礼；大臣陪陵，魏武重申其制。去病佐汉，还奉茂陵之茔；夷吾相齐，终托牛山之墓。斯盖往圣垂范，前贤遗则，在曩昔之宿心，笃始终之大义也。皇运之初，时逢交丧，谋臣武将等蒙先朝特遇者，自今以后，身薨之日，所司宜即以闻，并于献陵左侧，赐以墓地，并给东园秘器。"[7]

该诏文宋敏求《唐大诏令集》拟名为《赐功臣陪陵地诏》。其颁布的时间，宋氏作贞观"十一年十一月"[8]；《唐会要》作贞观"十一年十月二日（637年

---

[1] 《唐大诏令集》卷七六，第431页。

[2] 《册府元龟》卷六〇《帝王部·立制度一》，第669页下栏。

[3] 《唐会要》卷二一"陪陵名位"条，第484页。

[4] 《新唐书》卷二《太宗本纪》，第37页。

[5] 详见本书贰"关中唐陵陵地秩序"。

[6] 岑文本：《唐故特进尚书右仆射上柱国虞恭公温（彦博）公碑》，《昭陵碑石》，第104页。《旧唐书》卷三《太宗下》误称温彦博薨于贞观十一年六月甲寅（637年6月28日），详见第48页。

[7] 《通典》，第2350～2351页。

[8] 《唐大诏令集》卷六三"赐功臣陪陵地诏"条，第346页。

10 月 25 日）"[1]。该诏文的内容，《唐会要》所载亦与《通典》同，唯《唐大诏令集》所载于"赐以墓地，并给东园秘器"前并无"并于献陵左侧"六字。但从诏令中言及"蒙先朝特遇者（先朝特蒙顾遇者）"，可知该诏令缘于处理前朝功臣身后事宜，显然此诏令是针对高祖献陵而颁布的。故《新唐书》卷二《太宗本纪》载贞观十一年"十月癸丑，赐先朝谋臣武将及亲戚亡者茔陪献陵"[2]，"十月癸丑"亦即前述"十月二日"。因此，可断宋敏求《唐大诏令集》所录有误，由此进而可有二判断。其一，该诏令宜拟名为《赐功臣陪献陵地诏》更为准确。其二，该诏令颁布的时间该为贞观十一年十月二日。

贞观二十年（646 年）八月，唐太宗又进一步规定了若父祖陪陵，其子孙亦可从葬的制度。其《功臣陪陵诏》云：

> 周室姬公，陪于毕陌。汉庭萧相，附彼高陵（园）。宠锡坟茔，闻诸上代。从宽陵邑，信有旧章。盖以懿戚宗臣（亲），类同本之枝干。元功上宰，犹在身之股肱。哀荣之契（义）实隆，终始之义斯允。今宜聿遵故实，取譬拱辰，庶在鸟耘之地，无亏鱼水之道。宜令所司，于昭陵南左右厢，封境取地，仍即标志疆域，拟为葬所，以赐功臣，其父祖陪陵，子孙欲来从葬者，亦宜听许（允）。贞观二十年八月[3]

《新唐书》卷二《太宗本纪》云："〔贞观二十年八月〕丁亥（646 年 10 月 13 日），许陪陵者子孙从葬。"[4] 这点出了该诏书的具体时间。至此，唐政府规定可入藏帝陵陪葬墓区的人员身份已告详备。稍带说明一下，若据《唐会要》所言，此诏颁于贞观"二十三年八月二十八日（649 年 10 月 9 日）"[5]，即此诏为高宗所颁，则不独与前引《新唐书》有悖，且永徽六年（655 年）高宗重

---

[1]　《唐会要》卷二一"陪陵名位"条，第 484 页。

[2]　《新唐书》，第 37 页。

[3]　《唐大诏令集》卷六三，第 346～347 页。括号内为《全唐文》卷八"赐功臣葬地诏"条所载，详见《全唐文》第 96 页上栏。

[4]　《新唐书》，第 45 页。

[5]　《唐会要》卷二一"陪陵名位"条，第 484 页。

又颁诏对此复加规定便显累赘。史载，贞观二十年三月庚午（646年3月30日），太宗有病，曾由皇太子听政[1]。也许太宗的这种身体状况便是颁布此诏的一个起因。

永徽六年，高宗又颁诏规定："其祖父先陪献陵，子孙欲随葬，亦宜听许。"[2]此次高宗颁诏恐与是年十月己酉（655年11月16日），废王皇后为庶人，立昭仪武氏为皇后[3]有关。高宗废立皇后一事受到老臣重臣的反对，重颁此诏，再次认定太宗贞观二十年八月所颁陪陵政策，自然可以起到笼络、稳定这一部分人心的作用，无疑对稳定朝堂局势有莫大意义。

唐陵陪葬墓的营建或由政府恩赐。如显庆五年，"九月戊午（660年10月29日），赐英国公〔李〕勣墓茔一所"[4]。或由陪陵者自己营造，如长孙无忌便是。《新唐书》本传载："上元元年，追复〔长孙无忌〕官爵，以孙元翼袭封。初，无忌自作墓昭陵茔中，至是许还葬。"[5]又《唐会要》卷二一"陪陵名位"条云：

> 初，长孙无忌自于昭陵封内，先造坟墓，至上元元年九月七日，许归葬。[6]

可知长孙无忌归葬昭陵茔地于上元元年九月七日（674年10月11日），此前他早已修筑好自己的陪葬墓。

此外，唐陵陵区还有守陵宫女之陪葬墓。史载，若宫人陪葬，则陵户为之成坟[7]。《唐会要》卷二一"诸陵杂录"条：

> 〔开元〕二十三年十二月三日（735年1月20日）敕："诸陵使至先立封，封内有旧坟墓，不可移改。自今以后，不得更有埋葬。"[8]

---

[1]　《新唐书》卷二《太宗本纪》（第45页）载："〔贞观二十年三月〕庚午，〔太宗〕不像，皇太子听政。"

[2]　《唐会要》卷二一"陪陵名位"条，第484页。

[3]　《旧唐书》卷四《高宗本纪上》，第74页。

[4]　《旧唐书》卷四《高宗本纪上》，第81页。

[5]　《新唐书》卷一〇五《长孙无忌传》，第4022页。

[6]　《唐会要》，第482页。

[7]　《唐会要》卷二一"陪陵名位"条，第479页。

[8]　《唐会要》，第487页。

可见，在唐陵陵区内还有原有之墓葬，即所谓古坟。因在唐政府选择陵址之前已经安葬，便得以保持原状，不做迁葬等事宜。即古坟不毁，但此后不经政府许可，陵区之内不得葬埋[1]。这部分墓葬在研究唐陵陪葬墓地布局中宜剔除。

唐政府规定了百官坟墓的规模，《大唐开元礼》卷三《杂制》载：

> 凡百官葬墓田，一品方九十步、坟高一丈八尺；二品方八十步，坟高一丈六尺；三品方七十步，坟高一丈四尺；四品方六十步、坟高一丈二尺；五品方五十步，坟高一丈；六品以下方二十步，坟不得过八尺。其域及四隅，四品以上筑阙，五品以上立土堠，余皆封茔而已。[2]

同样的，唐代在《丧葬令》中对陪陵葬亦有明确规定，其规格要比一般墓葬为高[3]。《唐会要》卷二一"陪陵名位"条载：

> 旧制，凡功臣密戚，请陪陵葬者，听之。以文武分为左右而列。坟高四丈以下、三丈以上。[4]

开元四年（716年），宋璟、苏颋上表，曰："准令，一品合陪陵葬者，坟高三丈以上、四丈以下。降敕使同陪陵之例，既极是高下得宜。"[5]

陪陵制度从初唐兴起，至盛唐时已见式微，且又每况愈下，中唐时或有或无，晚唐则完全废弃[6]。有关唐陵陪葬者的姓名、数量，历代文献所载互有出入，文献记载与实地调查结果亦多不符[7]。由于年代久远，保

---

[1]　《唐会要》卷二一"陪陵名位"条，第 479 ～ 480 页。

[2]　《大唐开元礼·附大唐郊祀录》，第 34 页上栏。

[3]　傅熹年主编《中国古代建筑史》第二卷《两晋、南北朝、隋唐、五代建筑》，第 425 页。

[4]　《唐会要》，第 479 页。

[5]　《唐会要》卷三八"葬"条，第 810 ～ 811 页。

[6]　孙迟：《略论唐帝陵的制度、规模及文物》，《陕西省文博考古科研成果汇报会论文选集·1981》，第 334 页；又题为《略论唐帝陵的制度、规模及文物——兼谈昭陵"因山为陵"对唐帝陵制度的影响》，收入《唐太宗与昭陵》，第 105 页。

[7]　唐陵陪葬墓实际调查的数字大多较文献记载的要来得多，除了文献记载可能有误之外，其中或也包含了从葬、祔葬的墓葬。后者是准确计算唐陵陪葬墓的主要障碍。

护不善，有些坟丘已经坍塌，地上的标识已经失去，这给调查增添了难度，而且盗掘破坏无形中又给研究添加了重重障碍，要弄清唐陵陪葬墓的准确数字颇有难度。唐陵陪葬墓目前所做的工作还远远不够，发掘资料已发表的陪葬墓为数不多。计有献陵 6 座 [1]、昭陵 13 座 [2]、乾陵 5 座 [3]、

[1] 富平县文化馆、陕西省博物馆、陕西省文物管理委员会：《唐李凤墓发掘简报》，《考古》1977 年第 5 期，第 313 ～ 326 页；陕西省博物馆、陕西省文物管理委员会：《唐李寿墓发掘简报》，《文物》1974 年第 9 期，第 71 ～ 88、61 页；安峥地：《唐房陵大长公主墓清理简报》，《文博》1990 年第 1 期，第 2 ～ 6 页；井增利、王小蒙：《富平县新发现的唐墓壁画》，《考古与文物》1997 年第 4 期，第 8 ～ 11 页。所出墓志记载该墓主李道坚为唐高祖曾孙。嗣虢王李邕墓及献陵 1 号陪葬墓发掘资料详见陕西省考古研究院编《唐嗣虢王李邕墓》，北京：科学出版社，2012 年。2003 年 1 月，陕西省考古研究所和陕西历史博物馆在富平县焦家村南发掘了淮南大长公主李澄霞墓。李澄霞墓志可参见岳连建、柯卓英《唐淮南大长公主墓志所反映的唐代历史问题》，《华夏考古》2008 年第 2 期，第 130 ～ 136 页。

[2] 昭陵已发掘 39 座陪葬墓，可参见王兆麟《唐昭陵发掘一批陪葬墓》（《中国文物报》1992 年 6 月 14 日第 1 版），发掘资料发表如下 13 座：（陕西省博物馆、礼泉县文教局）唐墓发掘组：《唐郑仁泰墓发掘简报》，《文物》1972 年第 7 期，第 33 ～ 44 页。陕西省文物管理委员会、礼泉县昭陵文管所：《唐阿史那忠墓发掘简报》，《考古》1977 年第 2 期，第 132 ～ 138、80 页；《陕西礼泉唐张士贵墓》，《考古》1978 年第 3 期，第 168 ～ 178 页。昭陵博物馆：《唐昭陵长乐公主墓》，《文博》1988 年第 3 期，第 10 ～ 30 页；《唐安元寿夫妇墓发掘简报》，《文物》1988 年第 12 期，第 37 ～ 49 页；《唐李承乾墓发掘简报》，《文博》1989 年第 3 期，第 17 ～ 21 页；《唐昭陵段蕳璧墓清理简报》，《文博》1989 年第 6 期，第 3 ～ 12 页。昭陵文物管理所：《唐越王李贞发掘简报》，《文物》1977 年第 10 期，第 41 ～ 49 页；陕西省文物管理会、昭陵文管所：《唐临川公主墓出土的墓志和诏书》，《文物》1977 年第 10 期，第 50 ～ 59 页；昭陵文物管理所：《唐尉迟敬德墓发掘简报》，《文物》1978 年第 5 期，第 20 ～ 25 页；昭陵博物馆：《唐昭陵李勣（徐懋功）墓清理简报》，《考古与文物》2000 年第 3 期，第 3 ～ 14 页；陕西省考古研究所、陕西历史博物馆、昭陵博物馆：《唐昭陵新城长公主墓发掘简报》，《考古与文物》1997 年第 3 期，第 3 ～ 24 页；陕西省考古研究所、陕西历史博物馆、礼泉县昭陵博物馆：《唐新城长公主墓发掘报告》，北京：科学出版社，2004 年。此外，还有白建钢《关中程咬金墓发掘出珍贵文物，长篇墓志披露重要史实，精美壁画再现初唐气象》（《光明日报》1988 年 7 月 10 日第 1 版）言及程知节墓；1990 年，发掘韦贵妃墓，有关资料可参见陕西省考古研究所编《陕西新出土唐墓壁画》，第 185 ～ 190 页图 148—152；陕西省考古研究院、昭陵博物馆：《唐昭陵韦贵妃墓发掘报告》，北京：科学出版社，2017 年。

[3] （陕西省博物馆、乾陵文教局）唐墓发掘组：《唐章怀太子墓发掘简报》，《文物》1972 年第 7 期，第 13 ～ 25 页；（陕西省博物馆、乾县文教局）唐墓发掘组：《唐懿德太子墓发掘简报》，《文物》1972 年第 7 期，第 26 ～ 32 页；陕西省文物管理委员会：《唐永泰公主墓发掘简报》，《文物》1964 年第 1 期，第 7 ～ 18 页。此外，尚发掘了薛元超及李谨行两座墓，资料尚未发表。

定陵 1 座[1]、桥陵 2 座[2]。尽管《唐会要》卷二一"陪陵名位"条所载可能跟实际情况有所出入，但应该还是能反映唐陵陪葬墓的总体趋势。下面做一简单的比较[3]：

（1）献陵：其中凡有皇族包括平阳公主在内，皆是功臣陪葬，共有 67 座。今经考古勘探，认为可确定者至少有 93 座[4]。

（2）昭陵：现知有 188 座墓[5]。其中① 诸王墓 8 座，子孙祔者 10 座。② 公主墓 21 座，驸马合葬者 18 座，子祔者 1 座。③ 妃嫔墓 8 座。以上皆皇族陪葬者。④ 除皇族外皆功臣，也包括功臣子孙，都是三品以上的大将军、丞郎，并有宰相 14 人，其中还有少数民族人物墓 11 座。⑤ 陵山周围小型的宫人墓不在此统计之内[6]。

（3）乾陵：共 17 座墓，其中废太子墓 2 座、王墓 3 座、公主墓 4 座，约计皇族墓与功臣墓相当。

（4）定陵：共 15 座墓，《唐会要》记为 8 座，皆为皇族墓。

（5）桥陵：至少 13 座墓，《唐会要》记为 7 座，太子墓 3 座、公主墓 3 座，

---

[1]　1995 年 3 ～ 12 月，陕西省考古所发掘了定陵陪葬墓中的节愍太子李重俊墓。陕西省考古研究所：《唐节愍太子墓发掘简报》，《考古与文物》2004 年第 4 期，第 13 ～ 25 页。陕西省考古研究所、富平县文物管理委员会：《唐节愍太子墓发掘报告》，北京：科学出版社，2004 年。有关资料还可参见陕西省考古研究所编《陕西新出土唐墓壁画》，第 101 ～ 163 页。

[2]　桥陵陪葬墓中已经发掘了金仙公主墓、惠庄太子墓，前者发掘资料至今尚未完全发表。陕西省考古研究所、蒲城县文体广电局：《唐惠庄太子墓发掘简报》，《考古与文物》1999 年第 2 期，第 2 ～ 22 页；陕西省考古研究所：《唐惠庄太子李㧑墓发掘报告》，北京：科学出版社，2004 年；有关惠庄太子墓资料可参见陕西省考古研究所编《陕西新出土唐墓壁画》，第 164 ～ 173 页。陕西省考古研究所编著《唐李宪墓发掘报告》。

[3]　可参考王仁波《唐代陵墓》，《中国大百科全书·考古学》，北京 / 上海：中国大百科全书出版社，1986 年，第 517 页《唐十八陵一览表》；秦浩《隋唐考古》，第 83 ～ 84 页表一《唐代关中皇陵名称、所在地及陪葬冢一览表》。

[4]　陕西省考古研究院：《唐高祖献陵陵园遗址考古勘探与发掘简报》，《考古与文物》2013 年第 5 期，第 31 ～ 44 页。

[5]　此据宋德闻、姚思汗、秋维道：《昭陵古墓葬遥感解译和定位的研究》，《文物》1992 年第 7 期，第 87 ～ 92、74 页。遗憾的是，未具体报道墓葬的情况。详见下文。

[6]　孙东位：《昭陵发现陪葬宫人墓》，《文物》1987 年第 1 期，第 83 ～ 95 页。

另一是云麾将军李思训墓 [1]，亦皆皇族墓。

（6）泰陵：1座墓，即高力士墓 [2]。

（7）建陵：5座墓，现知有郭子仪、李怀让墓。其中郭子仪墓或曰衣冠冢。

（8）崇陵：据说有43座墓，尚不确切，亦无资料可查。

（9）光陵：据说有53座墓，《唐会要》仅记2座。盛、中唐陵未列出者，或曰有或曰无，即有亦属皇族墓。

（10）晚唐：除端、章二陵各有一墓（皇族）。

（11）贞陵以下各陵均无陪葬墓。

经过统计对比可以明显地看出唐陵陪葬墓地的特点如下：第一，陪葬墓愈来愈少，至末代已全无。第二，以功臣为主渐次成为功臣与皇族对等，盛唐以后已全为皇族陪葬。如建陵的郭子仪墓，若为衣冠冢，则形同虚设，已失功臣陪葬的意义。这明显地呈现出以功臣为主渐次成为皇族陪葬的趋势。昭陵陪葬墓代表了前期唐陵陪葬墓的特点，定陵为转折点，其后的唐陵陪葬墓大体与定陵似。期间乾陵陪葬墓地正好处于上述两种格局发生变化的过渡期，反映了陪葬墓地因社会政治变革影响而出现的新格局。桥陵陪葬墓地则完全成为李家皇室的家族墓地。再往后，唐代诸陵的陪葬墓地就显得更为寥落，其中的大部分更是没有陪葬墓。

为什么唐陵陪葬墓区布局出现这种变化？其原因恐怕主要有三个方面。其一，是统治者调整门阀制度将皇姓升为天下首等姓氏的结果，此已具前论。其二，跟武周前后政局的变化有密切关联。武周革命对李唐朝臣造成莫大的冲击。它改变了朝臣的结构以及朝臣与李家之关系。同时，历经武周革命、李唐复辟、中宗及睿宗朝的反复，朝臣的历经多朝与身份多变，使得中宗、睿宗对朝臣对

---

[1] 详见本章之三"桥陵陪葬墓地布局"。案，陕西省考古研究院唐陵考古队认为至少有12座。详见陕西省考古研究院《唐睿宗桥陵陵园遗址考古勘探、发掘简报》，《考古与文物》2011年第1期，第15～16、91页。

[2] 陶仲云等：《陕西蒲城县发现高力士残碑》，《考古与文物》1983年第2期，第36～38页；陕西省考古研究所：《唐高力士墓发掘简报》，《考古与文物》2002年第6期，第21～32页；陕西考古研究院、蒲城县文物局：《唐玄宗泰陵陵园遗址考古勘探、发掘简报》，《考古与文物》2011年第3期，第3～11页。

李唐的忠诚度有着切肤的感受,从而使得朝臣与皇权的关系变得更为复杂微妙。又,为挣脱武周革命余威之笼罩,乾陵陪葬墓遂成为中宗、睿宗二朝恢复、申张李唐威势的有力手段,亦即其陪葬墓成为李唐与武周余威进行政治抗争的绝好媒介[1]。从这一点来看,其陪葬性质无疑又增添了某些微妙的政治因素。这也是中宗定陵、睿宗桥陵陪葬墓皆为皇室密戚的一个主要原因。

其三,跟唐代后期中央皇权的衰落有关。藩镇势力的膨胀和中央朝廷的衰弱,反映在礼制上,是陵寝制的紊乱和武成王庙尊礼过隆[2]。唐代宗《大唐〔代宗〕元陵遗制》特别提到"天下节度观察团练刺史等,并不须赴哀,祀祭之礼,亦从节俭",这恰反映了唐王朝弱干强枝、藩镇难抑,中央王朝不得不妥协的局面。此后,虽颜真卿奉德宗之命编订《大唐元陵仪注》规定藩镇官员须对天子行哀礼,试图从礼制上加强中央天子对地方节度使得权力,但是其收效微乎其微。昭宗李晔崩后,天祐二年(906年)正月,哀帝李柷颁《答百僚不赴华陵诏》,诏曰:

> 朕以痛深创巨,园陵有期,冀当复土之辰,以慰终天之报。而公卿大臣敷陈典故,援引今古,以为一日万机,不可斯须而旷,既执礼而愈切,难顺情而有违,深抑荼蓼之哀怀,俯徇股肱之谠议,爰因晨省,已启慈颜,倍极哀摧,勉从来请。[3]

诏文以"一日万机,不可斯须而旷"的托词做足了表面文章,以求表面的相安无事。既为藩镇百僚不赴陵开脱,又给自己台阶免于尴尬。中央天子的式微与藩镇百僚之藐视,陪葬唐陵已与往日荣耀无关,由此导致唐陵陪葬墓地的寥落。

[1]　沈睿文:《章怀太子墓壁画与李守礼》,中山大学艺术史研究中心编《艺术史研究》第6辑,广州:中山大学出版社,2004年,第293～308页;修订后收入所撰《安禄山服散考》,上海古籍出版社,2016年,第309～341页。王静:《节愍太子墓〈升仙太子图〉考——兼论薛稷画鹤的时代背景》,《北京大学学报》(哲社版)2007年第4期,第110～118页。

[2]　姜伯勤:《唐贞元、元和间礼的变迁——兼论唐礼的变迁与敦煌元和书仪文书》,《敦煌艺术宗教与礼乐文明》,第443～446页。

[3]　《唐大诏令集》卷七六,第432页。

目前，囿于资料公开发表的情况，献陵[1]、乾陵二陵尚无法进行有效的研究。如前所言，昭陵陪葬墓代表前期唐陵陪葬墓的特点，而定陵则是这一特点的转折点，其后的唐陵陪葬墓大体与定陵相似，本章用桥陵取代定陵作为后期唐陵的代表。基于上述原因，选择这两座唐代帝陵的陪葬墓进行研究。

二　昭陵陪葬墓地布局

（一）调查与研究

唐陵陪葬墓的数量以昭陵为最，关于陪葬墓的调查、研究工作也便以昭陵为典型，而乾陵、桥陵次之。陪葬墓主人多见于史书，其墓前竖立神道碑。唐帝陵陪葬墓碑石素为金石学家垂青，历来著录不菲。如果将金石学家的片言只语算作是对唐陵研究的开始，那么自北宋绍圣元年（1094 年）游师雄[2]调查昭陵以后，金石学家更是乐此不疲，一直便有著录、考辨。游氏所立《昭陵图碑》对昭陵等唐代帝陵的平面布局进行复原尝试，对后世影响颇大，成为这一阶段的重要著作，亦被后来的金石学著作反复引用。《昭陵图碑》虽然和今天实地调查的陪葬墓名称、位置颇有出入，但所画陵园范围以及地面建筑、陵园制度等都是重要的参考资料。后宋敏求《长安志》[3]和李好文《长安志图》[4]中关于昭陵的记载，便皆从此碑而来。宋敏求在《长安志》中据游师雄之《唐太宗昭陵图》（图 6-1）将昭陵陪葬墓分成白鹿原、瑶台寺、长乐原等三区。有关金石

---

[1] 案，根据 2008 年 12 月至 2009 年 3 月的考古勘探情况，张蕴认为：通过汉、唐帝陵及陪葬区域的研究对比显示，唐献陵在陵寝选址、封土形制、陵区规划、陪葬墓区位置、陪葬墓布局等方面更接近于汉陵制度，而与其他唐陵差别甚大。详见张蕴《关于献陵陪葬园区布局的思考》，《考古与文物》2012 年第 3 期，第 102 ～ 104 页。

[2] 游师雄，字景叔，武功人，历知秦州、陕州。有宋刻唐代功臣赞像及游师雄题诗碑，现藏于陕西麟游县博物馆。详见王麟昌《宋刻唐代功臣赞像及游师雄题诗碑》，《文物》1987 年第 3 期，第 79 ～ 81 页。

[3] 《长安志》，《宋元方志丛刊》第 1 册。

[4] 《长安志图》，《宋元方志丛刊》第 1 册，第 212 页上栏～第 215 页下栏。

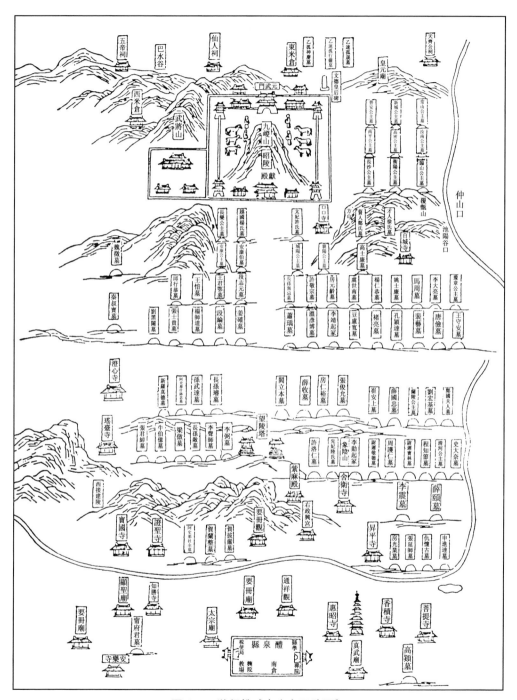

图 6-1 游师雄《唐太宗昭陵图》

据冯继仁《北宋皇陵建筑构成分析》，北京大学考古系编《考古学研究》（二），北京大学出版社，1994 年 11 月，第 233 页图一改制

学著作多仅著录碑刻的发现地点及年代[1]；只是少数既有录文，且有相应之考辨者[2]。总之，它们多以碑文注录为主，这也是早期金石学著作的特点。

此外，还有一些金石学著作则对唐陵碑刻进行专题著录、考释，并对唐陵陪葬墓的碑刻或陪葬情况都有所考证、发明。如毕沅《关中金石记》[3]、孙星衍《问字堂集》[4]、罗振玉《昭陵碑录》[5]、孙三锡《昭陵碑考》[6] 等等对昭陵碑刻都有所考辨。这里要特别提出来的是明代赵崡，赵氏曾实地考察昭陵，其著述亦颇具特色。所撰《石墨镌华》卷七"二游九嵕"条[7] 详细记载了他1630年游九嵕山的具体路线，提供了陪葬墓的相对位置，这尚不见于同时代的同类著述，尤具特色。各碑相对位置的注录，对了解昭陵陪葬墓之间的相对位置颇有帮助。这些原始记录使得赵氏及其著作在唐陵研究中仍占有一席之地。1906年，日本东京帝国大学关野贞调查了陕西的汉唐陵墓，唐昭陵、乾陵、崇陵等[8] 亦在其中，并留下《唐太宗昭陵陪冢配置图》（图6-2）等图片资料。

昭陵陪葬墓数目的确定可能是一个永远不能解决的问题，多次调查结果

[1] 此如〔宋〕陈思纂次《宝刻丛编》，《丛书集成初编》据十万卷楼丛书本排印，册 1601 ～ 1605；〔清〕孙星衍、邢澍《寰宇访碑录》，《丛书集成初编》据平津馆丛书本排印，北京：中华书局，1985 年，册 1583 ～ 1587；〔清〕方若《校碑随笔》，扬州：江苏广陵古籍刻印社据民国铅印本影印，1997 年；以及〔明〕赵崡《石墨镌华》（《丛书集成初编》据知不足斋丛书本排印）；等等。

[2] 此如〔清〕王昶《金石萃编》，据扫叶山房民国十年（1921 年）石印本影印；〔清〕陆增祥《八琼室金石补正》，北京：文物出版社据浙江图书馆藏吴兴刘氏希古楼刻版重印本，1981 年；等等。

[3] 〔清〕毕沅：《关中金石记》，《丛书集成初编》据经训堂丛书本排印，北京：中华书局，1985 年，册 1524 ～ 1525。另，毕沅墓已发掘。详见南波《江苏吴县清毕沅墓发掘简报——十八世纪后期一个官僚地主奢侈腐朽生活的写照》，文物编辑委员会《文物资料丛刊》第 1 辑，北京：文物出版社，1977 年，第 141 ～ 148 页。

[4] 〔清〕孙星衍：《问字堂集·岱南阁集》，北京：中华书局，1996 年，第 72 ～ 75 页。

[5] 〔民国〕罗振玉校录：《昭陵碑录三卷校录杂记》，《石刻史料新编》第 2 辑，台北：新文丰出版公司，1979 年，册 15，第 10711 ～ 10776 页。

[6] 孙三锡：《昭陵碑考》，《石刻史料新编》第 2 辑，台北：新文丰出版公司，1979 年，册 15，第 10777 ～ 10928 页。

[7] 〔明〕赵崡：《石墨镌华》，《丛书集成初编》据知不足斋丛书本排印，第 87 ～ 91 页。

[8] 〔日〕关野贞：《支那の建築と藝術》，東京：岩波書店，1938 年，第 81 ～ 95 页；〔日〕常盘大定、关野贞：《中国文化史蹟·9（陕西）》，京都：法藏馆，1976 年 7 月，第 93 ～ 105 页。

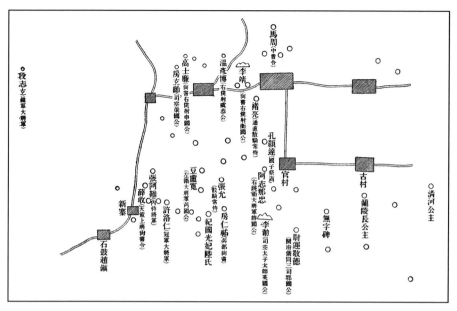

图 6-2　関野貞《唐太宗昭陵陪冢配置图》

〔日〕関野貞：《支那の建築と藝術》，東京：岩波書店，1938 年，第 84 頁図一五

跟文献记载[1] 都有出入。1949 年以后，有关单位曾对唐昭陵做了多次调查，到 1965 年止，发现了 153 座陪葬墓。1972 年昭陵文物管理所成立以后，又和当地群众再一次做了调查研究，除对原有陪葬墓进行核实登记以外，新发现墓葬遗址 14 座，连前共计 167 座，其中可以确知墓主姓名、身份及入葬时间的有 57 座[2]。经过发掘，方知安元寿墓乃"陪葬于昭陵"，而宇文崇嗣墓可能是从其父宇文士及而葬的家族祔葬墓[3]。如何把围绕陪葬墓为中心的家族祔葬墓、从葬墓从此中排除出去，看来只有通过彻底发掘才有准确认定的可能。1987 ～ 1989 年，昭陵博物馆联合煤炭航测遥感中心对昭陵、建陵古墓葬遗址

[1]　昭陵陪葬墓，两《唐书》载 74 座，《唐会要》载 155 座，宋《昭陵图》载 85 座，《长安志》载 165 座，清《礼泉志》称 203 座。详见黄展岳《中国西安、洛阳汉唐陵墓的调查与发掘》，《考古》1981 年第 6 期，第 535 页。

[2]　昭陵文物管理所：《昭陵陪葬墓调查记》，《文物》1977 年第 10 期，第 34 页。

[3]　昭陵文物管理所：《昭陵陪葬墓调查记》，第 34 页。

进行遥感和定位的课题研究，第一次准确地测定二陵陵园内的各类文物，并建立了昭陵文物数据库，后来公开发表的也仅为昭陵[1]。报告中称"昭陵陪葬墓经核准的有188座"[2]、"新发现并标出了37座墓葬遗址"，但是在所附"昭陵陪葬墓分布图（局部）"中，却出现了"189号墓"的编号，不明何故。

　　唐太宗死后，高宗曾把诸多宫女遣送到寺院及昭陵。在帝陵区的下宫等处供奉死去的帝王如生时，这是守陵宫人的主要负责。随着唐陵考古工作的深入，其陪葬宫人墓也开始得到关注。1974、1975、1979年，昭陵博物馆先后清理了几座陪葬宫人墓[3]，由出土墓志可确认墓主人为守陵宫女。无独有偶，1990年，巩县也发现一方恭陵守陵宫女墓志[4]。这些工作证实了文献所载宫人陪葬墓的存在，也从另一个侧面展示了唐陵管理之一斑。

　　除了陪葬墓的碑石时有新发现和研究[5]外，发掘清理工作也渐次开展。其中，昭陵陪葬墓已经发掘39座[6]。1971年，昭陵博物馆清理了李勣墓[7]；1971年10月22日至1972年1月18日，发掘尉迟敬德墓[8]；1971年至1972年，还发掘了郑仁泰墓[9]；1972年1月，发掘张士贵墓[10]；1972年3月至4月发掘

[1]　宋德闻、姚思汗、秋维道：《昭陵古墓葬遥感解译和定位的研究》，《文物》1992年第7期，第87～92、74页。

[2]　王兆麟报道昭陵陪葬墓为185座，详见所撰《唐昭陵发掘一批陪葬墓》，《中国文物报》1992年6月14日第1版。案，本文以宋德闻等人的遥感定位研究结果为准。

[3]　孙东位：《昭陵发现陪葬宫人墓》，《文物》1987年第1期，第83～95页。

[4]　刘洪淼、孙角云：《巩义市出土唐代九品宫人墓志》，《文物》1997年第2期，第94、54页。

[5]　李子春：《新拓唐昭陵宇文士及碑》，《考古》1960年第7期，第62页。孙迟：《唐姜遐碑——昭陵新发现碑刻介绍之一》，《考古与文物》1980年第1期，第49～54页；《唐豆卢仁业碑——昭陵新发现碑刻介绍之二》，《考古与文物》1981年第1期，第117～122页；《唐周护碑——昭陵新发现碑石介绍之三》，《考古与文物》1983年第2期，第28～31页；《唐李孟常碑——昭陵新发现碑刻介绍之四》，《考古与文物》1985年第5期，第56～60页。1960年发现的刘浚墓志，对乾陵陪葬墓刘仁轨的判定提供了重要线索。详见张永祥《乾陵陪葬墓的两个有关问题》，《文博》1989年第2期，第59～61页。

[6]　王兆麟：《唐昭陵发掘一批陪葬墓》，《中国文物报》1992年6月14日第1版。

[7]　昭陵博物馆：《唐昭陵李勣（徐懋功）墓清理简报》，《考古与文物》2000年第3期，第3～14页。

[8]　昭陵文物管理所：《唐尉迟敬德墓发掘简报》，《文物》1978年第5期，第20～25页。

[9]　（陕西省博物馆、礼泉县文教局）唐墓发掘组：《唐郑仁泰墓发掘简报》，《文物》1972年第7期，第33～44页。

[10]　陕西省文物管理委员会、礼泉县昭陵文管所：《陕西礼泉唐张士贵墓》，《考古》1978年第3期，第168～178页。

临川公主墓[1]；1972 年 6 月，发掘阿史那忠墓[2]；1972 年 9 月 16 日至 11 月 9
日，发掘越王李贞墓[3]；1972 年 10 月至 12 月，发掘李承乾墓[4]；1972 年 12
月至 1973 年 1 月，昭陵文管所配合公路的修筑和农田水利建设，清理发掘了
昭陵陵园内的安元寿夫妇合葬墓[5]；1978 年 10 月至 1979 年 1 月，发掘段蕳璧
墓[6]；1979 年 7 月至 9 月，昭陵博物馆同厦门大学共同发掘昭陵陪葬墓杨恭仁
墓[7]。1986 年，发掘长乐公主墓；1990 年底发掘贵妃韦珪墓。此外，昭陵陪
葬墓的从葬墓也有所发掘，如李福、李震、李冲等墓的发掘。乾陵陪葬墓的薛
元超、李谨行墓[8]也早已发掘，只是仅见到零星资料[9]，尚未见到有关发掘简
报或报告。相信上述也只是实际工作中见诸报道的一部分而已。但是，这些对
认识昭陵陪葬墓地无疑是个促进。

（二）昭陵陪葬墓地布局分析

自秦汉以来，墓葬就有仿地上建筑的传统[10]。此对于帝陵而言，讨论自然
聚焦于帝陵园邑与帝都的关系。唐代隧道型墓的形制构造和所反映的地上宫室

[1]　陕西省文物管理会、昭陵文管所：《唐临川公主墓出土的墓志和诏书》，《文物》1977 年第 10 期，
　　　第 50 ～ 59 页。

[2]　陕西省文物管理委员会、礼泉县昭陵文管所：《唐阿史那忠墓发掘简报》，《考古》1977 年第 2 期，
　　　第 132 ～ 138、80 页。

[3]　昭陵文物管理所：《唐越王李贞墓发掘简报》，《文物》1977 年第 10 期，第 41 ～ 49 页。

[4]　昭陵博物馆：《唐李承乾墓发掘简报》，《文博》1989 年第 3 期，第 17 ～ 21 页。

[5]　昭陵博物馆：《唐安元寿夫妇墓发掘简报》，《文物》1988 年第 12 期，第 37 ～ 49 页。

[6]　昭陵博物馆：《唐昭陵段蕳璧墓清理简报》，《文博》1989 年第 6 期，第 3 ～ 12 页。

[7]　陈安利：《唐十八陵》，第 256 页。

[8]　黄展岳：《中国西安、洛阳汉唐陵墓的调查与发掘》，《考古》1981 年第 6 期，第 535 页；杨正兴：
　　　《唐乾陵勘查记》，香港：天马图书有限公司，2003 年，第 53 ～ 60 页。

[9]　如杨正兴《唐薛元超墓的三幅壁画介绍》（《考古与文物》1983 年第 6 期，第 104 ～ 105 页），更
　　　多的是有关薛元超、李谨行墓志的研究。

[10]　俞伟超：《汉代诸侯王与列侯墓葬的形制分析——兼论“周制”、“汉制”与“晋制”的三阶段性》，
　　　中国考古学会编《中国考古学第一次年会论文集（1979 年）》，北京：文物出版社，1980 年，第
　　　332 ～ 337 页；后收入所撰《先秦两汉考古学论集》，北京：文物出版社，1985 年，第 117 ～ 124 页。

的对应关系，傅熹年已论证指出[1]。比如，从懿德太子、章怀太子墓葬便可以看出当时地上宫室建筑的大致情况。其立论确凿，毋庸再疑。但是，在唐陵中是否也存在这一原则呢？1980年，贺梓城首先将唐陵与唐长安城比附，认为唐陵陵寝似为长安宫城，南司马门南三对土阙，象征三重宫门。其中自北而南第一、二对土阙之间石刻，象征天子出巡的仪仗队，犹如长安的三省、九寺等衙署，似为长安皇城。而第二、三对土阙的陪葬墓地，则如同坊里，似为长安外廓城[2]。此说影响甚广。不过，严密论证的缺乏从而使它一直停于表面。1981年，黄展岳从当时昭陵可以确定墓主的57座陪葬墓分析，认为"文武分左右"的说法是不成立的。陪葬墓的位置基本上是按照埋葬时间的先后由北而南排列的，不分文武，也不论官职高低。同时，根据对唐陵的重点勘察和懿德太子墓、永泰公主墓的发掘情况，黄氏认为从乾陵开始，唐陵陵园和墓室的平面布局分别模仿长安城建制、皇帝内宫的建制[3]。尽管这些观念莫衷一是，总体而言都是将唐陵建制跟长安城相联系。陪葬墓地布局是理解帝陵建制及其设计理念、制度渊源的关键，有必要对此问题进行深入剖析。这部分便以昭陵陪葬墓地为个案，并进一步探讨唐陵园邑的相关问题。

目前，昭陵陪葬墓调查所知为188座（图6-3），其中将近三分之二为不明墓主的墓葬。为研究之便，不妨暂忽视这部分陪葬墓，另绘制一简图（图6-4）。昭陵陪葬墓地可以分成陵山、陵山南麓等两大区。

参较表6-1，若以相应衙署替代墓主人生前官职，结合各墓所在相对位置，可以发现昭陵陪葬墓地存在如下模式：

第一，陵山区。陵山上除了魏征墓之外，都是妃嫔、公主及宫女的墓葬。这个范围便是墓志中所称的"近茔"、司马院[4]，其南界大体在李思摩、王大礼墓葬一线。据墓志载，这些宫女亡前都在昭陵陵区服务，多服侍于昭陵

[1] 傅熹年：《唐代隧道型墓的形制构造和所反映的地上宫室》，《文物与考古论集》，第322～343页。

[2] 贺梓城：《"关中唐十八陵"调查记》，《文物资料丛刊·3》，第140页；黄展岳：《中国西安、洛阳汉唐陵墓的调查与发掘》，《考古》1981年第6期，第536页；王仁波：《试论乾陵陵园石刻题材》，《文博》1985年第3期，第47～48页；秦浩：《隋唐考古》，第87～88页。

[3] 黄展岳：《中国西安、洛阳汉唐陵墓的调查与发掘》，《考古》1981年第6期，第535、536页。

[4] 李思摩墓志称"赐东园秘器，于司马院外高显处葬"，故知陵山部分为昭陵司马院。详见下文。

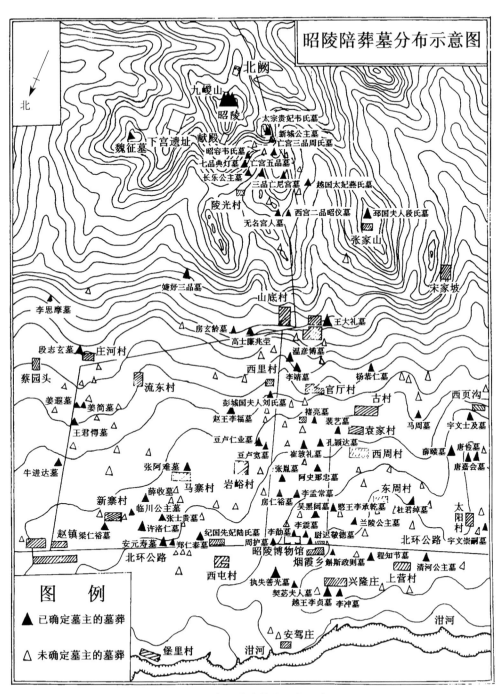

图 6-3　唐昭陵陪葬墓分布示意图

据张沛编著《昭陵碑石》之《昭陵陪葬墓分布示意图》改制

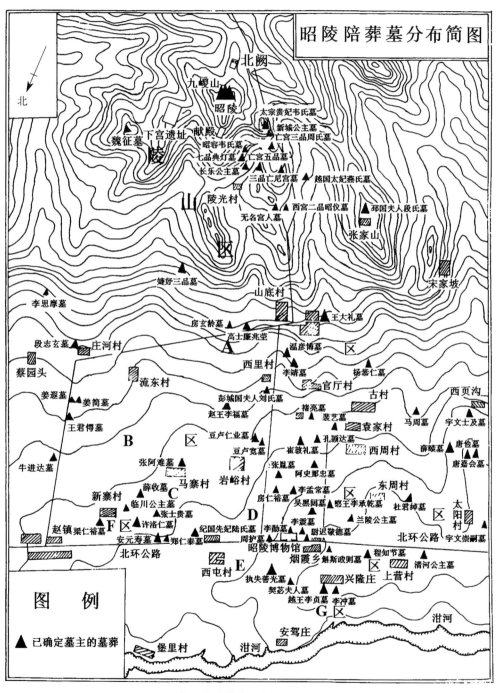

图 6-4　唐昭陵陪葬墓分布简图（据图 6-3 改制）

寝宫[1]。

第二，陵山南麓陪葬墓区，即瑶台寺和安乐原区。该区主要陪葬文武功臣，也包括部分宗室墓葬。文献记载多称文武功臣依照"文左武右"的原则入葬[2]。但从出土墓志分析，该区墓葬自北而南还有如下规划和安排：

1. A区——所谓陵山南趾区，自西而东安排尚书、中书及门下三省的官员。

2. B区——所谓澄心寺和安乐原北部区，自西而东先后大体安排了左骁卫、左武卫、左监门、右武卫、右骁卫将军等官员。若从墓主已知的墓葬来看，该区墓位安排与墓主人生前所在长安皇城衙署的实际位置存在左右倒置的现象。

3. C区——临川公主、薛收、李承乾及兰陵公主一线，自西而东安排公主、天策府记室参军、太子等宗室成员及王府官员的墓位。

4. D区——安乐原东区中部，埋葬尚书、司空、都督等官员的墓葬。

5. E区——安乐原东区中南部，由北而南可以分成两列。从入葬后的墓位看，靠北一列自西而东埋葬了左骁卫将军、左卫将军以及公主。靠南一列则安排了右监门卫将军等官员的墓位。可见，其墓位的安排是衙署在皇城左侧者在先在北上，而在皇城右侧者于后在南下。同时，这两列墓葬基本按照墓主人所在长安城皇城衙署的相对位置来安排墓位。在这个规则中，各墓入葬先后却与此顺序有所不同，足见昭陵陪葬墓地计划的周密性。

6. F区——瑶台寺南区，自西而东埋葬左金吾将军、左监门将军、左领军将军、右威卫将军以及右武卫将军。同样其墓位的安排规则同E区。

E区、F区基本在同一水平区域上，大体可以视为同一个规划区域。

7. G区——安乐原南缘区，迁葬的越王李贞及李冲墓葬于此。

---

[1] 文帝昭容韦尼子墓志称"薨于崇圣宫"；亡宫五品墓志称"卒于昭陵宫"；亡宫三品婕妤金氏墓志称"侍寝昭阳"。志文中崇圣宫、昭陵宫当指昭陵寝宫；昭阳应指昭陵之阳，即在九嵕山之南服侍。

[2] 姜宝莲认为：昭陵陪葬墓中封土呈圆锥形的陪葬墓，除了极少数分布于靠近玄宫的陵山上之外，均呈扇形分布于九嵕山下，泔河北岸的台地之上。这一类墓葬的排列规律大致从北向南依时间前后排列，以中轴线"文武分左右"排列。这种文武分左右的排列规律，至少在龙朔二年（662年）以前是比较严格遵守的。时间越晚的墓葬，由于地形所限，都集中于中间地段，文武大臣的陪葬墓略有交叉。即使这样，仍可以看出左文右武的排列迹象。详见所撰《试论唐代帝陵的陪葬墓》，《考古与文物》1994年第6期，第77～78页。

表 6-1　唐昭陵陪葬墓资料表[1]

区	墓主	官职	殁日	葬日	入葬方式	备注
陵山区	韦贵妃	太宗文皇帝故贵妃，纪国太妃	665.11.11	667.1.28	陪葬	依山为墓，有乳峰
	新城公主[2]	太宗第21女，长孙皇后生	663.3.15～4.12	663.3.15～4.12	陪葬	
	李丽质	长乐公主，太宗第5女	643.9.28	643.11.7	夫妇陪葬	覆斗形
	城阳公主	太宗第16女		670～673	夫妇陪葬	覆斗形
	燕氏	越国太妃，越王李贞生母	671.9.5	672.2.1	陪葬	近茔
	王大礼	歙州刺史，驸马都尉	669.4.2	670.11.21	迁厝[3]	近茔
	段蕑璧	邴国夫人	651.4.9	651.9.13	陪茔	赐茔地段纶[4]墓左
	李思摩	右武卫将军	647.4.25	647.6.7	陪葬	
	统毗伽可贺敦延陁	李思摩夫人	647.9.15			奉诏合葬于〔李〕思摩之茔
	亡宫五品	五品	657.2.14	657.4.2	陪陵	
	亡宫典灯	七品		678.1.24		葬于城西

---

[1]　本表资料主要来自张沛编著《昭陵碑石》；昭陵文物管理所：《昭陵陪葬墓调查记》，《文物》1977 年第 10 期，第 35～36 页。

[2]　陕西省考古研究所、陕西历史博物馆、昭陵博物馆：《唐昭陵新城长公主墓发掘简报》，《考古与文物》1997 年第 3 期，第 50～55 页。

[3]　驸马都尉王大礼因其妻公主陪葬昭陵在先，得以迁厝于昭陵之近茔。详见《大唐故使持节歙州诸军事歙州刺史驸马都尉王君（大礼）墓志铭并序》，《昭陵碑石》，第 175 页下栏。

[4]　段纶为工部尚书、驸马都尉。

区	墓主	官职	殁日	葬日	入葬方式	备注
陵山区	西宫二品昭仪	二品昭仪	682.9.30	682.11.15		葬昭陵
	亡宫三品婕妤金氏	三品婕妤	688.12.28～？	689.2.6、689.2.26[1]		
	亡宫三品	三品	703.10.9	703.11.5		窆于某所
	韦尼子	文帝昭容一品	656	656.11.10	陪葬	
	婕妤三品亡尼	婕妤三品	666.1.15	666.1.15～666.2.9		
	魏征	侍中，郑国公	642	642	陪葬	依山为墓，有乳峰
A区	房玄龄	尚书左仆射，司空，梁国公	648	648.7～8	陪葬	
	高士廉	尚书右仆射，上柱国，申文献公	647.2.14	647.3.9	夫妇陪葬	山南趾，墓而不坟
	温彦博	中书令，虞恭公	637.7.1	637.10～11	陪葬	给茔地陵侧
	李靖	尚书右仆射，卫景武公	649.7.2		658.6.6～7.5 立碑	坟制如卫霍故事
	杨恭仁	吏部尚书，右卫大将军	639.12.30	640.4.8	陪葬	
	刘娘子	彭城夫人，唐太宗乳母	643.12.20	644.3.18	陪葬	

[1] 亡宫三品婕妤金氏墓志云："永昌元年（689 年）正月葬。以垂拱四年岁次△乙△月日卒，以永昌元年岁次△乙△正月△□朔乙日葬于△所。其铭曰：侍寝昭阳〖指昭陵之阳，即在九嵕山之南服侍〗……"永昌元年为己丑年，本月只有乙卯、乙丑、乙亥三个乙日，根据纪年的格式可知葬日为"永昌元年岁次己丑正月乙卯朔十一乙丑日"或"永昌元年岁次己丑正月乙卯朔二十一日乙亥"两种可能性，故有此推断。

续表 6-1

区	墓主	官职	殁日	葬日	入葬方式	备注
A区	褚亮	散骑常侍，弘文馆学士	647		夫妇陪葬	
	李福	赵王，太宗第11子，司空	670.10.2	672.1.22	迁葬	
	裴艺	赠晋州刺史，顺义公			夫妇陪葬	649 立碑
	孔颖达	国子祭酒，曲阜宪公	648	648	陪葬	
	崔敦礼	太子少师，中书令，监修国史	656	656.11.10	陪葬	安乐乡平美里
	马周	中书令，尚书右仆射	648.2.7	648.4.1	陪葬	674.11.9
	宇文士及	中书令，右卫大将军	642		陪葬	曾尚寿光县主
	薛颐	太史令，紫府观道士	646.11.25	647.1.25	陪葬	筑紫府观陵左[1]
	唐俭	户部尚书，莒国公	656.10.22	656.12.15	夫妇陪葬	741.2.21 ～ 3.21 重刊碑
	唐嘉会	唐俭四子，殿中少监，尚衣奉御	678.2.2	678.3.12	合葬于莒公旧茔	
	元万子	唐嘉会妻	658.1.13	658.2.21		
B区	段志玄	右卫大将军	642	642	昭陵之侧	图形于戢武阁
	姜遐	吏部尚书，左鹰扬卫将军	691.9.11	691.11.5	归于旧茔	

---

[1] 《册府元龟》卷八二二《总录部·尚黄老》（第9768页下栏）云："薛颐，贞观中为太史令，请为道士，许之，仍拜中大夫，为置紫府观于九嵕（嵕）山之下，申其高尚。"

续表 6-1

区	墓主	官职	殁日	葬日	入葬方式	备注
B区	姜简	左领军卫将军，郧国公		不详	归于旧茔	
	牛进达	左骁卫大将军，琅琊郡开国公		651.5.5	陪葬	昭陵赐茔地
	王君愕	左武卫将军，邢国公	645.7.20	645.11.9	夫妇陪葬	神迹乡常丰里
	张廉穆	义丰县夫人，王君愕妻	654.4.7	655.3.21		旧茔
	张阿难	左监门将军，内侍，汶江县开国侯		不详	陪葬	671.10.28立碑
	豆卢仁业	右武卫将军，芮敬公，豆卢宽子	678.10.21～11.19	678.10～11	陪葬	
	豆卢宽	镇军大将军，特进芮国公	650	贞观中	陪葬	650.2.2～650.7.4
	阿史那忠	右骁卫大将军兼检校羽林军	675.6.22	675.11.7	夫妇陪葬	安乐原
	李氏	定襄县主	约653葬	675.11.7迁		
C区	李孟姜	临川郡长公主，韦贵妃女	682.7.1	683.1.27	夫妇陪葬	昭陵之左
	薛收	天策府记室参军，太常卿		655.9.28	陪葬	655.9.28立碑
	李承乾	废太子，太宗长子，恒山愍王	643.11.17	738.1.2	迁窆，妃招魂合祔	安乐乡普济里东赵村
	李淑	兰陵长公主，太宗第19女	659.9.9	659.11.18	夫妇陪葬	陵东南10瑞安乐原
D区	张胤	散骑常侍，礼部尚书	658.2.14		陪葬	658年三月立碑
	房仁裕	兵部尚书	657		陪葬	

续表 6-1

区	墓主	官职	殁日	葬日	入葬方式	备注
D 区	李孟常	右威卫大将军，汉东郡开国公	666.7.7	666.12.29	陪葬	东南 13 里
	李勣	太尉司空，太子太师，英国公	671.1.19	671.3.21	夫妇陪葬	象山形
	英国夫人	李勣妻	约 660 葬	665.12.2～665.12.30	迁葬	先李勣而葬
	李震	梓州刺史，使持节定国公，李勣子	665.3.22～665.5.19	665.12.13～666.1.10	祔葬陵旧茔	
	王氏	李震妻	663	665～683		
	吴黑闼	洪州都督，濮阳郡开国公	668.12.8	669.6.28	夫妇陪葬	安乐乡青山之原
	陆氏	吴黑闼妻				
	尉迟敬德	并州都督，鄂国公	658.12.26	659.5.10	陪葬	夫妇合葬陵东南 13 瑞安乐乡普济里
	鄂国夫人	尉迟敬德妻	613.6.21	659.5.11	迁葬	
	杜君绰	左戎卫大将军兼太子左典戎卫率开国襄公	664.2.26	664.3.1	665.3.9 迁葬昭陵	陵东南 10 里
	宇文崇嗣	中御大夫，埏国公宇文士及子		663	祔葬	
	纪国妃陆氏	纪王李慎妻	665.8.12	667.1.8	陪葬旧茔	父陆爽尚书库部二曹郎中[1]
E 区	周护	左骁卫大将军，嘉川襄国公	657.12.19	658.5.16	陪葬	

---

[1] 〔清〕毕沅：《关中金石记》（《丛书集成初编》据经训堂丛书本排印，第 20 页）卷二《纪国先妃陆氏碑》："正书篆额，在醴泉西屯村。"案，妃河南洛阳人，父爽，尚书库部兵部二曹郎中，以贞观十七年册为纪王妃，麟德二年六月薨。诏陪葬昭陵，以乾封元年十二月葬于陵南二十二里，纪（记）昭陵陪葬者及金石文字诸书皆未载。"

续表 6-1

区	墓主	官职	殁日	葬日	入葬方式	备注
E区	程知节	左卫大将军卢国公	628.7.27	665.12.4	夫妇陪葬	陵南 13 里
	翟氏	程知节妻	658.12.30	665.12.4		
	李敬	清河长公主，太宗第 11 女		664.11.16[1]	夫妇陪葬	陵南 11 里
	斛斯政则	右监门卫大将军，清河恭公	670.6.17	670.12.27	夫妇陪葬	
	执失善光	右监门卫将军，朔方郡开国公	722.9.6	723.3.24	陪窆昭陵	
	契苾氏	父契苾何力（镇国大将军凉国公）	720.7.2	721.3.27	陪葬旧茔	归厝，祔葬
F区	梁仁裕	左金吾大将军			陪葬	649～683 立碑
	许洛仁	左监门将军	662.5.9	663.1.1	陪葬	安乐乡
	张士贵	左领军大将军，辅国大将军，虢国公	657.7.19	657.12.28	陪葬	
	安元寿	右威卫将军，安兴贵子	683.8.31	684.12.6	夫妇陪葬	窆于祖考墓玄堂
	翟六娘	新息郡夫人，安元寿妻	698.11.23	727.3.26		
	郑仁泰	右武卫大将军，同安郡开国公	663.12.23	664.11.15	陪葬	南麓
G区	李贞	越王太宗第 8 子，燕妃生，太子少保，豫州刺史	686.10.3	718.3.2 迁	陪葬	
	李冲	琅玡王，李贞长子		718 迁	祔葬	

---

[1]　《新唐书》卷八三《诸帝公主传》（第 3647 页）云："清河公主名敬，字德贤，下嫁程怀亮，薨麟德时，陪葬昭陵。"其碑麟德元年（664 年）十月立，碑文称"（上缺约 30 字）于廿三日迁窆"，姑且推测为麟德元年十月廿三日迁窆。

　　从上文可知，陵山南麓 A、B 区与 D、E/F 区中已知墓位墓主人的职官顺序与其对应的长安皇城衙署（图 6-5）基本顺次对应，且遵循衙署在皇城左侧者墓位在先在北上的原则。更应引起足够重视的是，这一现象在如上四区中始终得到保持。如前文所言，有相当一部分陪葬者生前已得确定入葬昭陵陪葬墓区，其墓位则是通过"赐茔地"的方式固定下来的，如，房玄龄、李靖、李勣等。进言之，这无疑表明唐政府事先已对昭陵陪葬墓区进行了整体规划。尽管上文所用资料不够全面，但是已大体可以看出该排列原则的两度重复。具体而言，A、B 区及 D、E/F 区两组墓葬群都各自成系统地模仿了唐长安城皇城的衙署，从这种重复状况来看，不应只是一种巧合而已。当然，受地形、地貌之影响，陪葬区墓位难以达到整齐划一的理想状态。扩而充之，是否还可以大胆假定，不明墓主的墓葬亦应该在此模式之中？事实是否如此，仍有待今后工作的深入。由此进一步推论，陵山司马院内埋葬妃嫔、宫女等内职以及宗亲，其意恐在于模仿长安城的宫城。这应该也是墓主身份基本与陵山区相同的 C 区的象征所在。

　　综上，昭陵陵山区、A、B 区及 C、D、E/F 区两组墓葬群都各自成系统地模仿了唐长安城。

　　第三，关于陪葬墓的从葬、祔葬情况，从已知资料看，主要有如下几种。

　　1. 父为祖坟，子在祖坟南边。如，姜行本、姜遐、姜简墓位。

　　2. 父为祖坟，子在祖坟左前方。如，宇文士及、宇文崇嗣父子墓位；唐俭、唐嘉会父子墓位；以及李勣、李震父子墓位。从志文看，李震较其父李勣先入葬昭陵李家茔地，看来这是当时家族墓地的一种入葬模式。

　　3. 父为祖坟，子在祖坟右前方。如，豆卢宽与豆卢仁业父子墓位。

　　第四，昭陵陪葬墓封土的外形主要有六种：

　　1. 封土呈覆斗形，四周有围墙，南门有一对土阙，阙南立石刻，此等一般为皇室人物的墓葬。如长乐公主、城阳公主墓等。长乐公主为嫡出公主，其墓甬道设三道石门，非一般墓葬可比拟。显然，长乐公主墓是一个规格较高的墓葬[1]。该墓葬封土便呈方形覆斗式。唐陵陪葬墓的特殊性可从封土得到体现。

[1] 陈安利：《唐十八陵》，第 261 页。

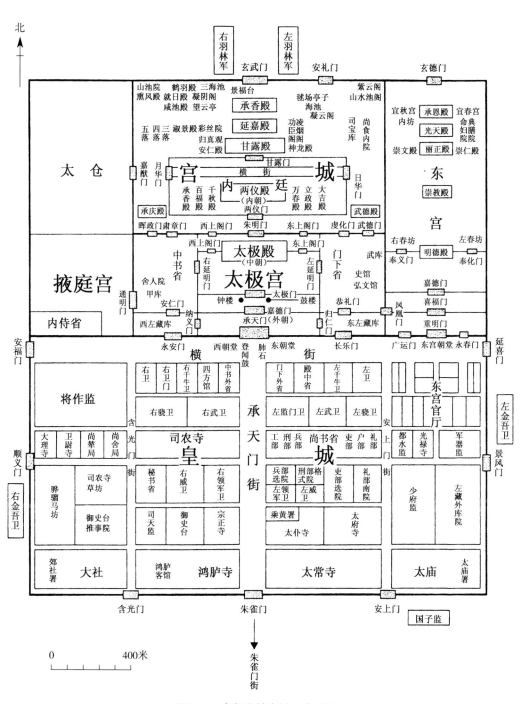

图 6-5　唐长安城宫城、皇城图

〔日〕妹尾達彦：《長安の都市計画》，東京：講談社，2001 年 10 月，第 123 頁圖 32

现知封土呈覆斗形的陪葬墓都是唐皇室成员，由此看来覆斗形封土好似是皇室成员的专利 [1]。尽管后来也有少数皇室成员使用圆锥形封土，如李贞、李冲墓等，但却不见文武大臣墓葬使用覆斗形封土。

2. 圆锥形墓。多为文武大臣，少数为皇族。

3. 山形墓，墓为三冢相连，俗称"连三冢"。这是对武臣的一种殊荣。仿照汉茂陵卫青、霍去病墓之建制，昭陵的李靖墓筑阙象突厥内燕然山，吐谷浑内碛石二山。《贞观政要》卷二云："有诏许坟茔制度依汉卫、霍故事，筑阙象突厥内燕然山，吐谷浑内碛石二山，以旌殊绩。" [2] 李勣墓则起冢象征阴山、铁山、乌德犍山。其墓志云"其坟象乌德犍山及铁山，以旌平延陁、勾丽之功也。遗命薄葬，优诏许焉。皇上亲制碑文，以光粹烈" [3]；又其神道碑亦云"所筑之坟，一准卫、霍故事，象乌德犍山及阴山、铁山等，以旌破北狄、东夷之功焉" [4]。

4. 单一山形冢有两座，即阿史那社尔和李思摩二冢。永徽六年（655 年），阿史那社尔卒，"赠辅国大将军、并州都督，陪葬昭陵，起冢以象葱山，仍为立碑" [5]。阿史那社尔冢象葱山，而李思摩冢则象白道山，其墓志云："宜令使人持节册命，陪葬昭陵。赐东园秘器，于司马院外高显处葬，冢象白道山。葬事所须，并宜官给。" [6] 从山形冢墓主人身份来看，其政治军事性质十分显

---

[1] 陕西省考古研究所、陕西历史博物馆、礼泉县昭陵博物馆：《唐新城长公主墓发掘报告》，第 37 页。

[2] 《贞观政要》卷二《论任贤第三》，第 38 页。"碛"，《旧唐书》卷一一七本传（第 2481 页）作"积"。又李靖碑碑阴游师雄题记云："坟制如卫、霍故事，起冢象铁山（即"燕然山"）、积石山，以旌殊功。今按，其坟在昭陵之左，北距山麓三里，南距今醴泉县三十五里。冢为三山之状，主山与西山迤逦相属，而东北者，势若断绝，别为一山，疑其一象积石，而一象铁山也。其高五十五尺，东西七十五步，周围一百五十四步。遗迹雄伟，见之者无不想其英概。"见张沛编著《昭陵碑石》，第 138 页下栏。

[3] 刘祎之：《大唐故司空太子太师赠太尉扬州大都督上柱国英国公勣墓志铭并序》，《昭陵碑石》，第 173 页下栏～第 174 页上栏。

[4] 李治：《大唐故司空太子太师上柱国赠太尉扬州大都督英贞武公李公（勣）之碑》，《昭陵碑石》，第 193 页下栏。

[5] 《旧唐书》卷一〇九《阿史那社尔传》，第 3290 页。

[6] 《大唐故右武卫大将军赠兵部尚书谥曰顺李君（思摩）墓志铭并序》，《全唐文补遗》第 3 辑，西安：三秦出版社，1996 年，第 339 页上栏。

明[1]。乾陵陪葬墓李谨行墓周围存在一个隐于地下的人工修筑的圆形壕沟，经勘探知其半径为 58 米，沟宽 2.7～3 米，深 2.1 米。或以为该圆壕也是为墓主纪功而建，以表彰其对边地民族作战取得的战绩，是象征建立战功地点的湖泊或河流，即仪凤三年（678 年）墓主大败吐蕃之所青海湖的象征[2]。

5. 此外，还有一些墓较特殊。如新城公主墓和魏征墓，分别葬于九嵕山梁的两侧，依山为墓，墓前有土阙和石碑。

6. 无封土堆，如高士廉墓。高士廉茔兆记称"以其年（贞观廿一年）二月廿八日（647 年 3 月 9 日）安厝于九嵕山之南趾，墓而不坟"[3]。

第五，从昭陵陪葬墓的分布位置来看，陪葬墓中，依山为墓和覆斗形陪冢均在山上。如魏征、新城公主、长乐公主、城阳公主等墓均在山上。山下陪冢分布位置一般是根据死者安葬年代，年代越早离九嵕山越近。山下陪葬墓计 102 个，冢形可分为山形和圆锥形两种。从已知墓主的墓冢来看，前期墓冢的高低是反映死者身份高低的一个重要方面，而后期陪冢大小逾制现象则大量出现[4]。

在昭陵陪葬墓地中"文左武右"只是一个大体原则。在实际运作过程中，昭陵陪葬墓地布局还存在一些其他原则，如对称。这体现在兰陵公主（清河公主）与临川公主墓位的安排在陵区南部呈左右对称分布；段志玄与程知节二墓则分别位于陵山南麓陪葬区的西北角与东南角。段志玄生前任右卫大将军，程知节生前任左卫大将军。这两个职官的衙署位置正好是皇城的一左一右，在该区的这种布置方式，是否有限定该区总体范围的寓意也未可知。

综上所言，昭陵陵山南麓的陪葬墓区存在有意模仿长安城皇城的行为，其陵山司马院则可能模仿长安城宫城。尽管目前所掌握的资料并不完全，但是相信这一论断与事实情况相去不远。

---

[1] 伍伯常：《从宠昭陵：论唐太宗的陪陵之制及其陪葬功臣》，《九州学林》2005 年第 4 期，第 2～53 页。

[2] 贾二强：《唐李谨行墓周围环状壕沟蠡测——也谈"乾陵怪圈"》，《"古都长安与隋唐文明"国际学术研讨会论文集》（下册），西安，2008 年，第 259～264 页；后载于樊英峰主编《乾陵文化研究》（四），西安：三秦出版社，2008 年，第 294～298 页。

[3] 许敬宗：《大唐故开府仪同三司尚书右仆射上柱国赠司徒并州都督申文献公之茔兆记》，《昭陵碑石》，第 127 页上栏。

[4] 刘庆柱、李毓芳：《陕西唐陵调查报告》，《考古学集刊》第 5 辑，第 220 页。

三　桥陵陪葬墓地布局

　　1963 年 4 月至 11 月间，陕西省考古研究所对蒲城县境内的四座唐陵进行勘察，其中对唐睿宗桥陵作了重点勘察，试掘了墓道，探查了司马墙，并先后发表了调查简报 [1]。在《唐桥陵调查简报》一文中，调查者认为桥陵的陪葬墓有 9 座，包括 3 座太子墓、4 座公主墓，以及推测的昭成、肃明二皇后墓。同时，他们认为在陵南 5 公里的后泉刘家村尽西北的一并蒂土冢可能就是昭成、肃明二皇后墓。1980 年发表的《唐桥陵勘查记》认为鄎国公主墓北约 230 米的一座无碑冢似与桥陵陪葬无关。20 世纪 90 年代以来，陕西省考古研究所和德国美茵兹罗马—日耳曼中央博物馆联合组成考古勘察队，合作调查研究唐陵。目前，已对蒲城四陵进行航拍和实测。对睿宗桥陵的勘察工作开展于 1993 年 9 月 29 日至 11 月 30 日，前后历时 63 天，该工作报告亦已付梓出版 [2]。

　　从上面可以看出在对桥陵调查的同时，始终注意对其陪葬墓的调查与研究。其中，金仙公主墓已于 1973 年发掘 [3]；1985 年发表的《唐让皇帝惠陵》[4] 一文除了提供惠陵的有关材料之外，尚标识出桥陵另一陪葬墓——王贤妃墓的相对准确位置 [5]；1994 年刊布了王贤妃墓志文 [6]。1995 年 10 月至 1996 年 5 月，

---

[1]　雒忠如等：《唐桥陵调查简报》，《文物》1966 年第 1 期，第 43～45 页；王世和、楼宇栋：《唐桥陵勘查记》，《考古与文物》1980 年第 4 期，第 54～61、69 页。

[2]　美茵兹罗马—日耳曼中央博物馆、陕西省考古研究所编《唐睿宗桥陵》，2002 年。

[3]　该墓资料尚未发表，转引自王世和、楼宇栋《唐桥陵勘查记》，第 61 页。

[4]　王仲谋、陶仲云：《唐让皇帝惠陵》，《考古与文物》1985 年第 2 期，第 107～108 页。该简报描述有误，如：称惠陵封土呈圆锥状，有两层围墙等。实际上，惠陵封土为覆斗形，只有一层围墙，其内层围墙为清代修陵园的围墙。

[5]　陶仲云：《王贤妃墓发掘追忆》，《文物天地》1996 年第 5 期，第 32～35 页。

[6]　《大唐睿宗大圣真皇帝贤妃王氏（芳媚）墓志铭并序》，《全唐文补遗》第 1 辑，第 162 页下栏～第 163 页下栏。孙怀彦、李百福：《唐桥陵陪葬墓睿宗贤妃王芳媚墓志考略》，《考古与文物》2003 年第 3 期，第 61～62、68 页；樊英民：《王芳媚墓志录文勘误》，《考古与文物》2003 年第 5 期，第 57、62 页。

发掘了惠庄太子墓[1]。2000 年 3 月至 2001 年 1 月，对惠陵的抢救性发掘及其报告的正式出版，又提供了更为详尽的资料。2007 年 4 月至 2009 年 3 月，陕西省考古研究院先后三度对桥陵进行调查、勘探和发掘[2]，发掘陵园南门建筑遗址，对下宫遗址和陪葬墓区进行了勘探。

（一）桥陵陪葬墓名位考辨

中唐以后对桥陵陪葬墓的多寡便有了错漏。《唐会要》卷二一"陪陵名位"条云：

> 桥陵陪葬名氏：惠宣太子业、惠庄太子㧑、惠文太子范、金仙公主、梁（凉）国公主、鄗国公主、驸马李思训。[3]

共 8 座。《唐会要》的成书前后历经一百七十余年，三易其人，由私撰变为官修，最后完成于王溥之手。最早的《唐会要》之作开始于德宗时代。贞元中，杭州刺史苏弁及其兄苏冕编次高祖至德宗朝之事，为《会要》四十卷。此时的《会要》还只是属于私人编撰，由苏氏兄弟二人利用家藏典籍，"聚书至二万卷，皆手自刊正"，合作而成。接着，宣宗时，下诏左仆射崔铉主持撰次德宗以来事至宣宗大中七年（853 年），以续苏氏《会要》。参与其事者尚有杨绍复、裴德融等人，大中七年十月书成，名《续会要》四十卷。《续会要》已从原先的私人作品变为官修典制文献。到了宋朝初年，司空平章监修国史王溥受命，续修宣宗以后之事，至于唐末，号为《新编唐会要》一百卷。该工作完

[1] 陕西省考古研究所、蒲城县文体广电局：《唐惠庄太子墓发掘简报》，《考古与文物》1999 年第 2 期，第 3 ～ 22 页。另，有关资料可参见陕西省考古研究所《陕西新出土唐墓壁画》，第 164 ～ 173 页；陕西省考古研究所《唐惠庄太子李㧑墓发掘报告》。

[2] 陕西省考古研究院：《唐睿宗桥陵陵园遗址考古勘探、发掘简报》，《考古与文物》2011 年第 1 期，第 11 ～ 23、91 页。

[3] 《唐会要》，第 482 页。

成于建隆二年（961年）[1]。考《旧唐书》载开元四年（716年）睿宗入葬桥陵时，祔葬昭成、肃明二皇后，此事已由考古发现证明属实，而不见载于《唐会要》。根据碑刻资料知代国公主，薨于开元廿二年六月二十九日（734年8月2日），是年十二月三日（735年1月1日）陪葬桥陵。今知最晚陪葬桥陵的王贤妃是在天宝四年十二月七日（746年1月3日）[2]祔葬的，亦不见载。上述三则皆为玄宗朝事，本当在苏冕及其弟苏弁编次之列，而不见载于其《会要》。虽然苏氏兄弟二人利用的仅是其家藏典籍，但是两万卷书亦不惟不多。这些书籍可以说是苏氏兄弟为了编撰此书而集中搜集的，应该具有比较强的针对性和代表性。故王溥亦言"苏氏书次于集贤芸阁焉"。据《唐会要》卷三六"修撰"条的记载，苏氏兄弟缵国朝故事完成《会要》四十卷是在贞元十九年（803年）二月杜佑上所撰《通典》之后。此相去代国公主、王贤妃陪葬桥陵也就半个多世纪，如此盛大隆重的丧葬活动此时已被社会遗忘，说明德宗朝唐人对桥陵陪葬墓的认识已经模糊了。同时，也从另一个侧面反映了中晚唐的急剧变化对社会记忆的抹杀，而非只是对书籍流布的影响。

历代对桥陵陪葬墓的记录互有差异，主要是混入了中宗定陵的陪葬墓。成书于唐宪宗元和八年（813年）的《元和郡县图志》卷一"奉先县"条云：

> 开元四年以县西北三十里有丰山，于此置睿宗桥陵。……
> 惠庄太子陵，在桥陵东南三里。
> 惠宣太子陵，在桥陵东六里。
> 惠文太子陵，在桥陵东三里。并在柏城内。[3]

关于桥陵的陪葬墓，北宋学者仅注录了7座。《长安志》卷一八"唐睿宗桥陵"条云：

---

[1] 有关《唐会要》撰写以及版本流布的详细情况，可参见黄永年《唐史史料学》，第69～71页。

[2] 《大唐睿宗大圣真皇帝贤妃王氏（芳媚）墓志铭并序》，《全唐文补遗》第1辑，第163页上栏；孙怀彦、李百福：《唐桥陵陪葬墓睿宗贤妃王芳媚墓志考略》，《考古与文物》2003年第3期，第61页。

[3] 《元和郡县图志》卷一《关内道一》，第9页。

在县西北三十里丰山^{《图经》苏愚山。}在[1] 宣化乡积善邨。封内四十里陪葬太子三，^{惠庄太子陵在桥陵东南三里，惠文太子陵在东}

^{三里，惠宣太子陵在东六里，并在柏城内。}公主三。^{金仙、梁（凉）国、郧国。〔毕〕[2] 沉案：《会要》有驸马李思训。}

同书同卷"让皇帝惠陵"条云：

在县西北一十里^{《陵庙记》：一十五里。}丰阳乡胡邨。封内一十里陪葬诸王三，^{郑王筠、嗣王琳、同}

^{安王琦。}公主三。^{蔡国、代国、霍国。〔毕〕沉案：《会[3] 要》无代国、霍国。}

　　关于桥陵陪葬墓的数目，清代学者的观点较宋代学者多出节愍太子重俊、宜城、金城、长宁、成安、安定五公主，而且都认为代国公主陪葬惠陵。

　　乾隆四十七年（1782 年）蒲城县衙《蒲城县志》卷二"唐睿宗桥陵"条云：

在县西安王村，距城十八里。……《旧志》桥陵在金帜山前襟，浩泉今涸。陪葬有惠庄太子、惠文太子、惠宣太子祔；金山（仙）、梁（凉）国公主、郧国公主祔。《王礼考》又有节愍太子重俊、宜城公主、金城公主、长宁公主、成安公主、安定公主祔；彭国公李思训祔。[4]

又同书同卷"唐让皇帝惠陵"条云：

在县西北西曹村距城七里。……《旧志》让皇帝元（玄）宗兄宁王宪也。让位元（玄）宗，立薨，尊为帝，葬惠陵。陪葬郑王筠，嗣王琳、同

---

[1]　苏愚山即丰山。见〔清〕张心镜纂修、王学礼编纂《蒲城县志》卷二"丰山"条（北京大学图书馆藏光绪三十一年（1905 年）蒲城县署重刻本，册 1，叶 3 背面）云："丰山^{一名苏愚山。"愚"一作"遇"。}《长安志》：在县西北三十里，一名苏愚山。《唐书·地理志》：桥陵在奉先县丰山。《县志》：县之名山。在金帜山东，其相近有炭谷，又县西北三十五里有佛空谷，谷内有佛空院，唐置今废。"

[2]　《长安志》，《宋元方志丛刊》第 1 册，第 185 页上栏。

[3]　《长安志》，第 185 页下栏。

[4]　《蒲城县志》，册 1，叶 7 背面。

安王珣袝，蔡国公主、代国公主、霍国公主袝，俗称为"兄让冢"。[1]

到了光绪三十一年（1905 年）蒲城县署《蒲城县新志》则采取了较为慎重的态度，对节愍太子重俊、宜城、金城、长宁、成安、安定五公主陪葬桥陵与否存疑。该书卷一"唐睿宗桥陵"条云：

> 在县西北三十里金帜山，陪葬明肃刘后、昭成窦后；惠庄太子、惠文太子、惠宣太子；金仙、凉国、鄎国三公主及彭国公李思训。《王礼考》又有节愍太子重俊、宜城、金城、长宁、成安、安定五公主袝。……
>
> 按，《富平志》节愍太子及宜城诸公主陪葬中宗定陵，与《王礼考》歧。俟考。[2]

上引《蒲城县志》及《蒲城县新志》所云《王礼考》即指马端临所撰《文献通考》卷一二五《王礼考》。其"山陵"条云：

> 桥陵陪葬名氏：节愍太子重俊，宜城公主，金城公主，长宁公主，城安公主，定安公主，鄎国公主，彭国公王（主），驸马李思训。[3]

唯马氏所考颇有讹谬，已为碑铭及考古所证实。

《唐会要》卷二一"陪陵名位"条中将惠陵置于即位皇帝陵之末：

> 让皇帝惠陵陪葬名氏：郑王筠，嗣宁王琳，同安王珣，蔡国公主。[4]

清人也视惠陵为较高级别的墓葬。《蒲城县新志》卷一"唐睿宗桥陵"条云：

---

[1]　《蒲城县志》，册 1，叶 8 正面。

[2]　〔清〕李体仁重修、王学礼编纂《蒲城县新志》，《中国方志丛书·华北地方》第 249 号，据光绪三十一年（1905 年）蒲城县署重雕本影印，台北：成文出版社有限公司，1970 年，第 79 ～ 80 页。

[3]　《文献通考》卷一二五《王礼考二〇·山陵》，页考 1126 中栏。

[4]　《唐会要》卷二一，第 483 页。

乾隆四十年（1775年），知县冯方邺奉文修筑墙垣，周围长一百丈，高六尺，厚三尺，守陵户十名。诸陵并用，惟惠陵稍减。[1]

又同书同卷"让皇帝惠陵"条云：

> 在县西北八里。《唐书》宗室传：让皇帝，元（玄）宗兄，宁王宪也，逊位。元（玄）宗开元二十九年（741年）薨，追尊为帝，葬惠陵。陪葬郑王锷、嗣王琳、同安王珣，蔡国、代国、霍国三公主祔，俗呼"兄让冢"。[2]

王仲谋等人根据《蒲城县志》所载亦认为惠陵陪葬墓有元氏恭皇后、同安郡王李珣、嗣宁王李琳等[3]。

的确，惠陵较特殊，非一般唐陵陪葬墓可比，而是近于帝陵的墓葬。《旧唐书》卷九五《让皇帝宪传》云：

> 制追赠宪妃元氏为恭皇后，祔葬于桥陵之侧。及将葬，上（玄宗）遣中使敕琎等务令俭约，送终之物，皆令众见。所司请依诸陵旧例，圹内置千味食，监护使、左仆射裴耀卿奏曰："……千味不供，礼无所阙。伏望依礼减省，以取折衷。"制从之。及发引，时属大雨，上令庆王潭已下泥中步送十数里，制号其墓为惠陵。[4]

尽管身为长兄的李宪并未登基，但正是他让位给玄宗，故得以追崇让皇帝下

---

[1]　《蒲城县新志》，《中国方志丛书·华北地区》第249号，第79～80页。

[2]　《蒲城县新志》，第81页。

[3]　王仲谋、陶仲云：《唐让皇帝惠陵》，《考古与文物》1985年第2期，第108页。

[4]　《旧唐书》，册9，第3013～3014页。

葬[1]，从而使得其陵寝具有如下五个唐陵一般陪葬墓所阙的特殊性。

第一，称"陵"。第二，其陵园布局组成基本与唐陵同。如献殿、下宫及石刻等。这是一般陪葬墓所没有的，即便是"号墓为陵"者也不见。第三，石刻组合同唐陵组合，唯个体小。第四，亦有自己的陪葬墓，但位于惠陵的东北部。第五，堆土为陵，其封土亦是覆斗形。这跟献陵、端陵及庄陵的封土一样。可见，它的确是依诸陵旧例入葬的。

但是，如前所言唐陵中积土为陵者除了晚唐的靖陵在乾县外，余者尽在三原县，而惠陵在北山地区却堆土为陵。唐陵中高等级陪葬墓的封土也是覆斗形，这一点可以说惠陵更多的是表现出与高等级陪葬墓的一致性。此外，惠陵随葬俑存在两套不同规格的组合，其一基本符合追赠太子的使用标准，其二是准皇帝等级的规格[2]。因此，仍宜以桥陵陪葬墓的级别来对待惠陵。

目前，根据已有的考古研究成果，桥陵的陪葬墓可以确定的至少有12座。其中有惠庄太子、惠文太子、惠宣太子三座太子墓；昭成、肃明两皇后墓；王贤妃墓；让皇帝李宪惠陵；李思训墓；金仙公主、凉国公主、鄎国公主、代国公主等四座公主墓。

让皇帝李宪薨时六十三岁[3]，徐安贞《让皇帝哀册文》云：

> 维开元二十九年岁次辛巳十一月戊申朔二十四日辛未（742年1月5日），宁王（李宪）薨于西京之邸第，旋殡于寝门之西阶。望日有制，册王为让皇帝。盖景龙岁先帝即位，王嫡长，将立为皇太子，让大功于我皇。洎薨落让存，有追崇之义。粤若天宝元年夏五月乙巳朔十七日辛酉（742

---

[1] 案，另一座以皇帝资格下葬的唐代太子陵寝为至德元年（756年）改葬的奉天皇帝李琮齐陵。李琮为唐玄宗长子，亦为肃宗皇帝李亨长兄，卒于天宝十载（751年），原葬于瀍河边细柳原，玄宗封其为靖德太子。肃宗至德元年（756年）改葬于临潼新丰，追封为"奉天皇帝"，与"恭应皇后"合葬（详见原建军《唐玄宗长子墓出土文物两千余件 发现汉白玉谥宝》，http://www.guoxue.com/www/xsxx/txt.asp?id=3042）。但此二者又有区别。李宪以让皇帝的身份直接下葬惠陵，而李琮则改葬于齐陵时始以奉天皇帝的身份。更为重要的是，齐陵并没有进入关中唐陵区，特别是玄宗泰陵的陪葬区。显然，此为肃宗效颦之举。

[2] 张蕴：《关于李宪墓随葬陶俑的等级讨论》，《考古与文物》2005年第1期，第60～63页。

[3] 《旧唐书》，第3012页。

年 6 月 24 日），将迁座于惠陵，礼也。[1]

《旧唐书》卷九五《让皇帝宪传》载开元二十九年十一月：

> 制追赠宪妃元氏为恭皇后，祔葬于桥陵之侧。[2]

恭皇后与李宪夫妇合祔自是情理中事，原本毋庸多言。但是引文所言"祔葬于桥陵之侧"是指祔葬惠陵还是祔葬桥陵，曾引起讨论，于此不得不赘言。"祔"应为"合祔"之意。如，惠文太子墓陪葬桥陵，在桥陵兆域之中。此种情况，苏颋《惠文太子哀册文》便描述为"祔于桥陵"[3]。如前所言，唐玄宗以天子之礼，依诸陵旧例下葬让皇帝李宪。若依"帝后同陵谓之合葬，同茔兆谓之祔葬"之故事，则李宪妃元氏当与惠陵在同一茔兆之中。

《唐大诏令集》的记载无疑更为明确。该书卷二六《恭皇后哀册文》云：

> 维开元二十八年岁次庚辰月朔日，宁王妃元氏薨于西京之第，旋窆于某茔。天未忘衅，相次徂落。其明岁十一月二十四日（742 年 1 月 5 日），王薨在殡，制册为让皇帝；且有后命，追谥妃为恭皇后。盖以王有让统之实，而妃有恭德之美，所以孝行追崇，皆圣王天伦笃爱，有光于古先者也。粤天宝元年五月乙巳朔十七日庚申将迁祔于惠陵。王薨及葬，凡为七月，天子之礼也。[4]

由上可见，恭皇后先李宪而亡，其祔葬李宪惠陵是毋庸置疑的事实了。在李宪墓中发现的让皇帝和恭皇后的哀册也证实这个判断。

《旧唐书》卷九五记载李宪的儿子李琄：

---

[1] 《全唐文》卷三〇五，第 3100 页上栏～下栏。

[2] 《旧唐书》，第 3013 页。《新唐书》卷八一（第 3598 页）云："及敛，出天子服一称，诏右监门大将军高力士以手书置灵坐，赠〔李宪〕妃元为恭皇后，葬桥陵旁。"

[3] 《唐大诏令集》卷三二，第 130 页。

[4] 《唐大诏令集》卷二六，第 89 页。

开元二十五年（737 年）〔李珣〕薨，玄宗甚悼之，辍朝三日，制曰：
犹子之恩特深于情礼，睦亲之义必备于哀荣。同安郡王珣，禀气淳和，执
心忠顺。邦国垣翰，宗枝羽仪，盘石疏封，将期永固。逝川不舍，俄叹促
龄，悼往之怀，因心所切。宜增宠命，用饰幽泉。可赠太子少保，葬事官
给，陪葬桥陵。[1]

检李珣死年为开元二十五年（737 年），李宪死年为开元二十九年（741 年）
十一月，睿宗入葬桥陵时在开元四年（716 年）。也就是说李珣之死在让皇帝
李宪死前，考诸文献及碑刻皆不见李珣入葬先茔的记载。因此，可以排除李珣
陪葬惠陵的可能性，他也是以桥陵陪葬墓的身份入葬的。换言之，《旧唐书》
此条记载不误。只是目前尚未能发现有关线索。但是，随着考古调查的开展，
相信该问题必定能够得到澄清。

　　1943 年，于桥陵南墙外东侧石狮之南数米处发现南方镇墓石一方；20 世
纪 80 年代，又于陵墙西门外北侧石狮背后发现北方镇墓石一方[2]。前者言及
睿宗肃明圣皇后刘氏、昭成顺圣皇后窦氏二皇后陪葬桥陵一事。二皇后同于长
寿二年（691 年）被则天皇后秘杀，后招魂葬于东都城南时已不知葬所。一般
认为，镇墓石是始见于唐代墓葬的一种随葬物品。镇墓石共有五方，其颜色各
对应一个五方色，在墓室中依照方色对应的方位摆放[3]。倘从长时段来看，镇
墓石跟东汉长安、洛阳地区流行的五石镇墓瓶颇有渊源。因融入《五炼经》的
影响，北周时期丧葬时所用之五枚五色石应是五方镇墓石的前身，它直接通过
石头的方色来表示。收录于道宣《广弘明集》卷九的北周甄鸾"笑道论·五炼

---

[1]　《旧唐书》，第 3014～3015 页。可参检《全唐文》卷二四《赠同安郡王珣太子少保制》，第 276 页上栏。

[2]　王世和、楼宇栋：《唐桥陵勘查记》，《考古与文物》1980 年第 4 期，第 60～61、69 页。案，西
　　安乔连学亦收藏到一方睿宗窦氏皇后的镇墓石。详见惠毅《西安新发现大唐睿宗黄天真文镇墓刻石》，
　　《西北大学学报》（哲社版）2008 年第 1 期，第 47 页，封三。

[3]　关于镇墓石的研究，详见〔日〕加地有定《中国唐代镇墓石の研究：死者の再生と崑崙山への昇仙》，
　　大阪：かんぽう　かんぽうサービス，2005 年；徐苹芳《唐宋墓葬中的"明器神煞"与"墓仪"制度——
　　读〈大汉原陵秘葬经〉札记》，《考古》1963 年第 2 期，第 95 页，后收入所撰《中国历史考古学论丛》，
　　第 296～297 页；张勋燎《川西宋墓和陕西、河南唐墓出土镇墓文石刻之研究》，《南方民族考古》
　　（1992）5 辑，第 119～148 页。

生尸"条云：

> 《五炼经》云："灭度者用色缯，天子一匹，公王一丈，庶民五尺上；
> 金五两而作一龙，庶民用铁；五色石五枚，以书玉文，通夜露埋，深三尺。
> 女青文曰：'九祖幽魂，即出长夜，入光明天，供其厨饭，三十二年，还
> 其故形，而更生矣。'"[1]

其"通夜露埋，深三尺"的埋葬仪式，表明五色石的埋藏地点不应在墓室之中，很可能位于茔域四维——这也是目前鲜有发现的重要原因。结合此葬仪，考虑到肃明、昭成二皇后袝葬桥陵时的状态，推测玄宗很可能利用桥陵玄宫，将二皇后袝葬其中。

综上，桥陵至少有 13 座陪葬墓，其中李琄的墓位仍有待进一步的工作。李宪妃元氏迁袝惠陵夫妻一同陪葬桥陵。李琄与李宪妃应是玄宗为嘉其兄让位之举，特敕李宪家室葬于桥陵柏城。

（二）桥陵陪葬墓地布局分析

除去尚未发现确切墓位的李琄墓，下文将主要依据碑刻资料，结合其余 12 座陪葬墓的墓位对桥陵陪葬墓地的布局进行分析。现将陪葬墓主人的殁年或陪葬桥陵的时间条列于后：

苏颋《凉国长公主神道碑》云：

> 〔凉国〕公主省讳瓷，字花妆。……开元十二载八月辛巳（724 年 10
> 月 16 日），遇疾薨于京邸永嘉里第，享年三十八。呜呼哀哉！上彻悬久悼，
> 临次增涕，京尹护丧，群司藏事。其年仲冬壬午，陪葬于桥陵。[2]

---

[1] 《广弘明集》卷九，《大正新修大藏经》（修订版），册 52，No. 2103，第 146 页上栏～中栏。

[2] 《全唐文》卷二五八，第 2613 页下栏～第 2614 页上栏。

李邕《唐故云麾将军右武卫大将军赠秦州都督彭国公谥曰昭公李府君神道碑（并序）》（下文简称《李府君神道碑》）云：

> 亢宗以长其代，迈德以阅其门者，其惟我彭国公欤？公讳思训，字建，陇西狄道人也。……呜呼！春秋六十六，以开元^{阙一}（六）年八月^{阙九字。}第^{阙十四字。}州郡督赠布绢四百端匹，米粟四百石，葬日官给，谥曰昭公。宜家魏国夫人窦氏，德心守窆，礼容宏矩，^{阙十三字。}呜呼！^{阙十四}不^{阙一字}悲夫。以八年六月廿八日（720 年 8 月 6 日），合祔陪于桥陵园，礼也。[1]

参互《旧唐书》卷六〇《长平王〔李〕叔良传》附《李思训传》所载：

> 〔李〕思训，高宗时累转江都令。属则天革命，宗室多见构陷，思训遂弃官潜匿。神龙初，中宗初复宗社，以思训旧齿，骤迁宗正卿，封陇西郡公，实封二百户。历益州长史。开元初，左羽林大将军，进封彭国公，更加实封二百户，寻转右武卫大将军。开元六年（718 年）卒，赠秦州都督，陪葬桥陵。思训尤善丹青，迄今绘事者推李将军山水。[2]

又唐代张彦远《历代名画记》卷九"李思训"条亦云：

> 李思训，宗室也，即林甫之伯父。早以艺称于当时，一家五人，并善丹青。^{李思训弟思诲，思诲子林甫，林甫弟昭道，林甫任凑。}世咸重之，书画称一时之妙，官至左武卫大将军，封彭城公。开元六年，赠秦州都督。……时人谓之大将军，其人也。[3]

---

[1] 《全唐文》卷二六五，第 2689 页下栏～第 2691 页上栏；李思训夫妇合祔桥陵，《金石萃编》亦作开元"八年六月廿八日"。详见《金石萃编》卷七二《唐三十二》，叶 5 正面下栏。赵明诚《金石录》作"开元六年八月"，此当为李思训死亡的时间。详见《金石录校证》卷五，第 86 页及第 93 页注释〔四四〕。

[2] 《旧唐书》卷六〇，第 2346 页。

[3] 〔唐〕张彦远：《历代名画记》，俞剑华注释，上海人民美术出版社，1964 年，第 181 页。

可知李思训卒于开元六年八月，赠秦州都督，开元八年六月廿八日与魏国夫人窦氏合祔陪葬桥陵。

郑万钧《代国长公主碑》云：

〔代国公主〕以其月（开元廿二年六月）廿九日（734年8月2日）薨于河南修业里第，享年卌八。……阙一作阙四字监护，永穆公主及驸马王繇、同安王泂（珣）送往，并为写一切经。以其年十二月三日（735年1月2日）陪葬桥陵，孝也。[1]

徐峤《金仙公主志石铭并序》云：

〔金仙公主〕以壬申之年（开元二十年）建午之月（十二月）十日辛巳（732年12月31日）薨于洛阳之开元观，春秋卌有四。越以景（丙）子之年（开元二十四年）七月己卯朔四日壬午（736年8月14日），启旧茔而自洛，即陪葬于桥陵，礼也。[2]

金仙公主开元二十年（732年）死于洛阳，四年后陪葬桥陵。

张说《郢国长公主神道碑铭》云：

开元十三年二月庚午（725年4月3日），薨于河南县之修业里，春秋三十有七。震悼紫庭，哀伤朱邸，倾家若坠，举国同悲。有诏光禄卿孟温礼监护丧葬，京兆尹冯延休副焉。窆穸之礼，一如凉国长公主故事。夏四月，恩旨陪葬于桥陵，不祔不从，古之道也。[3]

---

[1]　《全唐文》卷二七九《代国长公主碑》，第2827页下栏～第2828页上栏；《金石萃编》卷七八《唐三十八》，叶7正面上栏。

[2]　《大唐故金仙公主志石铭并序》，周绍良、赵超主编《唐代墓志汇编续集》开元145，上海古籍出版社，1992年，第553页。

[3]　《全唐文》卷二三〇，第2331页上栏。

可知，郧国公主于开元十三年夏四月（725年5月17日～6月14日）下葬桥陵墓地。

《旧唐书》卷五一《睿宗肃明圣皇后刘氏传》云：

> 长寿中，与昭成皇后同被谴，为则天所杀。景云元年（710年），追谥肃明皇后，招魂葬于东都城南，陵曰惠陵。睿宗崩，迁祔桥陵。以昭成太后故，不得入太庙配飨，常别祀于仪坤庙。开元二十年，始祔太庙。[1]

同书同卷《睿宗昭成顺圣皇后窦氏传》略云：

> 〔窦氏〕生玄宗及金仙、玉真二公主。长寿二年，正月二日（693年2月12日）遇害。梓宫秘密，莫知所在。睿宗即位，谥曰昭成皇后，招魂葬于都城之南，陵曰靖陵。睿宗崩，后以帝母之重，追尊为皇太后，谥仍旧，祔葬桥陵，迁神主于太庙。[2]

睿宗崩于开元四年六月甲子（716年7月13日），入葬桥陵时在开元四年十月庚午（716年11月16日）。刘子元《昭成皇太后哀册文》云：

> 维开元四年岁次景辰秋八月甲辰朔十七日庚申（716年9月7日），昭成皇太后梓宫启自靖陵，将迁祔于桥陵。皇帝乃使某官姓名设祖于行宫，礼也。丹旐既舒，元宫载辟，俶龙辀而命驾，指鲋隅而卜宅。哀子嗣皇帝讳，瞻蓼莪而罔极，感茅茨而增伤，嗟镜奁之不御，痛珠匣之沉光。缅考前烈，旁稽旧史，顾西陵以永怀，托东观而书美。[3]

明显的，昭成、肃明二皇后祔葬桥陵是在睿宗崩后入葬桥陵之前。睿宗崩后，

---

[1]　《旧唐书》，第2176页。

[2]　《旧唐书》，第2176页。

[3]　《全唐文》卷二七四，第2792上栏。

玄宗改道光坊景云寺寻为昭成寺，为其生母昭成皇后追福[1]；为提高生母昭成皇后的地位，更追尊其为皇太后，并迁其神主祔于睿宗之室，唯留肃明神主于仪坤庙[2]。迁葬桥陵当是玄宗嘱意的安排。这应该是开元二年，玄宗令其舅窦希瓘往洛阳昭成皇后靖陵树碑[3] 的后续。尽管当时靖陵已不知所在，由此益见玄宗之用心。可见，这是玄宗有计划的行为。既然在睿宗最终入葬桥陵玄宫之前，玄宗便为昭成、肃明二皇后举行了祔葬礼。唯一的可能性，便是葬二皇后的衣冠、灵位于桥陵玄宫之中。否则，便于情理不合。至此，可进一步确定二皇后的葬位为桥陵玄宫。从《昭成皇太后哀册文》所言"元宫载辟"可知，桥陵玄宫至迟在716年9月7日已经完工。同样的情形在后来也出现过。代宗即位之年（宝应元年，762年）十二月，群臣以肃宗山陵有期，准礼以先太后代宗生母吴氏祔陵庙。宰臣郭子仪等上表谏请追谥吴氏为"章敬皇后"。宝应二年三月，启春明门外旧茔，祔葬建陵[4]。

王贤妃墓在惠陵西北，位于三合乡西南庄东100米处[5]。该墓曾被误会成景陵的陪葬墓。如，《蒲城县新志》卷一"宪宗景陵"条云：

> 在县西北十五里丰山。陪葬懿安郭太后、孝明郑太后、王贤妃。《王礼考》又有惠昭太子宁祔。[6]

又《蒲城县志》卷二"唐宪宗景陵"条也持相同观点：

[1]　《唐会要》卷四八"昭成寺"条，第994页；《唐会要》卷五〇"昭成观"条，第1027页。

[2]　《旧唐书》卷二五《礼仪志》（第951页）云："迁昭成皇后神主祔于睿宗之室，惟留肃明神主于仪坤庙。"《唐会要》卷一九"仪坤庙"条（第440～441页）云："开元四年十一月十六日（716年12月3日），昭成皇后祔于太庙。至八月九日，敕肃明皇后依前仪坤庙安置。""八月九日"前当有关于纪年的脱字，记载此事的文献皆同。

[3]　后玄宗从中书侍郎苏颋所言而止。《唐会要》卷二一"诸陵杂录"条，第486页。

[4]　《旧唐书》卷五二《肃宗章敬皇后吴氏传》，第2187～2188页。

[5]　案，王贤妃墓"文革"期间遭破坏，石棺椁被炸成碎块。1971年，蒲城县文化馆将农民挖出的线雕石椁6块砌于蒲城县文化馆展线墙中，惜纹样朝里，不得一观。同时，还有墓志一方。承巩启明先生1998年12月23日来信见告，谨致谢忱！

[6]　《蒲城县新志》，《中国方志丛书·华北地区》第249号，第80页。

在县北义龙村，距城十五里。……

《旧志》景陵在丰山。陵南下宫有宋重修庙记。陪葬有懿安郭太后、孝明郑太后、王贤妃冢。《王礼考》又有惠昭太子宁袝。[1]

王贤妃墓志铭证明了上述所言之误。其墓志云："天宝四载秋八月疾亟，阖门求医。顾谓之曰：吾年过耳顺，待终可也。何药之为？因摄心谛观，归于愿力。泊旬有八日而薨，春秋七十三。呜呼哀哉！皇上哀轸，辍朝三日。申命京兆尹萧炅监护。仍以惠宣第十五男尚舍奉御琇主丧祭，以宠终也。至其载十二月七日（746年1月3日）陪葬于桥陵，礼也。"[2]

张九龄《惠庄太子哀册文》云：

> 维开元十二年岁次甲子十二月丁巳朔二十四日庚辰（725年1月13日），司徒申王薨于行在所，册谥惠庄太子，旋殡于寝。粤闰十二月二十七日壬午（725年2月14日），将陪葬于桥林之柏城。[3]

苏颋《惠文太子哀册文》云：

> 维开元十四年岁次景寅四月己酉朔十九日丁卯（726年5月25日），太子太傅岐王薨于洛，册谥惠文太子，殡于正寝之西阶，仲夏景申（726年6月23日），将袝于桥陵，礼也。[4]

韩休《惠宣太子哀册文》云：

> 维开元二十二年岁次甲戌七月庚申朔十日己巳（734年8月13日），

---

[1] 《蒲城县志》，册1，叶8背面。

[2] 《大唐睿宗大圣真皇帝贤妃王氏（芳媚）墓志铭并序》，《全唐文补遗》第1辑，第163页上栏；孙怀彦、李百福：《唐桥陵陪葬墓睿宗贤妃王芳媚墓志考略》，《考古与文物》2003年第3期，第61页。

[3] 《全唐文》卷二九三，第2971页上栏。

[4] 《全唐文》卷二五八，第2621页上栏。

司徒薛王薨于洛，册谥惠宣太子。翌日，殡于正殿之西阶。粤八月二日庚寅（734年9月3日），将陪葬于桥陵，礼也。[1]

从上面的胪列，可以排比出他们陪葬桥陵的先后顺序为：肃明圣皇后刘氏（716年）、昭成顺圣皇后窦氏（716年）、李思训（720年）、惠庄太子（725年）、凉国公主（724年）、郧国公主（725年）、惠文太子（726年）、惠宣太子（734年）、金仙公主（736年）、代国公主（734年）、李琄（737年）、让皇帝李宪与恭皇后（742年）、王贤妃（746年）[2]。

这里还需要重点讨论一下李思训墓。从前文已知李思训卒于开元六年八月，尽管他亦贵为李唐宗室，但此刻只是葬于某茔，并未得以直接陪葬桥陵。待其妻魏国夫人窦氏卒后，始与窦氏合祔陪葬桥陵，时在开元八年六月廿八日。虽《李府君神道碑》对魏国夫人的卒年正好阙文，但从魏国夫人窦氏死后二人合祔，可以推测窦氏卒年很可能便是开元八年。为什么先死的李思训并没有陪葬桥陵，而要等到其妻魏国夫人窦氏死后才一起合祔陪葬桥陵？这种合祔陪葬帝陵的方式一反常态，显然寓示着二人的陪葬桥陵主要是由魏国夫人窦氏所致，即窦氏的地位要比李思训来得高。这可能跟窦氏一枝跟李唐皇室关系一直甚密有关。如，太宗生母窦氏为高祖太穆皇后、玄宗生母为昭成皇后窦氏等[3]。魏国夫人窦氏的详情已经不得而知，推测她与唐玄宗生母昭成皇后窦氏该有血缘关系，且关系较为亲密，亦即外戚。故作为昭成皇后窦氏子嗣的玄宗才会如此处理其后事。此举跟玄宗一再提高生母昭成皇后窦氏的措施是一脉相承的。又恰李思

---

[1] 《全唐文》卷二九五，第2991页上栏。《旧唐书》卷四五《惠宣太子业传》（第3018～3019页）记载有异，称惠宣太子薨于开元二十二年正月。

[2] 案，2008年12月至2009年3月，经对桥陵附近已知和新发现的墓葬进行勘探后，陕西省考古研究院唐陵考古队所列桥陵陪葬墓除了本文所考墓葬之外——其中肃明、昭成二皇后墓以及李琄墓不在其列，尚有M1、M2、M3三座不知名墓葬。此三座不知名墓葬中应有李琄墓。遗憾的是，考古简报未刊布陪葬墓分布图。详见陕西省考古研究院《唐睿宗桥陵陵园遗址考古勘探、发掘简报》，《考古与文物》2011年第1期，第15～16、91页。

[3] 李向群：《唐室与原代北窦姓的联姻》，《陕西师范大学学报》（哲社版）1991年第4期，第95页。

训为宗室。若此，李思训夫妇合祔陪葬桥陵的方式便可理解。所以，李思训与魏国夫人窦氏合葬墓应当以窦氏为主，亦即李思训墓应归入女性墓葬类[1]。

　　根据以往发表的简报，示意桥陵陪葬墓地情况大致如图（图 6-6）。若比较一下各陪葬墓的相对墓位及其入葬桥陵的时间，可以明晰地得出这样一个结论：桥陵陪葬墓地布局是分成男性及女性两个系统来安排的。具体地说即惠庄太子、惠文太子、惠宣太子、李珣、让皇帝李宪（恭皇后）为一组；而肃明圣皇后刘氏、昭成顺圣皇后窦氏、魏国夫人窦氏（李思训）、凉国公主、鄎国公主、金仙公主、代国公主、王贤妃为一组。这些陪葬墓是以桥陵神道为西界，依陪葬者入葬的先后往东（自右向左）分别按照男性、女性两个系统埋葬在桥陵的东南域。一般情况下，陪葬者入葬的先后也正是其殁年的先后次序，而其陪葬墓位的墓序则严格依照葬年的次序。其中男性往东南方向呈下降的趋势，女性者又分成南北二列且分别对应前后两个阶段，肃明圣皇后刘氏、昭成顺圣

---

[1] 唐代等级制度是按照职事官的品阶（参见甘怀真《唐代家庙礼制研究》，第 41～45 页）。尽管《五代会要》卷八《丧葬上》称"诸丧葬不得备礼者，贵得同贱，贱不得同贵"（〔宋〕王溥：《五代会要》，北京：中华书局，1998 年，第 102 页），这是一条沿自唐代的令文（宿白：《西安地区的唐墓形制》，《文物》1995 年第 12 期，第 46 页）。不过，在已经发掘的唐代夫妇合葬墓中，总是依照高品级的一方来埋葬或改造墓葬形制的。如金乡县主墓。该墓前后两次埋葬了身份不同的墓主人，其墓葬等级也随之发生变化。据墓志载，金乡县主夫于隐的散官衔为"朝散大夫"，从五品下，职事官为"蜀州司法参军"，从七品下，地位不高，属中下级官吏。此墓为安葬于隐而开凿，使用的单室方形土洞墓与其身份相符。唐开元十二年（724 年），金乡县主与于隐合葬时，没有另行建墓，而是利用原来埋葬隐的墓穴，没有改动墓葬的形制大小，但重绘壁画、撤换随葬品、使用石椁，使该墓发生很大变化，以尽量符合县主的身份和地位（详见王自力、孙福喜编著《唐金乡县主墓》，北京：文物出版社，2002 年，第 103 页）。如，隋丰宁公主与韦圆照合葬墓虽属于唐墓，但随葬品有两套，其中大多是大业年间丰宁公主下葬时的物品，二十四年后迁葬时仍原封不动地移入新墓之中。这显然意味着仍依照丰宁公主的等级来安排该墓葬，只因已改朝换代加以变通而已（详见戴应新《隋丰宁公主与韦圆照合葬墓》，《故宫文物月刊》1998 年第 6 期，第 76～93 页）。又如，昭陵陪葬墓中的阿史那忠与定襄县主合葬墓，据志文载，定襄县主是纪王慎的同母姐（胞姐），而纪王慎为太宗子，所以县主与慎为同母异父。定襄县主死于永徽四年（653 年），死后作为皇亲陪葬昭陵，而阿史那忠死于上元二年（675 年），与之合葬，故埋于昭陵左厢（详见姜宝莲《试论唐代帝陵的陪葬墓》，《考古与文物》1994 年第 6 期，第 78 页）。这说明在公主、县主夫妇合葬墓中，也是依照公主、县主的等级来处理葬制的。关于阿史那忠墓的进一步研究，详见沈睿文《阿史那忠墓辨正》，朱玉麒主编《西域文史》第 8 辑，北京：科学出版社，2013 年，第 165～178 页。

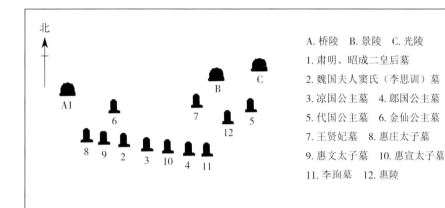

图 6-6　唐桥陵陪葬墓地示意图

皇后窦氏、魏国夫人窦氏（李思训）、凉国公主、郧国公主、代国公主等墓，是为桥陵安排女性陪葬墓墓位的第一阶段；后因为代国公主墓位已经过了景陵神道东侧，故又重新在桥陵墓区安置金仙公主、王贤妃等墓，是为第二阶段。这与盛唐以前帝陵陪葬墓地的安排原则是不同的。其最大特点就是墓地的安排不依照死者尊卑、辈分的大小，而是决定于死者入葬之先后。

如前所述，李珣开元二十五年（737 年）薨，晚于惠宣太子而早于让皇帝李宪，根据如上法则姑且推断如下：李珣的墓位当在惠宣太子墓偏东偏南处、惠陵之西。经考古调查，在惠陵封土西南约 450 米处三合村村西边沿，有一较大规模唐墓，或推测其墓主为李珣[1]。根据上文所得桥陵分布规则，该结论或无偏颇。迁祔惠陵的宪妃元氏恭皇后，在某种意义上，她是跟李宪一同陪葬桥陵。

其实，这一特点早在湖北郧县城关砖瓦厂李泰家族墓地的布局上就已体现出来了[2]。因政治权力斗争（储君之争）而客死他乡的李唐宗室，绝大多数都能获准迁回陪葬帝陵。唯独李泰死而不赦，被摒弃他乡。也正因如此才留下了

[1]　陕西省考古研究所编著《唐李宪墓发掘报告》，第 7 页。

[2]　有关研究可参见全锦云《试论郧县唐李泰家族墓地》，《江汉考古》1986 年第 3 期，第 76 ～ 78 页；杨华山、李峻《郧县唐濮王李泰家族墓研究》，《十堰职业技术学院学报》2006 年第 3 期，第 66 ～ 69 页。

一处相当完整的唐代家族墓地的排葬方式。根据间接的材料，可推知李泰这一家族墓地的安排情况。现已发掘的四座墓葬，它们以李泰墓为中心，由南而北排列，今知顺次为李泰墓、李泰夫人阎婉墓、李徽墓及李欣墓（图6-7）。李泰被黜后，永徽三年（653年）客死郧乡，就地葬入郧乡马檀山。2006年11月起，考古人员对该墓地开展了进一步抢救性发掘。通过最新勘探，发现了李泰墓的东、南围墙。目前发现的东围墙长约120米，南围墙长约55米，围墙宽1.1～2.4米[1]。据墓志知，李徽、阎婉、李欣等皆为二次葬，即由他处迁葬马檀山墓地。

次子李徽入葬该墓地，其墓志云：

> 以大唐永淳二年九月廿三日（683年10月18日）寝疾薨于均州郧乡县之第，春秋卅。……以嗣圣元年三月十四日（684年4月4日）迁窆于马檀山，礼也。[2]

阎婉乃是迁葬，其墓志云：

> 以天授元年九月八日（690年10月15日）奄薨于邵州官舍，春秋六十又九。……以证圣元年正月六日（695年1月26日）遂权窆于洛州龙门之北原。……粤以开元十二年岁次甲子六月二日（724年6月24日）祔葬于恭王墓西北隅，遵先志，礼也。[3]

同时，从阎婉墓志尚可得知其长子李欣薨于垂拱年间（685～689年），其墓志称：

---

[1] 廖君：《湖北：唐太宗之子李泰之墓首次发现东、南围墙》，http://www.hb.xinhuanet.com/cwh/2008-01/23/content_12305007.htm.

[2] 湖北省博物馆、郧县博物馆：《湖北郧县唐李徽、阎婉墓发掘简报》，《文物》1987年第8期，第35页，图九。

[3] 湖北省博物馆、郧县博物馆：《湖北郧县唐李徽、阎婉墓发掘简报》，第39页，图一七。

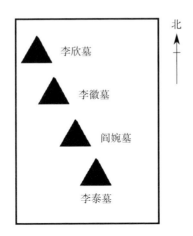

图 6-7　郧县李泰家族墓地示意图

　　陷酷吏，谪居环州，中途遇祸，薨于桂州馆舍。……妃周氏互奉灵绋旋于汉滨，未遂迁厝权殡旧茔。嗣子国子监祭酒嗣濮王峤，情深罔极，孝切因心。频抗哀逆之诉，颙备饰终之礼。皇上感悼。优制特从仍赠虁州都督赠物四百段，米四百石，即以开元十二年岁次甲子六月二日（724 年 6 月 26 日）葬于茔，礼也。[1]

如此不辞辛苦，百般设法从他处迁葬郧乡，一方面说明家族观念的强大，一方面可能也蕴涵着李泰一枝因其政治遭遇而产生远离长安的心态。或许这正是李泰生前对本枝特别强调的一个内容。

　　由上可以看出这几个人入葬的先后顺序是：李泰（653 年）、次子李徽（684 年）、阎婉（724 年）、长子李欣（724 年）。阎婉及长子李欣是因李欣之子李峤之请而得以从洛阳龙门迁葬郧乡的。但是二者墓位的安排是不同的。身为长辈（母亲）的阎婉被安排在靠近李泰墓的西北隅，而李欣墓则被安排在先其入葬的弟弟李徽墓的北侧。是否可以大胆地推论该家族墓地的安排是以（男性）墓主人入葬之先后为序的，其中将夫妇的墓位安排在相毗邻的地段。这个安排

[1]　高仲达：《唐嗣濮王李欣墓发掘简报》，《江汉考古》1980 年第 2 期，第 91～92 页。

原则跟同时期的家族墓地有很大的不同。李泰墓地尚有不少墓葬仍待进一步的工作。上述虽为少数的四座墓葬，但是通过分析，其余墓葬的安排很可能也是依照这个原则。如此，结合李泰家族谱系与史实，可推断其余各墓主人。

一般地，中古时期的家族墓地是以两个方向来安排的，一个是夫妻轴，一个是父母—子女轴。这种埋葬图式多以夫妻为横轴，子女为纵轴，依照辈分的大小来安排葬地。其中辈分高的，葬地离祖、父墓也就近；反之，亦然。整个墓地呈现出以男性为中心，以辈分为埋葬秩序的图式，以平面的形式展示着宗族的谱系（图6-8）。

李泰家族墓地显然是跟这个普遍原则不同的，以男性入葬该墓地之先后为序而不是以其死期为序无疑是它的一个醒目特点。可以想象对家族成员政治命运的难以把握和预期对家族墓地规划所产生的冲击，也就愈发凸显出李泰家族的政治命运。而对帝陵而言，统一按照入葬先后来规划陪葬墓的位置无疑可以免去由此引起的矛盾与争端。这可以说是玄宗朝的一个发明。通过时间来统一规划空间，欲图削弱乃至掩盖空间所蕴含的权力与地位的意义。于是，空间按次序被分割成若干个时间片断和序列，时间成为空间唯一的特性。权力直接作

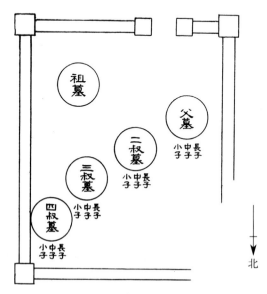

图6-8　敦煌晚唐 S.2263《葬录》图

宿白：《白沙宋墓》，第82页插图七八

用于时间，正是通过对时间的使用和控制，实现了权力自身的权威。这是权力在帝陵陪葬墓地规划上新出现的一种运作方式。由此也导致了唐陵在司马院平面和神道石人设计思路的适时变化。

　　李泰家族墓地的使用时间始于李泰入葬的永徽四年（654年），至迟不早于大中九年（855年）[1]。该家族墓地的安排原则在桥陵陪葬墓地上得到反映，这正好说明了桥陵在某种程度上也是一处家族墓地，只不过这一处是唐王朝最高级别的家族墓地罢了。换言之，桥陵已经完全具备聚族而葬的性质了。无疑它展示了唐代士族墓地的一种家族埋葬图式，同时也从一个侧面反映了唐代社会族姓专制的性质。

四　唐陵设计思想

　　上文已经论及，昭陵陵园区和陪葬墓区有着严密的区划。在这个区划里，表现出帝陵陵寝意象与帝都长安城的重合。在这个意象里，墓葬通过墓主人身份而被巧妙地赋予长安城宫城及皇城衙署的符号意义，从而墓葬所在墓位也就共同营造成长安城宫城与皇城的意象。如此，空间也就被赋予了权力和时间的含义，由此形成一个独特、完整的礼仪空间。借助这个空间与长安城的关系，又进而得以与帝国的秩序相联结。这种巧夺天工的设计思路从何而来？

　　《旧唐书》卷七七《阎立德传》载：

　　　　贞观初，〔阎立德〕历迁将作少匠，封大安县男。高祖崩，立德以营山陵（献陵）功，擢为将作大匠。贞观十年，文德皇后崩，又令摄司空，营昭陵，坐怠慢解职，俄起为博州刺史。十三年，复为将作大匠。……俄迁工部尚书。二十三年，摄司空，营护太宗山陵。事毕，进封为公。显庆元年，卒，赠吏部尚书、并州都督。[2]

---

[1]　全锦云：《试论郿县唐李泰家族墓地》，《江汉考古》1980年第3期，第78页。

[2]　《旧唐书》，第2679页。另可参见《新唐书》卷一○○《阎立德传》，第3941页。

阎立德先后主持了高祖献陵和太宗昭陵的营造。其父阎毗，为隋殿内少监，本以工艺进。因家庭之影响，立德与弟立本皆机巧有思。唐初的翠微宫、玉华宫，皆由阎立德设计营造[1]。永徽五年（654年）三月，"以工部尚书阎立德领丁夫四万筑长安罗郭"[2]。如此，昭陵出现与长安城之对应关系就不足为奇了。昭陵意象的营造实也足以映衬阎氏之"机巧有思"。不啻于此，将帝陵陵寝意象与长安城重合更成为此后唐陵一个重要的营造原则。

但是，昭陵的这种表现手法在后来的唐陵中未能得以再现，由此导致了作为出行仪仗的唐陵神道石人被赋予多重意义。到定陵时，其陪葬墓实际上已经是一个皇族族葬墓区，以陪葬墓代表皇城的功能被削弱了。后来的皇帝似乎也已意识到这一点，于是，陪葬墓地也是一个皇族族葬墓区的桥陵，其司马院的形状便对长安城平面进行真实的摹写。从目前的调查情况看，最为典型的便是桥陵了。这显然是对陪葬墓地意象发生变化的一种弥补。

有关桥陵的营建情况，所知甚少。从陵园石刻刻铭来看，其神道御马和东侧异兽底座分别刻有"富平"和"富平田氏"的字样，似能说明桥陵石刻之石料，取材于陕西富平境内的将军山和万斛山[3]。

从文献记载来看，只知唐玄宗命将作少监李尚隐营陵[4]。李尚隐，其先赵郡人，世居潞州之铜鞮，后来又徙家京兆之万年，弱冠明经累举，详练故实。开元四年，李杰护桥陵作，侍御史王旭为护陵判官。李杰为相州人氏，李宝之后。王旭为太原祁人，其曾祖为王珪。《旧唐书》卷一〇〇《李杰传》记载："〔李〕杰明年（开元四年）以护桥陵作，赐爵武威子。初，杰护作时，引侍御史王旭为〔护陵〕判官。旭贪冒受赃，杰将绳之而不得其实，反为旭所构，出为衢州刺史。俄转扬州大都督府长史，又为御史所劾，免官归第。寻卒，赠

---

[1] 有关阎立德和阎立本的研究可参见〔日〕长广敏雄《閻立德と閻立本》，《東方学報》第29册（1959年3月），第1～50页；〔日〕田村孝弘《唐代画人伝（2）——閻立德·閻立本》，《東洋史苑》39号，1992年，第49～74页。

[2] 《旧唐书》卷四《高宗本纪上》，第72页。

[3] 刘向阳：《唐代帝王陵墓》，第173页。

[4] 《新唐书》卷一三〇《李尚隐传》（第4499页）云："尚隐以将作少监营桥陵，封高邑县男。未几，进御史中丞。"

户部尚书。"[1] 京兆尹严武则充任山陵桥道使[2]。又《太平广记》卷一四七"田预"条引《定命录》云："及大帝（睿宗）崩，田（预）果任桥陵丞。后为奉御，二十四年而改。"[3] 则田预可能为第一任桥陵丞。到了咸通年间，因受殷裕文状阊门使田献铦夺紫改桥陵使[4]。此外，再难搜集到有关资料，借此亦难以深究其具体营造细节。

桥陵陪葬墓与以往最大的不同是，其陪葬墓的内容已由初唐的功臣密戚一变而为清一色的皇室成员。这个变化应该是跟桥陵整体设计思想联系在一起的。将自己的陵寝建造成另一个都邑，这是唐陵的一个共性。唐太宗通过昭陵陪葬墓地的巧妙安排来比拟长安城的宫城与皇城，而桥陵则是通过陵园司马院平面形状对长安城的忠实摹写来表现它与帝都的关系。在后者中，原本担当重要角色的陪葬墓已经让位给司马院的垣墙，仅仅只是停留在陪葬而已，其象征意义已被大大地削弱。这个设计理念应该肇始于乾陵，此即乾陵司马院东南角内凹的原因。

到了泰陵，神道石人便分"文左武右"——此与文献所言昭陵陪葬墓地文武功臣"文左武右"的布列原则同，神道文武侍从石刻此后便自然地承担起原先用文武功臣墓葬象征皇城的功能，以弥补陪葬墓地格局变化后的缺憾。也就是说，从泰陵起神道石刻在象征出行仪仗之外开始又新承担起象征皇城的功能。显然，这种简化的方式自然要比用司马院平面摹写长安城平面更可行、便捷。因为摹写长安城平面的手法因受陵区具体形胜的影响不仅费时，而且费力。

神道石刻的最北处多有小石人像，皆呈宫女装扮。意在表现侍卫太宗轩禁是昭陵十四蕃臣像意义的一个方面[5]。也就是说昭陵极力在描绘太宗生前的情

[1] 《旧唐书》卷一〇〇《李杰传》，第3111～3112页。《资治通鉴》卷二一一"庚午，葬睿宗于桥陵"条（第6722页）云："御史大夫李杰护桥陵作，判官王旭犯赃，杰按之反为所构，左迁衢州刺史。"

[2] 《新唐书》卷一二九《严武传》，第4484页。

[3] 《太平广记》，第1056页。

[4] 《旧唐书》卷一九上《懿宗本纪》（第679页）记载咸通十三年五月乙亥（872年6月15日）："阊门使田献铦夺紫，配于桥陵，门司阎敬直决十五，配南衙，为受殷裕文状故也。"《资治通鉴》卷二五二（第8163页）亦称"乙亥，阊门使田献铦夺紫改桥陵使，以其受殷裕状也。"

[5] 详见本书伍"昭陵六骏与十四国君长像"。

状，俨然就是太宗生前的再现。从司马院内出土的亡宫墓志看，这些亡宫大多在昭陵寝宫服侍如帝生时。

唐陵关中诸陵陵园区和陪葬墓有严密的区划。献陵的陪葬墓多在陵园的北、东北，这可能是受了汉陵陪葬墓制度的影响（汉陵陪葬墓多在陵东）；从昭陵开始诸陵（除庄陵者在东北处外）陪葬墓出现在陵园的南和东南。这种变化是与唐陵坐北朝南的总体设计有关的[1]。因为陪葬墓位于帝陵神道左前方的布局思想实际上仍丝毫未变。

唐陵陵园平面形状大体都以南司马门为正门，南、北司马门连线为中轴线，呈左右（未必为东西向）对称布局[2]，这种设计思想明显是受唐长安城（图6-9）布局的影响，该布局甚而影响到以后历代帝陵。其中平面为多边形的桥陵（图6-10）[3]、泰陵[4]、建陵[5]平面状似长安城。

在唐陵陵垣平面的东北角中有意突显大明宫之形状，尤其是桥陵陵垣的东

---

[1] 刘庆柱、李毓芳：《陕西唐陵调查报告》，《考古学集刊》第5辑，第245页。

[2] 唐陵埏道与神道存在不在同一直线上的现象。如，桥陵神道石刻皆为正南北方向，而埏道却是在北偏东5度的山脊上；昭陵神道方向为北偏东2度，其埏道则位于山脊上，也偏离神道；献陵封土较神道偏东；乾陵神道在埏道前偏西（见陕西省文物管理委员会《唐乾陵勘查记》，《文物》1960年第4期，第59页图20）。又，定陵、崇陵、景陵、贞陵神道皆为北偏西（见刘庆柱、李毓芳《陕西唐陵调查报告》，第224页图四，第231页图七，第235页图九，第241页图一三）。有学者认为唐陵神道与埏道不在同一条直线上是因为地势的缘故。该观点值得商榷，很明显的反证就是献陵。献陵位于三原县徐木原上，地势极为平坦开阔，按理已经不再受地形地势的限制了。但实际情况如上所言的，献陵封土在神道的东部。唐陵仿帝都而建，故可能同样存在一个避开"泄气""冲"的原因。此堪舆术在隋文帝营建大兴城时便有之，隋文帝对宫城和皇城十分重视，设计依风水观念，下令宫城、皇城之南，朱雀大街两侧四列坊，"每坊但开东西二门，中有横街而已，盖以在宫城直南，不欲开北街，泄气以冲城阙。棋布栉比，街衢绳直，自古帝京未之有也"。（详见《长安志》卷七唐京城"外郭城"条，《宋元方志丛刊》第1册，第109页下栏）在长安城布局设计中，该理念终唐一代得到沿袭，可为一证。

[3] 王世和、楼宇栋：《唐桥陵勘查记》，《考古与文物》1980年第4期，第56页图二。

[4] 泰陵的平面形状承蒙巩启明先生告知，谨致谢忱！

[5] 陕西省文物管理委员会：《唐建陵探测工作简报》，《文物》1965年第7期，第32页图一。1983年8月，张崇德等人请礼泉县城建局测绘队协助对建陵进行探测，在1961年陕西省文管会调查的基础上进行复查（张崇德：《唐代建陵及其石刻》，《考古与文物》1988年第3期，第20、41～44页）。文中称"整个建陵城垣建筑格局亦如京都长安。除青龙、白虎二门因受山地地形限制略有偏差外，其余都比较规正而对称"。惜文章没有出现建陵平面图。

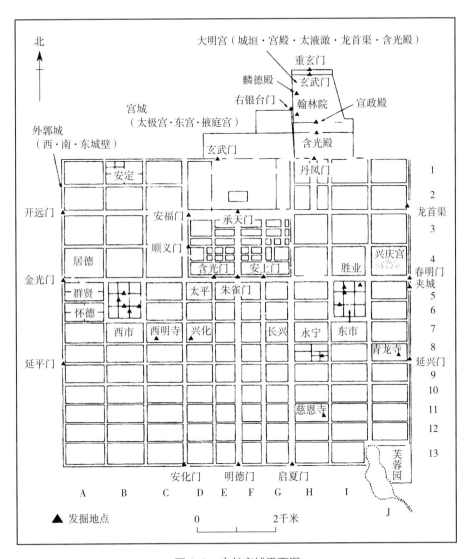

图 6-9　唐长安城平面图

〔日〕妹尾達彦：《長安の都市計画》，第 111 頁图 27

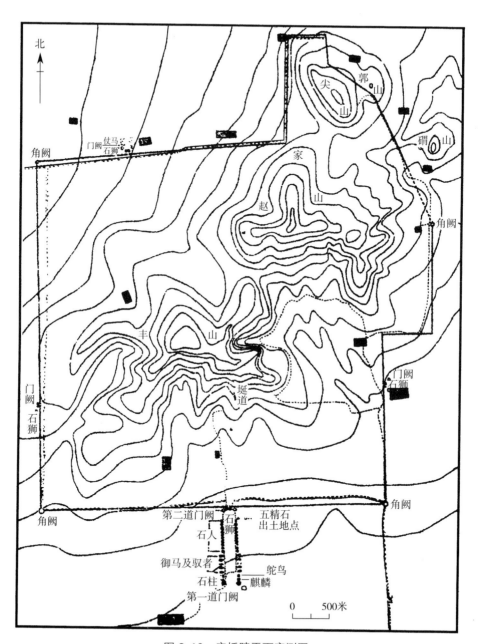

图 6-10　唐桥陵平面实测图

据王世和、楼宇栋《唐桥陵勘查记》，《考古与文物》1980 年第 4 期，第 56 页图五改制

南角往内凹，与长安城东南角的曲江池处似。如果说这是一种巧合，那么桥陵东北部形状与大明宫的神似[1]，就不能不让我们对这一现象审慎起来。玄宫或许更大的可能性是模仿皇帝生时的居所，至少是以此为目的。惜其详今已不得而知，有待重见天日方才明了。

关于唐陵玄宫的形制有三种不同的观点。

第一种观点是"前后双室说"，此说由黄展岳首倡于 1981 年。黄氏认为从乾陵开始，唐陵墓室平面布局模仿皇帝内宫的建制，并以懿德太子墓为例具体阐述。结合懿德太子墓墓葬结构和平面布局，黄氏推论其"第一过洞就相当于宫城门，第二过洞相当于宫门，第三过洞相当于殿门。前墓室象征前朝，后墓室象征后寝"[2]。2000 年，神目女士对乾陵玄宫进行推测，提出不同看法并描绘了一张示意图（图 6-11）[3]。王双怀认为即使是大型单室墓也可能象征性地分为前中后三个部分[4]。王维坤认为在已经发掘的唐代墓葬中，无论是帝王陵墓，还是太子、公主墓，甚至包括一些大臣墓，迄今为止还尚未发现"前中后三室墓"的墓例，即便是"号墓为陵"的永泰公主墓和懿德太子墓充其量也只不过是"前后双室墓"的建制。据此，他进一步认定乾陵陵寝应为"前后双室墓"的建制，推测为前中后三室墓并不可靠[5]。

惠焕章、张劲辉则持第二种观点，即"前后左右四室说"。他们认为玄宫前室稍小于后室，而左右墓室位于前室两侧，比前后墓室均小[6]。据《新五代史》卷四〇《温韬传》载温韬"从埏道下，见宫室制度闳丽，不异人间。中为正寝，东西厢列石床，床上石函中为铁匣，悉藏前世图书、钟王笔迹，纸墨如新"[7]，

[1]　中国科学院考古研究所编著《唐长安大明宫》，北京：科学出版社，1959 年，第 2 页图一，第 5 页图三。

[2]　黄展岳：《中国西安、洛阳汉唐陵墓的调查与发掘》，《考古》1981 年第 6 期，第 536 页。

[3]　神目：《神秘地宫，有此一说》，《各界特刊》2000 年 9 月 28 日第 1 版。

[4]　王双怀：《唐陵〈地宫〉初探》，《故宫文物月刊》15 卷 12 期，1998 年，第 128 ～ 133 页；又见所撰《荒冢残阳——唐代帝陵研究》，第 98 ～ 99 页。

[5]　王维坤：《唐代乾陵陵寝制度的初步探讨》，《東方學報》第 77 册，京都，2005 年 3 月，第 377 ～ 440 页。

[6]　惠焕章、张劲辉编著《陕西历史百谜》，西安：陕西旅游出版社，2001 年，第 221 ～ 222 页。

[7]　《新五代史》，第 441 页。

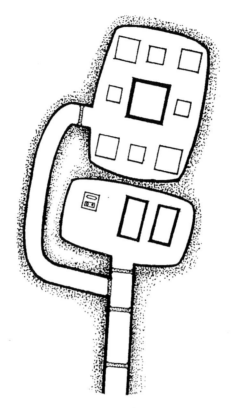

图 6-11　神目推测之唐乾陵地宫图

神目：《神秘地官，有此一说》，《各界特刊》2000 年 9 月 28 日第 1 版

南唐二陵后室便有两侧室，其须弥式砖台即为石床。从这个情况来看，此说亦有一定的道理。

第三种观点便是"前中后三室说"，此说以宿白为代表。宿氏根据西安地区唐墓的墓葬制度，结合文献记载以及明清帝王陵寝建筑形式，对唐陵玄宫的建筑形式做了推断[1]，认为唐陵玄宫与大明宫有着某种契合关系，即唐陵玄宫是前中后三室的制度。他认为唐代以后的帝陵皆为前中后三室墓，可能是受唐陵影响所致，并推断唐陵地宫与大明宫有着密切关系。现不妨将这段文字迻录于次：

---

[1]　宿白：《西安地区的唐墓形制》，《文物》1995 年第 12 期，第 47 页。

　　唐代地宫没有发掘过，如何考虑它的形制？首先可了解一下已发掘的五代时期较早的前蜀、较晚的南唐的陵内地宫的情况。成都前蜀王建永陵，是一个直筒式的前中后三室建置，南京南唐李昇、李璟两陵都是带有耳室的前中后三室。前蜀、南唐都号称继承唐制，这三座陵的地宫内都发现了唐陵使用的玉质哀册，号称继承唐制，也许是有些根据的。其次，内蒙古巴林右旗辽庆陵，即圣、兴、道三宗的地宫都清理过了，也都是带有耳室的前、中、后三室。第三，宋陵地宫没有发掘，但明、清陵已发掘，清理了几座。北京明十三陵中的万历朱翊钧定陵地宫也是带耳室的前、中、后三室。清东、西两陵地宫有的清理了几座，有的遗留下当时建地宫的档案、模型，现以易县清西陵为例，仁宗颙琰昌陵地宫、德宗载湉崇陵地宫都设三重门直筒式三室，档案中记它们的名称，从前到后叫"明堂券"（前室）、"穿堂券"（中室）、"金券"（后室）。第四，墓葬仿居室，明清宫殿中中轴线上的主要建筑是外朝三殿（皇极［太和］、中极［中和］、建极［保和］）、内廷三殿（乾清、交泰、坤宁），唐大明宫中轴主殿也是三座（含元、宣政、紫宸），大明宫内另一处重要宫殿——麟德殿更是前、中、后三个空间勾连接建，所以唐人又名之曰三殿。第五，佛教教主释伽牟尼从南北朝起即被比拟为人主，前些年陕西扶风法门寺佛舍利塔地宫，它的直筒式构造也分为前、中、后三个部分。以上五例都可以作为我们推测唐陵地宫形制的参考，恰恰又都是前、中、后三室，又恰恰比上述 I 型墓（此指双室弧方形砖墓）多了一室。究竟如何，当然还需要后世考古发掘来证实。[1]

唐代地宫仿墓室建筑，法门寺塔基安放舍利的地宫，是模拟人间埋葬皇帝的最高规格的墓室构筑的[2]。而法门寺地宫便是前、中、后三室的形制[3]，由此视之，

[1]　宿白：《西安地区的唐墓形制》，《文物》1995 年第 12 期，第 47～48 页。

[2]　杨泓：《法门寺塔基发掘与中国古代舍利瘗埋制度》，《文物》1988 年第 10 期，第 30～31 页。

[3]　法门寺考古队：《扶风法门寺唐代地宫发掘简报》，《考古与文物》1988 年第 2 期，第 94～106 页；陕西省法门寺考古队：《扶风法门寺塔唐代地宫发掘简报》，《文物》1988 年第 10 期，第 1～26 页；陕西省考古研究院、法门寺博物馆、宝鸡市文物局、扶风县博物馆：《法门寺考古发掘报告》，北京：文物出版社，2007 年，第 10～38 页。

这个结论有其合理性。

总之，诸说都忽视了唐陵建制本身也存在一个演变的过程。变化，这一点必须引起足够重视。唐陵的整体布局思想经历了一个演变的过程，并非始终如一。唐陵地宫在某一阶段极有可能是前中后三室，这一点从文献记载以及后世帝陵地宫可以证明。同时，已经发掘的北京史思明墓[1]也可为补证，该墓大体可以看成一个前中后三个墓室的墓葬。1995年，陕西省考古所对靖陵做了考古发掘[2]，这是考古发掘的第一座唐代即位皇帝陵，使我们有机会了解其具体形制。尽管其结果出乎意表，但正是这个意表之外益发使得其学术意义难以低估。它不仅展示了唐陵的一种状态，而且启示宜以一种动态的视角去观察唐陵陵制。如此才有可能避免陷于僵化的程式之中，也才有可能更近距离地触摸到历史的真实。唐僖宗靖陵只是单室土洞墓而已，估计昭宗、哀帝二陵的玄宫也不外乎如此。这种建筑形式应该是受制于晚唐的政治、经济情况。

不论如何，应该说在墓葬结构方面，唐代建立了帝陵前中后三室的制度。《唐会要》卷二〇"陵议"条称昭陵有"五重石门"，由此推测昭陵应该是前中后三室墓。通过对五代、赵宋帝陵规制的梳理，可以说唐陵建立了前中后三室的石室规制，并为后世所沿用[3]。从王朝的现实来看，唐陵玄宫石室规制应源于帝都三朝及其前、中、后三殿的建制。但是如果从其渊源来看，恐与汉代诸侯王墓葬存在一定的关联。东汉大约安帝以后，黄河流域的诸侯王与列侯都实行前、中、后三室之制，墓皆砖券顶，前室象征庭，中室即"明堂"，后室即后寝，三室的两侧又往往有耳室即"外藏椁"[4]。

太极宫在唐代政治中的地位无须多言，大明宫的作用同样重要。大明宫初建于贞观八年（634年），初名"永安宫"，后又数易其名，至神龙元年（705

---

[1] 北京市文物研究所：《北京丰台史思明墓》，《文物》1991年第9期，第28～39页。

[2] 李建宁、樊英峰：《陕西保护性发掘首座唐帝王陵》，《文汇报》1995年4月8日第4版。有关资料可参见陕西省考古研究所编《陕西新出土唐墓壁画》，第185～190页、图版说明第22页。

[3] 王静：《唐墓石室规制及相关丧葬制度研究——复原唐〈丧葬令〉第25令文释证》，《唐研究》第14卷，第421～446页。

[4] 俞伟超：《汉代诸侯王与列侯墓葬的形制分析——兼论"周制"、"汉制"与"晋制"的三阶段性》，《中国考古学会第一次年会论文集（1979年）》，第336页；《先秦两汉考古学论文集》，第123页。

年）又改为"大明宫"，此后其名始定。龙朔三年（663 年）大明宫落成，不久遂与唐代的政治生活不可或分，其"三朝"替代了太极宫的"三朝"[1]。自高宗以后诸帝，便经常居大明宫听政。这样，在唐陵玄宫模仿三朝建制并在陵园中特意突出大明宫的形状，其寓意便不言自明了。

　　这里还要提及的是昭陵六骏的做法，虽然仿自霍去病墓，但六马设置在九嵕山北司马门内。唐陵北门设置六马可理解为设计者把帝陵作为帝都长安的缩影来安排的[2]。这一点在后来的唐陵陵园中一仍如是。

五　唐陵陪葬制度渊源

　　唐陵制度应该包括陵园、陪葬及石刻、玄宫等方面，这部分专门讨论其陪葬墓制度。

　　宿白认为"残存原始葬制的北魏洛阳北邙陵墓的布局，看来也影响了唐代的陵墓。李渊（高祖）献陵、李治（高宗）乾陵，特别是李世民（太宗）昭陵突出地集中了较多的陪陵墓，大约即渊源于此"[3]；陈安利亦认为从昭陵的安排可以看出模仿北魏瀍西墓地布局原则占了绝大部分的比重[4]。这些观念需要进一步的辨析。

　　关于陵园制度，贞观九年（635 年）高祖李渊遗诏云：

　　　　其服轻重，悉从汉制，以日易月，于事为宜。其陵园制度，务从俭约，斟酌汉魏，以为规矩。[5]

又《唐会要》卷二〇"陵议"条云：

---

[1]　杨宽：《中国古代都城制度史研究》，上海古籍出版社，1993 年，第 175 页。

[2]　详见本书伍"昭陵六骏与十四国君长像"。

[3]　宿白：《北魏洛阳城和北邙陵墓——鲜卑遗迹辑录之三》，《文物》1978 年第 7 期，第 51 页。

[4]　陈安利：《唐十八陵》，第 237 ～ 238 页。

[5]　《唐大诏令集》卷一一"神尧遗诏"条，第 67 页。

　　司空房玄龄等议曰："谨按高祖长陵，高九丈，光武陵高六丈。汉文、
魏文并不封不树，因山为陵。窃以长陵制度，过为宏侈，二丈立规，又伤
矫俗。光武中兴明主，多依典故，遵为成式，实谓攸宜。伏愿仰遵顾命，
俯顺礼经。"[1]

　　其实，赐功臣葬地始于汉代，这可在文献中得到反映。只是西汉对功臣所
赐葬地并不大，有一定区域。从陵墓形制上看，不仅唐陵的封土形制与汉帝陵
者有着很深的渊源，其陪葬墓封土形制也是如此。经调查知，西汉高祖长陵陪
葬墓冢形常依地方而异，有单冢、双冢（并蒂冢）、三连冢等[2]。唐代坟墓形
制和汉代相仿，以方为贵。如，乾陵的章怀太子墓、懿德太子墓、永泰公主墓
等墓封土亦为覆斗形。此外，双冢、三连冢在唐陵陪葬墓中亦得到体现。如前
所述唐陵陪葬墓的外形主要有对武臣一种特殊待遇的山形墓，墓为三冢相连，
俗称"连三冢"。仿照汉茂陵卫青、霍去病墓的形制建筑，昭陵的李靖墓起冢
象征燕然山、碛石山，李勣墓起冢象征阴山、铁山、乌德犍山。单一山形冢有
2座，即阿史那社尔冢象葱山，李思摩冢象白道山。此外，献陵、定陵、桥陵
以及庄陵等各有1座，崇陵有5座二冢相连的并蒂形陪葬墓。可见，这种模仿
早从献陵就已开始了。这些在西汉高祖长陵上都可以找到源头。

　　关中西汉帝陵，除霸陵以外，其封土形式均为覆斗形，并在封土东、北
方向为陪葬者开辟墓地，筑有高大封土[3]。从目前考古发现来看，献陵陪葬墓
均位于献陵东及东北方向，也就是献陵左侧。可以看出来唐高祖献陵从自己
陵址的选择、封土的形制以及陪葬墓地的选择上都是对西汉关中帝陵的模仿
和继承。

　　北魏迁洛后，选择瀍河以西为陵园之所。孝文帝长陵陪葬墓大体以长陵为
中心而分布在陵址的西北、北、东和东南三面，主要位于长陵的南部。唐昭陵
陪葬墓主人也是功臣密戚、妃嫔，也分布在陵山的北、南、东南、西南等方位，

[1]　《唐会要》，第 457 页。

[2]　石兴邦、马建熙、孙德润：《长陵建制及其有关问题——汉刘邦长陵勘察记存》，《考古与文物》
　　　1984 年第 2 期，第 32～45 页。

[3]　陈安利：《唐十八陵》，第 245～246 页。

同样也主要分布在陵山南部。但是，昭陵仍有极少数的陪葬墓位于北山，这一点则是保持献陵的规划。比照北魏长陵、磁县东魏北齐皇陵[1]与昭陵陪葬墓地的安排便可以发现后者的渊源所在。就陪葬墓地的整体安排来说，唐陵主要是取法自北魏洛阳北邙陵墓、磁县东魏北齐皇陵陪葬墓地一脉相承的布局原则。

　　拓跋宏及其诸世子孙墓地中父子（女）墓葬的排列有四种方式。这四种方式是父为祖坟，子墓位于祖坟的左前方、左后方、右前方或右后方。而外围的帝族、勋旧等墓地的排列大约也不出此四种方式[2]。这些情况在昭陵陪葬墓地上也可以看到。如姜遐、姜简墓位于其父姜行本墓的左前方，豆卢仁业墓位于豆卢宽墓的右后方，宇文崇嗣墓位于其父宇文士及墓的左前方等。这种布局方式跟磁县东魏北齐皇陵陪葬墓地的布局无关[3]。东魏和北齐时期父与子、兄与弟的墓葬排列顺序如下：第一，父子墓序，长辈在南（前），晚辈在北（后）；第二，兄弟墓序。除皇陵之外，一般自东向西布列。但有的亦由于地势原因，而有不同。从这看不出它与昭陵陪葬家族墓地安排的关系。因此，昭陵陪葬墓地的安排从整体到局部主要是效法北魏洛阳北邙陵墓陪葬墓的布局。

六　小　结

　　综上，唐陵陪葬墓封土来自西汉长陵者，而陪葬墓制度则斟酌汉魏，具体言之，陪葬墓地源自北魏在北邙所创立的原则。根据钻探、调查和解剖的情况来看，长陵陵园平面近方形，陵园四周构筑有夯土垣墙，垣墙外侧挖建壕沟，垣墙的正中开设陵门。垣壕与垣墙相距 0.5～3 米，断面为梯形，宽 2～4 米，深 0.2～1.8 米[4]。从垣壕环绕陵园的建制来看，北魏长陵陵园可能跟模仿洛

---

[1] 详见附四"陵墓与政治——以永固陵与北朝帝陵为例"。

[2] 宿白：《北魏洛阳城和北邙陵墓——鲜卑遗迹辑录之三》，《文物》1978 年第 7 期，第 49～50 页。

[3] 马忠理：《磁县北朝墓群——东魏北齐陵墓兆域考》，《文物》1994 年第 11 期，第 67 页。

[4] 洛阳市第二文物工作队：《北魏孝文帝长陵的调查和钻探——"洛阳邙山陵墓群考古调查与勘测"项目工作报告》，《文物》2005 年第 7 期，第 61 页；后收入洛阳师范学院、河洛文化国际研究中心编《洛阳考古集成·秦汉魏晋南北朝卷》，北京图书馆出版社，2007 年，第 1145 页。

阳城有关[1]。不知这个理念是否曾给予阎立德灵感？

　　模仿帝都长安城是唐陵的总体设计思想，这一点从昭陵陪葬墓地可以很明显地得到印证。昭陵陪葬墓地巧妙地通过墓主人身份及其墓位的有机结合，两度仿效唐长安城的宫城与皇城两部分。昭陵的这种表现手法虽然在后来的唐陵中未能得以再现，但这种内涵应依然被沿用。比如，从现有的几幅实测图可以明显地获得唐陵陵园模仿长安城平面的印象，而在唐陵中存在突出大明宫形状的现象，则使这一印象更为强烈。唐陵玄宫石室规制模仿三朝三殿建制的做法也支持了这一观点。李端《代宗挽歌》云："祖庭三献罢，严卫百灵朝。警跸移前殿，宫车上渭桥。寒霜凝羽葆，野吹咽笳箫。已向新京兆，谁云天路遥。"[2]可知唐人也是将皇帝陵寝视作另一个帝都的。

---

[1]　详见附四"陵墓与政治——以永固陵与北朝帝陵为例"。

[2]　《全唐诗》卷二八五，第3266～3267页。

附四　　　　陵墓与政治——以永固陵与北朝帝陵为例

中国古代王朝几乎都存在这么一个现象,因都城的迁移而形成相应的陵区。北魏政权也不例外,随着汉化政策的进一步推行,它不但实时地建立了新的政权中心,而且相应地形成盛乐(和林格尔附近)金陵、平城方山以及洛阳瀍西等三个帝陵区。前述陵区除了金陵陵区迄今尚未能有确切的考古学论证外[1],余二者都有调查或发掘,且不乏相应之研究[2]。本文仅考察方山永固陵之选址、特征及其对北朝陵墓制度的影响,试图揭示它的象征含义及其在北朝政治史中的意义。

---

[1] 李俊清:《北魏金陵地理位置的初步考察》,《文物季刊》1990年第1期,第38、67～74页;张焯:《北魏金陵考索》,《大同职业技术学院学报》(社科版)1994年第2期,第59～61页;〔日〕松下宪一:《"定襄之盛楽"と"雲中之盛楽"——鲜卑拓跋国家の都城と陵墓》,《史朋》40号,2007年,第1～22页;〔日〕松下宪一:《拓跋鲜卑的都城与陵墓——以呼和浩特地区为中心》,王庆宪译,《草原文物》2011年第1期,第111～120页。古鸿飞:《北魏金陵初探》,《山西大同大学学报》(社科版)2008年第5期,第38～42页;后收入《北魏平城研究文集》,太原:山西人民出版社,2008年,第105～117页。刘溢海:《北魏金陵探究》,《北朝史研究》第6辑,北京:科学出版社,2008年,第94～103页。

[2] 〔日〕水野清一:《方山永固陵と萬年堂》,《東洋史研究》第4卷第4、5号,1939年,第93页。〔日〕小林知生:《大同北方方山に於ける北魏時代の遺蹟》,《考古學雜誌》第29卷第8号,1939年,第50页;《東亞考古學會北魏平城址調查概報》,《考古學雜誌》第29卷第10号,1939年,第74～75页。〔日〕水野清一、長廣敏雄:《大同近傍調查記》,载所撰《雲岡石窟》第16卷,京都大學人文科學研究所,1956年;大同市博物馆、山西省文物工作委员会:《大同方山北魏永固陵》,《文物》1978年第7期,第29～35页;宿白:《北魏洛阳城和北邙陵墓——鲜卑遗迹辑录之三》,《文物》1978年第7期,第42～52页;〔日〕村元健一:《北魏永固陵の造営》,《古代文化》第52卷第2号,2000年,第18～28页。张庆捷:《北魏永固陵的考察与探讨》,《古代文明研究通讯》(2003年)第19期,第16～29页;亦载郎保利主编《而立集》,北京:科学出版社,2009年;后收入所撰《民族汇聚于文明互动——北朝社会的考古学观察》,北京:商务印书馆,2010年,第257～282页。胡平、谢廷琦、焦强:《大同思远佛寺遗址考古发掘成果斐然》,《中国文物报》2004年10月1日第2版;〔日〕岡村秀典、向井佑介:《北魏方山永固陵の研究:東亞考古學會一九三九年收集品を中心として》,《東方學報》(京都)第80册(2007):第69～150页;大同市博物馆:《大同北魏方山思远佛寺遗址发掘报告》,《文物》2007年第4期,第4～26页。

一 平城北部方山一带形胜

方山意指顶部平坦的山，在南北朝时期南北方都存在名为"方山"的山岭，且多具军事之战略意义。南朝见诸文献的稍列举如次：

《南齐书》卷二六《王敬则传》云：

> 竟陵王子良启曰："……石头以外，裁足自供府州，方山以东，深关朝廷根本。夫股肱重要，不可不恤。"[1]

又同书卷三一《荀伯玉传》云：

> 太祖还至方山，日暮将泊。[2]

又同书卷四四《徐孝嗣传》云：

> 其年，上敕仪曹令史陈淑、王景之、朱玄真、陈义民撰江左以来仪典，令谘受孝嗣。明年，迁太子詹事。从世祖幸方山。上曰："朕经始此山之南，复为离宫之所。故应有迈灵丘。"灵丘山湖，新林苑也。孝嗣答曰："绕黄山，款牛首，乃盛汉之事。今江南未旷，民亦劳止，愿陛下少更留神。"上竟无所修立。[3]

但在今天，这些方山都已湮没无闻，除了大同北部之方山因为永固陵的存在而为人所熟知，方山亦已成为今大同城北的西寺儿梁山的专称（图附4-1）。该山地势高耸，顶部一马平川，极为平坦，又有采梁山和孤山于其南夹峙左右，

---

[1] 《南齐书》，第482～483页。

[2] 《南齐书》，第573页。

[3] 《南齐书》，第772页。

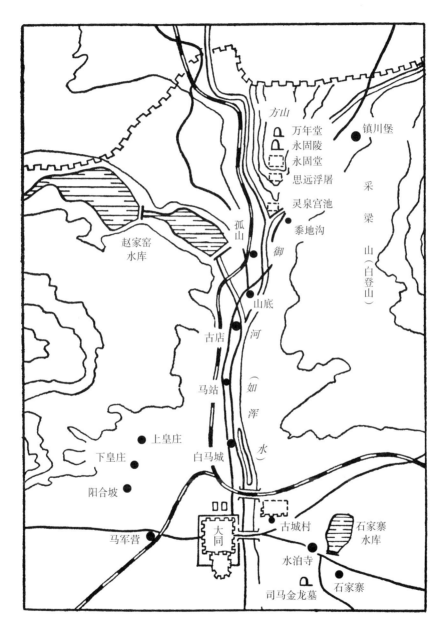

图附4-1 方山永固陵位置示意图

据大同市博物馆、山西省文物工作委员会《大同方山北魏永固陵》,《文物》1978 年第 7 期,第 29 页图一改制

颇为壮观。方山及其附近的地貌使它成为唯一一处与《山海经》所载方山之意吻合的形胜之地。

《山海经》卷一六《大荒西经》云：

> 西海之外，大荒之中，有方山者，上有青树，名曰柜格之松，日月所出入也。[1]

又《艺文类聚》卷一《天部上》"月"条引《山海经》云：

> 大荒之中，有方山，日月所出入也。[2]

《山海经》中不乏有日、月或出或入之山的记载，但方山是其中唯一一座为日月出入的山。这一点是方山在《山海经》所载诸山中最为典型的特征，可见其突出的特殊性。《水经注》则进一步为我们揭露了方山一带形胜的奥秘。《水经注》卷一三"漯水"条云：

> 〔方〕岭（即方山）上有文明太皇太后陵，陵之东北有高祖陵（即孝文帝陵），二陵之南有永固堂（案：永固堂为文明太后清庙），堂之四周隅，雉列榭、阶、栏、槛，及扉、户、梁、壁、椽、瓦，悉文石也。檐前四柱，采洛阳之八风谷黑石为之，雕镂隐起，以金银间云矩，有若锦焉。堂之内外，四侧结两石跌，张青石屏风，以文石为缘，并隐起忠孝之容，题刻贞顺之名。庙前镌石为碑、兽，碑石至佳。左右列柏，四周迷禽暗日。院外西侧，有思远灵图，图之西有斋堂，南门表二石阙，阙下斩山，累结御路，下望灵泉宫池，皎若圆镜矣。如浑水又南至灵泉池（即原天渊池），……〔池〕南面旧京，北背方岭，左右山原（案：指採梁山与孤山），亭观绣

---

[1]　袁珂校注：《山海经校注》，成都：巴蜀书社，1996 年，第 451 页。

[2]　〔唐〕欧阳询：《艺文类聚》，汪绍楹校，上海古籍出版社，1965 年，第 7 页。

峄。方湖反景，若三山之倒水下。[1]

"敬鬼神，祠天地日月星辰山川及先大人有健名者"[2]是乌桓、鲜卑的民族习俗。方山是唯一一座日月升降的山，自然的形势与经典记载相互吻合，于是方山一带便得到北魏王朝早期统治者的青睐和刻意经营。太和三年（479年）六月，"起文石室、灵泉殿于方山"[3]；七月乙亥（7月9日）[4]，"又于方山太祖营垒之处，建思远寺"[5]。其中最为主要的举措便是巧妙地利用方山一带三山倚靠的地形，又在方山之南挖掘了所谓的天渊池，并引导如浑水注入。于是，形成"方湖反景，若三山之倒水下"的人间仙境。永固陵南前的御道又正对着天渊池，于是在求仙神话的驱使下，自然的形胜加上人工的经营使得它们形成了一个有机的组合，并成为北魏王朝的一个重要的政治活动场所。

海上仙山的神话始于《列子·汤问》，经过徐市的大肆宣扬和海外求仙的活动而影响深远，不绝于世。在宫廷苑囿营建海上三山的景观长期以来一直是帝王的一个追求。《宋书》卷六六《何尚之传》云：

> 是岁（二十二年）造玄武湖，上（宋太祖）欲于湖中立方丈、蓬莱、瀛洲三神山，〔何〕尚之固谏乃止。[6]

隋炀帝幻想长生享乐，曾在其栖居的洛阳西苑挖湖修造蓬莱、方丈、瀛洲三神山的假山，在那里做模拟求取神仙仙药的游戏。在这些事件中最为著名的要数汉武帝元狩三年（公元前120年）于汉长安城西南开凿昆明池。是年，武帝将讨昆明，昆明有滇池方三百里，乃作昆明池以习水战，发谪史穿昆明池，列馆环之。《汉书》卷八七上《扬雄传》云：

---

[1]　《水经注校证》，第321～322页。

[2]　《后汉书》卷一二〇《乌桓鲜卑列传》，第2980页。

[3]　《魏书》卷七上《高祖纪上》，第147页。

[4]　《魏书》卷七上《高祖纪上》，第147页。

[5]　《魏书》卷一一四《释老志》，第3039页。

[6]　《宋书》，第1734页。

　　　　武帝广开上林，南至宜春、鼎胡、御宿、昆吾，旁南山而西，至长杨、
　　五柞，北绕黄山，濒渭而东，周袤数百里。穿昆明池象滇河，营建章、凤
　　阙、神明、驮娑，渐台、泰液象海水周流方丈、瀛洲、蓬莱。游观侈靡，
　　穷妙极丽。[1]

　　前引《水经注》卷一三"漯水"条亦云天渊池"南面旧京，北背方岭，左右山
原，亭观绣峙。方湖反景，若三山之倒水下"，可见方山与昆明池有异曲同工
之妙。可以说，方山一带形胜是对汉武帝昆明池景观的摹写，却要远比昆明池
来得高明。昆明池是在池中营造具体的建筑，而方山则利用三座山相对位置的
倒影于天渊池中，从而营造出望之而不可得的神话意象。

　　西向郊天是胡族的传统礼俗，拓跋鲜卑四月祭天之制起源甚早。拓跋力微
三十九年（258年）四月，"祭天，诸部君长皆来助祭，……远近肃然，莫不
震慑"[2]。这或者是拓跋部西郊祭天之制的创始[3]。平城西部郊天坛便是为择
时召集部落大会而设，而且还拟镌碑纪念。虽然目前还无法确定是穆帝还是祈
后所筑，但都是为了西向设祭，告天成礼的目的是一样的[4]。西晋十六国前期
各项制度以及它们所承继的汉代至西晋的制度，均可视为北魏天兴初新制的渊
源。杂糅鲜卑旧俗与汉制而形成的天兴制度，一定程度上反映了道武帝拓跋珪
本人既急于利用汉文化，又欲保持本民族特质的实际态度[5]。天兴"二年（399
年）正月，〔道武〕帝亲祀上帝于南郊"[6]，但是，天赐二年（405年）拓跋
珪又采取了西郊祭天的制度。大概道武帝建都平城时期，祭天礼俗犹胡汉并存；
迁洛以后，南北郊制度才完全取代西郊祭天的胡俗[7]。正是代表不同文化取向

[1]　《汉书》，第3541页。

[2]　《魏书》卷一《序纪》，第3页。

[3]　何德章：《北魏初年的汉化制度与天赐二年的倒退》，《中国史研究》2001年第2期，第33页。

[4]　田余庆：《文献所见代北东部若干拓跋史迹的探讨》，载所撰《拓跋史探》，北京：生活·读书·新
　　　知三联书店，2003年，第253页。

[5]　何德章：《北魏初年的汉化制度与天赐二年的倒退》，第30～31页。案，北魏早期的文化和政治
　　　形态可参逯耀东《从平城到洛阳——拓跋魏文化转变的历程》，北京：中华书局，2006年。

[6]　《魏书》卷一〇八之一《礼志》，第2734页。

[7]　康乐：《从西郊到南郊——国家祭典与北魏政治》第五章，台北：稻禾出版社，1995年，第165～206页。

的西郊和南郊国家祭典的如斯反复不定，一个标志性建筑的重新树立和标榜在早期国家进程中才益发迫切和必要。方山一带形胜的营造无疑与此有莫大关联，它通过将汉文化的文本营造成活生生的客观存在，从而给人以巨大的感官和精神震撼。这对南郊祭天之制的实施亦将起到事半功倍的推动效用。确实，北魏统治者在营造方山形胜的同时，此刻在方山一带的活动也十分活跃。除了频幸方山之外，冯太后与孝文帝还在灵泉池举行重大活动，"燕群臣及藩国使人、诸方渠帅，各令为其方舞"[1]。每临大事，诸如亲政、迁都、废太子等都要反复谒永固陵，频繁去祖先墓地。从太和十四年（490 年）九月文明太后冯氏卒至二十年废太子恂，孝文帝共谒永固陵达十二次之多。而当方山地位因当权者的刻意而逐渐巩固、上升，也就意味着统治者对它所代表的汉文化政策倾向的坚持和继续。至此，北魏营造方山的用意便与欲采用汉文化政策有着莫大的关系了，它无疑是北魏早期国家进程中应运而生的具有汉文化标志意义的国家礼仪建筑。这一点也正是矢意推行汉化政策的文明太后青睐它的一个重要原因。她充分利用自己的政治身份和强大的影响力，又试图通过一座充满汉文化因素的陵墓建筑进一步将此定为不变的基本国策。也正是方山在北魏早期政治文化中的这种地位，才使得具有汉文化帝陵建筑元素的永固陵具有了深远的政治影响力。

二　选址方山

汉魏以来确有帝王生前选定陵址、豫营寿陵的传统[2]。北魏方山永固陵和万年堂是同时期建造的两座陵墓[3]，《魏书》卷一三《皇后列传》云：

〔承明元年，476 年〕太后与高祖游于方山，顾瞻川阜，有终焉之志，

---

[1]　《魏书》，第 329 页。

[2]　详见本书贰"关中唐陵陵地秩序"。

[3]　大同市博物馆、山西省文物工作委员会：《大同方山北魏永固陵》，《文物》1978 年第 7 期，第 29～35 页。

因谓群臣曰："舜葬苍梧，二妃不从。岂必远祔山陵，然后为贵哉！吾百年之后，神其安此。"高祖乃诏有司营建寿陵于方山，又起永固石室，将终为清庙焉。太和五年起作，八年而成，刊石立碑，颂太后功德。[1]

476 年，冯太后与孝文帝携游方山，是冯太后属意以方山为茔的开始。太和三年（479 年）起灵泉殿于方山，大概是冯太后以方山为茔的前奏。其后数年中，冯太后与孝文帝频幸方山时并幸灵泉池 [2]。现知灵泉池中心在永固陵正南 4.75 公里，灵泉宫中心区在永固陵南略偏东 4.5 公里 [3]。太和五年（481 年），冯太后寿宫工程启动，至太和十三年竣工。太和十五年，冯太后遂长眠于此。同时，孝文帝拓跋宏也在这里营建寿陵（万年堂）。太和十八年（494 年），迁洛后孝文帝又在北邙瀍西营建陵园。《魏书》卷一三《皇后列传》云：

> 初，高祖孝于太后，乃于永固陵东北里余，豫营寿宫，有终焉瞻望之志。及迁洛阳，乃自表瀍西以为山园之所，而方山虚宫至今犹存，号曰"万年堂"云。[4]

从太和三年八月到太和十四年四月，孝文帝行幸方山和灵泉宫池仅见于史载的便多达二十一次之多 [5]。这些都是北魏着意经营陵寝的表现。

据考证，桓帝祁皇后死后便葬在方山。后由于拓跋统胤改变，祈后后嗣未成北魏帝宗，由此导致祈后墓在纷乱的争斗中已荡然无存，只余地名而已 [6]。在拓跋部从野蛮走向文明的过程中，祁皇后曾扮演过重要角色。这一点跟文明太后在推行汉化过程中的重要作用是别无二致的。但是，如果说是这种相同的

---

[1] 《魏书》，第 328 ～ 329 页。

[2] 田余庆：《文献所见代北东部若干拓跋史迹的探讨》，《拓跋史探》，第 249 页。

[3] 殷宪：《北魏灵泉宫池寻访记》，《中国文物报》2007 年 2 月 23 日第 4 版。

[4] 《魏书》，第 330 页。

[5] 〔日〕冈村秀典、向井佑介：《北魏方山永固陵の研究：東亞考古學會一九三九年收集品を中心として》，《東方學報》（京都）第 80 册（2007）：第 129 ～ 130 页。

[6] 田余庆：《文献所见代北东部若干拓跋史迹的探讨》，第 245 ～ 246 页。

历史感的共鸣是文明太后决意此地的原因，似乎过于牵强。从当年桓帝所营其父文帝与其母封后墓在此，以后桓帝祈后墓也在近处的方山之上，还不如说这一带是拓跋皇室继金陵之后在代北东部的又一个陵区[1]。这不仅可以反过来论证拓跋皇室对方山一带刻意经营的用心所在，而且文明太后的选址于此也就顺理成章了。

统治者的任何举措都有其实在的现实政治意义，丧葬仪式也不例外，甚至埋葬便是重大的政治活动，而非简单的瘗埋活动。如北魏桓帝利用葬母，诸部"应期顺会"之事，二十余万与会者中除了草原诸部族以外，还包括西晋有关的王公牧守所派遣的使者，这在拓跋历史上是仅见的。实际上是桓帝借葬母之会大事张扬，以凸显自己的能力和权威，要求草原各部效忠，并最终一举获得成功[2]。北魏的汉化改革自始至终都受到来自内部的巨大阻力，可谓步履维艰。正是在如此特殊的政治环境中，永固陵才强烈地成为政治的物化。反过来，它也通过自己的建筑元素向各个阶层表明了王朝今后的方向，并通过物化——即帝陵的形式将它固化。同时，还体现在胡汉礼仪之争。孝文帝采用汉礼来主持文明太后的丧礼。关于文明太后的丧礼，鲜卑贵族拓跋丕建议依照鲜卑旧俗。对魏孝文居文明太后丧服缌服的问题也有争议，《资治通鉴》记载了这次君臣间表现在丧礼上的胡汉之争。同书卷一三七"九月，癸丑（490 年 10 月 17 日），魏太后冯氏殂"条云：

> 　　太尉〔拓跋〕丕曰："臣与尉元历事五帝，魏家故事，尤讳之后三月，必迎神于西，禳恶于北，具行吉礼，自皇始以来，未之或改。"帝曰："若能以道事神，不迎自至；苟失仁义，虽迎不来。此乃平日所不当行，况居丧乎！朕在不言之地，不应如此喋喋；但公卿执夺朕情，遂成往复，追用悲绝。"遂号恸，群官亦哭而辞出。[3]

---

[1]　田余庆：《文献所见代北东部若干拓跋史迹的探讨》，《拓跋史探》，第 249 页。

[2]　田余庆：《文献所见代北东部若干拓跋史迹的探讨》，第 248～251 页。

[3]　《资治通鉴》，第 4301～4302 页。

习俗的改变是比较缓慢的，北魏早期郊天祭典的反复便是典型事例。因此，作
为政权的决策者当然要得其环中，以应无穷。

通过一系列人为的独具匠心的经营，诸多因素都巧妙地指向方山，从而使得
方山成为一个强烈的政治符号。这一切又以永固陵的建造臻于高峰，并凝固下来。

三　胡汉杂糅的永固陵

永固陵中胡汉因素杂糅的现象正反映了汉化过程中的北魏政权的特点，而
汉文化因素的大量增加则是与孝文帝改革的进程、力度相对称的。

《宋书》卷九五《索虏传》云："死则潜埋，无坟垄处所。"[1] 从目前考
古发现的鲜卑早期墓葬来看，都属于潜埋。拓跋鲜卑的金陵陵区，迄今未能有
考古学的证据，说明拓跋部也实行潜埋，无坟垄处所。永固陵之前的方山陵区
亦未能有所发现，这样一比较便可发现永固陵的出现所凸显的政治文化意义。

经勘察，永固陵封土前为一座围绕回廊的方形塔基遗址，再前又有一处平
面呈方形的建筑遗迹。这便是所谓思远灵图遗址 [2]。永固陵由墓道、前室、甬
道和后室等四部分组成。而采用西汉帝陵方上的封土形式无疑是对汉文化的认
同和肯定，同时也是对胡俗的摒弃。

永固陵为弧方形双室砖墓，每单室平面近方形，四角攒尖顶，四壁呈外凸
弧线形，这种形制魏晋以来广泛流行于中原地区。万年堂的结构与永固陵相同，
只是规模稍小，不同的是建有三道门，用砖封闭。

《水经注》卷一三"漯水"条详尽记录了永固陵的地面建筑与布局，经常
被研究者不断地引用，兹不赘述。还需要指出的是，南方六朝陵墓采用"背倚
山峰，面临平原"的葬法，即葬地均选在山麓、山腰和山上，而地面建筑如石

---

[1]　《宋书》，第 2322 页。

[2]　详悉宿白《东汉魏晋南北朝佛寺布局初探》，《庆祝邓广铭教授九十华诞论文集》，石家庄：河北
　　教育出版社，1997 年，第 34 ～ 35 页；张庆捷《北魏永固陵的考察与探讨》，《古代文明研究通讯》
　　（2003 年）第 19 期，第 20 ～ 21 页；大同市博物馆《大同北魏方山思远佛寺遗址发掘报告》，《文
　　物》2007 年第 4 期，第 4 ～ 26 页。

刻等均在平地，已成规则。永固陵的做法显然与此不同。

在永固陵、万年堂南面的永固堂为永固陵的祠庙建筑，它一方面沿用了鲜卑族凿石为祖宗之庙的遗风，另一方面又采纳了东汉以来在陵前建筑石殿、石阙、石兽、石碑的做法[1]。东汉从明帝显节陵开始，不置陵邑，不建原庙。陵园四周不筑垣墙，改用行马。陵园内坟丘之前建石殿。而由文献记载可知东汉豪强士族墓地有城开四门，并在四门列立石雕的例证[2]。这些因素有机地融汇成永固陵的组成部分。在永固堂内外四侧尚有石屏，其上有"隐起忠孝，题刻贞顺之名"等儒家题材。这是汉文化的核心之一，此举亦是中国陵墓石刻石屏风的开始。

如前所言，在永固陵陵地上第一次出现佛寺。《魏书》卷七上《高祖本纪》说太和八年（485年）秋七月乙未，孝文帝行幸方山石窟寺[3]。《魏书》卷一一四《释老志》载孝文帝：

> 太和元年二月，幸永宁寺设斋，赦死罪囚。三月，又幸永宁寺设会，行道听讲，命中、秘二省与僧徒讨论佛义，施僧衣服、宝器有差。又于方山太祖（道武皇帝）营垒之处，建思远寺。[4]

当然它跟北魏统治者的佞佛有密切关系，这是跟云冈石窟之昙曜五窟一脉相承的。

不仅如此，永固陵的建筑风格还受到当时流行的佛教的影响。在陵中门洞、通道、券顶有大量的石雕，与云冈石窟中部窟群在题材和手法等艺术特征上极为相似。

---

[1] 罗宗真：《魏晋南北朝考古》，第81页。

[2] 如，《水经注》卷二二"洧水"条载汉弘农太守张伯雅墓云："茔域四周，垒石为垣，隅阿相降，列于绥水之阴。庚门表二石阙，夹对石兽于阙下。冢前有石庙，列植三碑。碑云：'德字伯雅，河南密人也。'碑侧树两石人，有数石柱及诸石兽矣。"同书卷三一"漫水"条又记载汉故中长侍太仆吉苞墓云："冢前有碑，基西枕冈城，开四门，门有两石兽。"详见《水经注校证》，第518、724页。

[3] 《魏书》，第154页。

[4] 《魏书》，第3039页。

此外，永固陵墓壁用三重砖砌，在两道石券门的里外及甬道中间共设置五堵封闭砖墙，发掘时仅存甬道南端石门外的一堵，墙厚 1.08 米。在石砌墓道内及距墓室外约 5 米处四周填有许多大大小小的石块。墓室南部墓道内堆积的石块较多，显然是为防盗而设置的。墓道封门石、填充石头的做法无疑是考虑周全的设计，也多见于汉文化的墓葬。永固陵所开创的寺庙结合、石屏都被后来的中原帝王陵所汲取，成为此后帝陵陵园地面建筑的重要组成。墓道封门石、填充石头的做法亦出现在后世的帝王陵中，如唐代帝陵和南唐二陵。

作为永固陵陪葬墓的万年堂，位于永固陵的东北方位。这种相对关系恰是鲜卑墓地族葬模式之一，并被后来北朝帝王园陵制度所继承。

四　永固陵对北朝陵墓的影响

方山永固陵成为一个明确的政治符号，这就是王朝对汉化政策矢志不移地推行。它也对北朝政治产生长时段的影响。孝文帝太和十四年曾颁布诏书，具体规定帝后陵墓制度。《魏书》卷一三《皇后列传》云：

〔太和十四年〕诏曰："尊旨从俭，不申罔极之痛；称情允礼，仰损俭训之德。进退思惟，倍用崩感。又山陵之节，亦有成命，内则方丈，外裁揜坎，脱于孝子之心有所不尽者，室中可二丈，坟不得过三十余步。今以山陵万世所仰，复广为六十步。辜负遗旨，益以痛绝。其幽房大小，棺椁质约，不设明器。至于素帐、缦茵、瓷瓦之物，亦皆不置。此则遵先志，从册令，俱奉遗事。而有从有违，未达者或以致怪。梓宫之里，玄堂之内，圣灵所凭，是以一一奉遵，仰昭俭德。其余外事，有所不从，以尽痛慕之情。其宣示远近，著告群司，上明俭诲之善，下彰违命之失。"及卒哭，孝文服衰，近臣从服，三司已下外臣衰服者，变服就练，七品已下尽除即吉。设祔祭于太和殿，公卿已下始亲公事。高祖毁瘠，绝酒肉，不内御者三年。[1]

---

[1]　《魏书》，第 330 页。

实际上，太和十四年诏书有关陵墓制度的精神，自太和初年即已形成或基本形成。永固陵和宣武帝景陵的墓冢、墓室规模非常接近，二者在墓葬形制、结构及残存随葬器物等方面存在不少共同点，表现了自太和初年至延昌四年（515年）这三十余年北魏帝后墓葬的一般特征和格调[1]。迁洛后，北魏的陵墓制度呈现出更多的汉文化制度的影响。与平城时期的方山永固陵相比，陵寝制度的变化当发生在孝文帝长陵阶段而非宣武帝景陵阶段，长陵的构建奠定了迁洛时期的帝陵制度的基础，而景陵不过是这一基础的延续。这说明北魏王朝汉化程度比起平城时期有所加深，同时陵寝制度又有了新的发展[2]。但是，从瀍西陵区仍可以看到浓厚的代北旧习，从中不难感受到北魏统治者在汉化过程中，欲图保持其种族与文化特质的矛盾心理和良苦用心。实际上，这种矛盾的心理始终伴随着拓跋鲜卑早期的历史。

孝文帝迁洛以后，"自表瀍西以为山园之所"，在北邙开始营建新的陵区。方山陵区的因素在此继续得到保持。现有的研究表明，洛阳瀍西北魏陵墓的布局是有一定的规划和安排的，并可进一步推测它们都应是井然有序的（图附4-2）。其一，孝文帝拓跋宏长陵为祖坟，其子恪（宣武）景陵在它的右前方，恪子诩（孝明）定陵在距长陵较远的左前方。此外，拓跋宏子怿与宏孙宝月墓位分别位于长陵的直前的左侧、右侧；其二，孝文帝拓跋宏及其诸世祖子孙墓地中父子（女）墓葬的排列有以下四种方式：父为祖坟，子墓位祖坟的左前方、左后方、右前方或左前方。这四种墓例，方式虽异，但左右次第为序是和第一相同的。而外围的帝族、勋旧等墓地的排列，大约也不出此四种方式。洛阳这样北魏墓地的出现，自然与中原旧制无关，而是渊源于原始残余较重的代北旧习[3]。通过对磁县东魏北齐陵墓兆域的考察，发现这一时期内父与子、兄与弟

[1] 中国社会科学院考古研究所洛阳汉魏城队、洛阳古墓博物馆：《北魏宣武帝景陵发掘报告》，《考古》1994年第9期，第813、814页。后收入洛阳师范学院、河洛文化国际研究中心编《洛阳考古集成·秦汉魏晋南北朝卷》，北京图书馆出版社，2007年，第1108～1109页。

[2] 洛阳市第二文物工作队：《北魏孝文帝长陵的调查和钻探——"洛阳邙山陵墓群考古调查与勘测"项目工作报告》，《文物》2005年第7期，第62页；后收入《洛阳考古集成·秦汉魏晋南北朝卷》，第1145～1146页。

[3] 宿白：《北魏洛阳城和北邙陵墓——鲜卑遗迹辑录之三》，《文物》1978年第7期，第49～50页。

图附4-2　洛阳北郊北魏皇室墓地布局示意图

据宿白《北魏洛阳城和北邙陵墓——鲜卑遗迹辑录之三》，《文物》1978 年第 7 期，第 47 页图二改制

的墓葬排列顺序大体有如下规则。第一，父子墓序，长辈在南（前），晚辈在北（后）；第二，兄弟墓序，皇陵除外，一般自东向西，即自左向右布列。但有的亦由于地势原因而有不同。但是，无论如何父子墓序不变[1]。不难发现这只是部分地继承了北魏北邙陵墓布局制度。而六朝时期南京地区的族葬中则采取尊者居右、居前或居中的排葬方法，这与当时的社会制度、生活习尚等方面有着密切的联系[2]。此为南北朝时期族葬形式之概貌。

孝文帝长陵在今孟津县官庄村，文昭皇后高氏陵在其西北，两个坟丘前后相望。瀍河以西成为北魏帝陵之域，而其他北魏墓葬则皆在瀍河以东。瀍东距长陵最近的墓区是位于长陵左前方的"龙岗"高地，孝文帝的近支皇族葬于此。其次在龙岗高地坡下，为妃嫔葬地。在瀍东长陵左侧的外围，则是"九姓帝族""勋旧八姓"[3]。北魏洛阳北邙墓区的布局，保留着原始氏族族葬的遗风，与汉代以来帝陵的陪葬制度有所区别[4]。丧葬形式跟一个民族的习俗乃至信仰紧密关联，同一个陵区呈现出两种文化元素，种族、文化以及文化政策的关系让人深思。目前已经知道，北魏长陵陪葬墓大体以长陵为中心而分布在陵址的西北、北、东和东南四面。北魏文昭皇太后的山陵志出于小冢，志石却铭刻"祔葬于高祖长陵之右"，这进一步表明长陵陵址位于这些祔葬墓的中央[5]。磁县东魏北齐皇陵继承了这一传统。在该墓地中异姓勋贵茔地的方位亦在元魏、高齐两大皇陵四周。它们既有陪陵的性质，又有豪强大族"聚族而葬"的性质[6]。唐昭陵陪葬墓主人也是功臣密戚、妃嫔，也分布在陵山的南、东南、西南等方位。

根据钻探、调查和解剖的情况来看，长陵陵园平面近方形，东西长 443 米、

[1] 马忠理：《磁县北朝墓群——东魏北齐陵墓兆域考》，《文物》1994 年第 11 期，第 67 页。

[2] 李蔚然：《论南京地区六朝墓的葬地选择和排葬方法》，《考古》1983 年第 4 期，第 345 页。

[3] 宿白：《北魏洛阳城和北邙陵墓——鲜卑遗迹辑录之三》，《文物》1978 年第 7 期，第 48 ～ 49 页。

[4] 徐苹芳：《中国秦汉魏晋南北朝时代的陵园和茔域》，《考古》1981 年第 6 期，第 525 页；后以《秦汉魏晋南北朝时代的陵园和茔域》为名收入《中国历史考古学论丛》，第 269 页。

[5] 河南省文化局文物工作队：《洛阳北魏长陵遗址调查》，《考古》1966 年第 3 期，第 155 ～ 158 页。案，文中"祔葬墓"的说法不妥，宜以"陪葬墓"或"从葬墓"为宜。

[6] 马忠理：《磁县北朝墓群——东魏北齐陵墓兆域考》，第 67 页。

南北宽 390 米，面积 17 万余平方米。陵园四周构筑有夯土垣墙，垣墙外侧挖建壕沟，垣墙的正中开设陵门。其中南门保存相对较好，为三门道牌坊式。陵园内有两座陵寝，应属异穴合葬。孝文帝陵（大冢）位于中轴线偏北部。夯筑结构特殊，封土外侧下叠压一条环形夯土沟。墓道向南，为长斜坡式。封土南侧 21 米处有两个对称的石磉，当为石人基座。再向南 46 米有两个对称的长条形竖穴方坑，恐为石兽基座。墓道、石磉、方坑在一条轴线上，此应为原神道位置。文昭皇后陵（小冢）位于孝文帝陵的西北约 106 米处，封土地南侧发现长斜坡墓道，但没有明显的神道遗迹。陵园内发现建筑基址三座，建筑堆积一处。建筑基址位于大冢和小冢的东南方 60 ～ 90 米附近，其中文昭皇后陵的东南有两处，孝文帝陵的东南虽经反复核查，只发现一处。三座建筑基址形制特殊，平面形状不规则，边缘带有明显的锯齿状。钻探表明是建筑的基槽部分，规模均不大，推测与祭祀有关。长陵陵园遗址具有明显的中原地区陵寝制度的特点。例如圆形的封土，方形的陵园平面，四面构筑夯土垣墙，园内建有祭祀建筑。与洛阳邙山地区的东汉帝陵和高级别的东汉大墓相比，二者之间存在着明显的继承关系[1]。长陵陵园垣墙外修建壕沟，恐与模仿洛阳城河流周流城郭之情状有关。若此，则有意模仿都城是长陵的一个重要理念。无疑这是北朝帝王陵寝规划中出现的新元素。

北魏瀍西帝陵前新设置石人、石兽。在帝陵前竖立高大武装石人，还是首见。1976 年冬，在洛阳邙山砦村北魏孝庄帝静陵南 12 米处挖出石狮、石人、石人头各一。石人高 3.14 米，笼冠襦裙，双手执剑于胸前，应是立于神道两侧的侍卫者。据当地群众讲，冢前还有其他石刻，今已不知下落[2]。石蹲狮高 1.06 米，昂首挺胸，前肢直伸，很端庄地蹲坐在长方形底座上，对唐代以后陵墓前置石蹲狮的制度影响很大[3]。宣武帝景陵封土为圆锥形，底径 105 ～ 110 米，高约

[1]　洛阳市第二文物工作队：《北魏孝文帝长陵的调查和钻探——"洛阳邙山陵墓群考古调查与勘测"项目工作报告》，《文物》2005 年第 7 期，第 61 ～ 62 页；后收入《洛阳考古集成·秦汉魏晋南北朝卷》，第 1145 ～ 1146 页。

[2]　陈长安：《简述帝王陵墓的殉葬、俑坑与石刻》，《中原文物》1985 年第 4 期，第 75 页；黄明兰：《洛阳北魏景陵位置的确定和静陵位置的推测》，《文物》1978 年第 7 期，第 39 页，第 41 页图五 - 七。

[3]　刘凤君：《东汉南朝陵墓前石兽造型初探》，《考古与文物》1986 年第 3 期，第 87 页。

24 米。坟丘南 10 米处有一头部已断之石人，其颈部以下高 2.89 米，估计原高达 3 米多。其墓道朝南，水平长 40.6 米。北魏迁洛后墓室用砖有了规定，并一直沿用至北朝末期。景陵用五层砖，厚达 2 米以上，为弧方形单室墓，攒尖顶，与永固陵相似。五层封门砖，里有一石门。墓室西部见一石棺，东放随葬品，出土不少具有浓厚南方青瓷风格的青瓷器[1]，如青瓷唾壶、盘口壶、鸡首壶等。再一处是陕西富平县西魏文帝元宝炬永陵神道的一对石兽。永陵石兽头部如兽、方额小耳、阔唇露齿、身如牛状、长尾、两侧有阴雕双翼、四足为马蹄形，在石雕头部正上方发现一个人工雕凿的长方形深槽，这正是当初安装独角的地方。从永陵石兽的基本形态来看，独角、长齿、牛身等应当属于传说中的"天鹿（禄）"[2]。实际也就是麒麟。其造型浑朴写实，雕刻技法简练娴熟。20 世纪 80 年代发掘的磁县湾漳北朝墓 M106，从墓葬形制、出土遗物和壁画等方面考虑，很可能是北齐高洋的武宁陵[3]，在墓室南有神道和一对石人立像。其一没入土中，其一面部残毁，双手置前胸，作笼袖状。在神道东西两侧各发现一个夯土建筑基址，但虽反复钻探仍未能发现陵园的围墙[4]。这应该都是肇始于孝文帝长陵的神道新制。

　　文献记载有关秦汉陵墓石刻不少。《西京杂记》最早记载秦始皇陵有石刻[5]，但迄今尚未发现，其真实与否不清。墓前竖立石人当始自东汉，今能看到的以山东为最多。但是纵观东汉墓前石人形象，均为一侍从者，一守卫者[6]。北魏瀍西陵地神道出现石人应受此风影响。东汉墓前神道两侧发现的石兽，有据可查的只是些郡太守或相当于和略高于郡太守一级的高级官吏。这种

---

[1]　中国社会科学院考古研究所洛阳汉魏城队、洛阳古墓博物馆：《北魏宣武帝景陵发掘报告》，《考古》
　　　1994 年第 9 期，第 801～814 页；后收入《洛阳考古集成·秦汉魏晋南北朝卷》，第 1094～1109 页。

[2]　赵克礼：《天禄、獬豸、麒麟考辨——从永陵石兽为天禄谈起》，《文博》2003 年第 4 期，第 39 页。

[3]　该墓由斜坡墓道、前后甬道和弧方形墓室组成，坟丘已被夷为平地，但从实地钻探知坟丘底部的夯
　　　土痕迹略呈圆形，直径 100～110 米，占地面积为 8650 平方米，坟丘的高度已经不得而知。详见
　　　中国社会科学院考古研究所、河北省文物研究所编著《磁县湾漳北朝壁画墓》，北京：科学出版社，
　　　2003 年，第 196～199 页。

[4]　中国社会科学院考古研究所、河北省文物研究所编著《磁县湾漳北朝壁画墓》，第 11、14 页。

[5]　《西京杂记》卷三"五柞宫石麒麟"条，《燕丹子·西京杂记》，第 18 页。

[6]　陈长安：《简述帝王陵墓的殉葬、俑坑与石刻》，《中原文物》1985 年第 4 期，第 75 页。

现象既说明石兽作为陵墓前的设施尚未浸入传统的皇帝陵园中，又反映了东汉地方豪强士族势力的发展[1]，应与汉魏之际清徐豪霸的活跃不无关系。其后曹魏、西晋仍都洛阳，帝陵在都城以东，今偃师境内。没有封冢，不见地面石刻，至今还不能确指各陵位置[2]。至于东晋帝陵神道石刻之有无，若念及司马氏偏安东南一隅，思迁葬故土心炽，其帝陵设置神道石刻之可能性恐亦极小[3]。此与南宋一朝欲归葬巩县园陵，而于绍兴权宜攒殡同出一理。何况东晋复有"祖宗先度"之约束！

神道石刻是陵墓地下埋葬系统的延伸，二者共同构成一个出行的意蕴。北朝中的立式神兽、蹲式石狮、八楞体石柱均为前代所不见，当属新创[4]。南朝的宋、齐、梁、陈，建都于金陵，其帝陵在都城周围，现存有大冢和陵前的石柱、石麒麟，制度基本一样。或以为南朝陵墓神道石刻从种类组合到风格都是对汉、晋时期中原地区做法的沿袭和整齐，没有太大的变化[5]。显然，北朝和南朝雕刻不仅在种类组合方面略有不同，而且在个体造型式样上亦有差别。同样是来自汉以来墓葬神道石刻的启示，北朝帝陵前的神道石狮与石人更接近于现实世界出行仪仗的表现，而这一部分在所谓南朝帝陵则是见于甬道处的狮子和守门武士砖画像[6]。由此亦见，南朝、北朝帝陵设计理念的某种一致性。

如前所言，在已经发掘的北朝陵墓中，仍可看到鲜卑习俗的保留。宣武帝景陵"在所有墓壁、墓顶表层砖的外露面上，全都涂上一层均匀、黝黑、光亮

[1] 刘凤君：《东汉南朝陵墓前石兽造型初探》，《考古与文物》1986年第3期，第86页。东汉原陵的建筑格局为四门—神道式，神道上列立石象和石马。《水经注》卷二三《阴沟水》云："〔曹嵩冢〕夹碑东西，列对两石马，高八尺五寸，石作粗拙，不匹光武隧道所表象、马也。"《水经注校证》，第552页。

[2] 陈长安：《简述帝王陵墓的殉葬、俑坑与石刻》，《中原文物》1985年第4期，第75页。

[3] 李蔚然：《东晋帝陵有无石刻考》，《东南文化》1987年第3期，第86页。

[4] 林通雁：《初唐陵园雕刻与汉制及北朝模式》，《陕西师大学报》（哲社版）1991年第4期，第81页。

[5] 杨晓春：《南朝陵墓神道石刻渊源研究》，《考古》2006年第8期，第74～82页。

[6] 南京博物院、南京市文物保管委员会：《南京西善桥南朝大墓及其砖刻壁画》，《文物》1960年8、9合刊，第37～42页；罗宗真：《南京西善桥油坊村南朝大墓的发掘》，《考古》1963年第6期，第291～300、290页。南京博物院：《江苏丹阳胡桥南朝大墓及其砖刻壁画》，《文物》1974年第2期，第44～56页；《江苏丹阳胡桥、建山两座南朝墓》，《文物》1980年第2期，第1～17页。此上几座墓葬一般被认为是南朝宋、齐几位皇帝的陵墓。

的颜色"[1]，而湾漳村大墓 M106 甬道、墓室壁画遭受熏染。同样的现象也见于茹茹公主墓[2]。综合分析这些迹象，除了盗墓和地下水的影响外，实际上是烟熏火燎的结果。这可能跟保留鲜卑埋葬时"生时车马器用皆烧之，以送亡者"[3]神灵归乎赤山的烧物葬习俗有关。《魏书》卷四八《高允传》云：

> 〔高〕允以高宗纂承平之业，而风俗仍旧，婚娶丧葬，不依古式，允乃谏曰："……今国家营葬，费损巨亿，一旦焚之，以为灰烬。苟靡费有益于亡者，古之臣奚独不然。今上为之不辍，而禁下民之必止。"[4]

又《魏书》卷一三《文成文明皇后冯氏传》云：

> 高宗崩，故事：国有大丧，三日之后，御服器物一以烧焚，百官及中宫皆号泣而临之[5]。

关于鲜卑烧器物以葬的习俗，史书不乏记载。《后汉书》卷一二〇《乌桓鲜卑列传》详细记载了乌桓、鲜卑的这种葬俗。该传云：

> 俗贵兵死，敛尸以棺，有哭泣之哀，至葬则歌舞相送。肥养一犬，以彩绳婴牵，并取死者所乘马衣物，皆烧而送之，言以属累犬，使护死者神灵归赤山。赤山在辽东西北数千里，如中国人死者魂神归岱山也。敬鬼神，祠天地日月星辰山川及先大人有健名者。祠用牛羊，毕皆烧之。[6]

---

[1] 中国社会科学院考古研究所洛阳汉魏城队、洛阳古墓博物馆：《北魏宣武帝景陵发掘报告》，《考古》1994 年第 9 期，第 809、814 页；后收入《洛阳考古集成·秦汉魏晋南北朝卷》，第 1101 页。

[2] 磁县文化馆：《河北磁县东魏茹茹公主墓发掘简报》，《文物》1984 年第 4 期，第 2 页。

[3] 《宋书》卷九五《索虏传》，第 2322 页。

[4] 《魏书》，第 1075 页。

[5] 《魏书》，第 328 页。

[6] 《后汉书》，第 2980 页。

在已经发掘的北朝陵墓中，仍保留鲜卑习俗。这从一个侧面也反映了鲜卑政权在胡汉之间的长期徘徊，可以说是鲜卑政治的一个浓缩。烧物葬的习俗更成为别敕葬的一个重要内容，在北周胡裔贵族安伽、康业、李诞等墓葬中再现[1]。

据目前考古调查和发掘的情况推测，咸阳原北部一带很可能是北周的帝陵区[2]。经发掘知北周武帝孝陵由斜坡墓道、5 个天井、5 个过洞、4 个壁龛及凸字形土洞式单室墓组成[3]，但是没有发现其陵冢封土、陵前石刻及陵寝建筑等遗迹。墓而不坟、不封不树的做法在北周帝陵墓中并非孝陵一例。武帝和明帝遗诏中有"墓而不坟"或"勿封勿树"的字样，发掘者认为北周皇帝和皇族成员的陵墓不封不树即便不是一种制度也很可能是一种惯例，并认为北周时期很可能还没有形成一套完整、严格的墓葬等级制度，因此才会有孝陵的墓葬形制、规模、随葬品与已发掘的其他北周中、大型墓葬相比并没有太大的区别[4]。北周革汉魏制度，依周礼改创颇多。北周陶俑之粗、简、陋恐便与此有关。《周书》卷六《武帝下》载宣政元年（578 年）六月丁酉，武帝遗诏曰：

> "丧事资用，须使俭而合礼。墓而不坟，自古通典。随吉即葬，葬讫公除。四方士庶，各三日哭。妃嫔以下无子者，悉放还家。谥曰武皇帝，庙称高祖。"己未葬于孝陵。[5]

又《周书》卷四《明帝》载武成二年（560 年）四月庚子，明帝遗诏曰：

> 丧事所须，务从俭约，敛以时服，勿使有金玉之饰。若以礼不可阙，皆令用瓦。小敛讫，七日哭。文武百官各权辟衰麻，且以素服从事。葬日，选择不毛之地，因地势为坟，勿封勿树。且厚葬伤生，圣人所诫，朕既服

---

[1] 沈睿文：《夷俗并从——安伽墓和北朝烧物葬》，《中国历史文物》2006 年第 4 期，第 4 ～ 17 页。

[2] 陕西省考古研究所、咸阳市考古研究所：《北周武帝孝陵发掘简报》，《考古与文物》1997 年第 2 期，第 28 页。

[3] 陕西省考古研究所、咸阳市考古研究所：《北周武帝孝陵发掘简报》，第 8 ～ 28 页。

[4] 陕西省考古研究所、咸阳市考古研究所：《北周武帝孝陵发掘简报》，第 26 ～ 27 页。

[5] 〔唐〕令狐德棻等：《周书》，北京：中华书局，1971 年，第 107 页。

腧圣人之教，安敢违之。凡百官司，勿异朕此意。[1]

可见，北周武帝孝陵的形制是因遵奉所谓姬周周礼使然，这应该是北周帝陵基本制度的一个重要方面。尽管其形制、规模跟已经发掘的北周中、大型墓葬没有太大的区别，但是从武帝孝陵的随葬品来看，盗后劫余的"天元皇太后玺"为金质，这说明孝陵中原应尚有一枚武帝的金印玺。此金印玺应即文献所言"谥宝"，是帝陵一级才有的[2]。可见，北周帝陵跟其他皇族、重臣的墓葬还是有标识等级之别的标志物。至于其在规模、形制等方面与北周的大中型墓葬同，则跟周礼对北周统治集团之核心——特别是皇帝和皇族的约束有关。如作为皇族成员的谯王宇文俭墓志亦称"率由古礼，不封不树"，其墓上也确未发现封土[3]。从目前的发掘情况看，北周的皇帝和皇族的陵墓不封不树。而叱罗协等大臣墓则有封土[4]，显示出一定的自由度。

综上，从帝陵制度可以看出北朝政治的两条不同路线。尽管东、西两个政权都保留了其鲜卑文化之特质，但是采取的具体政策却有不同。若从统治集团核心阶层的丧葬制度来看，东魏、北齐虽采取的是继承北魏之陵墓制度，但却保留其胡俗之核心部分，如烧物葬。这恐怕跟东魏北齐"鲜卑风"的回潮有关。而西魏北周则革汉魏制度，更多的是试图直接采用《周礼》原典或假托所谓古礼。不过，尽管此对皇帝和皇族的约束已为其国家制度，但是该体制下之大臣却仍可使用其胡俗，这从烧物葬被作为别敕葬的一个内容在安伽、康业、李诞等西域贵族墓葬中使用可窥一斑。这种情况跟北周政权标榜承袭汉族正统，倚重关陇地区汉族豪强、士人，同时注意照顾鲜卑部族反汉化的情绪有关。于是，北朝对峙政权之丧葬才会呈现出如此差异。此亦即从考古丧葬材料辨析政权种

---

[1] 《周书》，第60页。

[2] 联系到孝陵清理的出土物中还有金花及玉器等，或可推论明帝遗诏所谓"勿使有金玉之饰"恐为饰言而已。

[3] 陕西省考古研究所、咸阳市考古研究所：《北周武帝孝陵发掘简报》，《考古与文物》1997年第2期，第26～27页。

[4] 负安志编著《中国北周珍贵文物》，西安：陕西人民美术出版社，1993年，第10页。

族与文化政策的典型事例。

对汉文化的认同与否成为北朝政治的一个主要内容，甚至成为左右北朝命运的重要因素。正是对汉文化截然不同的态度，才造成北朝历史的命运。而这一切，从墓葬制度上来看，皆肇始于永固陵的建筑。永固陵是早期拓跋鲜卑统治者在陵墓制度上对汉文化的肯定，其蕴含的对汉文化认同的态度也成为后之北朝政权必须面对、取舍的，并忠实地反映在丧葬制度上。由此，永固陵本身也成为北朝历史上的一个标志性符号，通过帝陵的演变我们可以看到北朝政治之一般。

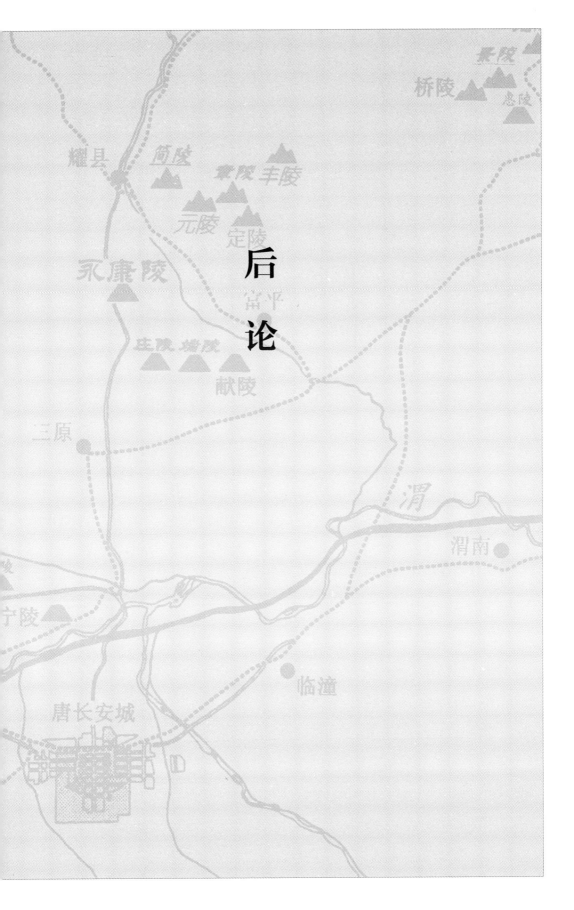

后

论

　　中国传统社会的知识背景是宗法制度和宇宙观。在这个知识系统里，人间、天上、地下三个世界被营造成同一结构，即三者并行，合为一体的阴阳同构的文化模式。天、地和冥界这些超自然权威的组织结构效仿了中国传统的世俗政府，依照世俗官府构建的神灵等级体系获得了普遍的信任，而且它还无形中增强了世俗政权的影响，因为它令人感到强调道德、伸张正义和突出等级地位的重要性不仅在于现世，还支配着现世以外的世界[1]。而国家的权威体系则宣称是合乎天意的政治秩序，于是世俗面对的一阴一阳的两个世界遂成为统治者所能驾驭的对象。

　　宗法制度中的等级森严成为统治秩序中一个不可分割的组成部分，并受到政治的制约和保障。通过诏令法规的颁布，逐渐形成一种严肃的历史和政治的庇护，并由此保全了它。借此它又得以渗透到传统社会的诸层面，并捍卫着传统社会的权力等差次序。在此文化模式之下，丧葬制度便是针对所谓地下乃至天上世界而制定的。

　　仪式不仅与制度有关，且本身就是制度。人的一生都是依照某种社会仪式、秩序、程序在流动着。生命体的死亡并不等于其一生的终结，恰恰其死后的延续才是重要的，因为这个延续是生者为了自己而要求死者必须去做的。只有当亡者从人们的记忆中死亡时，才宣告其一生的真正结束。于是，丧葬成为权力的工具和表征。由此视之，丧葬制度实际仍是管理死者、生者的有力措施。换言之，丧葬制度成为传统社会统治体系中的重要一环。

　　陵墓制度包括丧礼和葬礼、祭礼、谒陵、守陵、堪舆习俗等内容。丧葬礼的制度化，使统治者往往得以通过丧葬的中介作用，实现对现实世界存在的直

---

[1]　〔美〕杨庆堃：《中国社会中的宗教——宗教的现代社会功能与其历史因素之研究》，范丽珠等译，上海人民出版社，2007年，第148页。

观摹写，达到体现统治者意志和礼制等文化精神的目的。这种对现实的摹写表现在多方面。最高统治者对政治集团的控制与管理是多方面、多层次的。帝陵展示了其中的一个方面，即统治者如何通过墓葬建筑的空间设计——平面位置、立体形态等等来达此目的，以实现其政权的正统建设，维护其社会制度与统治秩序。如同唐太宗昭陵陪葬墓地所昭示的，空间通过自身所处的坐标和三维形态及大小、所使用的材质等方面来体现空间占有者权力的大小。与此同时，空间又被赋予时间的维度。于是，各朝大臣、重臣所获的以高等级埋葬的权利以及陪葬帝陵的权利变得与政治动机、荣誉紧密地联系在一起。借此，统治者有效地实现对官僚体系乃至上层社会的控制。无疑，这是一种统治、管理国家的高明技巧，它在其他机制的支撑下便成为一种卓有成效的手段，而权力的机制也通过它的作用运转得更加自如。唐陵的规划便无不体现着空间所蕴含的等级权力以及权力对空间的巧妙支配。

　　丧葬的用器和仪式，自始丧以至埋葬无一不指示阶级的差异[1]。权力等差次序造成丧礼、墓葬及随葬品在形制、材质、规模以及大小等方面的差序。这是权力支配空间的另一个内容。初唐以后，唐代社会墓葬等级制度已经成熟。唐政府对丧葬文化做了一系列详尽的限定，并使之制度化、程序化。按照等级差序，唐墓依次可以分成帝陵、诏葬/别敕葬（即敕葬）墓（弧方形双室砖墓）[2]、单室砖墓、单室土洞墓以及土坑墓等。帝陵以下的墓葬类型基本上与三、五、九品官相对应[3]，但是晚唐以后，这种品官与墓葬的对应关系遭到破坏，新出现低品级的官员使用原先只有高品级官员才能使用的墓葬类型。这一方面，是由于社会丧葬习俗的变化[4]；另一方面，更是因为社会权力结构的变化，某些官员品级的高低与其实际掌握的权力不成正比。如，晚唐因宦官专权而造成他们使用高等级的埋葬形制。但是，这种现象却并非是对已有墓葬等级制度的破

---

[1]　瞿同祖：《中国法律与中国社会》，载所撰《瞿同祖法学论著集》，北京：中国政法大学出版社，1998 年，第 198 页。

[2]　齐东方：《略论西安地区发现的唐代双室砖墓》，《考古》1990 年第 9 期，第 858 ～ 862、789 页。

[3]　宿白：《西安地区的唐墓形制》，《文物》1995 年第 12 期，第 47 页。

[4]　齐东方：《唐代的丧葬观念习俗与礼仪制度》，《考古学报》2006 年第 1 期，第 59 ～ 82 页。

坏。因为只有坚持原有的墓葬等级结构，才能显示出这些使用原本不符身份的墓葬类型的墓主权力的膨胀与萎缩。换言之，无论如何，上述墓葬类型是跟权力的大小成正比的。唐代后期在墓葬制度方面的僭越也仍然正是依托唐代早期形成的这一套制度。从某种程度上说，墓葬的等级制度此刻恐反而得到维护和巩固。换言之，唐政府的墓葬制度制定后，终唐一代便始终没有变化。

同样，唐陵的陵园规划——从整个关中陵区的安排到各个帝陵的具体规划——也经历了一个动态的过程。如已经论述的那样，在唐高宗之前，唐陵是以所谓"四祖式"为最高等级，献、昭二陵是初唐帝陵的第二个等级，到高宗时出现以"恭陵式"为帝陵石刻布局的形式。"恭陵式"布局的出现表明了高宗对"四祖式"的趋同。经武则天时期的经营和大胆突破，出现了"乾陵式"石刻组合形式，并奠定了后世唐陵神道石刻组合的基本格局。自武则天乾陵确定下神道石刻组合之后，经宪宗时期《崇丰二陵集礼》的整饬，从景陵以下诸陵大体都能尊奉宪宗朝制定的园陵规划理念。从整个关中陵地秩序来看，玄宗泰陵是一个分水岭。此前，采用北魏瀍西墓地的规则，之后则采用西汉帝陵陵地宫姓昭穆贯鱼葬的原则。这是在李唐复辟后，李家王朝长期以来重新寻求法统正朔的结果。在陪葬墓地布局上，也存在一个变化的过程。由于李唐政治态势引起的陪葬墓主人身份的变化，使得陪葬墓地失去了模仿帝都长安的功能，并由此引起陵园规划中，如石人左文右武的对称分布等布局和功能的相应改变。由此呈现出统一性和多样性的特征，已具前述。由此也映衬出初唐《国恤章》到《元陵仪注》乃至《崇丰二陵集礼》的制订而带动陵园规划细则的相应变更。而唐陵四个陵区的规划则是跟王朝奉行的政治取向密切相关的，它的最终形成同样是一个历史的过程。

跟古代都邑一样[1]，帝陵的营造是跟王朝的礼法建设紧密相连的。在唐陵的规划中，"斟酌汉魏，以为规矩"的思想始终贯穿其中。本书亦已证明唐代历朝诸帝的确奉此为圭臬。他们或在制度的开创期从汉魏之法中寻求灵感，或在制度建立之后矢意奉行。其目的只有一个：塑造并维护政权法统的合法性。

---

[1]　王静：《中古都城建城传说与政治文化》。

对前代帝陵诸因素的继承与变化便成为其中的一个主要措施。从关中的西汉帝陵到巩县的赵宋皇陵，在名称、陵园布局到陵地秩序等方面便无不体现着持久的延续性和承继性。其背后蕴含着它们共同的政治伦理，这是中国传统社会共同的历史文化精神影响的产物。

国家或朝代更迭并非只是简单的变换统治者而已，更重要的是要建立统治的合法性。这是中国传统社会的一个突出特点。而大凡国家或朝堂有新举措，法统的合法性亦成为光明正大之借口。这些原本源自《周礼》的话语，因为时代和具体情势的不同，而出现对本意的曲意偏移。这已经成为中国传统社会改朝换代者维护社会制度和社会秩序的共同规则。但是，不管发生怎样的游离，也无论衍生出怎样的千差万别，它们之间的连续性都不曾断裂。这是它们所遵奉的共同的儒家意识形态核心所决定的，也正是这一点准确地反映出传统社会礼治文化的固有特性。

参考文献

以汉语拼音排序

一 历史文献

《八琼室金石补正》，〔清〕陆增祥，北京：文物出版社据浙江图书馆藏吴兴刘氏希古楼刻版重印本，1981 年。

《白虎通疏证》，〔清〕陈立撰，吴则虞点校，北京：中华书局，1994 年。

《白居易集》，〔唐〕白居易著，顾学颉校点，北京：中华书局，1996 年。

《宝刻丛编》，〔宋〕陈思纂次，《丛书集成初编》据十万卷楼丛书本排印，北京：中华书局，1985 年新 1 版，册 1601 ～ 1605。

《博物志校正》，〔晋〕张华撰，范宁校正，北京：中华书局，1980 年。

《博异志·集异记》，〔唐〕谷神子、〔唐〕薛用弱撰，北京：中华书局，1980 年。

《册府元龟》，〔宋〕王钦若等编，北京：中华书局影印本，1960 年。

《茶香室丛钞》，〔清〕俞樾撰，贞凡、顾馨、徐敏霞点校，北京：中华书局，1995 年。

《长安志·长安志图》，〔宋〕宋敏求，〔元〕李好文编绘，中华书局编辑部编《宋元方志丛刊》第 1 册，北京：中华书局，1990 年。

《朝野佥载》，〔唐〕张鷟撰，赵守俨点校，《隋唐嘉话·朝野佥载》，北京：中华书局，1979 年。

《崇文总目》，〔宋〕王尧臣等编次，〔清〕钱东垣等辑释，《丛书集成初编》据《粤雅堂丛书》本排印，北京：中华书局，1985 年，册 0021—0024。

《初学记》，〔唐〕徐坚等著，北京：中华书局，1962 年。

《大汉原陵秘葬经》，收录于《永乐大典》卷八一九九，十九庚、陵字内，见《永乐大典》，北京：中华书局，1986 年，第 3816 ～ 3832 页。

《大唐郊祀录》，〔唐〕王泾，《大唐开元礼·附大唐郊祀录》，北京：民族出版社，2000 年。

《大唐西域记校注》，〔唐〕玄奘、辩机著，季羡林等校注，北京：中华书局，1985 年。

《大唐新语》，〔唐〕刘肃撰，许德楠、李鼎霞点校，北京：中华书局，1984 年。

《东汉会要》，〔宋〕徐天麟撰，北京：中华书局，1955 年。

《读史方舆纪要》，〔清〕顾祖禹，上海书店出版社，1998 年。

《杜诗详注》，〔唐〕杜甫著，〔清〕仇兆鳌注，北京：中华书局，1979 年。

《封氏闻见记校注》，〔唐〕封演撰，赵贞信校注，北京：中华书局，2005 年。

《佛祖历代通载》，〔元〕释念常撰，高楠顺次郎、渡边海旭纂修，日本大正新修大藏经刊行会《大正新修大藏经》（修订版），台北：新文丰出版公司，1983 年，册 49，No. 2036。

《伏侯古今注》，〔东汉〕伏无忌撰，峁泮林辑，《丛书集成初编》据十种古逸书本排印，北京：中华书局，1985 年，册 0811。

《福建通志》，〔清〕郝玉麟等监修，谢道承等编纂，景印文渊阁四库全书，台北：台湾商务印书馆，1986 年，册 527—530。

《古今图书集成》，北京：中华书局 / 成都：巴蜀书社，1985 年。

《古今注》，〔晋〕崔豹，沈阳：辽宁教育出版社，1998 年。

《关中金石记》，〔清〕毕沅，《丛书集成初编》据经训堂丛书本排印，北京：中华书局，1985 年，册 1524 ～ 1525。

《广弘明集》，〔唐〕道宣，高楠顺次郎、渡边海旭纂修，日本大正新修大藏经刊行会《大正新修大藏经》（修订版），台北：新文丰出版公司，1983 年，册 52，No. 2103。

《国语》，上海古籍出版社，1988 年。

《海录碎事》，〔宋〕叶廷珪撰，李之亮校点，北京：中华书局，2002 年。

《汉旧仪补遗》，〔汉〕卫宏撰，〔清〕孙星衍校注，《丛书集成初编》据平津本排印，北京：中华书局，1985 年，册 0811。

《汉书》，〔汉〕班固，北京：中华书局，1962 年。

《撼龙经·疑龙经·葬法倒杖》，〔唐〕杨筠松撰，王云五主编《四库全书珍本·一二集》，台北：台湾商务印书馆，1969 年，册 552。

《黑鞑事略》，〔宋〕彭大雅撰，王国维笺证《蒙鞑备录·黑鞑事略笺证》，北京：文殿阁书庄，1936 年。

《后汉书》，〔宋〕范晔，〔唐〕李贤等注，北京：中华书局，1965 年。

《寰宇访碑录》，〔清〕孙星衍、邢澍，《丛书集成初编》据平津馆丛书本排印，北京：中华书局，1985 年，册 1583 ～ 1587。

《挥尘录》，〔宋〕王明清，上海书店出版社，2001 年。

《嘉靖宁夏新志》，〔明〕胡汝砺编，〔明〕管律重修，银川：宁夏人民出版社，1982 年。

《校碑随笔》，〔清〕方若撰，扬州：江苏广陵古籍刻印社据民国铅印本影印，1997 年。

《建康实录》，〔唐〕许嵩撰，张枕石点校，北京：中华书局，1986 年。

《金石萃编》，〔清〕王昶，西安：陕西人民美术出版社据扫叶山房民国十年（1921 年）石印本影印，1990 年。

《金石录校证》，〔宋〕赵明诚撰，金文明校证，桂林：广西师范大学出版社，2005 年。

《晋书》，〔唐〕房玄龄等撰，北京：中华书局，1974 年。

《旧唐书》，〔后晋〕刘昫等撰，北京：中华书局，1975 年。

《旧五代史》，〔宋〕薛居正等撰，北京：中华书局，1976 年。

《剧谈录》，〔唐〕康骈撰，徐凌云、许善述点校《唐宋笔记小说三种》，合肥：黄山书社，1991 年。

《来斋金石刻考略》，〔清〕林侗，《石刻史料新编》第 2 辑，台北：新文丰出版公司，1979 年，册 8。

《礼含文嘉》，〔日〕安居香山、中村璋八辑《纬书集成》（中），石家庄：河北人民出版社，1994 年。

《礼记集解》，〔清〕孙希旦撰，沈啸寰、王星贤点校，北京：中华书局，1998 年。

《历代名画记》，〔唐〕张彦远著，俞剑华注释，上海人民美术出版社，1964 年。

《柳宗元集》，〔唐〕柳宗元，北京：中华书局，1979 年。

《六朝事迹编类》，〔宋〕张敦颐著，张忱石点校，上海古籍出版社，1995 年。

《龙岗秦简》，中国文物研究所、湖北省文物研究所编，北京：中华书局，2001 年。

《论衡校释》，〔汉〕王充撰，黄晖校释，北京：中华书局，1990 年。

《洛阳伽蓝记校注》，〔魏〕杨衒之著，范祥雍校注，上海古籍出版社，1978 年新 1 版。

《洛阳伽蓝记校释》，〔魏〕杨衒之著，周祖谟校释，上海书店出版社，2000 年。

《南部新书》，〔宋〕钱易撰，黄寿成点校，北京：中华书局，2002 年。

《南齐书》，〔梁〕萧子显撰，北京：中华书局，1972 年。

《蒲城县志》，〔清〕张心镜纂修，王学礼编纂，北京大学图书馆藏光绪三十一年（1905 年）蒲城县署重刻本。

《蒲城县新志》，〔清〕李体仁重修，王学礼编纂，《中国方志丛书·华北地方》第 249 号，据光绪三十一年（1905 年）蒲城县署重雕本影印，台北：成文出版社有限公司，1970 年。

《潜夫论校正》，〔汉〕王符著，汪继培笺，北京：中华书局，1997 年。

《求古录》，〔清〕顾炎武撰，王云五主编《四库全书珍本十一集》，台北：台湾商务印书馆，1969 年，册 398。

《全唐诗》，北京：中华书局，1960 年。

《全唐文》，〔清〕董诰等编，北京：中华书局，1983 年。

《全唐文补遗》第 1 辑，西安：三秦出版社，1994 年。

《全唐文补遗》第 3 辑，西安：三秦出版社，1996 年。

《全唐文补遗》第 5 辑，西安：三秦出版社，1998 年。

《日知录集释》，〔清〕顾炎武著，〔清〕黄汝成集释，秦克诚点校，长沙：岳麓书社，1994 年。

《三辅黄图校释》，何清谷撰，北京：中华书局，2005 年。

《三国志》，〔晋〕陈寿撰，〔宋〕裴松之注，陈乃乾校点，北京：中华书局，1959 年。

《山海经校注》，袁珂校注，成都：巴蜀书社，1996 年。

《陕西金石志》，武树善编，《石刻史料新编》第 1 辑，台北：新文丰出版公司，1988 年，册 22。

《诗经补笺》，〔汉〕郑玄笺，王闿运补笺，北京大学图书馆藏清光绪三十二年丙午（1906 年）刻湘绮楼全书本。

《石墨镌华》，〔明〕赵崡，《丛书集成初编》据知不足斋丛书本排印，北京：中华书局，1985 年，册 1607。

《史记》，〔汉〕司马迁，北京：中华书局，1959 年。

《事物纪原》，〔宋〕高承撰，金圆、许沛藻点校，北京：中华书局，1989 年。

《水经注校证》，〔北魏〕郦道元著，陈桥驿校证，北京：中华书局，2007 年。

《睡虎地秦墓竹简》，睡虎地秦墓竹简整理小组，北京：文物出版社，1990 年。

《顺宗实录》，〔唐〕韩愈著，《丛书集成初编》据海山仙馆丛书本排印，上海：商务印书馆，1936 年，册 3832。

《说文解字注》，〔汉〕许慎撰，〔清〕段玉裁注，上海古籍出版社，1988 年。

《司马氏书仪》，〔宋〕司马光，《丛书集成初编》排印学津讨原本，北京：中华书局，1985 年，册 1040。

《宋朝事实》，〔宋〕李攸，《丛书集成初编》据聚珍版丛书排印，北京：中华书局，1985 年，册 0833 ～ 0835。

《宋会要辑稿》，〔清〕徐松辑，上海：中华书局，1957 年。

《宋史》，〔元〕脱脱等撰，北京：中华书局，1985 年。

《宋书》，〔梁〕沈约撰，北京：中华书局，1974 年。

《苏轼诗集》，〔清〕王文浩辑注，孔凡礼点校，北京：中华书局，1982 年。

《隋书》，〔唐〕魏征等撰，北京：中华书局，1973 年。

《隋唐嘉话》，〔唐〕刘𫗧撰，程毅中点校，《隋唐嘉话·朝野佥载》，北京：中华书局，1979 年。

《隋唐五代墓志汇编·江苏山东卷》，王思礼、印志华、徐良玉、赖非、萧梦龙主编，天津古籍出版社，1991 年。

《太平广记》，〔宋〕李昉等编，北京：中华书局，1961 年。

《太平御览》，〔宋〕李昉等撰，北京：中华书局影印本，1960 年。

《太平御览》，〔宋〕李昉等撰，景印文渊阁四库全书，台北：台湾商务印书馆，1986 年，册 893 ～ 901。

《唐大诏令集》，〔宋〕宋敏求，北京：商务印书馆，1959 年。

《唐代墓志汇编续集》，周绍良、赵超主编，上海古籍出版社，1992 年。

《唐会要》，〔宋〕王溥撰，上海古籍出版社，1991 年。

《唐鉴》，〔宋〕范祖禹，上海古籍出版社，1984 年。

《唐六典》，〔唐〕李林甫等撰，陈仲夫点校，北京：中华书局，1992 年。

《唐律疏议》，〔唐〕长孙无忌等撰，刘俊文点校，北京：中华书局，1983 年。

《唐阙史》，〔唐〕高彦休，上海古籍出版社编《唐五代笔记小说大观》（下册），上海古籍出版社，2000 年，第 1323 ～ 1366 页。

《唐语林》，〔宋〕王谠，上海古籍出版社，1978 年。

《唐昭陵石碛考略（附谒唐昭陵记）》，〔清〕林侗，《丛书集成初编》据粤雅堂丛书本排印，上海：商务印书馆，1960 年，册 1609。

《唐摭言校注》，〔五代〕王定保撰，姜汉椿校注，上海社会科学院出版社，2003 年。

《通典》，〔唐〕杜佑撰，王文锦等点校，北京：中华书局，1988 年。

《通雅》，〔明〕方以智，北京：中国书店，1990 年。

《通志》，〔宋〕郑樵，北京：中华书局，1987 年。

《图解校正地理新书》，〔宋〕王洙等，台北：集文书局据"张本"影印，1985 年。

《魏书》，〔北齐〕魏收撰，北京：中华书局，1974 年。

《文献通考》，〔元〕马端临，北京：中华书局，1986 年。

《文选》，〔梁〕萧统编，〔唐〕李善注，上海古籍出版社，1986 年。

《文苑英华》，〔宋〕李昉等编，北京：中华书局，1966 年。

《问字堂集·岱南阁集》，〔清〕孙星衍撰，北京：中华书局，1996 年。

《五代会要》，〔宋〕王溥撰，北京：中华书局，1998 年。

《五行大义》，〔隋〕萧吉著，钱杭点校，上海古籍出版社，2001 年。

《西京杂记》，〔晋〕葛洪，《燕丹子·西京杂记》，北京：中华书局，1985 年。

《西域水道记》，〔清〕徐松撰，朱玉麒整理，北京：中华书局，2005 年。

《新唐书》，〔宋〕欧阳修、宋祁撰，北京：中华书局，1975 年。

《新五代史》，〔宋〕欧阳修撰，北京：中华书局，1974 年。

《宣室志》，〔唐〕张读，上海古籍出版社编《唐五代笔记小说大观》（下册），上海古籍出版社，2000 年，第 983 ～ 1082 页。

《玄怪录·续玄怪录》，〔唐〕牛僧孺、〔唐〕李复言编，北京：中华书局，1982 年。

《颜氏家训集解》，王利器撰，北京：中华书局，1993 年。

《颜真卿集》，〔唐〕颜真卿撰，〔清〕黄本骥编订，凌家民点校，哈尔滨：黑龙江人民出版社，1993 年。

《姚合诗集校考》，〔唐〕姚合撰，刘衍点校，长沙：岳麓书社，1997 年。

《艺文类聚》，〔唐〕欧阳询撰，汪绍楹校，上海古籍出版社，1965 年。

《绎史》，〔清〕马骕撰，王利器整理，北京：中华书局，2002 年。

《阴阳书》，〔唐〕吕才撰，〔清〕马国翰辑，《玉函山房辑佚书》，册3，上海古籍出版社，1990 年。

《雍录》，〔宋〕程大昌撰，黄永年点校，北京：中华书局，2002 年。

《酉阳杂俎》，〔唐〕段成式撰，方南生点校，北京：中华书局，1981 年。

《渔洋精华录集注》，〔明〕王士祯著，〔清〕惠栋、金荣注，伍铭点校整理，济南：齐鲁书社，1992 年。

《玉海》，〔宋〕王应麟，江苏古籍出版社 / 上海书店，1990 年。

《元和郡县图志》，〔唐〕李吉甫撰，贺次君点校，北京：中华书局，1983 年。

《云麓漫钞》，〔宋〕赵彦卫撰，傅根清点校，北京：中华书局，1996 年。

《张家山汉墓竹简 [二四七号墓]》，张家山二四七号汉墓竹简整理小组，北京：文物出版社，2001 年。

《昭陵碑考》，〔清〕孙三锡，《石刻史料新编》第 2 辑，台北：新文丰出版公司，1979 年，册 15。

《昭陵碑录三卷校录杂记》，〔民国〕罗振玉校录，《石刻史料新编》第2辑，台北：新文丰出版公司，1979年，册15。

《昭陵碑石》，张沛编著，西安：三秦出版社，1993年。

《贞观政要》，〔唐〕吴兢，上海古籍出版社，1978年。

《真诰校注》，〔日〕吉川忠夫、麦谷邦夫编，朱越利译，北京：中国社会科学出版社，2006年。

《直斋书录解题》，〔南宋〕陈振孙，《丛书集成初编》排印聚珍版丛书本，长沙：商务印务馆，1937年，册0044～0048。

《炙毂子杂录》，〔唐〕王献撰，〔明〕陶宗仪等编《说郛三种》，上海古籍出版社，1988年，第700页下栏～第703页下栏。

《中庸集注》，〔宋〕朱熹注《大学·中庸·论语》，上海古籍出版社，1987年。

《周礼正义》，〔清〕孙诒让撰，王文锦、陈玉霞点校，北京：中华书局，1987年。

《周礼注疏》，〔汉〕郑玄注，〔唐〕贾公彦疏，黄侃句读，上海古籍出版社，1990年。

《周书》，〔唐〕令狐德棻等撰，北京：中华书局，1971年。

《朱子语类》，〔宋〕黎靖德编，王星贤点校，北京：中华书局，1994年。

《资治通鉴》，〔宋〕司马光编著，北京：中华书局，1956年。

二　考古资料

中文资料

安徽省文化局文物工作队：《安徽淮南市蔡家岗赵家孤堆战国墓》，《考古》1963年第4期，第204～212页。

安峥地：《唐房陵大长公主墓清理简报》，《文博》1990年第1期，第2～6页。

白建钢：《关中程咬金墓发掘出珍贵文物，长篇墓志披露重要史实，精美壁画再现初唐气象》,《光明日报》1988 年 7 月 10 日第 1 版。

北京市文物工作队:《北京西郊发现汉代石阙清理简报》,《文物》1964 年第 11 期, 第 13 ～ 22 页。

北京市文物研究所:《北京丰台史思明墓》,《文物》1991 年第 9 期, 第 28 ～ 39 页。

成都市文物管理处:《后蜀孟知祥墓与福庆长公主墓志铭》,《文物》1982 年第 3 期, 第 15 ～ 20 页。

磁县文化馆:《河北磁县东魏茹茹公主墓发掘简报》,《文物》1984 年第 4 期, 第 1 ～ 9 页。

大同市博物馆:《大同北魏方山思远佛寺遗址发掘报告》,《文物》2007 年第 4 期, 第 4 ～ 26 页。

大同市博物馆、山西省文物工作委员会:《大同方山北魏永固陵》,《文物》1978 年第 7 期, 第 29 ～ 35 页。

戴应新:《隋丰宁公主与韦圆照合葬墓》,《故宫文物月刊》1998 年第 6 期, 第 76 ～ 93 页。

法门寺考古队:《扶风法门寺唐代地宫发掘简报》,《考古与文物》1988 年第 2 期, 第 94 ～ 106 页。

冯汉骥:《前蜀王建墓发掘报告》, 北京:文物出版社, 1964 年。

富平县文化馆、陕西省博物馆、陕西省文物管理委员会:《唐李凤墓发掘简报》,《考古》1977 年第 5 期, 第 313 ～ 326 页。

高仲达:《唐嗣濮王李欣墓发掘简报》,《江汉考古》1980 年第 2 期, 第 91 ～ 92 页。

巩启明:《唐永康陵调查记》,《文博》1998 年第 5 期, 第 3 ～ 46、57 页。

巩启明:《唐献陵踏查记》,《文博》1999 年第 1 期, 第 47 ～ 55 页。

广州市文物考古研究所:《广州南汉德陵、康陵发掘简报》,《文物》2006 年第 7 期, 第 4 ～ 25 页。

郭洪涛:《唐恭陵哀皇后墓部分出土文物》,《考古与文物》2002 年第 4 期, 第 9 ～ 18 页。

郭湖生、戚德耀、李容淦:《河南巩县宋陵调查》,《考古》1964 年第 11 期,第 564 ～ 577 页。

韩国河：《东汉陵墓踏查记》，《考古与文物》2005 年第 3 期，第 13 ～ 21 页。

韩国河：《东汉帝陵有关问题的探讨》，《考古与文物》2007 年第 5 期，第 10 ～ 17 页。

韩伟：《维修乾陵地面建筑获重大发现》，《中国文物报》1995 年 12 月 24 日第 1 版。

河北省文物管理处：《河北省平山县战国时期中山国墓葬发掘简报》，《文物》1979 年第 1 期，第 1 ～ 31 页。

河南省文物考古研究所编《北宋皇陵》，郑州：中州古籍出版社，1997 年。

河南省文化局文物工作队：《洛阳北魏长陵遗址调查》，《考古》1966 年第 3 期，第 155 ～ 158 页。

河南信阳地区文管会、光山县文管会：《春秋早期黄君孟夫妇墓发掘报告》，《考古》1984 年第 4 期，第 302 ～ 332 页。

河南信阳地区文管会、光山县文管会：《河南光山春秋黄季佗父墓发掘简报》，《考古》1989 年第 1 期，第 26 ～ 32 页。

贺梓城：《"关中唐十八陵"调查记》，文物编辑委员会编《文物资料丛刊·3》，北京：文物出版社，1980 年，第 139 ～ 153 页。

胡平、谢廷琦、焦强：《大同思远佛寺遗址考古发掘成果斐然》，《中国文物报》2004 年 10 月 1 日第 2 版。

呼延思正、朱旨昂：《昭陵考古有新进展 唐代皇陵寝宫气势宏大》，http://www.chinanews.com.cn/news/2005/2005-03-09。

湖北省博物馆、郧县博物馆：《湖北郧县唐李徽、阎婉墓发掘简报》，《文物》1987 年第 8 期，第 30 ～ 42、51 页。

黄明兰：《洛阳北魏景陵位置的确定和静陵位置的推测》，《文物》1978 年第 7 期，第 36 ～ 41、22 页。

惠毅：《西安新发现大唐睿宗黄天真文镇墓刻石》，《西北大学学报》（哲社版）2008 年第 1 期，第 47 页，封三。

泾阳县文教局调查组：《唐贞陵调查记》，《文博》1986 年第 6 期，第 16 ～ 20 页。

井增利、王小蒙：《富平县新发现的唐墓壁画》，《考古与文物》1997
年第 4 期，第 8 ～ 11 页。

李范文：《介绍西夏陵区的几件文物》之二《二号陵残碑的碑额》，
《文物》1978 年第 8 期，第 83 页。

李宏涛、王丕忠：《汉元帝渭陵调查记》，《考古与文物》1980 年第 1 期，
第 38 ～ 41 页。

李健超：《被遗忘了的古迹：汉成帝昌陵、汉傅太后陵、汉霸陵城初步调
查记》，《人文杂志》1981 年第 3 期，第 113 ～ 118 页。

李建宁、樊英峰：《陕西保护性发掘首座唐帝王陵》，《文汇报》1995
年 4 月 8 日第 4 版。

李俊清：《北魏金陵地理位置的初步考察》，《文物季刊》1990 年第 1 期，
第 38、67 ～ 74 页。

李兰珂：《隆尧唐陵、〈光业寺碑〉与李唐祖籍》，《文物》1988 年第 4
期，第 55 ～ 65 页。

李浪涛：《唐肃宗建陵出土石生肖俑》，《文物》2003 年第 1 期，第
95 ～ 96 页。

李浪涛：《昭陵六骏考古新发现》，西安碑林博物馆编《碑林集刊》第 9 集，
西安：陕西人民美术出版社，2003 年，第 289 ～ 290 页。

李浪涛：《唐昭陵发现欧阳询书〈昭陵刻石文碑〉》，西安碑林博物馆编
《碑林集刊》第 10 集，西安：陕西人民美术出版社，2004 年，第 89 ～ 91 页。

李浪涛：《唐肃宗建陵出土一件兽面脊头瓦》，《考古与文物》2006 年第 5
期，第 112 页。

李子春：《新拓唐昭陵宇文士及碑》，《考古》1960 年第 7 期，第 62 页。

李宗俊：《杨卓墓志与唐代帝陵的风水理念等相关问题》，《文博》2018
年第 3 期，第 74 ～ 80 页。

廖君：《湖北：唐太宗之子李泰之墓首次发现东、南围墙》，http://www.
hb.xinhuanet.com/cwh/2008-01/23/content_12305007.htm。

刘洪淼、孙角云：《巩义市出土唐代九品宫人墓志》，《文物》1997 年第 2
期，第 94、54 页。

刘庆柱、李毓芳：《陕西唐陵调查报告》，考古编辑部编《考古学集刊》第 5 辑，北京：中国社会科学出版社，1987 年，第 216 ～ 263 页。

刘庆柱、李毓芳：《西汉十一陵》，西安：陕西人民出版社，1987 年，第 143 ～ 149 页。

刘随群：《唐崇陵调查简报》，《文博》1997 年第 4 期，第 11 ～ 15 页。

刘玉新：《山东省东阿县曹植墓的发掘》，《华夏考古》1999 年第 1 期，第 7 ～ 17 页。

洛阳市第二文物工作队：《北魏孝文帝长陵的调查和钻探——"洛阳邙山陵墓群考古调查与勘测"项目工作报告》，《文物》2005 年第 7 期，第 50 ～ 62 页；后收入洛阳师范学院、河洛文化国际研究中心编《洛阳考古集成·秦汉魏晋南北朝卷》，北京图书馆出版社，2007 年，第 1136 ～ 1148 页。

洛阳市第二文物工作队：《洛阳邙山陵墓群的文物普查》，《文物》2007 年第 10 期，第 43 ～ 59 页。

洛阳市第二文物工作队、偃师市文物管理委员会：《偃师白草坡东汉帝陵陵园遗址》，《文物》2007 年第 10 期，第 60 ～ 73 页。

洛阳市第二文物工作队、偃师市文物管理委员会：《偃师阁楼东汉陪葬墓园》，《文物》2007 年第 10 期，第 74 ～ 78 页。

洛阳市第二文物工作队：《洛阳孟津朱仓东汉帝陵陵园遗址》，《文物》2011 年第 9 期，第 4 ～ 31 页。

洛阳市考古研究院编著《洛阳朱仓东汉陵园遗址》，郑州：中州古籍出版社，2014 年。

洛阳市考古研究院编著《邙山陵墓群考古调查与勘测第一阶段考古报告》，北京：文物出版社，2018 年。

罗宗真：《南京西善桥油坊村南朝大墓的发掘》，《考古》1963 年第 6 期，第 290、291 ～ 300 页。

雒忠如等：《唐桥陵调查简报》，《文物》1966 年第 1 期，第 43 ～ 45 页。

马忠理：《磁县北朝墓群——东魏北齐陵墓兆域考》，《文物》1994 年第 11 期，第 56 ～ 67 页。

美茵兹罗马—日耳曼中央博物馆、陕西省考古研究所编：《唐睿宗桥陵》，达尔马斯德特，2002 年。

南波：《江苏吴县清毕沅墓发掘简报——十八世纪后期一个官僚地主奢侈腐朽生活的写照》，文物编辑委员会《文物资料丛刊》第 1 辑，北京：文物出版社，1977 年，第 141 ～ 148 页。

南京博物院：《江苏丹阳胡桥南朝大墓及其砖刻壁画》，《文物》1974年第 2 期，第 44 ～ 56 页。

南京博物院：《江苏丹阳胡桥、建山两座南朝墓》，《文物》1980 年第 2 期，第 1 ～ 17 页。

南京博物院、南京市文物保管委员会：《南京西善桥南朝大墓及其砖刻壁画》，《文物》1960 年第 8、9 期合刊，第 37 ～ 42 页。

南京市文物保管委员会、南京博物院：《南京市及其附近的古迹调查报告》，《文物参考资料》（1951 年）2 卷第 7 期，第 101 ～ 128 页。

宁夏文物考古研究所、银川西夏陵区管理处：《西夏三号陵——地面遗址发掘报告》，北京：科学出版社，2007 年，第 1 页。

宁夏文物考古研究所，银川西夏陵区管理处编著《西夏六号陵》，北京：科学出版社，2013 年。

秦建明、甄广全：《唐代帝陵中第一次发现双重城垣——航拍显示乾陵外城 跨山越谷气势恢宏》，《中国文物报》2000 年 4 月 5 日第 1 版。

人民政协报：《唐代先祖李虎墓》，《人民政协报》1997 年 10 月 29 日第 4 版。

若是：《唐恭陵调查纪要》，《文物》1985 年第 3 期，第 43 ～ 45、47 页。

（陕西省博物馆、礼泉县文教局）唐墓发掘组：《唐郑仁泰墓发掘简报》，《文物》1972 年第 7 期，第 33 ～ 44 页。

（陕西省博物馆、乾陵文教局）唐墓发掘组：《唐章怀太子墓发掘简报》，《文物》1972 年第 7 期，第 13 ～ 25 页。

（陕西省博物馆、乾县文教局）唐墓发掘组：《唐懿德太子墓发掘简报》，《文物》1972 年第 7 期，第 26 ～ 32 页。

陕西省博物馆、陕西省文物管理委员会：《唐李寿墓发掘简报》，《文物》1974 年第 9 期，第 71 ～ 88、61 页。

陕西省博物馆、陕西省文物管理委员会：《唐李重润墓壁画》，北京：文物出版社，1974 年。

陕西省法门寺考古队：《扶风法门寺塔唐代地宫发掘简报》，《文物》1988 年第 10 期，第 1 ～ 26 页。

陕西省考古研究所：《唐顺陵勘查记》，《文物》1964 年第 1 期，第 34 ～ 39、48 页。

陕西省考古研究所：《唐高力士墓发掘简报》，《考古与文物》2002 年第 6 期，第 21 ～ 32 页。

陕西省考古研究所：《唐惠庄太子李㧑墓发掘报告》，北京：科学出版社，2004 年。

陕西省考古研究所：《唐节愍太子墓发掘简报》，《考古与文物》2004 年第 4 期，第 13 ～ 25 页。

陕西省考古研究所编著《唐李宪墓发掘报告》，北京：科学出版社，2005 年。

陕西省考古研究所：《西汉长陵、阳陵 GPS 测量简报》，《考古与文物》2006 年第 6 期，第 23 ～ 28 页。

陕西省考古研究所编《陕西新出土唐墓壁画》，重庆出版社，1998 年。

陕西省考古研究所、富平县文物管理委员会：《唐节愍太子墓发掘报告》，北京：科学出版社，2004 年。

陕西省考古研究所、蒲城县文体广电局：《唐惠庄太子墓发掘简报》，《考古与文物》1999 年第 2 期，第 2 ～ 22 页。

陕西省考古研究所、陕西历史博物馆、礼泉县昭陵博物馆：《唐新城长公主墓发掘报告》，北京：科学出版社，2004 年。

陕西省考古研究所、陕西历史博物馆、昭陵博物馆：《唐昭陵新城长公主墓发掘简报》，《考古与文物》1997 年第 3 期，第 3 ～ 24 页。

陕西省考古研究所、咸阳市考古研究所：《北周武帝孝陵发掘简报》，《考古与文物》1997 年第 2 期，第 8 ～ 28 页。

陕西省考古研究所、昭陵博物馆：《2002 年度唐昭陵北司马门遗址发掘简报》，《考古与文物》2006 年第 6 期，第 3 ～ 16 页。

陕西省考古研究院：《唐睿宗桥陵陵园遗址考古勘探、发掘简报》，《考古与文物》2011 年第 1 期，第 11 ～ 23、91 页。

陕西省考古研究院编《唐嗣虢王李邕墓》，北京：科学出版社，2012 年。

陕西省考古研究院：《唐高祖献陵陵园遗址考古勘探与发掘简报》，《考古与文物》2013 年第 5 期，第 31 ～ 44 页。

陕西省考古研究院、法门寺博物馆、宝鸡市文物局、扶风县博物馆：《法门寺考古发掘报告》，北京：文物出版社，2007 年。

陕西省考古研究院、蒲城县文物局：《唐玄宗泰陵陵园遗址考古勘探、发掘简报》，《考古与文物》2011 年第 3 期，第 3 ～ 11 页。

陕西省考古研究院、顺陵文物管理所编著《唐顺陵》，北京：文物出版社，2015 年。

陕西省考古研究院、昭陵博物馆：《唐昭陵韦贵妃墓发掘报告》，北京：科学出版社，2017 年。

陕西省文物管理委员会：《唐乾陵勘查记》，《文物》1960 年第 4 期，第 53 ～ 60 页。

陕西省文物管理委员会：《唐永泰公主墓发掘简报》，《文物》1964 年第 1 期，第 7 ～ 18 页。

陕西省文物管理委员会：《唐建陵探测工作简报》，《文物》1965 年第 7 期，第 31 ～ 34 页。

陕西省文物管理委员会、礼泉县昭陵文管所：《唐阿史那忠墓发掘简报》，《考古》1977 年第 2 期，第 132 ～ 138、80 页。

陕西省文物管理委员会、礼泉县昭陵文管所：《陕西礼泉唐张士贵墓》，《考古》1978 年第 3 期，第 168 ～ 178 页。

陕西省文物管理委员会、昭陵文管所：《唐临川公主墓出土的墓志和诏书》，《文物》1977 年第 10 期，第 50 ～ 59 页。

陕西省雍城考古队：《凤翔马家庄春秋秦一号建筑遗址第一次发掘简报》，《考古与文物》1982 年第 5 期，第 12 ～ 20 页。

陕西省雍城考古队：《凤翔马家庄一号建筑群遗址发掘简报》，《文物》1985 年第 2 期，第 1 ～ 29 页。

陕西周原考古队：《陕西岐山凤雏村西周建筑基址发掘简报》，《文物》1979 年第 10 期，第 29 ～ 37 页。

陕西周原考古队：《陕西岐山凤雏村发现周初甲骨文》，《文物》1979 年第 10 期，第 38 ～ 43 页。

宋德闻、姚思汗、秋维道：《昭陵古墓葬遥感解译和定位的研究》，《文物》1992 年第 7 期，第 74、87 ～ 92 页。

宿白：《白沙宋墓》，北京：文物出版社，1957 年。

孙迟：《唐姜遐碑——昭陵新发现碑刻介绍之一》，《考古与文物》1980 年第 1 期，第 49 ～ 54 页。

孙迟：《唐豆卢仁业碑——昭陵新发现碑刻介绍之二》，《考古与文物》1981 年第 1 期，第 117 ～ 122 页。

孙迟：《唐周护碑——昭陵新发现碑石介绍之三》，《考古与文物》1983 年第 2 期，第 28 ～ 31 页。

孙迟：《唐李孟常碑——昭陵新发现碑刻介绍之四》，《考古与文物》1985 年第 5 期，第 56 ～ 60 页。

孙东位：《昭陵出土唐代铜钱》，《考古与文物》1987 年第 1 期，第 111 页。

孙东位：《昭陵发现陪葬宫人墓》，《文物》1987 年第 1 期，第 83 ～ 95 页。

孙欢：《武则天墓下宫遗址布局逐步展露真容》，http://www.sn.xinhuanet.com/misc/2007-08/09/content_10817876.htm。

王丕忠、张子波、孙德润：《汉景帝阳陵调查简报》，《考古与文物》1980 年第 1 期，第 34 ～ 37 页。

王世和、楼宇栋：《唐桥陵勘查记》，《考古与文物》1980 年第 4 期，第 54 ～ 61、69 页。

王兆麟：《唐昭陵发掘一批陪葬墓》，《中国文物报》1992 年 6 月 14 日第 1 版。

王仲谋、陶仲云：《唐让皇帝惠陵》，《考古与文物》1985 年第 2 期，第 107 ～ 108 页。

王自力、孙福喜编著《唐金乡县主墓》，北京：文物出版社，2002 年。

咸阳市博物馆：《唐兴宁陵调查记》，《文物》1985 年第 3 期，第 46 ～ 47 页。

咸阳市文物考古研究所：《西汉昭帝平陵钻探调查简报》，《考古与文物》2007 年第 5 期，第 3 ～ 5 页。

新疆维吾尔自治区博物馆、西北大学历史系考古专业：《1973 年吐鲁番阿斯塔那古墓发掘简报》，《文物》1975 年第 7 期，第 8 ～ 26 页。

许成、杜玉冰：《西夏陵》，北京：东方出版社，1995 年。

杨正兴：《唐薛元超墓的三幅壁画介绍》，《考古与文物》1983 年第 6 期，第 104 ～ 105 页。

杨正兴：《唐乾陵勘查记》，香港：天马图书有限公司，2003 年。

殷宪：《北魏灵泉宫池寻访记》，《中国文物报》2007 年 2 月 23 日第 4 版。

贠安志编著《中国北周珍贵文物》，西安：陕西人民美术出版社，1993 年。

允时：《全国重点文物保护单位——昭陵》，《文物》1977 年第 10 期，第 60 页。

张崇德：《唐代建陵及其石刻》，《考古与文物》1988 年第 3 期，第 41 ～ 44、20 页。

张永祥：《乾陵〈无字碑〉》，《文博》1988 年第 1 期，第 59 页。

张永祥：《乾陵陪葬墓的两个有关问题》，《文博》1989 年第 2 期，第 59 ～ 61 页。

张郁：《内蒙古大青山后东汉北魏古城遗址调查记》，《考古通讯》1958 年第 3 期，第 20 ～ 21 页。

昭陵文物管理所：《唐尉迟敬德墓发掘简报》，《文物》1978 年第 5 期，第 20 ～ 25 页。

昭陵博物馆：《唐昭陵长乐公主墓》，《文博》1988 年第 3 期，第 10 ～ 30 页。

昭陵博物馆：《唐安元寿夫妇墓发掘简报》，《文物》1988 年第 12 期，第 37 ～ 49 页。

昭陵博物馆：《唐李承乾墓发掘简报》，《文博》1989 年第 3 期，第 17 ～ 21 页。

昭陵博物馆：《唐昭陵段蕳璧墓清理简报》，《文博》1989 年第 6 期，第 3 ～ 12 页。

昭陵博物馆：《唐昭陵李勣（徐懋功）墓清理简报》，《考古与文物》

2000 年第 3 期，第 3～14 页。

　　昭陵文物管理所：《昭陵陪葬墓调查记》，《文物》1977 年第 10 期，第 33～44、49 页。

　　昭陵文物管理所：《唐越王李贞墓发掘简报》，《文物》1977 年第 10 期，第 41～49 页。

　　中国科学院考古研究所编著《唐长安大明宫》，北京：科学出版社，1959 年。

　　中国社会科学院考古研究所、河北省文物研究所编著《磁县湾漳北朝壁画墓》，北京：科学出版社，2003 年。

　　中国社会科学院考古研究所河南第二工作队、河南省偃师县文物管理委员会：《唐恭陵实测纪要》，《考古》1986 年第 5 期，第 458～462 页。

　　中国社会科学院考古研究所栎阳发掘队：《秦汉栎阳城遗址的勘探和试掘》，《考古学报》1985 年第 3 期，第 375～378 页。

　　中国社会科学院考古研究所洛阳汉魏城队、洛阳古墓博物馆：《北魏宣武帝景陵发掘报告》，《考古》1994 年第 9 期，第 801～814 页；后收入洛阳师范学院、河洛文化国际研究中心编《洛阳考古集成·秦汉魏晋南北朝卷》，北京图书馆出版社，2007 年，第 1094～1109 页。

　　日文资料

　　〔日〕常盤大定，関野貞：《中国文化史蹟·9（陕西）》，京都：法藏馆，1976 年 7 月。

　　〔日〕水野清一：《方山永固陵と萬年堂》，《東洋史研究》第 4 卷第 4、5 号，1939 年，第 93 页。

　　〔日〕水野清一、長廣敏雄：《大同近傍調査記》，《雲岡石窟》第 16 卷，京都大學人文科學研究所，1956 年。

　　〔日〕小林知生：《大同北方方山に於ける北魏時代の遺蹟》，《考古學雜誌》第 29 卷第 8 号，1939 年，第 50 页。

　　〔日〕小林知生：《東亞考古學會北魏平城址調査概報》，《考古學雜誌》第 29 卷第 10 号，1939 年，第 74～75 页。

三　研究论著

中文论著

〔德〕阿尔弗雷德·申茨：《幻方——中国古代的城市》，梅青译，北京：中国建筑工业出版社，2009 年。

包亚明主编《权力的眼睛——福柯访谈录》，严锋译，上海人民出版社，1997 年。

北京大学历史系考古专业编《商周考古》，北京：文物出版社，1979 年。

岑仲勉：《岑仲勉著作集·唐史余渖（外一种）》，北京：中华书局，2004 年。

岑仲勉：《隋唐史》，石家庄：河北教育出版社，2000 年。

陈长安：《简述帝王陵墓的殉葬、俑坑与石刻》，《中原文物》1985 年第 4 期，第 72 ～ 77 页。

陈长安：《唐恭陵及其石刻》，《考古与文物》1986 年第 3 期，第 32 ～ 36 页。

陈安利：《唐十八陵》，北京：中国青年出版社，2001 年。

陈国灿：《唐乾陵石人像及其衔名的研究》，文物编辑委员会编《文物集刊》第 2 辑，北京：文物出版社，1980 年，第 189 ～ 203 页。

陈全方：《从昭陵吐蕃赞府石刻像谈唐与吐蕃的关系》，《考古与文物丛刊》3 号，1983 年，第 229 ～ 235 页。

陈戍国：《中国礼制史·隋唐五代卷》，长沙：湖南教育出版社，1998 年。

陈诵雎：《昭陵六骏名实考》，西安碑林博物馆编《碑林集刊》第 8 集，西安：陕西人民美术出版社，2002 年，第 246 ～ 254 页。

陈喜波、韩光辉：《汉长安"斗城"规划探析》，《考古与文物》2007 年第 1 期，第 69 ～ 72 页。

陈喜波、李小波：《中国古代城市的天文学思想》，《文物世界》2001 年第 1 期，第 61 ～ 64 页。

陈寅恪：《陈寅恪集·隋唐制度渊源略论稿》，北京：生活·读书·新知三联书店，2001 年。

陈寅恪：《陈寅恪集·唐代政治史述论稿》，北京：生活·读书·新知三联书店，2001 年。

陈寅恪：《陈寅恪集·金明馆丛稿初编》，北京：生活·读书·新知三联书店，2001 年。

陈寅恪：《陈寅恪集·金明馆丛稿二编》，北京：生活·读书·新知三联书店，2001 年。

丁士选：《圹砖琐言》，《考古学社社刊》（1937 年）第六期，第 43 ～ 60 页。

杜葆仁：《西汉诸陵位置考》，《考古与文物》1980 年第 1 期，第 29 ～ 33 页。

樊英民：《王芳媚墓志录文勘误》，《考古与文物》2003 年第 5 期，第 57、62 页。

冯继仁：《论阴阳勘（堪）舆对北宋皇陵的全面影响》，《文物》1984 年第 8 期，第 55 ～ 68 页。

冯继仁：《巩县宋陵献殿的复原构想》，《文物》1992 年第 6 期，第 63 ～ 71 页。

冯继仁：《北宋皇陵建筑构成分析》，北京大学考古系编《考古学研究》（二），北京大学出版社，1994 年，第 230 ～ 243 页。

傅熹年：《唐代隧道型墓的形制构造和所反映的地上宫室》，《文物与考古论集》，北京：文物出版社，1986 年，第 322 ～ 343 页。

傅熹年：《中国古代城市规划建筑群布局及建筑设计方法研究》（上下册），北京：中国建筑工业出版社，2001 年。

傅熹年主编《中国古代建筑史》第二卷《两晋、南北朝、隋唐、五代建筑》，北京：中国建筑工业出版社，2001 年。

傅永魁、杨瑞甫：《北宋徽、钦二帝陵墓考》，《中原文物》1992 年第 4 期，第 88 ～ 91 页。

甘怀真：《唐代家庙礼制研究》，台北：台湾商务印书馆，1991 年。

〔日〕高田时雄：《五姓说在敦煌藏族》，载中国敦煌吐鲁番学会编《敦煌吐鲁番学研究论文集》，上海：汉语大词典出版社，1990 年，第 756 ～ 767 页。

〔日〕高田時雄：《五姓を說く敦煌資料》，《国立民族学博物館研究報告別冊》14 号，1991 年，第 249 ～ 268 页；此据钟翀译文《五姓说之敦煌资料》，载所撰《敦煌·民族·语言》，钟翀等译，北京：中华书局，2005 年，第 328 ～ 358 页。

葛承雍：《唐昭陵六骏与突厥葬俗研究》，钱伯城、李国章主编《中华文史论丛》第 60 辑，上海古籍出版社，1999 年，第 182 ～ 209 页；后收入所撰《唐韵胡音与外来文明》，北京：中华书局，2006 年，第 158 ～ 179 页。

葛承雍：《唐昭陵、乾陵蕃人石像与"突厥化"问题》，余太山主编《欧亚学刊》第 3 辑，北京：中华书局，2002 年，第 150 ～ 162 页；后收入所撰《唐韵胡音与外来文明》，第 180 ～ 197 页。

葛兆光：《盛世的平庸——八世纪上半叶中国的知识与思想状况》，荣新江主编《唐研究》第 5 卷，北京大学出版社，1999 年，第 1 ～ 33 页；后收入所撰《中国思想史》第二卷《七世纪至十九世纪中国的知识、思想与信仰》，上海：复旦大学出版社，2000 年。

宫大中：《九朝兴衰古帝都——洛阳》，载阎崇年主编《中国历代都城宫苑》，北京：紫禁城出版社，1987 年，第 70 ～ 100 页。

古鸿飞：《北魏金陵初探》，《山西大同大学学报》（社科版）2008 年第 5 期，第 38 ～ 42 页；后收入《北魏平城研究文集》，太原：山西人民出版社，2008 年，第 105 ～ 117 页。

〔日〕关野贞：《汉魏六朝之墓砖》，傅抱石译，《文艺月刊》（1931 年）卷一〇第二期，第 4 ～ 5 页。

郭黛桓主编《中国古代建筑史》第三卷，北京：中国建筑工业出版社，2003 年，第 217 页。

韩国河：《论秦汉魏晋时期的家族墓地制度》，《考古与文物》1999 年第 2 期，第 58 ～ 64、74 页。

韩伟：《马家庄秦宗庙建筑制度研究》，《文物》1985 年第 2 期，第 30 ～ 38 页；后收入所撰《磨砚书稿——韩伟考古文集》，北京：科学出版社，2001 年，第 17 ～ 28 页。

韩伟：《秦公朝寝钻探图考释》，《考古与文物》1985 年第 2 期，第

53 ～ 56 页；后收入所撰《磨砚书稿——韩伟考古文集》，第 29 ～ 33 页。

韩伟：《〈乾陵神道鸵鸟为射侯说〉驳正》，《文博》2007 年第 2 期，第 35 ～ 37 页；又刊于樊英峰主编《乾陵文化研究》（三），西安：三秦出版社，2007 年，第 117 ～ 120 页。

韩兆民、李志清：《关于西夏八号陵墓主人问题的商榷》，《考古学集刊》第 5 辑，北京：中国社会科学出版社，1987 年，第 321 页。

何德章：《北魏初年的汉化制度与天赐二年的倒退》，《中国史研究》2001 年第 2 期，第 30 ～ 39 页。

胡戟：《陈寅恪与中国中古史研究》，《历史研究》2001 年第 4 期，第 155 ～ 156 页。

胡平生：《云梦龙岗秦简"禁苑律"中的"𡉉"（墙）字及相关制度》，《江汉考古》1991 年，第 2 期，第 61 ～ 63 页；后收入中国文物研究所、湖北省文物研究所编《龙岗秦简》，北京：中华书局，2001 年，第 170 ～ 172 页。

黄心川：《唐孝敬皇帝之死与印度顺世论的关系》，周绍良先生欣开九秩庆寿文集编集委员会《周绍良先生欣开九秩庆寿文集》，北京：中华书局，1997 年，第 59 ～ 63 页。

黄永年：《唐史史料学》，上海书店出版社，2002 年。

黄展岳：《中国西安、洛阳汉唐陵墓的调查与发掘》，《考古》1981 年第 6 期，第 531 ～ 538 页。

黄展岳：《西汉陵墓研究中的两个问题》，原载《古代文明研究通讯》（2003 年）第 19 期，第 4 ～ 7 页；后刊于《文物》2005 年第 4 期，第 70 ～ 74 页。

黄正建：《日本保存的唐代占卜典籍》，载所撰《敦煌占卜文书与唐五代占卜研究》，北京：学苑出版社，2001 年，第 242 ～ 246 页。

黄正建：《占卜与唐代政治》，原载张国刚主编《中国社会历史评论》第三卷，北京：中华书局，2001 年，第 477 ～ 479 页；后收入所撰《敦煌占卜文书与唐五代占卜研究》，北京：学苑出版社，2001 年，第 220 ～ 241 页。

黄正建：《试论唐人的丧葬择日——以敦煌文书为中心》，载刘进宝、高田时雄《转型期的敦煌学》，上海古籍出版社，2007 年，第 241 ～ 252 页。

惠焕章、张劲辉编著《陕西历史百谜》，西安：陕西旅游出版社，2001 年。

贾二强：《唐李谨行墓周围环状壕沟蠡测——也谈"乾陵怪圈"》，《"古都长安与隋唐文明"国际学术研讨会论文集》（下册），西安，2008 年，第 259 ～ 264 页；后载于樊英峰主编《乾陵文化研究》（四），西安：三秦出版社，2008 年，第 294 ～ 298 页。

姜宝莲：《试论唐代帝陵的陪葬墓》，《考古与文物》1994 年第 6 期，第 74 ～ 80 页。

姜伯勤：《唐贞元、元和间礼的变迁——兼论唐礼的变迁与敦煌元和书仪文书》，载所撰《敦煌艺术宗教与礼乐文明》，北京：中国社会科学出版社，1996 年，第 442 ～ 458 页。

姜捷：《关于定陵陵制的几个新因素》，《考古与文物》2003 年第 1 期，第 69 ～ 74、82 页。

焦南峰、马永赢：《西汉帝陵无昭穆制度论》，《文博》1999 年第 5 期，第 51 ～ 58 页。

金身佳编著《敦煌写本宅经葬书校注》，北京：民族出版社，2007 年。

康乐：《从西郊到南郊——国家祭典与北魏政治》，台北：稻禾出版社，1995 年。

雷百景、李雯：《西汉帝陵昭穆制度再探讨》，《文博》2008 年第 2 期，第 48 ～ 51 页。

雷依群：《论西汉帝陵制度的几个问题》，《考古与文物》1998 年第 6 期，第 49、63 ～ 65 页。

李岗：《浅议汉阳陵的营建规划》，《考古与文物》2006 年第 6 期，第 29 ～ 33 页。

李衡眉：《唐朝庙制及其昭穆次序述评》，《人文杂志》1993 年第 1 期，第 88 ～ 93 页；后收入所撰《昭穆制度研究》，济南：齐鲁书社，1996 年，第 224 ～ 236 页。

李衡眉：《宋代宗庙中的昭穆制度问题》，原载《河南大学学报》1994 年第 4 期，第 8 ～ 15 页；后收入所撰《昭穆制度研究》，第 236 ～ 253 页。

李衡眉：《历代昭穆制度中"始祖"称呼之误厘正》，原载《求是学刊》1995 年第 3 期，第 95 ～ 100 页；后收入所撰《昭穆制度研究》，第 253 ～ 265 页。

李举纲：《〈昭陵六骏碑〉研究》，西安碑林博物馆编《碑林集刊》第 8 集，西安：陕西人民美术出版社，2002 年，第 255 ～ 256 页。

李浪涛：《"昭陵六骏"群雕赏析》，《文物世界》2002 年第 4 期，第 65 ～ 66 页。

李蔚然：《论南京地区六朝墓的葬地选择和排葬方法》，《考古》1983 年第 4 期，第 343 ～ 346 页。

李蔚然：《东晋帝陵有无石刻考》，《东南文化》1987 年第 3 期，第 83 ～ 86 页。

李向群：《唐室与原代北窦姓的联姻》，《陕西师范大学学报》（哲社版）1991 年第 4 期，第 95 页。

李小波：《从天文到人文——汉唐长安城规划思想的演变》，《北京大学学报》（哲社版）2002 年第 2 期，第 61 ～ 69 页。

李小波、陈喜波：《汉长安城"斗城说"的再思考》，《考古与文物》2001 年第 4 期，第 63 ～ 65 页。

李星明：《唐代墓室壁画研究》，西安：陕西人民美术出版社，2005 年。

李毓芳：《西汉帝陵分布的考察——兼谈西汉帝陵的昭穆制度》，《考古与文物》1989 年第 3 期，第 28 ～ 35 页。

李毓芳：《唐陵石刻简论》，《文博》1994 年第 3 期，第 32 ～ 42 页。

梁丰：《三彩马之"飞风"铭考》，《中国历史文物》2006 年第 6 期，第 41 ～ 45 页。

廖彩樑：《乾陵稽古》，合肥：黄山书社，1988 年。

林剑鸣：《秦俑发式和阴阳五行》，《文博》1984 年第 3 期，第 54 ～ 56 页。

林通雁：《初唐陵园雕刻与汉制及北朝模式》，《陕西师大学报》（哲社版）1991 年第 4 期，第 80 ～ 85 页。

刘丹龙、孙平燕：《汉霍去病墓石雕艺术探微》，《文博》2004 年第 6 期，第 88 ～ 91 页。

刘敦桢：《大壮室笔记（西汉陵寝·东汉陵寝）》，《中国营造学社汇刊》（1932 年 12 月）第 3 卷第 4 期，第 111 ～ 122 页。

刘凤君：《东汉南朝陵墓前石兽造型初探》，《考古与文物》1986 年第 3

期，第 86 ～ 90 页。

刘庆柱：《古代都城与帝陵考古学研究》，北京：科学出版社，2000 年。

刘瑞：《汉长安城的朝向、轴线与南郊礼制建筑》，北京：中国社会科学出版社，2011 年。

刘向阳：《唐代帝王陵墓》，西安：三秦出版社，2003 年。

刘向阳、郭勇：《唐顺陵石雕群及其组合研究》，樊英峰主编《乾陵文化研究》（二），西安：三秦出版社，2006 年，第 195 ～ 205 页。

刘绪：《春秋时期丧葬制度中的葬月与葬日》，北京大学考古系编《考古学研究》（二），北京大学出版社，1994 年，第 189 ～ 200 页。

刘毅：《宋代皇陵制度研究》，《故宫博物院院刊》1999 年第 1 期，第 67 ～ 82 页。

刘毅：《南宋绍兴攒宫位次研究》，《考古与文物》2008 年第 4 期，第 52 ～ 62 页。

刘溢海：《北魏金陵探究》，《北朝史研究》第 6 辑，北京：科学出版社，2008 年，第 94 ～ 103 页。

陆思贤：《唐单于都护府城垣反映的古代城建天道观》，李迪主编《中国少数民族科技史研究》，呼和浩特：内蒙古人民出版社，1990 年，第 44 ～ 53 页。

陆锡兴：《唐宋时期的纸钱风俗》，《文史知识》2010 年第 4 期，第 76 ～ 83 页。

逯耀东：《从平城到洛阳——拓跋魏文化转变的历程》，北京：中华书局，2006 年。

罗宏才：《昭陵六骏蓝本、仿绘、仿刻、拓本、模制及相关问题的研究》，西安碑林博物馆编《碑林集刊》第 9 集，西安：陕西人民美术出版社，2003 年，第 255 ～ 270 页。

罗宗真：《六朝陵墓埋葬制度综述》，中国考古学会编《中国考古学第一次年会论文集（1979 年）》，北京：文物出版社，1980 年，第 358 ～ 366 页。

罗宗真：《魏晋南北朝考古》，北京：文物出版社，2001 年。

洛阳市第二工作队：《洛阳孟津朱仓东汉帝陵陵园遗址相关问题的思考》，

《文物》2011 年第 9 期，第 69 ～ 72 页。

马成功：《昭陵六骏中"青骓"和"什伐赤"的定名》，西安碑林博物馆编《碑林集刊》第 8 集，西安：陕西人民美术出版社，2002 年，第 241 ～ 245 页。

孟凡人：《南宋帝陵攒宫的形制布局》，《故宫博物院院刊》2009 年第 6 期，第 30 ～ 54 页。

孟凡人：《西夏陵陵园形制布局研究》，《故宫学刊》2012 年第 1 期，第 55 ～ 95 页。

〔法〕茅甘（Marole Morgan）：《敦煌写本中的"五姓堪舆"法》，〔法〕谢和耐等著，耿升译《法国学者敦煌学论文选萃》，北京：中华书局，1993 年，第 249 ～ 256 页。

牛达生、贺吉德：《西夏陵三题》，《宁夏社会科学》1995 年第 4 期，第 9 ～ 15 页。

齐东方：《略论西安地区发现的唐代双室砖墓》，《考古》1990 年第 9 期，第 858 ～ 862、789 页。

齐东方：《唐代金银器研究》，北京：中国社会科学出版社，1999 年。

齐东方：《隋唐环岛文化的形成与展开——以朝阳隋唐墓研究为中心》，王小甫主编《盛唐时代与东北亚政局》，上海辞书出版社，2003 年，第 133 ～ 160 页。

齐东方：《唐代的丧葬观念习俗与礼仪制度》，《考古学报》2006 年第 1 期，第 59 ～ 82 页。

秦大树：《宋元明考古》，北京：文物出版社，2004 年。

秦大树：《宋代丧葬习俗的变革及其体现的社会意义》，邓小南、荣新江主编《唐研究》第 11 卷，北京大学出版社，2005 年，第 313 ～ 336 页。

秦浩：《隋唐考古》，南京大学出版社，1992 年。

秦建明、姜宝莲：《西汉帝陵昭穆与陵位探》，《文博》2001 年第 3 期，第 31 ～ 37 页。

秦建明、张在明、杨政：《陕西发现以汉长安城为中心的西汉南北向超长建筑基线》，《文物》1995 年第 3 期，第 4 ～ 15 页。

邱博舜、蔡明志：《敦煌阳宅风水文献初探》，《文资学报》第 1 期，

2005 年 1 月，第 109～158 页。

瞿同祖：《中国法律与中国社会》，载所撰《瞿同祖法学论著集》，北京：中国政法大学出版社，1998 年。

权东计、赵荣：《唐顺陵遗址现状与规划营建探讨》，《西北大学学报》（自然科学版），2002 年第 1 期，第 93～96 页。

全锦云：《试论郧县唐李泰家族墓地》，《江汉考古》1986 年第 3 期，第 76～78 页。

〔法〕色伽兰：《中国西部考古记》，冯承钧译，北京：中华书局，1955 年。

尚民杰：《长安城郊唐皇室墓及相关问题》，荣新江主编《唐研究》第 9 卷，北京大学出版社，2003 年，第 403～426 页。

尚民杰：《汉成帝昌陵相关问题探讨》，《考古与文物》2005 年第 2 期，第 61～66、75 页。

申秦雁：《唐代列戟制探析》，《陕西历史博物馆馆刊》第 1 辑，西安：三秦出版社，1994 年，第 60～66 页。

神目：《神秘地宫，有此一说》，《各界特刊》2000 年 9 月 28 日第 1 版。

沈睿文：《章怀太子墓壁画与李守礼》，中山大学艺术史研究中心编《艺术史研究》第 6 辑，广州：中山大学出版社，2004 年，第 293～308 页；修订后收入所撰《安禄山服散考》，上海古籍出版社，2016 年，第 309～341 页。

沈睿文：《唐陵研究缘起》，樊英峰主编《乾陵文化研究》（二），西安：三秦出版社，2006 年，第 335～355 页。

沈睿文：《夷俗并从——安伽墓和北朝烧物葬》，《中国历史文物》2006 年第 4 期，第 4～17 页。

沈睿文：《〈地理新书〉的成书及版本流传》，北京大学中国考古学研究中心《古代文明》第 8 卷，北京：文物出版社，2010 年，第 313～336 页。

沈睿文：《阿史那忠墓辨正》，朱玉麒主编《西域文史》第 8 辑，北京：科学出版社，2013 年，第 165～178 页。

沈睿文：《中国古代物质文化史·隋唐五代》，北京：开明出版社，2015 年。

沈睿文、李浪涛：《“新添修昭陵宫寝廊宇并使判厅七司院记”碑考释》，《中国典籍与文化》2010 年第 2 期，第 106～112 页。

〔法〕施舟人（Kristofer Schipper）：《〈老子中经〉初探》，原载陈鼓应主编《道家文化研究》第 16 辑，北京：三联书店，1999 年；后收入所撰《中国文化基因库》，北京大学出版社，2002 年，第 101 ～ 116 页。

石兴邦、马建熙、孙德润：《长陵建制及其有关问题——汉刘邦长陵勘察记存》，《考古与文物》1984 年第 2 期，第 32 ～ 45 页。

宿白：《北魏洛阳城和北邙陵墓——鲜卑遗迹辑录之三》，《文物》1978 年第 7 期，第 42 ～ 52 页。

宿白：《西安地区的唐墓形制》，《文物》1995 年第 12 期，第 41 ～ 49 页。

宿白：《关于河北四处古墓的札记》，《文物》1996 年第 9 期，第 58 ～ 62 页。

宿白：《东汉魏晋南北朝佛寺布局初探》，《庆祝邓广铭教授九十华诞论文集》，石家庄：河北教育出版社，1997 年，第 31 ～ 49 页。

孙昌盛：《略论西夏的墓葬形制和丧葬习俗》，《东南文化》2004 年第 5 期，第 41 页。

孙迟：《略论唐帝陵的制度、规模及文物》，陕西省文物事业管理局《陕西省文博考古科研成果汇报会论文选集·1981》，华阳县印刷厂，1982 年，第 336 ～ 338 页；又题为《略论唐帝陵的制度、规模及文物——兼谈昭陵“因山为陵”对唐帝陵制度的影响》，收入人文杂志丛刊编辑委员会编辑《唐太宗与昭陵》，西安：陕西省社会科学院出版发行室，1985 年，第 82 ～ 107 页。

孙迟：《昭陵十四国君长石像考》，《文博》1984 年第 2 期，第 5、56 ～ 63 页。

孙怀彦、李百福：《唐桥陵陪葬墓睿宗贤妃王芳媚墓志考略》，《考古与文物》2003 年第 3 期，第 61 ～ 62、68 页。

孙铁山：《关于西汉安陵的新发现》，《考古与文物》2002 年第 4 期，第 45 ～ 46、78 页。

唐长孺：《魏晋南北朝隋唐史三论》，武汉大学出版社，1993 年。

唐兰：《西周铜器断代中的“康宫”问题》，《考古学报》1962 年第 1 期，第 15 ～ 48 页。

唐晓峰：《从混沌到秩序：中国上古地理思想史述论》，北京：中华书局，

2010 年。

陶喻之：《卢芹斋其人其事》，西安碑林博物馆编《碑林集刊》第 9 集，西安：陕西人民美术出版社，2003 年，第 273 ～ 281 页。

陶仲云：《王贤妃墓发掘追忆》，《文物天地》1996 年第 5 期，第 32 ～ 35 页。

陶仲云等：《陕西蒲城县发现高力士残碑》，《考古与文物》1983 年第 2 期，第 36 ～ 38 页。

田余庆：《拓跋史探》，北京：生活·读书·新知三联书店，2003 年。

田余庆：《秦汉魏晋史探微》（重订本），北京：中华书局，2004 年。

童恩正：《试论我国从东北至西南的边地半月形文化传播带》，文物出版社编辑部编《文物与考古论集》，北京：文物出版社，1986 年，第 17 ～ 43 页。

汪荣祖：《史家陈寅恪传》，北京大学出版社，2005 年。

王建新：《前汉“后四陵”についての考察》，《考古学の基础研究——茨城大学考古学研究室 20 周年纪念文集》，茨城大学，2001 年；此据所撰《西汉后四陵名位考察》，《古代文明》第 2 卷，北京：文物出版社，2003 年，第 304 ～ 327 页。

王静：《大明宫的内廷空间布局与唐代后期宦官专权的关系》，北京大学历史系硕士学位论文，2001 年 5 月。

王静：《节愍太子墓〈升仙太子图〉考——兼论薛稷画鹤的时代背景》，《北京大学学报》（哲社版）2007 年第 4 期，第 110 ～ 118 页。

王静：《唐墓石室规制及相关丧葬制度研究——复原唐〈丧葬令〉第 25 令文释证》，荣新江主编《唐研究》第 14 卷，北京大学出版社，2008 年，第 421 ～ 446 页。

王静：《中古都城建城传说与政治文化》，北京：社会科学文献出版社，2013 年。

王麟昌：《宋刻唐代功臣赞像及游师雄题诗碑》，《文物》1987 年第 3 期，第 79 ～ 81 页。

王仁波：《试论乾陵陵园石刻题材》，《文博》1985 年第 3 期，第 46 ～ 55 页。

王仁波：《唐代陵墓》，《中国大百科全书·考古学》，北京 / 上海：中国大百科全书出版社，1986年，第516～518页。

王双怀：《唐陵〈地宫〉初探》，《故宫文物月刊》15卷12期，1998年，第128～133页。

王双怀：《荒冢残阳——唐代帝陵研究》，西安：陕西人民教育出版社，2000年。

王双怀：《关中唐陵的地理分布及其特征》，《西安联合大学学报》2001年第1期，第63～66页。

王世平：《昭陵六骏被盗经过调查》，《四川文物》2008年第5期，第119～126页。

王永平：《道教与唐代社会》，北京：首都师范大学出版社，2002年。

王育龙：《唐惠庄太子李㧑墓哀册简论》，《文博》2001年第6期，第44～48页。

王昱东：《唐靖陵壁画中的"戟"与相关问题》，陕西历史博物馆编《唐墓壁画国际学术研讨会论文集》，西安：三秦出版社，2006年，第285～290页。

王竹林、赵振华：《东汉南兆域皇陵初步研究》，《古代文明》第4卷，北京：文物出版社，2005年，第183～206页。

王子云：《也谈唐陵石雕艺术兼述中国陵墓雕刻中的瑞兽——附：唐陵名称及陵前石雕刻类别简记》，《美术》1989年第4期，第61～64页。

巫鸿：《五岳的冲突：历史与政治的纪念碑》；载所撰《礼仪中的美术——巫鸿中国古代美术史文编》（下卷），北京：生活·读书·新知三联书店，2005年，第634～641页。

吴丽娱：《唐代的皇帝丧葬与山陵使》，《国际东方学者会议纪要》第51册，2006年，第27～39页。

吴丽娱：《唐丧葬令复原研究》，载天一阁博物馆、中国社会科学院历史研究所天圣令整理课题组校证《天一阁藏明钞本天圣令校证（附唐令复原研究）》，北京：中华书局，2006年，第675～717页。

伍伯常：《从窆昭陵：论唐太宗的陪陵之制及其陪葬功臣》，《九州学林》2005年第4期，第2～53页。

夏晓臻：《唐代榮戟制度考述》，《东南文化》1994年第6期，第28～

30 页。

徐复观：《两汉思想史》，上海：华东师范大学出版社，2001 年。

徐苹芳：《唐宋墓葬中的"明器神煞"与"墓仪"制度——读〈大汉原陵秘葬经〉札记》，《考古》1963 年第 2 期，第 87 ～ 106 页；后收入所撰《中国历史考古学论丛》，台北：允晨文化实业有限公司，1995 年，第 277 ～ 280 页。

徐苹芳：《中国秦汉魏晋南北朝时代的陵园和茔域》，《考古》1981 年第 6 期，第 526 ～ 527 页；后以《秦汉魏晋南北朝时代的陵园和茔域》为名收入所撰《中国历史考古学论丛》，第 271 ～ 272 页。

徐卫民：《秦都城研究》，西安：陕西人民教育出版社，2000 年。

阎文儒：《关中汉唐陵墓石刻题材及其风格》，《考古与文物》1986 年第 3 期，第 91 ～ 96 页。

杨泓：《法门寺塔基发掘与中国古代舍利瘗埋制度》，《文物》1988 年第 10 期，第 30 ～ 32 页。

杨鸿勋：《宫殿考古通论》，北京：紫禁城出版社，2001 年。

杨华山、李峻：《郧县唐濮王李泰家族墓研究》，《十堰职业技术学院学报》2006 年第 3 期，第 66 ～ 69 页。

杨宽：《中国古代陵寝制度史研究》，上海古籍出版社，1985 年。

杨宽：《中国古代都城制度史研究》，上海古籍出版社，1993 年。

〔美〕杨庆堃：《中国社会中的宗教——宗教的现代社会功能与其历史因素之研究》，范丽珠等译，上海人民出版社，2007 年。

杨晓春：《南朝陵墓神道石刻渊源研究》，《考古》2006 年第 8 期，第 74 ～ 82 页。

杨新：《对昭陵六骏的追摹与神往——金赵霖〈昭陵六骏图卷〉》，《文物天地》2002 年第 2 期，第 54 ～ 57 页。

杨哲峰：《曲村秦汉墓葬分期》，北京大学考古学系编《考古学研究》（四），北京：科学出版社，2000 年，第 238 ～ 265 页。

杨哲峰：《渭河三桥与渭北西汉陵区的形成》，《中国文物报》2008 年 4 月 18 日第 7 版。

杨哲峰：《渭北西汉帝陵布局设计之观察》，《文物》2009 年第 4 期，第 61～68 页。

叶文宪：《西汉帝陵的朝向及其相关问题》，《文博》1988 年第 4 期，第 41～42 页。

俞伟超：《汉代诸侯王与列侯墓葬的形制分析——兼论"周制"、"汉制"与"晋制"的三阶段性》，中国考古学会编《中国考古学会第一次年会论文集（1979 年）》，北京：文物出版社，1980 年，第 332～337 页；后收入所撰《先秦两汉考古学论文集》，北京：文物出版社，1985 年，第 117～124 页。

原建军：《唐玄宗长子墓出土文物两千余件　发现汉白玉谥宝》，http://www.guoxue.com/www/xsxx/txt.asp?id=3042。

岳连建、柯卓英：《唐淮南大长公主墓志所反映的唐代历史问题》，《华夏考古》2008 年第 2 期，第 130～136 页。

岳起、刘卫鹏：《由平陵建制谈西汉帝陵制度的几个问题》，《考古与文物》2007 年第 5 期，第 6～9 页。

岳维宗：《清水李虎墓非唐公李虎墓辨》，《文博》1999 年第 2 期，第 35～36 页。

张焯：《北魏金陵考索》，《大同职业技术学院学报》（社科版）1994 年第 2 期，第 59～61 页。

张崇德：《唐顺陵营建初探》，《泾渭稽古》（总 2 期），1993 年 7 月，第 53～54、39 页。

张德臣：《顺陵碑与嘉靖地震》，《咸阳师范专科学校学报》2001 年第 1 期，第 49～52 页。

张广达：《张广达文集·史家、史学与现代学术》，桂林：广西师范大学出版社，2008 年。

张建林：《唐昭陵考古的重要收获及几点认识》，黄留珠、魏全瑞主编《周秦汉唐文化研究》第 3 辑，西安：三秦出版社，2004 年，第 254～258 页。

张建林：《唐昭陵考古的重要收获及几点认识》，樊英峰主编《乾陵文化研究》（一），西安：三秦出版社，2005 年，第 224～229 页。

张建林：《昭陵石室初探》，樊英峰主编《乾陵文化研究》（二），西安：

三秦出版社，2006年，第38～41页。

张建林、史考：《唐昭陵十四国蕃君长石像及题名石像座疏证》，西安碑林博物馆编《碑林集刊》第10集，西安：陕西人民美术出版社，2004年，第82～88页。

张建林、王小蒙：《对唐昭陵北司马门遗址考古新发现的几点认识》，《考古与文物》2006年第6期，第17～22页。

张庆捷：《北魏永固陵的考察与探讨》，《古代文明研究通讯》（2003年）第19期，第16～29页；亦载郎保利主编《而立集》，北京：科学出版社，2009年；后收入所撰《民族汇聚于文明互动——北朝社会的考古学观察》，北京：商务印书馆，2010年，第257～282页。

张勋燎：《川西宋墓和陕西、河南唐墓出土镇墓文石刻之研究》，《南方民族考古》（1992）5辑，第119～148页。

张蕴：《关于李宪墓随葬陶俑的等级讨论》，《考古与文物》2005年第1期，第60～63页。

张蕴：《关于献陵陪葬园区布局的思考》，《考古与文物》2012年第3期，第102～104页。

章群：《唐代蕃将研究续编》，台北：联经出版事业公司，1990年。

赵克礼：《天禄、獬豸、麒麟考辨——从永陵石兽为天禄谈起》，《文博》2003年第4期，第38～42、48页。

赵强：《昭陵墓址的选择》，《烟台师范学院学报》1994年第2期，第15、35～37页。

赵荣、权东计：《唐顺陵遗址现状与形制探讨》，《考古与文物》2002年第4期，第68～71页。

赵振华、王竹林：《东都唐陵研究》，《古代文明》第4卷，北京：文物出版社，2005年，第223～244页。

郑嘉励：《南宋六陵诸攒宫方位的复原意见》，《考古与文物》2008年第4期，第63～68页。

周明：《陕西关中唐十八陵陵寝建筑形制初探》，《文博》1994年第1期，第63、64～77页。

周秀琴：《昭陵两骏流失始末》，西安碑林博物馆编《碑林集刊》第 8 集，西安：陕西人民美术出版社，2002 年，第 225 ～ 240 页。

朱苏力：《制度是如何形成的》，广州：中山大学出版社，1999 年。

朱希祖：《神道碑碣考》，载中央文物保管委员会编辑委员会编辑《六朝陵墓调查报告》（中央文物保管委员会调查报告第一辑），中央图书馆筹备处印刷所，1935 年，第 201 ～ 212 页。

日文论著

〔日〕大谷光男：《日本古代の具注暦と大唐陰陽書》，《二松學舍大學東洋學研究所集刊》22 集，1992 年，第 1 ～ 17 頁。

〔日〕大谷光男：《麟德具注歴（正倉院）と宣明具注歴（敦煌）：各断簡（残暦）間の暦注について》，《二松學舍大學東洋學研究所集刊》31 集，2001 年，第 1 ～ 18 頁。

〔日〕大谷光男：《貞享暦法の具注暦 (陰陽書) について》，《東洋研究》第 155 号，2005 年，第 33 ～ 97 頁。

〔日〕稲田奈津子：《奈良時代の天皇喪葬儀禮；大唐元陵儀注の檢討を通して》，《東方學》114 辑，2007 年，第 18 ～ 30 頁。

〔日〕長廣敏雄：《閻立徳と閻立本》，《東方学報》第 29 册（1959 年 3 月），第 1 ～ 50 頁。

〔日〕村元健一：《北魏永固陵の造営》，《古代文化》第 52 卷第 2 号，2000 年，第 18 ～ 28 頁。

〔日〕岡村秀典、向井佑介：《北魏方山永固陵の研究：東亞考古學會一九三九年收集品を中心として》，《東方學報》（京都）第 80 册（2007）：第 69 ～ 150 頁。

〔日〕関野貞：《支那の建築と藝術》，東京：岩波書店，1938 年。

黄晓芬：《漢長安城建設における南北の中軸ラインとその象徴性》，《史学雑誌》115-11，2006 年，第 37 ～ 63 頁。

〔日〕加地有定：《中国唐代鎮墓石の研究：死者の再生と崑崙山への昇仙》，大阪：かんぽうかんぽうサービス，2005 年。

〔日〕金子修一、江川式部：《從唐代禮儀制度看〈大唐元陵儀注〉研究的意义》，雲南大学：中国唐史學會報告，2004 年 7 月，第 1 ～ 11 頁。

〔日〕金子修一等：《大唐元陵儀注試釈（1）》，《山梨大学教育人間科学部纪要》3 卷 2 号，2002 年，第 1 ～ 16 頁。

〔日〕金子修一等：《大唐元陵儀注試釈（2）》，《山梨大学教育人間科学部纪要》4 卷 2 号，2002 年，第 1 ～ 18 頁。

〔日〕金子修一等：《大唐元陵儀注試釈（3）》，《山梨大学教育人間科学部纪要》5 卷 2 号，2003 年，第 1 ～ 23 頁。

〔日〕金子修一等：《大唐元陵儀注試釈（4）》，《山梨大学教育人间科学部纪要》6 卷 2 号，2005 年，第 1 ～ 13 頁。

〔日〕金子修一等：《大唐元陵儀注試釈（5）》，《山梨大学教育人間科学部纪要》7 卷 1 号，2005 年，第 1 ～ 17 頁。

〔日〕金子修一主编《大唐元陵儀注新釈》，東京：汲古書院，2013 年。

〔日〕妹尾達彦：《長安の都市計画》，東京：講談社，2001 年 10 月。

〔日〕内藤虎次郎：《隼人石と十二支神象とに就きて》，所撰《読史叢録》，京都：弘文堂，1929 年，第 427 ～ 431 頁。

〔日〕前島佳孝：《李虎の事跡とその史料》，《中央大学人文研紀要》61 号，2007 年，第 69 ～ 100 頁。

〔日〕山下克明：《陰陽道関連史料の伝存状況》，《東洋研究》第 169 号，2006 年，第 69 ～ 116 頁。

〔日〕松下憲一：《"定襄之盛楽"と"雲中之盛楽"——鮮卑拓跋国家の都城と陵墓》，《史朋》40 号，2007 年，第 1 ～ 22 頁。

〔日〕松下宪一：《拓跋鲜卑的都城与陵墓——以呼和浩特地区为中心》，王庆宪译，《草原文物》2011 年第 1 期，第 111 ～ 120 頁。

〔日〕田村孝弘：《唐代画人伝（2）——閻立徳・閻立本》，《東洋史苑》39 号，1992 年，第 49 ～ 74 頁。

王维坤：《唐代乾陵陵寝制度的初步探讨》，《東方學報》第 77 册，京都，2005 年 3 月，第 377 ～ 440 頁。

〔日〕小林春樹编《东アジアの天文·暦学に関する多角的研究》4-2，東京：

大東文化大学东東洋研究所，2001 年。

〔日〕中村璋八《＜大唐陰陽書＞考》，载所撰《日本陰陽道書の研究》（增補版），東京：汲古書院，2000 年，第 568 ～ 591 頁。

西文论著

Alfred Schinz, *The Magic Square Cities in Ancient China*, Stuttgart/London, Axel Menges, 1996.

McMullen, David L., "The Death Rites of Tang Daizong", in *State and Court Ritual in China*, edited by Joseph P. McDermott, London: Cambridge University Press, 1999, pp.150-196.

Segalen, Victor, *Mission archéologique en Chine* (1914), Paris: Librairie Orientaliste Paul Geuthner, 1923-24.

Segalen, Victor, *Chine, la grande Statuaire suivi de les origines de la statuaire de Chine*, Paris: Flammarion, 1996.